首都圖書館藏綏中吳氏贈書目錄

首都圖書館　編

國家圖書館出版社

圖書在版編目（CIP）數據

首都圖書館藏綏中吳氏贈書目錄／首都圖書館編．—北京：國家圖書館出版社，2014.5
ISBN 978 - 7 - 5013 - 5364 - 4

Ⅰ．①首…　Ⅱ．①首…　Ⅲ．①私人藏書—圖書目錄—中國—現代　Ⅳ．①Z842.7

中國版本圖書館 CIP 數據核字（2014）第 086139 號

書　　　名　首都圖書館藏綏中吳氏贈書目錄
著　　　者　首都圖書館　編
責任編輯　王燕來

出版　國家圖書館出版社　（100034　北京西城區文津街 7 號）
　　　（原書目文獻出版社 北京圖書館出版社）
發行　010—66139745　66175620　66126153
　　　　　66174391（傳真）　66126156（門市部）
E-mail　btsfxb@ nlc. gov. cn（郵購）
Website　www. nlcpress. com → 投稿中心
經銷　新華書店
印裝　河北三河弘翰印務有限公司
版次　2014 年 5 月第 1 版　2014 年 5 月第 1 次印刷

開本　889×1194 毫米　1/16
字數　787 千字
印張　23
印數　500 冊

書號　ISBN 978 - 7 - 5013 - 5364 - 4
定價　480. 00 圓

編纂委員會

吳曉鈴先生在家中

吳曉鈴夫婦與長女吳葳

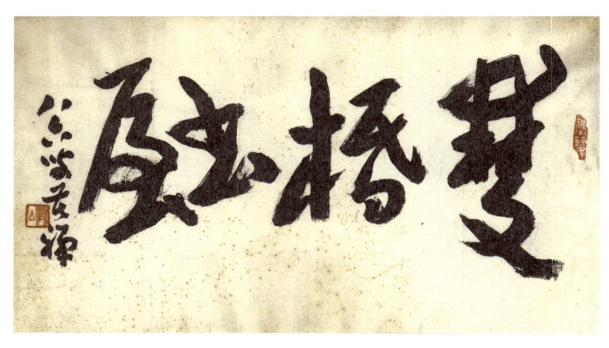

李苦禪爲吳曉鈴題寫藏書室名"雙楂書屋"，落款"八六叟苦禪"，鈐"勵公"印記。

新校注古本西廂記卷一

元大都王實甫　編
明會稽方諸生校注
金聖歎評

山陰徐　渭附解
吳江詞隱生　評
古越李　潤
山陰朱朝鼎同校

第一折

楔子引曲二章　用東鍾韻　夫人旦
第一套仙呂宮曲一十五章　用先天氣　生
第二套中呂宮曲二十章　用江陽韻　生
第三套越調曲一十五章　用庚青韻　生

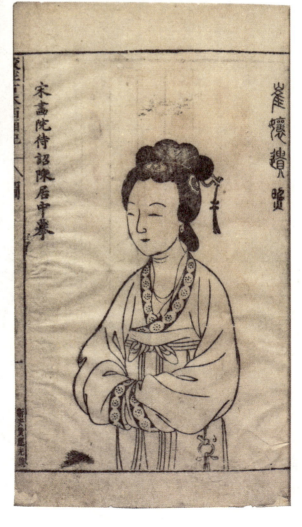

宋畫院待詔陳居中摹

崔鶯鶯　　贊

新校注古本西廂記五卷考一
卷首一卷　　（元）王實甫編，
（明）方諸生校注，明萬曆
四十二年（1614）王氏香雪居刻
本。新安黃應光刻圖。

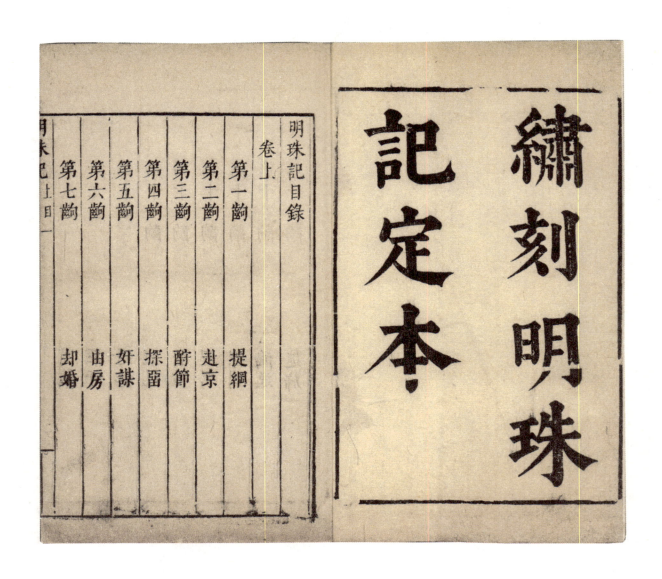

繡刻明珠記定本

明珠記目錄

卷上

第一齣　提綱

第二齣　赴京

第三齣　酌節

第四齣　探留

第五齣　奸謀

第六齣　由房

第七齣　却婚

明珠記上目一

明珠記二卷四十三齣　　（明）陸采撰，明末（1621—1644）毛氏汲古閣刻本，《六十種曲》之一。

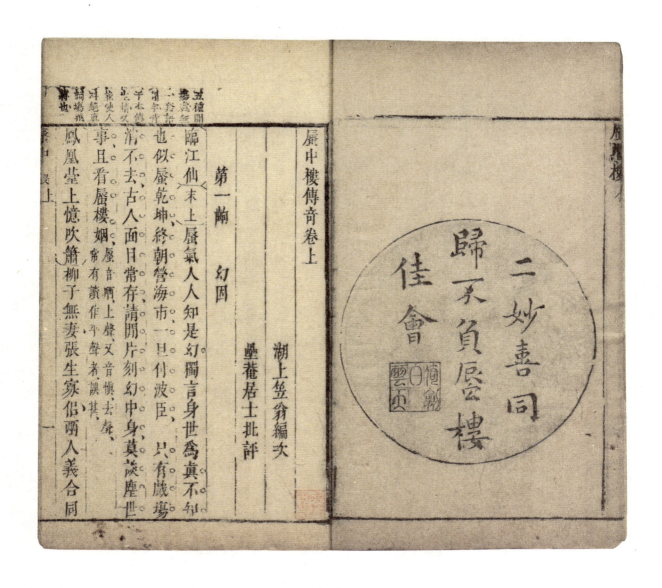

蜃中樓傳奇二卷三十齣　（清）李漁編次，（清）墨菴居士批評，清康熙（1662—1722）翼聖堂刻本，《笠翁傳奇十種》之一。

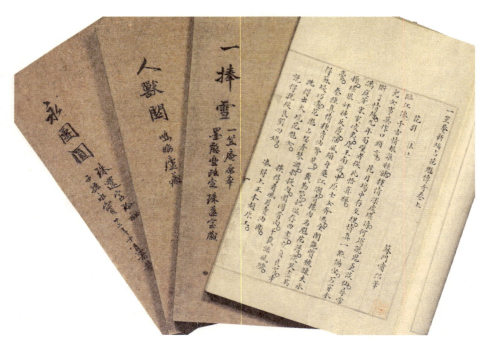

一笠菴四種曲 （清）李玉撰，民國二十二年（1933）通縣李孝慈抄本。吳曉鈴購得《一捧雪》《人獸關》《永團圓》三種，補抄《占花魁》，湊足"一人永占"之數。

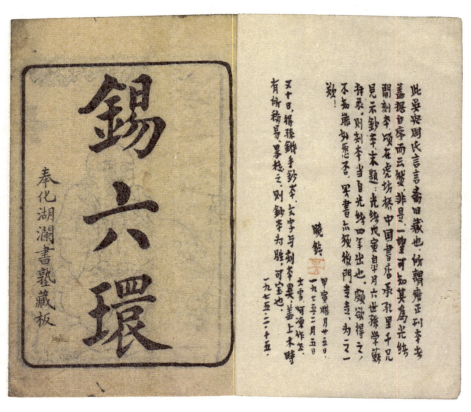

錫六環二卷二十四回，又名彌勒記 （清）孫埏撰，清光緒（1875—1908）刻本，奉化湖瀾書塾藏板。有吳曉鈴題記。

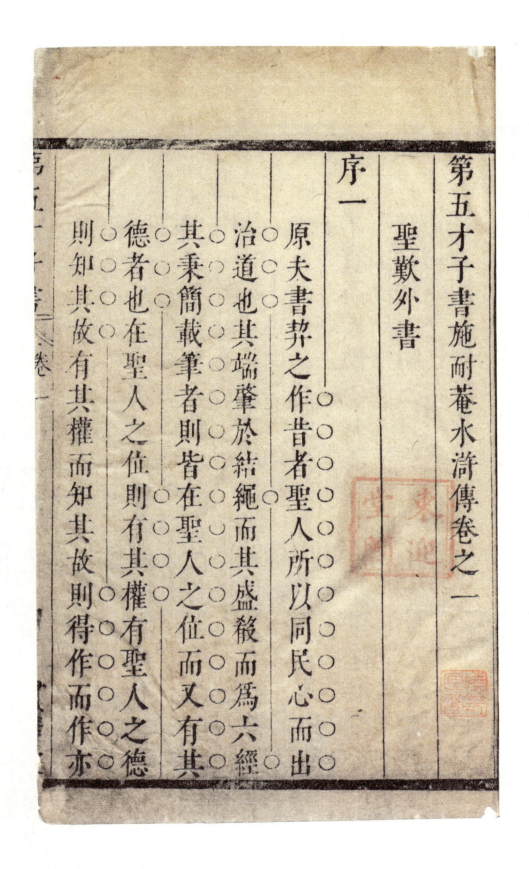

第五才子書施耐菴水滸傳卷之一

聖歎外書

序一

原夫書契之作昔者聖人所以同民心而出
治道也其端肇於結繩而其盛殺而爲六經
其秉簡載筆者則皆在聖人之位而又有其
德者也在聖人之位則有其權有聖人之德
則知其故有其權而知其故則得作而作亦

第五才子書施耐庵水滸傳七十回　　（元）施耐庵著，（清）金聖歎評，清初貫華堂（1644—1722）刻本。金聖歎刪改、批點《水滸傳》後的第一個刻本。

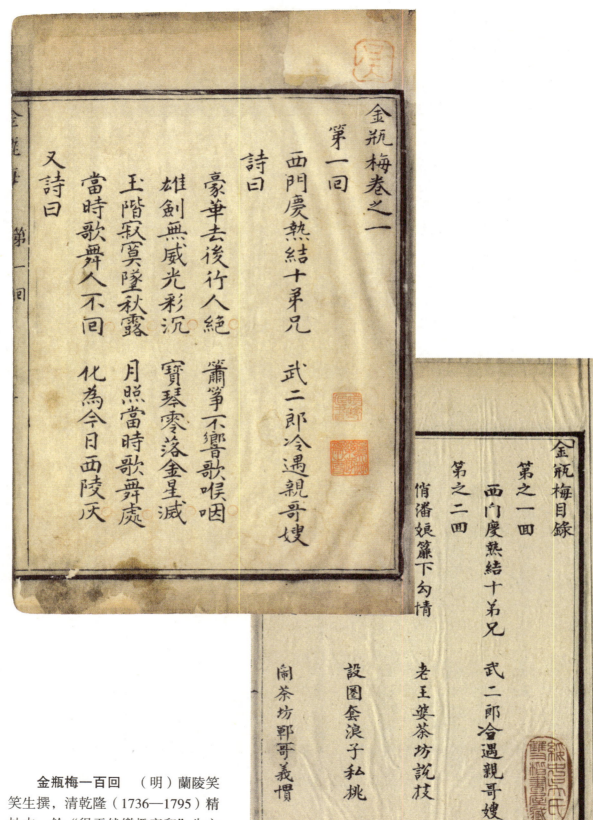

金瓶梅一百回　（明）蘭陵笑笑生撰，清乾隆（1736—1795）精抄本。鈐"得天然樂趣齋印"朱文印、"綏中吳氏雙楷書屋藏"朱文印。

斬鬼傳卷之壹

第一回

金靈殿求榮得福　酆都府捨鬼談人

斬鬼傳十回　（清）煙霞散人撰，清乾隆五十年（1785）董顯宗抄本，有吳曉鈴跋。

紅樓夢第一回

甄士隱夢幻識通靈　　賈雨村風塵懷閨秀

此開卷第一回也作者自云因曾歷過一番夢幻之後故將真
事隱去而借通靈之說撰此石頭記一書也故曰甄士隱云云但
書中所記何事何人自又云今風塵碌碌一事無成忽念及當
日所有之女子一一細考較去覺其行止見識皆出於我之上
何我堂堂鬚眉曾不若彼裙釵實愧則有餘悔又無益大無
如何之日也當此則欲將已往所賴天恩祖德錦衣紈袴之時

一

紅樓夢　（清）曹雪芹撰，清乾隆五十四年（1789）舒元煒序抄本，存第1—40回。入選第二批《國家珍貴古籍名錄》，06601號。

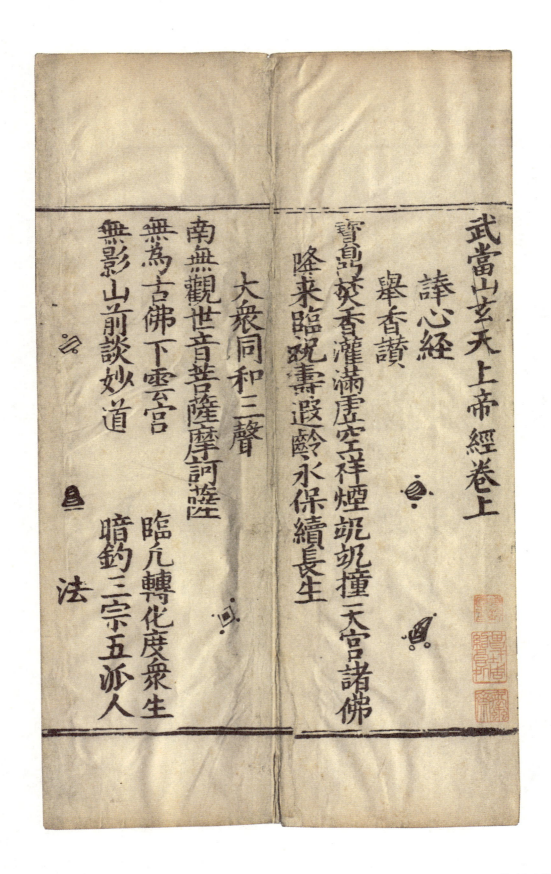

武當山玄天上帝經卷上

諱心経

舉香讚

寶鼎焚香灌滿虛空祥煙靉靆撞天宮諸佛

隆来臨祝壽遐齡永保續長生

大眾同和三聲

南無觀世音菩薩摩訶薩

無為古佛下雲宮

無影山前談妙道

臨几轉化度衆生

暗鈞三宗五派人

法

武當山玄天上帝經二卷　明嘉靖二年（1523）刻本。書籤題"皇極金丹九蓮正信皈真還鄉寶卷"。周紹良贈與吳曉鈴。

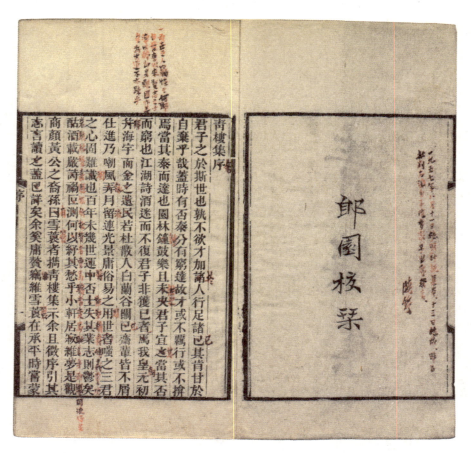

青樓集一卷　（元）雪蓑漁隱記，清光緒間長沙葉氏郎園刻本。記述元大都、金陵、維揚、武昌以及山東、江浙、湖廣等地的歌妓、藝人。吳曉鈴手校。

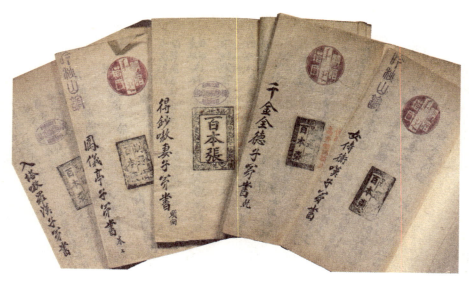

百本張子弟書二十八種　（清）納哈塔氏輯，北京百本張抄本，清光緒二十六年（1900）裝訂。鈐"別還價百本張""納哈塔氏"（滿漢合璧）等印記。

序　一

　　吳曉鈴先生是著名的古代戲曲小說研究的專家,也是著名的藏書家。我有幸曾得到他許多教益。最早是 1962 年我離校後纔完成的論文稿《宋元話本》交給中華書局之後,文學組組長徐調孚先生拿去請吳曉鈴先生代審,因爲是中華書局内部人員的稿子,由局外專家審稿,可以嚴格和客觀一些。他提了不少寶貴的意見,還提示了一些參考資料的綫索。我非常感激,有他給我把了一關,纔不致出大的錯誤,書稿質量又有所提高。給我指定論文題目的導師浦江清先生早已辭世,因此吳先生就成了我論文的唯一的"答辯委員"。

　　當時我還自不量力地想編一部《宋元小說家話本集》,編出初稿後還是由徐調孚先生轉送吳先生代審,他又提了許多改進的意見,主要是收錄標準和斷代的問題。當時我没有力量及時修改,後來形勢又有變化,這部稿子一擱就擱了三十多年。直到我退休之後,又翻出來重加整理,看到稿紙上還有他的一些批注,感動和懷念之情不禁油然而生。我知道吳先生在學術上是嚴格要求的,但對我又毫無保留地提供了不少資料信息。當時他如果多提一些意見就更好了,可惜已經没有機會再向他請教了。後來我對《宋元小說家話本集》稍作删改並補加了注釋,總算完稿出版了,其中就有他對我的指點和鼓勵。

　　吳先生和中華書局關係密切,首先是關於《古本戲曲叢刊》的工作。1958 年,鄭振鐸先生不幸遇難殉職之後,他主編的《古本戲曲叢刊》就停頓了。國務院古籍整理出版規劃小組組長齊燕銘同志親自抓了這個項目,召集了吳曉鈴和趙萬里、傅惜華、阿英、周貽白等五位專家組成新的編委會。因爲鄭振鐸先生原爲中國科學院文學研究所所長,所以作爲文研所的任務,由文研所的吳曉鈴先生負責具體的編選工作,是最爲適當的。吳先生作爲鄭振鐸先生的學生,義不容辭,立即積極、認真地投入了這項工作。而在編輯、出版工作方面,中華書局被指定參與配合。爲了這項任務,中華書局特地從文研所調進了專研戲曲的周妙中同志,配合吳先生做了大量調查研究工作。吳先生又親自對北京所藏的戲曲資料作了一番調查研究,寫出了提要,詳見他的《1962 年訪書讀曲記》。最後在吳先生主持下編出了《古本戲曲叢刊》第五集至第十二集的草目。爲了配合當時歷史劇創作的熱潮,齊燕銘同志建議,把第十一集清代内廷編撰的歷史故事和傳說的"大戲"提前編印,並改爲第九集,由中華書局於 1961—1964 年陸續出版。正在繼續編印第五以下各集時,形勢發生了變化,對帝王將相、才子佳人的批判傳達下來了,《古本戲曲叢刊》的編輯工作就此停頓了十九年。

　　直到"文革"結束後的 1983 年,古籍整理出版規劃小組第二任組長李一氓同志又抓緊了這一個項目,多次召集文學研究所和各有關圖書館、出版社的負責人開會商討,催促《古本戲曲叢刊》的繼續編印。還是由吳曉鈴先生主持,由編委會編輯了《叢刊》的第五集,於 1986 年出版。李一氓同志還一再說要繼續把六、七、八集編下去。不幸的是,没有看到六、七、八集的編印,李一氓同志就與世長辭了。繼而吳曉鈴先生也離開了人寰。從此《古本戲曲叢刊》工作又停頓了二十幾年。前兩年,我曾多次呼籲要把《古本戲曲叢刊》的項目繼續完成。2012 年,全國古籍整理出版規劃領導小組已經把《古本戲曲叢刊》列入了十年規劃。現在中國社科院文學研究所和出版社的同志都認爲還是要以吳曉鈴先生草擬的書目爲基礎,再加增改,底於完成。幾十年來,吳先生一直在想編一部"曲錄新編"(見《我研究戲曲的方法》),但没有見到成形的稿本。現存他擬定的《古本戲曲叢刊》

第五至十二集的草目，也許可以說是"曲錄新編"的一個部分。我想，吳先生的理想和貢獻，後人是不會忘記的。

另一個項目是《古本小說叢刊》，吳曉鈴先生也積極參與了策劃和支援。中華書局版《古本小說叢刊》第一輯中所收的康熙間鈔本《斬鬼傳》和乾隆五十四年舒元煒序本《紅樓夢》，都是吳先生提供的自藏本，非常珍貴。尤其是舒序本《紅樓夢》，是現知在《紅樓夢》刊印之前有明確年代記載的早期抄本，書中保存了曹雪芹初稿的某些痕跡，引起了研究者的高度重視。我在借印工作時也曾有幸看到了原書，注意到了舒本的某些特點。舒本雖無批語，但第六回卻有一條特有的旁批，在"板兒倒長得這麼大了"句旁，加了"周家的如何認得是板兒"一句，顯然是後人加的，決非脂硯齋的手筆。事後我和中華書局的同仁一起把原書送還吳先生家，當時聽他談了不少關於《古本小說叢刊》和《古本戲曲叢刊》的設想，可惜的是以後就沒有再面聆教益的機會了。

1988 年 8 月，我給吳先生寄了一本《學林漫錄》第十二集，因爲其中有一篇齊如山先生的《小說勾陳》遺稿，和他從美國抄回來的《哈佛大學所藏高陽齊氏百舍齋善本小說跋尾》有關。吳先生在美國哈佛大學看到了齊如山舊藏的一部分小說，就把他的跋尾抄回來，發表於春風文藝出版社編印的《明清小說論叢》第一輯（1984），祇有二十三篇。我見獵心喜，就把《小說勾陳》裏的另外十二篇和文字不同的四篇抄出來，加上一些按語，交給《學林漫錄》發表了。出書後我又向吳先生打聽，北京有沒有齊如山的後人。根據他提供的綫索，我給北京大學西語系的齊香教授寄了樣書和一筆微薄的稿費。吳先生看到書後，給我覆了一封信，對《學林漫錄》的文章談了一些意見。吳先生這封信是用他特製的畫箋寫的，他在信末告訴我：

> 此箋係 1946 年離印時，當時繪畫雕塑第一大師難達婆藪老人繪贈之《仕女撈琶圖》（Vina 即琵琶），歸國後囑廠肆文楷齋縮小木刻爲箋紙，另附一幀供清賞，真是秀才人情了。

這幀信箋是精美的木刻版畫，吳先生曾在《難達婆藪〈禪定圖〉跋》一文中介紹說：

> 難達婆藪翁是當代印度首席畫家，逝於 1966 年 4 月 16 日，壽八十三……1924 年伴詩人泰戈爾訪問北京時，曾爲梅蘭芳大師作油畫《洛神圖》和水墨畫《禪定圖》。二圖歷劫不知尚在人間否。現將我的《禪定圖跋》和珍藏的《彈琶圖》和翁晚年以華風運筆的《靈鷲山》寫生二幀付刊露布，以見中印文化交流的因緣。

吳先生的"秀才人情"，對我來說是一件珍貴的文物。這種箋紙，可能不止我一個人得到過，但我這裏收藏着一段珍貴的紀念。

1995 年吳曉鈴先生辭世後，他的家屬遵照吳先生的遺願，希望把藏書贈給公家圖書館收藏，以利保護古籍，嘉惠學者。首都圖書館經過多方努力，爭取到了這一批珍貴的藏書，編爲"綏中吳氏藏書"，特辟專藏，妥爲管理。其中抄本稿本戲曲已編爲《綏中吳氏抄本稿本戲曲叢刊》，由學苑出版社影印，公之於世。現在又把全部贈書編成分類目錄，供廣大讀者查閱，確是一件功德無量的事。我是受益於首都圖書館的老讀者，又曾接受過吳曉鈴先生的許多教益，因此編者委派我爲目錄寫一篇序言。我在惶恐之餘，又義不容辭，祇能憑記憶寫一些我對吳先生的印象，聊表對他的敬仰之意，並以酬答首都圖書館爲讀者熱情服務之惠。至於版本、目錄方面的問題，我祇是一個初學者，不敢妄加評論，希望讀者找吳曉鈴先生已發表的論著來參看，一定能得到很多有益的收穫。

吳曉鈴先生誕生一百周年之春，程毅中敬述。

序　二

　　綏中吳氏即已故著名學者吳曉鈴先生。吳先生祖籍遼寧省綏中縣，1914 年生人，父親爲教會學校的校長和基督教牧師。他幼年即隨父來京居住。1937 年，吳曉鈴先生畢業於北京大學中文系，先後任職於北京大學、西南聯大、印度國際大學、巴黎大學北京漢學研究所、中國社會科學院。吳先生早年就對中國古典戲曲、古代小說、民俗曲藝有着濃厚興趣，一生致力於中國古代文學的研究，並搜集和收藏與之相關的典籍。他不僅是我國著名的古代文學研究專家，同時也是海內外知名的私人藏書家。

　　吳先生從青年時期既已開始有系統地收藏明清戲曲、小說和俗文學等書籍，藏書的專業性極強，成爲享有盛譽的學者藏書家。吳先生經常到北京琉璃廠、隆福寺等古舊書店去訪書，曾經是店家熟知的顧客。吳氏藏書中有相當一部分是來源於京城的舊書店。除了從古舊書店購書之外，其藏書中還有家傳珍本、友人饋贈等等。1942 年至 1946 年，吳先生和夫人石素真女士在印度國際大學講學，同時研究印度古典戲劇，歸國時帶回一些梵文和孟加拉文書籍，也成爲吳氏藏書的一部分。"文革"期間，吳先生和許多學者一樣，也受到衝擊，藏書被封存，險些遭毀。由於吳先生和夫人的巧妙周旋，藏書纔得以保存，幸免於難。1995 年，吳先生過世，夫人石素真女士和子女遵照吳先生的遺願，希望這批藏書能夠得到妥善保存，故而有意移贈給圖書館收藏。當時，北京大學圖書館、中國社科院圖書館等多家公藏單位都意欲入藏，首都圖書館也極力爭取。爲了確定吳氏藏書的價值，我們還專門邀請著名学者朱家溍先生、著名版本學家李致忠先生、田濤先生、宋平生先生對藏書價值進行了評估。時爲北京市文化局副局長的吳江先生是吳曉鈴先生的侄子，對吳先生的意願和首圖的情況都比較了解，极力促成此事。經過多方努力，吳氏藏書終於確定贈予首圖。2000 年 8 月，我有幸和兩位同事一起承擔了贈書的清點接收工作。吳先生的女兒吳葳老師陪同我們對藏書逐一進行清點核對，然後裝箱封存。我們在宣武門外的吳家小院，幽靜古樸的雙楈書屋連續工作了數天，將 6900 餘冊藏書分裝 70 餘箱，安全運回首圖，存放於當時的善本小樓上。由於原來的保存環境比較潮濕，我們在清點時發現有些藏書存在書蟲，隨即分批對每箱藏書進行了低溫冷凍除蟲。我們還將所有無函套的書冊全部定製了函套；對於殘破的書籍，逐步進行了修復。2001 年底，首圖古籍部正式遷入華威橋新館，所有藏書存入保護條件優良的恒溫恒濕地下善本書庫。2002 年 5 月，在首圖新館正式舉辦了吳氏藏書捐贈儀式。北京市和文化局的相關領導，古籍藏書界、學術界的許多專家學者參加了儀式。捐贈儀式後，吳先生夫人石素真女士和家人及來賓參觀了首圖舉辦的"吳曉鈴先生藏書暨生平圖片展"。

　　首都圖書館在接收綏中吳氏贈書後，對藏書進行了正式編目，特辟"綏中吳氏藏書"專題目錄供讀者檢索閱覽。經常有海內外的專家學者前來查閱，小說、戲曲、子弟書、寶卷、曲譜等各類文獻都有眾多研究者閱覽。他們往往是索讀數日，如獲至寶。同時，我們還對藏書中的小說、戲曲、曲藝等文獻逐步進行了系統的整理。2003 年編輯出版了《吳曉鈴先生珍藏古版畫全編》，2004 年編輯出版了《綏中吳氏藏抄本稿本戲曲叢刊》，以利研究者使用。

　　吳氏贈書共有古籍 2272 部，6362 冊，另梵文和孟加拉文圖書 564 冊。主要包括元雜劇、明清戲曲、小說、子弟書、寶卷、曲譜、詩文集等各類珍籍，其中戲曲、小說和曲藝數量最多，抄本與刻本之比約爲三比一,以抄本中珍稀孤本爲多。刻本包括明刊本 73 種,乾隆以前清刊本 70 餘部,清中晚期刻印本 1000 餘部。其餘大部分爲明清及民國後抄本,也不乏珍稀善本。吳氏藏書的文獻價值,歷來爲人所知。雖就版本年代而言,不能與宋元佳刻相比,但卻有其不可替代的獨特價值。吳曉鈴先生搜集藏書是基於他的學術研究所需,因此吳氏藏書絕非單純以收藏爲目的泛泛而藏,其藏書的類別都是吳先生所從事的研究領域涉及的文獻,具有極强的專題性和系統性。他曾說:"余所聚書以雜劇及傳奇爲主,自稱非考藏家,故不苛求版本,求其足供研習之需而已。"吳氏藏書最主要的部分是戲曲、小說、曲藝這三個專題的文獻。

首先是古典戲曲,吳氏藏書中彙集了元雜劇,明清傳奇抄、刻本近千部,涵蓋了明清時期最主要的戲曲作品和流傳版本。刻本中有翼聖堂原刊本《巧團圓》《鳳求凰》,明汲古閣六十種曲初印本諸書等珍貴版本。更有大量珍稀抄本,如《昇平署曲本》抄本等。戲曲抄本中有一些還保留着工尺譜,如《青塚記》《大紅袍》《了夢》帶工尺字韻譜,《哭長城》《送客趕車》《抄寫南府舊本昆劇吹打譜》毛裝本,均爲工尺譜抄本,對於研究戲曲唱腔、唱詞都是難得的珍貴資料。

其次是吳氏藏書中的古典小說,就版本而言,是其藏書中最爲精良的部分,無論是刻本、活字本抑或抄本,都有獨到之處。如明刊《三國志》、明崇禎刻本《金瓶梅》、清貫華堂本《水滸傳》《綠野仙蹤》《禪真後史》、程乙本《紅樓夢》等。最爲著名的當屬舒序抄本《紅樓夢》,此本爲清乾隆五十四年舒元煒序抄本,是《紅樓夢》印本出現之前流傳的手抄本之一,爲海內外孤本。我們將此書申報第二批《國家珍貴古籍名錄》,2009 年順利入選。

再次是曲藝書籍,藏書中包含了子弟書、寶卷、鼓詞、曲譜等各種曲藝書籍。曲藝類藏書是吳氏藏書中頗具特色的一個部分,尤其是子弟書,數量有一百餘種。傳世的子弟書僅有四百餘種,主要收藏於中國藝術研究院和臺灣傅斯年圖書館等處。吳氏藏書中能有如此數量的子弟書,也是極爲難得的。其中的百本張、聚卷堂等抄本子弟書有多部是公私藏家未見著錄和收藏的,如《三皇會》《乾鮮菜果名》等。嘉慶二十年抄本《俞伯牙摔琴謝知音》則是現存最早的子弟書抄本。

再有一類即寶卷收藏,共有 187 種,大多數爲抄本,也有早期的刻本。比較稀見的有明嘉靖二年刊本《皇極金丹九蓮正信皈真寶卷》,以及舊抄善本《東嶽泰山十王寶卷》,都是寶卷中的精品。曲藝等俗文學類文獻,大部分爲坊巷抄刻本,裝幀不很講究,在當時不爲重視,因而流傳稀少,但唯其少而珍貴。

吳氏藏書中還有很重要的一部分是曲譜抄、刻本,約五十餘種。雖然數量不是很多,但十分稀見。較爲重要的有清同治間抄本《霓裳羽衣全譜》、清乾隆六十年集賢堂刊本《霓裳續譜》、清道光二十一年抄本《萬花燈鑼鼓譜》、舊抄本《大十番笛譜》《吹彈歌調全譜》《水雲笛譜》等。此類文獻本身存世數量極爲有限,能有數十種藏本,即很不易,想必也是吳先生慧眼識珠,從故書堆裏着意搜集而得。

吳氏藏書中還有少量非書藏品,也具有很高的收藏價值。如《大美國統帶水陸軍提督佈告》,是八國聯軍入京時貼出的告示,據說是當年吳曉鈴先生的父親從南城曉市的地攤上購買保存起來的。中國歷史博物館曾作爲歷史文物進行複製 。

綏中吳氏藏書不僅具有明顯的專題性,而且總體及每一專題部分都自成體系。從總體上講,他所收藏的戲曲、曲藝、小說在內容和數量等方面基本反映了明清戲曲、小說的時代特色、主要成就和發展脈絡,對於研究者來說,無疑會提供最主要的途徑和系統的文獻。從戲曲、曲藝、小說以至更具體的類別來看,甚或某一部作品,也往往可以自成系統。明清傳奇作品流傳存世共 600 餘種,從吳氏藏書中可以找到大部分作品。其中的《西廂記》藏本多達 40 餘種,自古本、舊抄本以至影印本、排印本等,彙集了所有時期的不同版本,甚至比某些圖書館收藏的版本還要齊全。

　　藏書之價值主要視其在版本和學術上的意義，吳氏贈書中雖未見宋元版本，但珍稀版本俯拾即是。吳氏藏書中僅抄本就有406種，稿本11種。抄本中則大部分是未經刊印的，流傳稀少，且不乏珍善孤本。抄稿本、刻本中均有珍稀孤本多部，除部分百本張抄本子弟書、舒抄本《紅樓夢》等書之外，還有清光緒四年孫氏家抄本《錫六環傳奇》、稿本《雙義緣傳奇》等。刻本中則有明初刊本《銷釋金剛科儀錄說記》《銷釋准提復生寶卷》等。其他稿本還有《兩鍾情》《尤庚娘》《半畝寄廬子弟書》《靜遠草堂初稿》《考磐室詩草》《寶庵雜誌》等，亦彌足珍貴。

　　吳氏藏書另一個不可忽視的重要價值還體現在吳曉鈴先生的藏書題跋上。吳曉鈴先生不僅精於戲曲、小說研究，對於古籍版本學、校勘學也有很深的造詣。吳氏贈書中有大量書籍留有吳先生的親筆題跋，往往以墨筆題寫於書籍函套或書籍扉頁上，或列舉版本、辨別異同、考訂年代，或介紹作者、探究本事、評述得失，皆有獨到之處。每一篇都是吳先生研究考證的學術成果。吳先生曾對家人說，他的每一篇題記、每一張卡片都是一篇論文的提綱，此言確矣。因此，吳氏贈書的題跋對於藏書本身賦予了更豐富的內涵和可資研究的內容，不僅為研究藏書提供了捷徑，而且題跋本身也是吳先生學術觀點和成果的最直接的體現。這無疑增加了藏書的收藏和利用價值，因而是吳氏藏書中值得珍視的寶貴財富。

　　吳曉鈴先生是藏書以致用的藏家和學者，他的藏書都是因其學術需要而收藏，因此從中可以發現吳先生許多學術觀點的文獻基礎。吳先生是研究《西廂記》的專家，吳氏藏書中有《西廂記》及相關版本數十種，他標注再版的《西廂記》，校勘精詳、注釋準確，除研究利用社會藏書之外，無疑與他的豐富藏書有不可忽視的關係。吳曉鈴先生在小說研究方面也頗有成就，他對《水滸傳》《金瓶梅》的作者都有過縝密的考證和獨到的見解，其中許多文獻依據均直接來自於他的藏書。《古本戲曲叢刊》在鄭振鐸先生去世後由吳先生接手主編，其計劃出版的第六、七、八等集中擬收部分也有許多吳氏所藏的古典戲曲底本。

　　2002年我曾撰文將自己在整理藏書時的一些粗略統計和認識做過介紹。當時吳曉鈴先生的文集尚未出版。我對於許多書的源流遞嬗和版本價值，都衹是浮於表面的認知。2006年《吳曉鈴集》正式出版。拿到五卷本的文集，真有相見恨晚之感。吳先生對他的許多藏書都做過詳細的考證，從版本、作者到內容、傳本等等，這對於了解吳氏藏書無疑是最好的門徑。先生的文筆如行雲流水，博雅練達，字字珠璣，真大家也！每讀一篇都獲益匪淺，令我對吳曉鈴先生更加充滿敬仰。許多專家學者在談及吳氏藏書時曾說，吳氏藏書是繼吳梅、馬廉、鄭振鐸之後，規模最大、最具特色的戲曲、小說私人藏書，此後也難以再得，堪稱最後的絕響。此言並非過譽，而是對吳氏藏書恰如其分的評價。我對於吳氏藏書認知淺薄，無暇深入研學，頗感慚愧。不曾有緣見教於先生，但卻有幸守護先生的藏書。相信吳氏贈書會像吳曉鈴先生不凡的一生及其學術成就一樣流傳千古，長存人間！

　　今年是吳曉鈴先生誕辰一百周年，為了紀念和緬懷先生，首都圖書館歷史文獻中心古籍編目組的同仁們編輯了這部書目。在編輯過程中，還曾就戲曲、小說等文獻的分類排序向前輩專家程毅中先生、吳書蔭先生求教，得到他們的指導。程毅中老師還慨然應約為書目撰寫了序言。在此向兩位老師致以深摯的謝意！

　　首都圖書館劉乃英恭敍

2014年4月

凡　例

　　一、本書目收錄範圍爲首都圖書館所藏綏中吳氏贈書,有刻本、抄本、活字本、鉛印本、影印本,包括綫裝、平裝、毛裝、精裝,以漢文爲主,有少量滿漢、英漢、日漢對照本,而梵文和孟加拉文圖書因未找到合適的人員進行編目,未能編入。

　　二、著錄方式以《中國文獻編目規則》(第2版)爲準,書名、作者首選卷一卷端,異體字皆照錄,而删除作者的籍貫、字號。卷端標室名、別號的,作者項照錄,在附錄項加以說明。對作者情況存在不同說法,則不著錄,寧闕毋濫。子弟書的作者根據關德棟、周中明《子弟書叢鈔》補充,在此說明,不再逐條附注。

　　三、因綏中吳氏贈書以古籍爲主,所以分類使用四庫分類法,參照《四庫全書總目》《中國叢書綜錄》《中國古籍善本書目》,而根據實際情況做了少量調整。主要是删除無書的類目;藏量過少的類目適當合併,如經部的詩類、禮類、樂類、孝經類合併爲群經類,子部的儒家類、道家類、兵家類合併爲諸子類;增添一些有書無類的類目,如曲類在雜劇、傳奇後增加了承應戲,鼓詞後增加了子弟書。

　　四、每類書的順序按照先總後分的原則編排,然後根據時間先後排列,同時適當照顧同類相對集中。如合併的群經類,其下仍以詩類、禮類、樂類、孝經類爲序,諸子類下以儒家類、道家類、兵家類爲序。別集類以作者出生年代爲序。雜劇、傳奇也是按作者出生年代排列,但因出生年不詳的太多,因此參照《中國古籍總目》《中國曲學大辭典》和《古本戲曲叢刊》,並把這三種書未收的插到相應位置。承應戲參照《故宫珍本叢刊》的順序。寶卷參照《中國宗教歷史文獻集成·民間寶卷》的順序,其中有一些排序不合理的地方,且含有不少民間道教書籍,我們無力改正,依然遵從。許多小說作者與年代衆說紛紜,我們在排序時可能會參考其中一種說法,但因未得到公認,不一定著錄其考證出的作者。

　　五、少量複本,另起一行用第二部、第三部等著錄,衹著錄與第一部不同的内容,如册數、題跋、圈點、鈐印、索書號等。第二部等若不著錄册數,表示與第一部册數相同;若不著錄題跋、圈點、鈐印等古籍流傳過程中產生的信息,則表示無此内容。

目　錄

經 部

群經類

詩毛氏傳疏：三十卷/（清）陳奐撰. --刻本. --長洲：吳門南園掃葉山莊，清道光二十七年（1847）. --8 冊（1 夾）. --半葉 10 行，行 21 字，小字雙行字同，粗黑口，左右雙邊，雙順黑魚尾，半框 17.5×13.2cm. 書末木記題"武林愛日軒朱兆熊鐫"。吳門南園掃葉山莊陳氏藏版。鈐"曾爲弢園老民藏過"朱文印、"淞北玉魷生"朱文印、"王韜印"白文印、"紫詮"朱文印、"曾經王韜藏過"朱文印、"王韜祕籍"白文印、"遯叟藏書"朱文印、"甫里王韜"白文印. --綫裝　　　　　己/2157

布帛名物：六篇/吳承仕著. --鉛印本. --民國十九年（1920）. --1 冊（1 函）. --書名頁題"三禮名物之一"。半葉 11 行，行 25 字，小字雙行字數不等，粗黑口，四周單邊，單黑魚尾，半框 14.9×11.5cm。鈐"馬敘倫"白文印、"曉鈴藏書"朱文印. --綫裝　　　　　己/1431

樂經以俟錄：二卷/（明）瞿九思著. --抄本. --清（1644—1911）. --1 冊：有插圖. --據明平陽史學遷刻本抄。半葉 9 行，行 20 字，無邊框. --毛裝　　　　　己/415、己/416

樂學軌範：九卷/（朝鮮）成俔等撰. --影印本. --日本京城府：古典刊行會，日本昭和八年（1933）. --3 冊（1 函）：有插圖. --據高麗刻本影印。半葉 11 行，行 23 字，黑口，四周雙邊，雙對花魚尾，半框 19.8×14cm。鈐"甯武南氏

珍藏"朱文印、"復盦南氏"朱文印. --綫裝　　　　　己/1606

新刊全相成齋孝經直解：一卷/（元）貫雲石撰. --影印本. --北平：來薰閣書店，民國二十七年（1938）. --1 冊（1 函）：有插圖. --據元刊本影印，底本卷首缺葉。兩截版，上圖下文。半葉 10 行，行 13 字，白口，左右雙邊，半框 13.7×9.7cm。鈐"曉鈴藏書"朱文印. --綫裝　　　　　己/2195

小學類

訓詁

正音咀華：三卷，續編一卷，附儀略一卷/（清）莎彝尊著. --刻本. --廣州：塵談軒，清咸豐三年（1853）. --2 冊. --莎柜薌，字彝尊。半葉 8 行，行 22 字，粗黑口，四周雙邊，有眉批，行 4 字，單黑魚尾，版心下刻"塵談軒"，半框 18.8×12cm. --綫裝　　　　　己/1042

正音再華，首附五百家姓/（清）莎彝尊輯. --刻本. --清同治六年（1867）. **紅樓夢摘華**：後附南詞北調/（清）莎彝尊輯. --刻本. --清同治七年（1868）. --1 冊（1 函）. --書名頁題"正音再華傍註"。此書是粵人學官話的教材。半葉 8 行，行 22 字，粗黑口，四周雙邊，單黑魚尾，半框 18.7×11.8cm。塵談軒藏板。鈐"曉鈴藏書"朱文印. --綫裝　　　　　己/1024

燕說：四卷/（清）史夢蘭作. --刻本. --清同治六年（1867）. --1 冊（1 函）. --史夢蘭，號"止園

主人"。半葉 10 行,行 23 字,白口,四周雙邊,單黑魚尾,半框 17.1 × 12.5cm。止園藏板。鈐"苦雨齋藏書印"朱文印、"吳"朱文印、"曉鈴藏書"朱文印. --綫裝　　　　己/1470

越諺:三卷,附論二卷,附越諺賸語二卷/(清)范寅輯. --刻本. 谷應山房,清光緒八年(1882). --3 冊(1 函). --半葉 10 行,行 25 字,小字雙行字同,白口,四周雙邊,單黑魚尾,版心下刻"谷應山房藏板",半框 19.2 ×13.3cm。有吳曉鈴題記。鈐"吳曉鈴"朱文印、"吳"朱文印、"曉鈴藏書"朱文印. --綫裝　　己/1478

較正官音仕途必需雅俗便覽:三卷/(清)張錫捷集. --刻本. --民國(1912—1949). --2 冊(1 函):有插圖. --書皮題"民國適用官話捷訣",版心題"官音便覽"。半葉 11 行,行 27 字,白口,四周雙邊,無直格,單黑魚尾,半框 18.3 ×10.3cm。鈐"吳"朱文印、"曉鈴藏書"朱文印. --綫裝　　　　己/2259

蜀方言:二卷/張慎儀撰. --刻本. --清光緒至民國(1875—1949). --1 冊(1 函). --(箋園叢書/張慎儀撰). --刊刻年代據《中國叢書綜錄》著錄。半葉 11 行,行 25 字,小字雙行字同,白口,左右雙邊,單黑魚尾,版心下刻"箋園叢書",半框 18.5 ×12.4cm。鈐"曉鈴藏書"朱文印. --綫裝　　　　己/1428

南通方言疏證:四卷/孫錦標編輯. --石印本. --南通:翰墨林書局,民國二年(1913). --4 冊(1 函):著者肖像 1 幅. --半葉 9 行,行 30 字,小字雙行字同,粗黑口,四周雙邊,單黑魚尾,半框 17.2 ×10.7cm. --綫裝　　　　己/2026

同官方言謠諺志:一卷/黎錦熙主編. --鉛印本. --西安:泰華印刷廠,民國三十三年(1944). --1 冊(1 函). --本書即《同官縣志》卷二十七《方言謠諺志》。半框 13 行,行字數不等,白口,四周雙邊,單黑魚尾,半框 20.2 ×

13.8cm。有黎錦熙向國語會贈書贈言。鈐"沈兼士印"朱文印、"吳"朱文印、"曉鈴藏書"朱文印. --綫裝　　　　己/2290

洛川方言謠諺志:一卷/黎錦熙主編. --鉛印本. --西安:泰華印刷廠,民國三十三年(1944). --1 冊(1 函). --本書即《洛川縣志》卷二十四《方言謠諺志》。半葉 13 行,行字數不等,白口,四周雙邊,單黑魚尾,半框 20.2 ×13.8cm。有黎錦熙向胡適贈書贈言。鈐"吳"朱文印、"曉鈴藏書"朱文印. --綫裝　　　　己/2289

長安里語/徐昌祚著. --抄本:綠絲欄. --北平:望舒,1949 年. --1 冊(1 函). --原載明萬曆三十年(1602)刻本《燕山叢錄》,錄自北平史語研究所圖書史料整理處所藏人文科學研究所抄本。半葉 10 行,行 20 字,無邊框. --綫裝　　　　己/2264

通俗常言疏證:不分卷/孫錦標編輯;張孝若校字. --石印本. --南通:翰墨林,民國十四年(1925). --4 冊(1 函):肖像 1 幅. --半葉 9 行,行 30 字,小字雙行字同,粗黑口,四周雙邊,單黑魚尾,半框 15.8 ×10cm。鈐"國立北京大學文科研究所"朱文印. --綫裝　　　　己/1260

俗語考原/李鑑堂集. --鉛印本. --民國二十六年(1937). --1 冊(1 函). --半葉 10 行,行 20 字,小字雙行 23 字,黑口,四周雙邊,單黑魚尾,半框 14.1 ×9.5cm。鈐"吳"朱文印、"曉鈴藏書"朱文印. --綫裝　　　　己/2273

南山俗語考/(日本)[島津重豪撰]. --刻本. --日本,日本文化九年(1812). --1 冊(1 函). --殘存卷 3。半葉 7 行,行 18 字,白口,四周單邊,半框 18.7 ×13.6cm。鈐"膌馥堂"朱文印. --綫裝　　　　己/1261

支那小說辭彙:二卷/(日本)藤井理伯纂

輯.--刻本.--東京:松山堂書店,日本明治四十三年(1910).--2冊(1函).--封面題"俗語訓譯支那小說辭彙"。半葉8行,行15字,小字雙行26字,白口,四周雙邊,單黑魚尾,半框13.9×10.1cm。鈐"吳"朱文印、"曉鈴藏書"朱文印.--綫裝　　　　己/2027

唐詩俗語考(一):日語/(日本)豐田穰撰.--鉛印本.--日本昭和十六年(1941).--1冊.--《漢學會雜誌》第九卷第一號抽印。書衣有"周先生惠存"題識.--平裝　　己/2029

番漢合時掌中珠/(西夏)骨勒撰.--石印本.--日本:上虞羅振玉,民國七年(1918).--1冊(1函).--殘存第7、9—17葉。半葉12行,行8字,白口,四周雙邊,半框9.9×7.4cm。鈐"曉鈴藏書"朱文印.--綫裝　　己/2274

西夏番漢合時掌中珠補及西夏民族語言與夏國史料/王靜如著.--油印本.--北平:國立中央研究院歷史語言研究所,民國十九年(1930).--1冊(1函).--(西夏研究臨時刊之一).--半葉11行,行27字,無邊框。有贈言"疑古先生教正,靜如敬贈,一九·八·一三"。鈐"曉鈴藏書"朱文印.--綫裝

己/2291

字書

新鎸增補音郡音義百家姓.--刻本.--李文登,清(1644—1911).--1冊(1函).--書名頁題"百千音義"。半葉9行,行21字,小字雙行字同,白口,四周雙邊,單黑魚尾,半框16.8×10.5cm。京都文興堂藏板。鈐"曉鈴藏書"朱文印.--綫裝　　　己/1432

百家姓.--刻本.--京都:寶文堂,民國十八年(1929).--1冊(1函).--缺第1葉。半葉6行,行8字,白口,四周雙邊,無直格,單黑魚尾,半框14×10.6cm。鈐"吳"朱文印、"曉鈴

藏書"朱文印.--綫裝　　　　己/2258

龍文鞭影:二卷/(明)蕭良有撰;(清)楊臣靜增訂.附**龍文鞭影二集**:二卷/(清)李暉吉,(清)徐瓚輯.續**龍文鞭影三集**:二卷/(清)賀鳴鸞撰.--刻本.--周村三益堂,清末(1851—1911).--6冊(1函).--書名頁題"新增龍文鞭影"。上下兩欄,上爲正文,下爲注釋。上欄半葉8行,行4字,下欄半葉16行,行25字,白口,四周雙邊,單黑魚尾,半框17.8×12.4cm。佚名朱筆圈點。鈐"吳"朱文印、"曉鈴藏書"朱文印.--綫裝　　己/2181

寄傲山房塾課新增幼學故事瓊林:四卷,首一卷/(清)程登吉撰;(清)鄒聖脈增補.--刻本.--善成堂,清光緒(1875—1908).--2冊(1函):有插圖.--書名頁題"幼學故事瓊林"。上下兩欄,下欄半葉10行,行26字,小字雙行字同,白口,左右雙邊,單黑魚尾,版心下刻"善成堂",半框20.3×14.4cm。善成堂藏版。鈐"吳"朱文印、"曉鈴藏書"朱文印.--綫裝

己/2180

新增繪圖幼學故事瓊林:四卷,首一卷/(明)程允升撰;(清)鄒聖脈增補.--石印本.--上海:廣益書局,民國九年(1920).--5冊(1函):有插圖.--書名頁題"初學實用幼學瓊林"。兩截版,上截爲:新增民國應酬新編:四卷/陸九如纂輯;石韞玉增補。下截爲:新增繪圖幼學故事瓊林,半葉13行,行22字,白口,四周單邊,單黑魚尾,半框17.4×12cm。有佚名朱筆圈點。鈐"曉鈴藏書"朱文印.--綫裝

己/2196

笠翁對韻:二卷/(清)李漁輯.--刻本.--清光緒二十年(1894).--1冊(1函).--半葉8行,行20字,小字雙行字同,白口,四周雙邊,單黑魚尾,半框14.2×11.2cm。同會齋藏板。鈐"曉鈴藏書"朱文印.--綫裝　　　己/1298

問奇典注：六卷/（清）唐英輯釋. --刻本. --武昌：張昞楚雄樓僧舍，清嘉慶二十三年（1818）. --6 冊（1 夾）. --半葉 5 列，每列上端大字 2 至 3 字，其下小字 1 至 4 行，行 24 字，白口，四周雙邊，單黑魚尾，半框 20.7×14cm。鈐"曉鈴藏書"朱文印. --綫裝　　　　己/904

傳家至寶：二卷/（清）佚名輯. --抄本. --清（1644—1911）. --2 冊（1 函）. --《千字文》和《四書》字典。鈐"王氏所藏書畫之印"朱文印、"吳"朱文印、"曉鈴藏書"朱文印. --綫裝　　　　己/1500

訓蒙捷徑/（清）黃慶澄撰. --刻本. --清光緒二十五年（1899）. --1 冊（1 函）. --半葉 10 行，行 21 字，白口，四周單邊，單黑魚尾，半框 17.2×12.5cm。鈐"曉鈴藏書"朱文印. --綫裝　　　　己/2275

文字學形義篇/朱宗萊著. --鉛印本. --北京：北京大學出版組，民國二十年（1931）. --1 冊（1 函）. --半葉 13 行，行 33 字，無直格，粗黑口，四周雙邊，單黑魚尾，半框 16.6×11.3cm. --綫裝　　　　己/2249

韻書

唐寫本王仁昫刊謬補缺切韻/（唐）王仁昫撰. --影印本. --北平：國立北平故宮博物院，民國三十六年（1947）. --1 冊（1 函）. --半葉 18 行，行字數不等，小字雙行字數不等，半框25.3×22.8cm。有鄭天挺贈言"三十七年二月奉塵。莘田吾兄美國新港旅次，天挺寄自北平"。鈐"曉鈴藏書"朱文印. --綫裝　　　　己/2239

廣韻：五卷/（宋）陳彭年等重修. --石印本. --北平：來薰閣，民國二十三年（1934）. --5 冊（1 函）. --封面題"宋本廣韻"。據張氏澤存堂刻本影印。半葉 10 行，行字數不等，小字雙行

27 字，白口，左右雙邊，單黑魚尾，半框 13.7×10.3cm。鈐"來薰閣"朱文印、"吳曉鈴"白文印、"吳"朱文印. --綫裝　　　　己/1480

中州音韻/（元）卓從之撰；（清）趙善達校. --抄本. --清（1644—1911）. --2 冊. --半葉 8 行，行字數不等，小字雙行 26 字，無邊框。書皮題"秋菊春蘭館藏本"。鈐"石孔子二日生"朱文印、"烏衣少年"朱文印、"秋菊春蘭之室"朱文印、"曉鈴藏書"朱文印. --綫裝　　　　己/907

中州音韻：不分卷/（元）卓從之撰；（清）張漢重校. --石印本. --民國（1912—1949）. --1 冊. --半葉 9 行，行字數不等，白口，四周雙邊，單黑魚尾，半框 15.7×9.3cm。卷末吳伯威鋼筆題字"一九三五年十二月廿四購於北大出版組"。鈐"吳伯威氏珍藏"朱文印、"曉鈴藏書"朱文印. --綫裝　　　　己/1805

中州樂府音韻類編/（元）卓從之述. --曬藍本. --[19?? 年]. --1 冊. --據抄本複製。鈐"曉鈴藏書"朱文印. --毛裝　　　　己/908

切韻指南：不分卷/（元）劉鑑撰. --油印本. --民國（1912—1949）. --1 冊. --自序題"經史正音切韻指南"。據清康熙間京都廣渠門內隆安禪寺刻本油印。半葉 10 行，行 18 字，白口，四周雙邊，單黑魚尾，半框 18.2×13.9cm。鈐"吳"朱文印、"曉鈴藏書"朱文印. --綫裝　　　　己/2288

音韻正訛：四卷/（明）孫耀輯；（明）吳思本訂. --刻本. --吟香齋，清（1644—1911）. --1 冊：插圖 1 幅. --存卷 1。半葉 8 行，行字數不等，小字雙行 30 字，白口，四周單邊，單黑魚尾，半框 14.8×10.7cm。吟香齋藏版。鈐"曉鈴藏書"朱文印. --綫裝　　　　己/902

正音攈言：四卷/（明）王荔著；（明）王允嘉

注.--刻本.--古項王氏,明崇禎元年(1628).--4 冊(1 函).--半葉 8 行,行 20 字,眉欄有評,行 3 字,白口,四周雙邊,半框 21.1×12.3cm。佚名朱筆圈點、批註.鈐"吳"朱文印、"曉鈴藏書"朱文印.--綫裝 己/1424

中州全韻:十九卷/(清)范善溱纂.--抄本.--民國(1912—1949).--4 冊.--半葉 8 行,行 16 字,小字雙行字同,無邊框.鈐"曉鈴藏書"朱文印.--綫裝 己/898

聲韻同然集:四卷/(清)楊選杞作.--稿本.--清順治十六年(1659).--4 冊(1 函).--有殘葉。楊選杞,號夢白齋主人.半葉 8 行,行 32 字,無邊框.有朱筆補字.羅常培舊藏.鈐"楊印選杞"白文印、"士季"白文印、"羅常培讀"朱文印、"川南山房圖籍"白文印、"兄弟元豈"朱文印、"吳"朱文印、"曉鈴藏書"朱文印.--綫裝 己/1487

五方元音:二卷,首一卷/(清)樊騰鳳原本;(清)年希堯增補.--刻本.--民國十年(1921).--2 冊(1 函).--牌記題"五方元音大全"。半葉 10 行,行 21 字,小字雙行字同,白口,左右雙邊,單黑魚尾,半框 19.7×14.4cm。京都文成堂藏板.鈐"吳"朱文印、"曉鈴藏書"朱文印.--綫裝 己/1472

韻白:一卷/(清)毛先舒著.--刻本.--清康熙(1662—1722).--1 冊.--(思古堂十二種).--書前抄配《欽定四庫全書提要》之本書提要及耿人龍《韻統圖說》提要.半葉 10 行,行 20 字,白口,左右雙邊,單白魚尾,半框 19.8×14.3cm。鈐"曉鈴藏書"朱文印.--綫裝 己/906

古韻標準:四卷,卷首詩韻舉例一卷/(清)江永編.--刻本.--南海伍崇曜,清咸豐二年(1852).--1 冊(1 函).--(粤雅堂叢書).--半葉 9 行,行 21 字,黑口,左右雙邊,版心下刻"粤

雅堂叢書",半框 13.3×10cm。鈐"京師大學堂藏書樓鈐冊圖章"朱文印.--綫裝 己/2301

同文韻統:六卷/(清)章嘉胡土克圖纂修.--石印本.--上海:大東書局,民國二十二年(1933).--2 冊.--半葉 10 行,行 20 字,黑口,左右雙邊,單黑魚尾,半框 15.3×11.6cm。鈐"吳"朱文印、"曉鈴藏書"朱文印.--綫裝 己/1804

三教經書文字根本/(清)釋阿摩利諦等訂集.--抄本,精抄.--民國(1912—1949).--1 冊.--版心題"文字根本"。責任者原署"阿摩利諦訂集十二攝;司馬溫公訂集二十一母;滿洲胡文伯訂集切音;漢人虞嗣訂集諧聲韻學"。半葉 10 行,行 17 字,白口,四周雙邊,半框 23.8×16.3cm。鈐"羅常培讀"朱文印、"曉鈴藏書"朱文印.--綫裝 己/901

圓音正考:一卷/(清)存之堂集.--刻本.--北京:三槐堂書坊,清道光十年(1830).--1 冊.--半葉 6 行,行 8 字,白口,四周雙邊,單黑魚尾,半框 11×9.8cm。牌記題"道光庚寅年鐫"、"京都隆福寺對門三槐堂書坊發兌"。鈐"曉鈴藏書"朱文印.--綫裝 己/911

中州全韻:二十二卷,首一卷/(清)周昂輯.--刻本.--集古堂,清(1644—1911).--10 冊.--目錄及封面題"新訂中州全韻"。半葉 8 行,行 20 字,白口,左右雙邊,單黑魚尾,版心下印"此宜閣",半框 21.5×12.3cm。此宜閣藏板.鈐"羅常培讀"朱文印、"曉鈴藏書"朱文印.--綫裝 己/893

音韻輯要:二十一卷/(清)王鵕纂.--刻本.--清乾隆(1736—1795).--2 冊.--半葉 8 行,行字數不等,小字雙行24字,白口,四周雙邊,單黑魚尾,半框 20.2×14.2cm。鈐"聖翁"朱文印、"曉鈴藏書"朱文印.--綫裝 己/905

音略:不分卷/黃侃著.--抄本,綠絲欄.--杭州:羅常培,民國十六年(1927).--1 冊(1 函).--羅常培跋、吳曉鈴識語皆稱作者爲黃季剛(名侃),責任說明據以著錄。半葉9行,行字數不等,白口,四周雙邊,單黑魚尾,半框 16.5×11.7cm。鈐"羅常培讀"朱文印、"吳"朱文印、"曉鈴臧書"朱文印.--綫裝

己/1824

文字學音篇/錢玄同撰.--鉛印本.--北京:北京大學出版組,民國二十三年(1934).--1 冊(1 函).--半葉12行,行33字,粗黑口,四周雙邊,無直格,單黑魚尾,半框 16.6×11.3cm.--綫裝

己/2250

應用國音學講義.--鉛印本.--天津:世華印刷局,民國十一年(1922).--1 冊(1 函).--半葉14行,行20字,白口,四周雙邊,無直格,單黑魚尾,半框 14.7×11.5cm。鈐"吳"朱文印、"曉鈴臧書"朱文印.--綫裝

己/2278

潮聲十七音新字彙合璧大全/姚弗如編;蔡邦彥校.--石印本.--汕頭:汕頭文明商務書局,民國二十三年(1934).--1 冊(1 函).--半葉行、字數不一,白口,四周單邊,無直格,半框 16×10.8cm。鈐"曉鈴臧書"朱文印.--綫裝

己/2252

夏炘詩古韻表二十二部集說:二卷/夏炘撰.--鉛印本.--北京:北京大學出版組,民國(1912—1949).--1 冊.--書皮題"古韻表集說"。半葉行、字數不一,黑口,四周雙邊,單黑魚尾,半框 20×12.2cm。鈐"吳"朱文印、"曉鈴臧書"朱文印.--綫裝

己/2255

中華新韻:不分卷/教育部國語推行委員會編.--影印本.--民國(1912—1949).--1 冊(1 函).--前附《國民政府令》、《教育部佈告社字第三七八三四號》。據民國三十年(1941)成都學道街茹古書局刻本影印。半葉12行,行20字,粗黑口,左右雙邊,單黑魚尾,半框 16.9×12cm.--綫裝

己/1813

史　部

雜史類

庚子西行記事：一卷／（清）唐晏纂；劉承幹校刻.--刻本.--南林劉氏求恕齋,民國八年（1919）.--1 冊（1 函）.--（求恕齋叢書）.--半葉 10 行,行 21 字,黑口,四周單邊,單黑魚尾,半框 13.7×10.8cm。鈐"黃麥叔"朱文印、"吳"朱文印、"曉鈴藏書"朱文印.--綫裝

己/2262

異國物語：一卷／（日本）竹內藤右衞門撰；**異國物語考釋**：一卷／（日本）橋川時雄著.--影印本.--東京：三秀舍,日本昭和十年（1935）.--1 冊（1 函）.--《異國物語》半葉 6 行,行 12 字,無邊框；《異國物語考釋》半葉 12 行,行 23 字,粗黑口,左右雙邊,雙順黑魚尾,半框 17.3×12.4cm。鈐"吳"朱文印、"曉鈴藏書"朱文印.--綫裝

己/2310

史抄、史評類

佚名史書.--抄本.--清初（1644—1722）.--4 冊（1 函）.--殘本。半葉 9 行,行 24 字,無邊框。有朱筆眉批。鮑廷博、劉喜海舊藏。鈐"知不足齋鮑以文藏書"朱文印、"劉氏喜海字燕庭藏書"朱文印、"吳"朱文印、"吳曉鈴"白文印、"綠雲山館"朱文印.--綫裝　　己/1486

峴南道唱演／（清）丹徒樵隱先生授；峴南學社錄本.--刻本.--清宣統三年（1911）.--1 冊.--半葉 11 行,行 21 字,粗黑口,左右雙邊,雙對黑魚尾,半框 16.6×12.5cm。鈐"沈世德

印"朱文印、"曉鈴藏書"朱文印、"吳"朱文印.--綫裝
己/993

南宋雜事詩：七卷／（清）沈嘉轍等撰.--刻本.--武林：芹香齋,清（1644—1911）.--4 冊（1 函）.--卷末題"嘉善劉子端手錄,武林芹香齋摹鐫"。半葉 11 行,行 21 字,小字雙行 27 至 30 字,白口,左右雙邊,單黑魚尾,半框 17.4×13.2cm。鈐"苦雨齋藏書印"朱文印、"曉鈴藏書"朱文印.--綫裝
己/2095

宮詞／（明）錢位坤撰.--影印本.--秀水金氏梅花草堂,民國（1912—1949）.--1 冊（1 函）.--書名頁題"大鶴山人宮詞紀事",版心題"宮詞紀事"。卷尾題"秀水金氏梅花草堂影印善本之三"。崇禎、弘光宮詞各五十首。半葉 6 行,行 19 字,白口,左右雙邊,半框 19.3×13.6cm。鈐"吳"朱文印、"曉鈴藏書"朱文印.--綫裝
己/2123

長安宮詞：一卷／（清）胡延撰.--刻本.--清光緒二十八年（1902）.--1 冊（1 函）.--半葉 8 行,行 20 字,左右雙邊,單黑魚尾,半框 19.6×13.3cm。鈐"海珊"朱文印、"學修清史"白文印、"海珊亦字解庵"朱文印、"戴伯子"朱文印、"戴"朱文印、"寄陶籬一人"白文印、"戴錫章印"白文印、"吳"朱文印、"曉鈴藏書"朱文印.--綫裝
己/2121

桐華舸明季詠史詩鈔／（清）鮑瑞駿撰.--刻本.--鮑瑞駿,清同治三年（1864）.--1 冊（1 函）.--半葉 9 行,行 21 字,小字雙行字同,白口,左右雙邊,單黑魚尾,半框 17.5×12.4cm。鈐"漁梁山樵"白文印、"桐月氏"朱文印、"家

在呂山竺水之間"朱文印、"狀元里人"朱文印、"吳"朱文印、"曉鈴藏書"朱文印. --綫裝

己/2128

庚子都門紀事詩補；雞肋集/（清）延清撰. --鉛印本. --民國五年（1916）. --1 冊（1 函）. --半葉 11 行，行 30 字，小字雙行字同，白口，四周雙邊，無直格，單黑魚尾，版心下題"錦官堂詩集"，半框 17.6×11.9cm。。鈐"閣筆老人"朱文印、"蒙士延清"白文印、"吳"朱文印、"曉鈴藏書"朱文印. --綫裝

己/2122

外國史類

飛獵濱獨立戰史/（飛獵濱）棒時著；同是傷心人譯. --鉛印本. --上海：商務印書館，清光緒二十八年（1902）. --1 冊（1 函）. --（戰史叢書；第一集；第三編）. --半葉 14 行，行 33 字，細黑口，四周雙邊，單黑魚尾，半框 16.6×11.5cm。鈐"曉鈴藏書"朱文印. --綫裝

己/2233

非律賓民黨起義記；美利堅自立記；檀香山華人受虐記/宣樊子演. **波蘭國的故事**/獨頭山人說. --活字本，木活字. --杭州：杭州白話報，民國（1912—1949）. --1 冊（1 函）. --半葉 11 行，行 25 字，白口，左右雙邊，無直格，半框 17.4×11.5cm。鈐"吳"朱文印、"曉鈴藏書"朱文印. --綫裝

己/2260

猶太史/（日本）北村三郎編著；趙必振譯. --鉛印本. --上海：廣智書局，清光緒二十九年（1903）. --1 冊（1 函）. --（史學小叢書；第五種）. --半葉 12 行，行 27 字，小字雙行 39 字，白口，四周雙邊，半框 15.8×11.6cm。鈐"曉鈴藏書"朱文印. --綫裝

己/2232

歐洲戰事日記：民國三年八月份/駐奧使館編. --鉛印本. --民國（1912—1949）. --1 冊（1 函）. --半葉 10 行，行 29 字，黑口，四周單邊，單黑魚尾，半框 17×11.6cm。鈐"吳"朱文印、

"曉鈴藏書"朱文印. --綫裝

己/2266

傳記類

總傳

名言類編：三卷. --抄本，綠絲欄. --蔗餘書屋，清（1644—1911）. --6 冊（1 函）. --半葉 8 行，行 24 字，白口，四周單邊，版心上題"蔗餘書屋"，半框 20.5×13.2cm。佚名朱筆圈點。鈐"熙伯鈔過"朱文印、"味蔗軒主人"白文印、"曉鈴藏書"朱文印. --綫裝

己/1434

明良志略：一卷/（清）劉沅撰. --刻本. --致福樓，清同治八年（1869）. --1 冊. --半葉 11 行，行 24 字，白口，左右雙邊，單黑魚尾，半框 18.5×13.7cm，版心下刻"致福樓"，牌記題"己巳七月致福樓刊"。鈐"吳"朱文印、"曉鈴藏書"朱文印. --綫裝

己/2292

貳臣傳：十二卷；**逆臣傳**：四卷/（清）國史館編. --刻本. --北京：琉璃廠半松居士，清（1644—1911）. --10 冊（1 函）. --逆臣傳缺卷 4。半葉 9 行，行 20 字，小字雙行字同，白口，四周單邊，單黑魚尾，半框 15×11.1cm。牌記題"都城琉璃廠半松居士排字本"。鈐"吳"朱文印、"曉鈴藏書"朱文印. --綫裝

己/2226

豔粧新語：二卷/（清）李漁編輯；（清）綠隱書樵校刊. --刻本. --燕喜堂主人，清光緒十一年（1885）. --4 冊（1 函）. --半葉 8 行，行 18 字，有眉欄，行 3 字，粗黑口，左右雙邊，單黑魚尾，半框 11.9×7.9cm. --綫裝

己/1329

吳門百艷圖：五卷/（清）鄒弢評花；（清）花下解人寫艷. --刻本. --雪祿軒，清光緒六年（1880）. --2 冊（合裝 1 函）. --版心題"百艷圖"。半葉 9 行，行 20 字，粗黑口，左右雙邊，無直格，單黑魚尾，半框 11.8×9.2cm. --綫裝

己/1328—2

白門新柳記：一卷,首附題詞,末附補記、白門衰柳附記/(清)許豫編;(清)楊亨校．秦淮豔品：一卷/(清)張曦照撰．--刻本．--上海,清光緒元年(1875)．--2 冊(合裝 1 函)．--半葉 9 行,行 20 字,白口,四周雙邊,無直格,單黑魚尾,半框 13.1×10.2cm．--綫裝

己/1328—1

秦淮豔品/(清)張曦照撰;(日本)田島象二點．附西秦曲譜/醉多道士譯吟．--刻本．--日本東京:若林喜兵衛,明治十一年(1878)．--1 冊(1 函)：圖 5 幅．--中日文對照本。卷端題"清許豫編";"清楊亨校",誤。半葉 8 行,行 18 字,粗黑口,四周雙邊,半框 12.3×9.1cm。鈐"吳曉鈴"朱文印．--綫裝

己/1334

秦淮豔品：一卷/(清)張曦照撰．--刻本．--清光緒元年(1875)．--1 冊(1 函)．--半葉 6 行,行 20 字,白口,左右雙邊,單黑魚尾,半框 18.9×11.2cm．--綫裝

己/2051

秦淮八豔圖詠/(清)葉衍蘭編繪．--刻本．--廣州:越華講院,清光緒十八年(1892)．--1 冊：圖像 9 幅．--半葉 8 行,行 22 字,白口,四周三邊,每邊中間和四角各有三連環,無直格,半框 21.6×12cm。鈐"等觀室藏"白文印．--綫裝

己/1341

海天餘話：四卷,首一卷/(清)芙蓉泖老漁編．--刻本．--清(1644—1911)．--4 冊(1 函)．--有缺葉、殘葉。半葉 8 行,行 18 字,白口,左右雙邊,單黑魚尾,半框 12.7×9.8cm。花韻軒藏板。鈐"曉鈴藏書"朱文印．--綫裝

己/1440

群芳譜：二卷/(清)拈笑館定本．--刻本．--清(1644—1911)．--2 冊(1 函)．--半葉 7 行,行 16 字,小字雙行字同,粗黑口,左右雙邊,單黑魚尾,半框 9.7×7.3cm。錢氏藏板。鈐"你可想我"白文印．--綫裝

己/1354

日下看花記：四卷,首一卷/(清)小鐵篴道人著;(清)第園居士,(清)餐花小史參訂．--刻本．--清嘉慶八年(1803)．--4 冊(1 函)．--小鐵篴道人姓名不詳,清嘉慶間姑蘇人;第園居士姓名不詳,清嘉慶間彭城人;餐花小史姓名不詳,清嘉慶間之南嶺人。半葉 9 行,行 21 字,白口,四周雙邊,單黑魚尾,半框 15.9×9.8cm．--綫裝

己/1331

同調編：不分卷/(清)徐石渠著．--抄本．--清末(1851—1911)．--1 冊．--徐石渠,即清徐校,字範江,號石渠。據咸豐年間重刻本抄錄。半葉 9 行,行 25 字,無邊框。鈐"曉鈴藏書"朱文印．--綫裝

己/37

吳門畫舫續錄：內編一卷,外編一卷,紀事一卷,首一卷;畫舫續錄投贈：三卷/(清)箇中生手編．--刻本．--來青閣,清嘉慶十八年(1813)．--1 冊(1 函)．--有殘葉。半葉 11 行,行 22 字,小字雙行字同,白口,四周雙邊,單黑魚尾,版心下刻"來青閣",半框 16.5×13cm．--綫裝

己/1372

青樓小名錄：四卷/(清)趙慶楨輯．--刻本．--清咸豐二年(1852)．--1 冊(1 函)．--半葉 9 行,行 21 字,小字雙行字同,白口,左右雙邊,單黑魚尾,半框 16.7×11.6cm。師竹書屋藏版．--綫裝

己/1339

曇波：一卷/(清)四不頭陀著．--刻本．--清咸豐三年(1853)．--1 冊(1 函)．--題名據封面及書名頁著錄。半葉 10 行,行 22 字,白口,四周雙邊,單黑魚尾,半框 16.3×10.1cm．--綫裝

己/1337

曇波：一卷/(清)四不頭陀著．--刻本．--清咸豐八年(1858)．--1 冊(1 函)．--題名據書名頁著錄。半葉 10 行,行 22 字,四周雙邊,無直格,單黑魚尾,半框 16.1×10cm。鈐"曉鈴藏書"朱文印．--綫裝

己/1368

春江花史：二卷/（清）梁溪瀟湘館侍者戲
編.--刻本.--清光緒十年（1884）.--2 冊（1
函）.--半葉 9 行,行 17 字,粗黑口,左右雙邊,
單黑魚尾,半框 10.6×7.3cm。牌記題"光緒
十年春仲二石軒藏板,翻刻必究".--綫裝

己/1364

鴻雪軒紀豔四種/（清）藝蘭生輯.--鉛印
本.--上海：申報館,清光緒（1875—1908）.--1
冊.--存《評花新譜》、《宣南雜俎》兩種,缺《鳳
城品花記》、《側帽餘譚》兩種。藝蘭生,姓名
不詳。清烏程楊兆鋆室名鴻雪軒,不知是否即
此人。半葉 12 行,行 24 字,白口,四周雙邊,
無直格,單黑魚尾,半框 12.1×9.7cm。佚名
朱墨筆眉批,行 5 字。鈐"曉鈴臧書"朱文
印.--毛裝

己/1048

蓉湖春色：四卷,首附題詞/（清）安拙生戲
筆.--活字本,木活字.--上海,清光緒十一年
（1885）.--2 冊（合裝 1 函）.--半葉 7 行,行 18
字,白口,四周單邊,單黑魚尾,半框 14.5×
9.3cm.--綫裝

己/1328—3

滄海遺珠錄：二卷/（清）小藍田懺情侍者
纂；（清）申左夢畹生式權校.--刻本.--清光緒
十二年（1886）.--1 冊（1 函）.--半葉 9 行,行
20 字,粗黑口,左右雙邊,單黑魚尾,半框 13.2
×9.5cm。牌記題"光緒丙戌年秋九月開
雕".--綫裝

己/1357

鏡影簫聲初集：四卷/（清）莫鰲不過分主人
輯豔；（清）司花老人填詞；（清）徐虎朗繪
圖.--刻本,銅版.--日本東京：橫內桂山,清光
緒十三年（1887）.--1 冊（1 函）：插圖 51 幅.--
半葉行,字數不等,白口,四周竹節欄,半框
19.4×15cm。揗花館主人藏版。鈐"曉鈴臧
書"朱文印.--綫裝

己/1323

海上青樓圖記：四卷/（清）四明沁園主人繪
圖；（清）蛟川燕蘭沅主輯豔.--石印本.--上海：

花雨小築居,清光緒十八年（1892）.--4 冊（1
函）：圖 101 幅.--缺卷一"張桂卿"圖記。行款
不一.--綫裝

己/1353

海上青樓花影大觀,附滬濱花榜名校書尺
素/（清）顧花常好樓輯豔；（清）萬花同春館繪
圖.--石印本.--清光緒二十年（1894）.--2 冊（1
函）：插圖 92 幅.--半葉行、字數不等.--綫裝

己/1315

花史：五卷/（清）思綺齋編.--鉛印本.--上
海：月月小說社,清光緒三十四年（1908）.--1
冊：插圖 4 幅.--卷端題"幸樓著；滿隱編",據
詹塏序,幸樓即詹塏,思綺齋、幸樓皆爲章荷亭
室名。半葉 11 行,行 31 字,無邊框.--平裝

己/1309

花史續編：八卷/（清）思綺齋著.--鉛印本.--
上海：商務印書館,清光緒三十三年（1907）.--
1 冊：照片 7 幅.--思綺齋是章荷亭齋名。半葉
11 行,行 31 字,無邊框.--平裝　　　己/1311

柔鄉韻史：二卷,附錄一卷/（清）詹塏撰.--
鉛印本.--上海：寓言報館,清光緒（1875—
1908）.--1 冊（1 函）.--半葉 14 行,行 32 字,白
口,四周花邊,單黑魚尾,半框 16.8×
10.5cm.--綫裝

己/1317

海上花影錄：初集/樓霞,澹如編輯.--鉛印
本.--上海：商務印書館,民國四年（1915）.--1
冊（1 函）：有照片.--書名據書皮著錄。半葉
11 行,行 27 字,無邊框。鈐"吳"朱文印、"曉
鈴臧書"朱文印.--平裝

己/1302

海上花影錄：第二集/樓霞,澹如編輯.--鉛
印本.--上海：新中華圖書館,民國（1912—
1949）.--1 冊（1 函）：有照片.--題名據書名頁
著錄。半葉 11 行,行 27 字,無邊框。鈐"吳"
朱文印、"曉鈴臧書"朱文印.--平裝

己/1303

吴苑鶯聲譜/沈石公述;李定夷著.--鉛印本.--上海:國華書局,民國五年(1916).--1 冊(1 函).--半葉 10 行,行 27 字,無邊框.--平裝
　　　　　　　　　　　　己/1310

伶史:一卷/北平穆辰公著.--鉛印本.--北平:漢英圖書館,民國六年(1917).--1 冊(1 函):著者小影 1 幅.--半葉 14 行,行 38 字,白口,四周單邊,半框 18.9×13.1cm。鈐"吳"朱文印、"曉鈴藏書"朱文印.--綫裝　　己/2067

上海六十年來花界史/汪了翁編輯.--鉛印本.--上海:時新書局,民國十一年(1922).--1 冊:照片 59 幅.--書衣題"上海六十年花界史"。上下兩欄,半葉皆 17 行,行 22 字,無邊框。鈐"吳"朱文印、"曉鈴藏書"朱文印.--平裝　　己/2040

新驚鴻影.--珂羅版印本.--上海:有正書局,民國(1912—1949).--1 冊(1 函):照片.--書名據封面著錄。爲照片集。鈐"吳"朱文印、"曉鈴藏書"朱文印.--平裝　　己/1301

花國百美圖.--鉛印本.--民國(1912—1949).--1 冊(1 函):有照片.--首尾殘破。書名據書名頁著錄。半葉行、字數不等,無邊框。鈐"吳"朱文印、"曉鈴藏書"朱文印.--平裝
　　　　　　　　　　　　己/1304

蜀伶選粹初編/中隱樓主撰.--鉛印本.--成都:新民書局,民國十四年(1925)(新印刷工業社印刷).--1 冊(1 函).--半葉 11 行,行 30 字,無邊框。鈐"曉鈴藏書"朱文印.--綫裝
　　　　　　　　　　　　己/1894

皖優譜:六卷,首一卷/程演生撰.--鉛印本.--上海:世界書局,民國二十八年(1939).--1 冊(1 函).--(二古軒史譚;七).--半葉 11 行,行 29 字,白口,四周單邊,無直格,半框

14.4×9.5cm。鈐"曉鈴藏書"朱文印.--平裝
　　　　　　　　　　　　己/1901

別傳

關壯繆侯事蹟:八卷,附錄一卷/韓組康撰.--鉛印本.--民國三十七年(1948).--3 冊(1 函).--半葉 10 行,行 26 字,粗黑口,四周雙邊,單黑魚尾,半框 15.3×10.4cm。鈐"曉鈴藏書"朱文印.--綫裝　　己/1465

大慈恩寺三藏法師傳:十卷/(唐)釋慧立本譯;(唐)釋彥悰箋.附索引:一卷;考異:一卷/(日本)東方文化學院京都研究所編.--影印本.--日本京都:東方文化學院京都研究所,日本昭和七年(1932).--4 冊(1 函):書影 10 幅.--據高麗高宗三十二年(1245)大藏本影印。行款不一,半框 16.2×12.2cm。鈐"還昭堂"朱文印、"吳"朱文印、"曉鈴藏書"朱文印.--綫裝　　己/2306

追懷司馬溫公/左久梓編.--鉛印本.--東京(日本):東方書院,1981 年.--1 冊.--鈐"美寶"朱文印.--平裝　　己/1409

勅封天后志:二卷/(清)林清標輯.--刻本.--莆田:林氏,清乾隆(1736—1795)刻(莆田:知縣張均,清嘉慶十五年[1810]印).--1 冊(1 函):有插圖.--半葉 8 行,行 20 字,白口,四周單邊,單黑魚尾,半框 18.9×14.0cm。鈐"吳"朱文印、"曉鈴藏書"朱文印.--綫裝
　　　　　　　　　　　　己/2286

明唐襄文公揚州專祠崇祀新錄/唐肯編.--鉛印本.--民國十八年(1929).--1 冊(1 函):唐荆川先生早朝圖 1 幅.--半葉 11 行,行 22 字,小字雙行 35 字,細黑口,四周單邊,單黑魚尾,半框 16×9.7cm。鈐"吳"朱文印、"曉鈴藏書"朱文印.--綫裝　　己/2231

卹贈朝議大夫李公遺事錄.--刻本.--清道光（1821—1850）.--1冊（1函）.--版心題"李公遺事錄"。書中所錄事實止於嘉慶十八年（1813）。半葉9行，行22字，小字雙行字同，白口，四周雙邊，半框18.3×13.5cm.--綫裝

己/1005

李鴻章，一名，中國四十年來大事記/梁啟超著.--石印本.--清光緒（1875—1908）.--1冊（1函）：肖像1幅.--半葉24行，行52字，白口，四周雙邊，單黑魚尾，半框17.7×11.7cm。鈐"吳"朱文印、"曉鈴藏書"朱文印.--綫裝

己/2272

鑑湖女俠秋君墓表/徐自華撰；吳芝瑛書.--影印本.--上海：悲秋閣，清光緒三十四年（1908）.--1冊（1函）：照片1幅.--附西泠十字碑/（清）吳芝瑛書；廉夫人吳芝瑛傳/（清）嚴復撰；美國教會麥美德書吳芝瑛事略/（清）嚴復譯。鈐"曉鈴藏書"朱文印.--綫裝

己/1316

自反錄索隱：八篇/廉泉撰.--石印本.--民國（1912—1949）.--1冊（1函）.--書簽題"綠子寫本自反錄索隱八篇"。半葉8行，行18字，白口，四周單邊，單花魚尾，半框7.4×4.5cm。鈐"曉鈴藏書"朱文印.--綫裝

己/2238

伶界大王事略/吳秋帆編輯.--鉛印本.--上海：文藝編譯社，民國六年（1917）.--1冊.--半葉12行，行30字，無邊框。有吳曉鈴題識。鈐"碧蕖館傅惜華藏書印"朱文印、"吳"朱文印、"曉鈴藏書"朱文印.--平裝

己/2073

賽金花本事/劉半農初纂；商鴻逵纂就.--鉛印本.--北平：星雲堂書店，民國二十三年（1934）.--1冊：圖7幅.--半葉8行，行28字，無邊框.--平裝

己/1641

胡寶玉，一名，三十年來上海北里怪歷史：八

章/（清）老上海著.--鉛印本.--上海：廣內書藏，清光緒三十二年（1906）.--1冊（1函）.--書皮題"一名三十年上海北里之怪歷史"。半葉12行，行29字，無邊框。鈐"曉鈴藏書"朱文印.--綫裝

己/1321

李蘋香/（清）鑠鏤十一郎著．附天韻閣詩選；天韻閣尺牘選/（清）李蘋香著.--鉛印本，再版.--上海：科學會社，清光緒三十一年（1905）.--1冊（1函）.--半葉12行，行30字，無邊框.--平裝

己/1307

林黛玉被難始末記/（清）林顰著.--影印本.--清光緒二十七年（1901）.--1冊（1函）：圖1幅.--題名據書名頁著錄。卷端題"被難始末記"。半葉10行，行21字，白口，四周單邊，半框11.2×8.4cm。鈐"陸忠愷"朱文印.--綫裝

己/1330

林黛玉：二卷/霧裏看花客編.--鉛印本.--上海：民國圖書館，民國八年（1919）.--1冊.--書衣題"真正林黛玉"。半葉12行，行28字，無邊框.--平裝

己/2047

李雪芳/我佛山人編.--鉛印本.--上海：東亞書局，民國九年（1920）.--1冊：劇照1幅.--我佛山人即南海吳沃堯。半葉11行，行30字，無邊框。鈐"吳"朱文印、"曉鈴藏書"朱文印.--平裝

己/2069

金少梅/梅花道人編著.--鉛印本.--北京：梅花道人寄廬，民國十年（1921）.--1冊：書畫作品15幅，照片11幅.--半葉11行，行30字，小字雙行字同，無邊框.--平裝

己/2042

春航集/柳亞子編纂.--鉛印本.--上海：廣益書局，民國二年（1913）.--2冊：照片22幅.--半葉12行，行30字，無邊框.--平裝

己/2041

其他

幽贊錄：一卷/（明）瞿九思著．--抄本．--清（1644—1911）．--1 冊．--據明平陽史學遷刻本抄。半葉 9 行，行 18 字，無邊框．--毛裝

己/414

疑年錄：四卷，續錄四卷/（清）錢大昕編；（清）吳修校．--刻本．--吳修，清嘉慶二十三年（1818）．--2 冊（1 函）．--半葉 11 行，行 22 字，小字雙行字數不等，粗黑口，左右雙邊，雙對黑魚尾，半框 17.7×13.2cm。鈐“吳”朱文印、“曉鈴藏書”朱文印．--綫裝

己/1471

涅源集慶．--抄本，朱絲欄．--清末（1851—1911）．--1 冊（1 函）．--題名據書簽著錄。清皇族宗譜。半葉 10 行，行 16 字，小字雙行字同，白口，四周雙邊，單黑魚尾，半框 19.8×15.4cm。有吳曉鈴題記一篇。鈐“躍鈴寶之”朱文印、“吳”朱文印、“曉鈴藏書”朱文印．--綫裝

己/1483

救濟日記/（清）陸樹藩撰．--石印本．--上海，清光緒二十六年（1900）．--1 冊（1 函）．--半葉 9 行，行 24 字，粗黑口，四周雙邊，無直格，單黑魚尾，半框 19.9×12.3cm。牌記題“光緒庚子仲冬上海石印”。鈐“吳”朱文印、“曉鈴藏書”朱文印．--綫裝

己/1495

名伶世系表/宋鳳嫻編．--鉛印本，朱印．--北平：北平戲劇研究社，民國二十五年（1936）．--1 冊；表格．--書衣有鋼筆題識“吟椒購於津沽，廿七年夏”．--平裝

己/2049

江瀚開吊禮簿．--抄本．--民國（1912—1949）．--1 冊（1 函）．--題名據原書簽著錄。半葉分 6 欄，白口，四周雙邊，單黑魚尾，半框 22.6×25.2cm。鈐“北平後門內後局大院江宅”藍印、“吳”朱文印、“曉鈴藏書”朱文印．--平裝

己/1494

地理類

永樂大典本水經注：十五卷/（漢）桑欽撰；（北魏）酈道元注．--影印本．--上海：商務印書館，民國二十四年（1935）．--8 冊（1 函）．--（續古逸叢書；四十三）．--據永樂大典第 11127 至 11141 卷影印。半葉 8 行，小字雙行 31 字，粗黑口，四周雙邊，三對黑魚尾，半框 25×16.3cm。牌記題“上海涵芬樓景明永樂大典本，卷九至卷十五從高陽李氏借印補完”．--綫裝

己/2184

水經注：四十卷，首一卷，末一卷/（漢）桑欽撰；（北魏）酈道元撰；（清）王先謙校．--鉛印本．--上海：中華書局，民國（1912—1949）．--18 冊（2 函）．--（四部備要；史部）．--書簽題“王氏合校水經注”。半葉 13 行，行 19 字，小字雙行字數不等，細黑口，四周單邊，雙對黑魚尾，版心下印“中華書局聚珍倣宋版印”，半框 14.6×10.7cm。鈐“曉鈴藏書”朱文印．--綫裝

己/2169

東京夢華錄：十卷/（宋）孟元老撰；沈士龍校．--刻本．--河南官書局，民國十四年（1925）．--1 冊（1 函）．--半葉 10 行，行 22 字，小字雙行字同，粗黑口，四周單邊，單黑魚尾，半框 17.2×12.8cm。牌記題“河南官書局重刊”．--綫裝

己/1376

幽蘭居士東京夢華錄：十卷/（宋）孟元老撰．--影印本．--東京：靜嘉堂文庫，日本昭和十六年（1941）．--2 冊（1 盒）．--據黃丕烈所藏元精刊本影印。半葉 14 行，行 22 字，白口，左右雙邊，雙對黑魚尾，半框 21.8×16.6cm．--平裝

己/2183

如夢錄/（明）佚名撰；宋保蕃，鄒廷鑾校；趙文琳重校．--刻本．--河南省立圖書館，民國十年（1921）．--1 冊（1 函）．--半葉 9 行，行 20 字，小字雙行字同，白口，左右雙邊，單白魚尾，

半框 18.5×14.2cm。牌記題"河南省立圖書館重刊". --綫裝　　　　　　　　己/1377

袁小修日記：遊居柿錄第一至十三卷/（明）袁中道撰；阿英校點. --鉛印本. --上海：上海雜誌公司,民國二十四年（1935）. --1 冊. --（中國文學珍本叢書；第一輯第一種）. --半葉 15 行,行 42 字,無邊框。鈐"曉鈴藏書"朱文印. --綫裝　　　　　　　　己/2165

清涼山志：十卷/（明）釋鎮澄撰. --刻本. --淮陰：釋聚用,清乾隆二十年（1755）（清光緒十三年[1887]印）. --4 冊：有插圖. --半葉 9 行,行 20 字,白口,四周雙邊,單黑魚尾,半框 20.5×15cm。淮陰祁豐元鐫. --綫裝　　　　　　　　己/2284

潭柘山岫雲寺志：一卷/（清）神穆德輯. **續刊潭柘山志**：一卷/（清）釋義庵續輯. --刻本. --清光緒九年（1883）. --2 冊（1 函）. --下冊最後部分爲補配。版心題"潭柘山志"。半葉 8 行,行 17 字,白口,四周雙邊,無直格,單黑魚尾,半框 19×13.4cm。鈐"吳"朱文印、"曉鈴藏書"朱文印. --綫裝　　　　　　　　己/1466

遊山日記：十二卷/（清）舒天香撰. --刻本. --蓮根詩社,清嘉慶（1796—1820）. --4 冊（1 函）：冠像 1 幅. --舒天香即舒夢蘭。半葉 8 行,行 20 字,小字雙行字同,白口,四周雙邊,單黑魚尾,半框 18.1×12.6cm。蓮根詩社藏版。鈐"曉鈴藏書"朱文印. --綫裝　　　　　　　　己/2202

朝市叢載：八卷/（清）楊靜亭原編；（清）李虹若重編. --刻本. --清光緒十二年（1886）. --8 冊（1 函）. --書名據牌記著錄。半葉 8 行,行 18 字,小字雙行字同,白口,左右雙邊,單黑魚尾,半框 9.9×8.5cm。京都文光樓藏板。鈐"吳"朱文印、"曉鈴藏書"朱文印. --綫裝　　　　　　　　己/1506

朝市叢載：八卷/（清）楊靜亭原編；（清）李虹若重編. --刻本. --京師：榮寶齋,清光緒二十四年（1898）. --8 冊（1 函）. --書簽題"新刊朝市叢載"。半葉 8 行,行 18 字,小字雙行字同,白口,左右雙邊,單黑魚尾,卷八版心下刻"榮寶齋刊",半框 10.4×8.5cm。鈐"吳"朱文印、"曉鈴藏書"朱文印. --綫裝　　　　　　　　己/1507

杭俗遺風：一卷/（清）范祖述著. --刻本. --清同治六年（1867）. --1 冊（1 函）. --墓誌銘有缺葉,"備考類"內容缺。半葉 9 行,行 25 字,白口,四周雙邊,無直格,單黑魚尾,半框 16.9×10.9cm。鈐"吳"朱文印、"曉鈴藏書"朱文印. --精裝　　　　　　　　己/2189

春江燈市錄：二卷/（清）梁溪瀟湘館侍者戲編. --刻本. --清光緒十年（1884）. --2 冊（1 函）. --書名頁題"海上燈市錄"。半葉 9 行,行 17 字,小字雙行字同,粗黑口,左右雙邊,單黑魚尾,半框 10.6×7.4cm。牌記題"光緒十年春仲二石軒藏版,翻刻必究". --綫裝　　　　　　　　己/1356

海上冶遊備覽：四卷/（清）指迷生輯. --刻本. --寄月軒主,清光緒十七年（1891）. --2 冊（1 函）. --半葉 8 行,行 18 字,粗黑口,左右雙邊,單黑魚尾,半框 13.7×10.6cm. --綫裝　　　　　　　　己/1355

粵西筆述：一卷/（清）張祥河輯. --刻本. --北京：謝光綺,清光緒二十二年（1896）. --1 冊（1 函）. --桂林蔣存遠堂刻刷。半葉 9 行,行 18 字,黑口,左右雙邊,半框 13×9.7cm。鈐"吳"朱文印、"曉鈴藏書"朱文印. --綫裝　　　　　　　　己/2265

仰逋居遊記/陳詵著. --鉛印本. --民國十四年（1925）. --1 冊（1 函）. --半葉 11 行,行 28 字,白口,左右雙邊,單黑魚尾,版心下印"仰逋居遊記",半框 16.7×11.4cm。鈐"吳"朱

文印、"曉鈴藏書"朱文印. --綫裝　　　己/2300

燕京紀遊：一卷/張肇崧撰. --鉛印本. --民國
(1912—1949). --1 冊（1 函）. --半葉 10 行，行
21 字，黑口，四周單邊，單黑魚尾，半框 18.6 ×
12.4cm。鈐"吳"朱文印、"曉鈴藏書"朱文
印. --綫裝　　　　　　　　　　　　己/2261

大唐西域記：十二卷/（唐）釋玄奘譯；（唐）
釋辯機撰. --刻本. --日本京極通圓福寺前町：
秋田屋平左衛門，日本承應二年（1653）. --6
冊（1 函）. --半葉 10 行，行 20 字，白口，單黑魚
尾，半框 22.7 × 16.7cm。有賈敬顏據傅氏雙
鑑樓藏宋梵夾本校記、賈敬顏過錄王重民校記
（據巴黎藏唐卷子本、倫敦藏唐卷子本卷一
校）。鈐"即往寺主"墨印、"賈敬顏藏西陸圖
籍"朱文印、"曉鈴藏書"朱文印. --綫裝
　　　　　　　　　　　　　　　　己/2305

慧超往五天竺國傳箋釋：不分卷/（朝鮮）慧
超撰；（日本）滕田豐八箋釋. --鉛印本. --北平：
順城印書局，民國二十年（1931）. --1 冊（1
函）. --半葉 10 行，行 23 字，粗黑口，四周雙
邊，半框 16.1 × 11.5cm。鈐"疑古"朱文印、
"疑古玄同"朱文印、"吳"朱文印、"曉鈴藏
書"朱文印. --綫裝　　　　　　　　　己/1479

殊域周諮錄：二十四卷/（明）嚴從簡輯. --刻
本. --明萬曆（1573—1620）. --8 冊（2 函）. --存
卷1—13。半葉 9 行，行 20 字，白口，四周單
邊，單黑魚尾，半框 19.3 × 13.8cm。鈐"曉鈴
藏書"朱文印. --綫裝　　　　　　　　己/1446

印度劄記：二卷/（清）黃楙材述. --刻本. --清
光緒（1875—1908）. --1 冊（1 函）. --（得一齋
雜著）. --書皮題"西輶日記"。半葉 8 行，行
25 字，白口，左右雙邊，單黑魚尾，半框 19.8 ×
12.8cm。鈐"白湘浦章"朱文印、"吳"朱文印、
"曉鈴藏書"朱文印. --綫裝　　　　　己/2285

唐土名勝圖會：六卷/（日本）岡田玉山尚友
編述；（日本）岡田玉山尚友，（日本）岡熊岳文
暉，（日本）大原東野民聲同畫. --刻本. --大阪：
積玉圃柳原喜兵衛，日本文化二年（1805）. --6
冊：有插圖. --半葉 11 行，行約 32 字，白口，四
周單邊，半框 20.7 × 16.5cm。鈐"曉鈴藏書"
朱文印. --綫裝　　　　　　　　　　　己/445

時令類

一歲貨聲. --抄本. --清光緒三十二年
（1906）. --1 冊（1 函）. --半葉 8 行，行 20 字，
小字雙行字同，無邊框。有朱筆批校、眉批. --
綫裝　　　　　　　　　　　　　　　己/1462

政書類

牧民忠告：二卷/（元）張養浩著. 附讀律心
得：三卷/（清）劉衡纂輯. 蜀僚問答：一卷/
（清）劉衡存稿. --刻本. --蘇州：姑蘇書局，清同
治七年（1868）. --1 冊（1 函）. --半葉 11 行，行
21 字，小字雙行字同，有眉批，行 10 字，細黑
口，左右雙邊，單黑魚尾，半框 17.2 × 12.5cm。
鈐"徐鍾同"朱文印、"曉鈴藏書"朱文印. --綫
裝　　　　　　　　　　　　　　　　己/1277

土俗章程：三卷/（明）瞿九思著. --抄本. --清
（1644—1911）. --1 冊. --據明平陽史學遷刻本
抄。半葉 9 行，行 20 字，無邊框. --毛裝
　　　　　　　　　　　　　　　　　己/413

[官場制度]/（清）齋景編. --抄本. --齋景，
清光緒十年（1884）. --1 冊. --有殘葉。書名據
原書舊簽著錄。半葉 7 行，行 22 字，小字雙行
字同。鈐"吳"朱文印、"曉鈴藏書"朱文印. --
綫裝　　　　　　　　　　　　　　　己/1504

八旗爵秩俸祿考/（清）錫廉等編. --刻本，重
刻. --錫廉等，清光緒二十九年（1903）. --1 冊

（1 函）. --題名據書簽著錄。半葉 9 行, 行 17 字, 小字雙行字同, 白口, 四周雙邊, 單黑魚尾, 半框 16.2 × 13.1cm。鈐"吳"朱文印、"曉鈴藏書"朱文印. --綫裝　　　　　　己/1498

祭祀冠服圖：一卷/政事堂禮制館編. --石印本. --北京:政事堂禮制館, 民國三年（1914）. --1 冊:有插圖、彩圖. --半葉 10 行, 行 24 字, 黑口, 四周雙邊, 單黑魚尾, 版心下印"財政局印刷局印", 半框 21.5 × 15.8cm。鈐"吳"朱文印、"曉鈴藏書"朱文印、"中國科學院圖書館藏"朱文印. --綫裝　　　　　　己/2298

朝鮮國王李玜賀表/（朝鮮）李玜撰. --寫本. --朝鮮:李玜, 清嘉慶十四年（1809）. --1 冊（1 函）. --題名係自擬。半葉 6 行, 行 21 字, 無邊框。鈐"吳"朱文印、"曉鈴藏書"朱文印. --經折裝　　　　　　己/1503

徵聘本末：二卷/（明）瞿阜, （明）瞿罕輯. --抄本. --清（1644—1911）. --1 冊. --瞿阜、瞿罕是明瞿九思之子, 此書輯徵聘瞿九思文牘而成。據明張九一刻本抄。半葉 9 行, 行 20 字, 無邊框. --毛裝　　　　　　己/412

北平評書協會檔案. --抄本, 朱絲欄. --民國（1912—1949）. --2 冊（1 函）. --半葉 10 行, 行 16 至 22 字, 四周雙邊, 單黑魚尾, 半框 12.1 × 10.1cm。鈐"北平評書協會"朱文印、"評書研究社章"朱文印、"曉鈴藏書"朱文印. --綫裝　　　　　　己/1907

八國聯軍告示. --刻本. --清光緒二十六年（1900）七月二十七日. --1 張. --書心:63.1 × 36.9cm。鈐"綏中吳氏雙栯書屋藏"印記. --單頁　　　　　　己/2312

楊翠喜/（清）西泠山人編輯. --鉛印本. --上海:新小說社, 清光緒三十三年（1907）. --1 冊. --半葉 10 行, 行 26 字, 無邊框。鈐"吳"朱

文印、"曉鈴藏書"朱文印、"醉生夢死"白文印. --平裝　　　　　　己/1363

錫山遊庠錄：二卷, 首一卷/（清）邵涵初編. --刻本. --清光緒四年（1878）. --2 冊（1 函）. --下卷題"錫金遊庠錄"。半葉 10 行, 行 25 字, 小字雙行字同, 白口, 左右雙邊, 單黑魚尾, 半框 18.8 × 12.3cm。尚德書院藏板。鈐"吳"朱文印、"曉鈴藏書"朱文印. --綫裝　　　　　　己/1250

西北小學第二部一覽/岳峻峰等編. --鉛印本. --北平:羲華印刷局, 民國二十二年（1933）. --1 冊:照片. --綫裝　　　　　　己/2065

新刻江湖切要：二卷/（清）卓亭子撰. --曬藍本. --[19?? 年]. --1 冊（1 函）. --據光緒十年（1884）蕤賓月吟杏山館刻本複製。半葉 9 行, 行 18 字, 粗黑口, 左右雙邊, 單黑魚尾, 半框 13.2 × 9.3cm。鈐"曉鈴藏書"朱文印. --綫裝　　　　　　己/2244

京本江湖博覽按摩修養淨髮須知：二卷/（清）吳鐸編訂. --刻本. --京都:老二酉堂, 清光緒三十年（1904）. --2 冊（1 函）:圖 4 幅. --書名頁題"淨髮須知"。半葉 10 行, 行 22 字, 白口, 左右雙邊, 單黑魚尾, 半框 14.5 × 11.2cm。鈐"曉鈴藏書"朱文印. --綫裝　　　　　　己/2245

新刻江湖破迷律：一卷/南陽子評訂. --刻本. --民國元年（1912）. --1 冊（1 函）. --書名頁題"江湖漢流宗旨"。半葉 10 行, 行 24 字, 白口, 四周雙邊, 雙順黑魚尾, 半框 21.8 × 14.4cm。板存山東梁山。鈐"吳"朱文印、"曉鈴藏書"朱文印. --綫裝　　　　　　己/2253

江湖話：一卷/衛大法師編輯. --鉛印本. --重慶:說文社, 民國三十六年（1947）. --1 冊:插圖. --衛大法師即衛聚賢。袖珍本, 半葉 12 行, 行 27 字, 無邊框. --綫裝　　　　　　己/2246

中外花柳風俗史/唐海平編輯;永福村農校訂.--鉛印本.--上海:國華書局,民國九年(1920).--1冊:中外名妓照片12幅.--半葉13行,行33字,無邊框。鈐"吳"朱文印、"曉鈴藏書"朱文印.--平裝　　己/2039

金石類

吉金所見錄:十六卷,首一卷,末一卷/(清)初尚齡纂輯;(清)初夏齡訂.--刻本,續刻.--初榮焜、初承煦,清道光二十一年(1841).--4冊(1函):圖1幅.--半葉8行,行18字,白口,四周雙邊,單黑魚尾,版心下刻"渭園珍藏",半框19.8×14.2cm。牌記題"古香書屋藏本"。鈐"子貞"白文印、"吳"朱文印、"吳曉鈴"朱文印、"曉鈴藏書"朱文印.--綫裝　己/1477

北山樓金石百詠:一卷/施舍撰.--油印本.--上海:施蟄存,1971年.--1冊(1函).--書名頁題"金石百詠"。半葉11行,行24字,小字雙行36字,白口,四周雙邊,無直格,單黑魚尾,半框18.4×12.1cm。鈐"吳"朱文印、"曉鈴藏書"朱文印.--綫裝　己/2146

目錄類

藏書

國立北京大學圖書館善本書目:四卷/國立北京大學圖書館編.--鉛印本.--北京:北京大學出版組,民國(1912—1949).--1冊(1函).--半葉10行,行27字,小字雙行字同,黑口,四周單邊,單黑魚尾,半框16×10.7cm。書衣有墨筆書"韻略堂存"及靜文朱筆書得書經過.--綫裝　　己/2018

北京大學圖書館善本書錄/北京大學圖書館編.--鉛印本.--民國三十七年(1948).--1冊(1函).--附水經注版本展覽目錄/胡適著．圖書

館概要．北京大學五十周年紀念。半葉11行,行30字,小字雙行40字,無邊框.--平裝
　　己/2016

燕京大學圖書館目錄初稿:類書之部/鄧嗣禹編.--鉛印本.--北平:燕京大學圖書館,1935年.--1冊.--橫排版,半葉36行,行35字,無邊框.--平裝　　己/2002

內閣文庫圖書第二部漢書目錄/(日本)內閣書記官室記錄課編纂.--鉛印本.--東京:帝國地方行政學會,日本大正三年(1914).--1冊.--上下兩欄,半葉14行,行24字,小字雙行33字,無邊框.--平裝　　己/2011

東京大學東洋文化研究所藏雙紅堂文庫分類目錄:第一部戲曲,第二部小說/(日本)長澤規矩也編.--鉛印本.--東京都:東京大學東洋文化研究所,日本昭和三十六年(1961).--1冊(1函):書影8幅.--平裝　　己/2022—1
第二部:　　　　　　　　己/2022—2

天理圖書館善本叢書:漢籍之部全十二卷內容見本/漢籍之部編集委員會編.--鉛印本.--東京:八木書店,日本昭和五十六年(1981).--1冊.--書內有吳曉鈴按語.--平裝
　　己/2009—1

天理圖書館藏中國通俗小說書目/(日本)田淵正雄撰.--鉛印本.--日本昭和五十四年(1979).--1冊.--平裝　　己/2009—2

日本東京、大連圖書館所見中國小說書目提要底稿/孫楷第編著.--稿本.--民國(1912—1949).--1冊(1函).--半葉10行,行29字,白口,四周單邊,單黑魚尾,板框左印"國立北平圖書館鈔藏",半框17.9×12.3cm。鈐"吳"朱文印、"曉鈴藏書"朱文印.--綫裝
　　己/2311

著錄

四部叢刊書錄：一卷/孫毓修編. --鉛印本. --上海：商務印書館，民國（1912—1949）. --1 冊（1 函）. --半葉 13 行，行 25 字，白口，四周雙邊，單黑魚尾，版心下印"涵芬樓"，半框 14.8×10.2cm. --綫裝　　　　己/1258

四部叢刊三編預約樣本. 附初編續編目錄/商務印書館編. --鉛印本. --上海：商務印書館，民國二十四年（1935）. --1 冊. --題名據書簽著錄。半葉 12 行，行 29 字，小字雙行 36 字，白口，四周雙邊，單黑魚尾，半框 14.2×10.3cm. --綫裝　　　　己/2014

擬編續四庫書目略說明書. --鉛印本. --民國十三年（1924）. --1 冊（1 函）. --存 11—30 葉。半葉 13 行，行 30 字，無邊框. --平裝　　　　己/2013

明吳興閔板書目：一卷. **明毛氏汲古閣刻書目錄**：一卷，附明代內府經廠本書目. --鉛印本. --民國（1912—1949）. --1 冊（1 函）. --半葉 13 行，行 29 字，小字雙行字數不等，白口，四周單邊，半框 14.2×10.8cm。鈐"北平脩緶堂書店"朱文印. --綫裝　　　　己/1255

中華民國書林一瞥：日語/（日本）長澤規矩也撰. --鉛印本. --東京：東亞研究會，日本昭和六年（1931）. --1 冊（1 函）. --（東亞研究講座；第三十七輯）. --半葉 13 行，行 44 字，無邊框. --平裝　　　　己/2021

南陽堂本店古書販賣目錄：一卷/（日本）楠林安三郎編輯. --鉛印本. --東京：南陽堂本店，日本昭和十四年（1939）. --1 冊（1 函）. --半葉 13 行，行字數不等，無邊框. --平裝　　　　己/1259

佚存書目：四卷，附載一卷/（日本）服部宇之吉編纂. --複印本. --日本：太田辰夫，1984 年. --1 冊（1 函）. --據日本昭和八年（1933）服部宇之吉東京印本複印。書名頁手書"吳曉鈴先生惠存，太田辰夫敬贈，一九八四、一、十". --平裝　　　　己/2001

目錄學發微/余嘉錫述. --鉛印本. --北京：北京大學出版組，民國（1912—1949）. --1 冊（合裝 1 函）. --半葉 13 行，行 40 字，黑口，四周雙邊，單黑魚尾，半框 20×12.3cm。有吳曉鈴墨筆批註。鈐"吳"朱文印、"曉鈴藏書"朱文印. --綫裝　　　　己/2254—2

書書書：不分卷/周越然著. --鉛印本. --上海：中華日報社，民國三十三年（1944）. --1 冊：有插圖. --（中華副刊叢書之二）. --半葉 15 行，行 45 字，無邊框. --平裝　　　　己/2019

子　部

諸子類

子略:四卷,目錄一卷/(宋)高似孫撰. --鉛印本. --上海:中華書局,民國(1912—1949). --1冊(合裝1函). --(四部備要;子部). --半葉13行,行26字,小字雙行字同,細黑口,四周單邊,單黑魚尾,半框14.9×10.8cm。鈐"曉鈴藏書"朱文印. --綫裝　　　　己/2173

申鑒:五卷/(漢)荀悅著;吳道傳校. --鉛印本. --上海:中華書局,民國(1912—1949). --1冊(1函). --(四部備要;子部). --據漢魏叢書本校刊。半葉13行,行20字,小字雙行字數不等,細黑口,四周單邊,單黑魚尾,版心下印"中華書局聚珍倣宋版印",半框15.3×10.8cm。鈐"曉鈴藏書"朱文印. --綫裝
　　　　己/2170

呂書四種合刻/(明)呂德勝,(明)呂坤著;(清)栗毓美纂. --刻本. --開封:栗毓美開封府署,清道光七年(1827). --1冊. --半葉9行,行22字,小字雙行字同,細黑口,四周雙邊,單黑魚尾,半框20.6×13.7cm。鈐"吳"朱文印、"曉鈴藏書"朱文印. --綫裝
子目:
小兒語:一卷/(明)呂德勝著
女小兒語:一卷/(明)呂德勝著
續小兒語:三卷/(明)呂坤著
演小兒語:一卷/(明)呂坤著
好人歌:一卷/(明)呂坤著

宗約歌:一卷/(明)呂坤著
閨戒:一卷/(明)呂坤著　　　　己/992

小兒語歌/(明)呂坤撰. --抄本. --朱桂林,清(1644—1911). --1冊. --書名頁題"新吾呂近溪小兒語",卷端題"新吾呂近溪小兒語歌",版心題"小兒語"。半葉8行,行20字,有眉批,行3字,無邊框. --綫裝　　　　己/1021

莊子集解:八卷/(戰國)莊周撰;(清)王先謙集解. --影印本. --上海:商務印書館,民國(1912—1949). --3冊(1函). --半葉11行,行24字,小字雙行字同,粗黑口,左右雙邊,半框14.1×10.6cm。佚名墨筆眉批。鈐"吳"朱文印、"曉鈴藏書"朱文印. --綫裝　　　　己/2203

寧致堂增訂武經體註/(清)夏振翼纂訂;(清)包國甸校定. --刻本,重刻. --三多齋,清康熙五十九年(1720). --1冊(1函):圖7幅. --書名頁題"增補武經三子體注"。上下兩欄,上欄半葉20行,行21字,無直格,下欄半葉9行,行17字,小字雙行字同,白口,左右雙邊,單黑魚尾,半框24.3×14.2cm。敦厚堂藏板。有朱文批注。鈐"江南省狀元境内三多齋王氏書林發兌記"朱文印、"以恭之印"白文印、"吳"朱文印、"曉鈴藏書"朱文印. --綫裝
　　　　己/1481

蹶張心法;單刀法選;長鎗法選:不分卷/(明)程沖斗著;(明)程伯誠,(明)程侯民訂;(明)程君信校. --刻本. --浙江侶仙氏施昇平,清道光二十二年(1842). --3冊(1函):插

圖.--半葉 12 行,行 22 字,白口,四周單邊,半
框 26.3×19.2cm。鈐"吳"朱文印、"曉鈴藏
書"朱文印.--綫裝　　　　　　　　己/1464

醫家類

李笠翁先生試驗急救良方:一卷/(清)李漁
輯.--刻本.--清(1644—1911).--1 冊(1 函).--
(怡情集).--半葉 8 行,行 20 字,白口,四周單
邊,半框 14.7×10.5cm。鈐"曉鈴藏書"朱文
印.--綫裝　　　　　　　　己/1297

貞祥堂鐫李笠翁先生彙纂養生卻病歌圖:一
卷/(清)李漁輯.--刻本.--貞祥堂,清(1644—
1911).--1 冊(1 函):插圖 30 幅.--半葉 8 行,
行 20 字,白口,四周單邊,半框 15.3×
10.6cm。鈐"曉鈴藏書"朱文印.--綫裝
　　　　　　　　己/1299

石室秘錄:六卷/(清)陳士鐸撰;(清)金以
謀訂定;(清)李祖詠參考.--刻本.--金以謀,清
末(1851—1911).--6 冊(1 函).--書名頁題
"中清殿天師岐伯編輯,山陰陳士鐸敬習"。
半葉 13 行,行 28 字,白口,左右雙邊,單黑魚
尾,半框 21.2×14.4cm。鈐"曉鈴藏書"朱文
印.--綫裝　　　　　　　　己/2211

林文忠公戒煙斷癮良方並說/(清)林則徐
撰.--刻本.--蔣存遠堂,清末(1851—1911).--
1 冊(1 函).--半葉 9 行,行 20 字,粗黑口,四
周單邊,單黑魚尾,半框 18.6×12.9cm。桂垣
書局存板。鈐"徐繼高印"朱文印、"曉鈴藏
書"朱文印.--綫裝　　　　　　　　己/2177

救吞生煙筆記/(清)沈俊卿作.--刻本.--沈
俊卿,清光緒二十三年(1897).--1 冊(1
函).--卷端題"記急救吞生鴉片煙歷試善法"。
附記救誤吞諸毒法。半葉 6 行,行 20 字,白
口,左右雙邊,單黑魚尾,半框 17.8×10.5cm。
鈐"曉鈴藏書"朱文印.--綫裝　　己/1436

于飛經:十卷/葉德輝著.--鉛印本,朱印.--
湘靈書社,民國十六年(1927).--1 冊(1
函).--目錄用藍印,自傳用綠印。半葉 10 行,
行 13 字,細黑口,四周單邊,單黑魚尾,半框
8×7.8cm。鈐"吳敬倫印"白文印、"黃國章
印"朱文印、"曉鈴藏書"朱文印.--平裝
　　　　　　　　己/1768

內府秘笈房中術/逍遙子編.--鉛印本.--優
生學會,1938 年.--1 冊.--半葉 11 行,行 27
字,無邊框.--平裝
子目:
房中術八則
安命歌
天上秘訣十二則
附錄秘方十二則
養生法
去病延壽六法
四季養生歌　　　　　　　　己/1781

新編集成馬醫方:一卷;新編牛醫方:一卷/
(朝鮮)趙浚,(朝鮮)金士衡等纂.--影印本.--
奉天:萃文齋,民國二十八年(1939).--1 冊(1
函):有插圖.--據日本稻葉君山博士藏高麗本
影印。半葉 10 行,行 17 字,白口,四周單邊,
雙對黑魚尾,半框 15.2×10.9cm。有雒竹筠
題贈及吳曉鈴對雒竹筠及此書的介紹。鈐
"吳曉鈴"朱文印、"吳"朱文印、"曉鈴藏書"
朱文印.--綫裝　　　　　　　　己/2268

天文、術數類

曆正:一卷/(明)瞿九思正;(明)瞿九敘,
(明)邢士襄推.--抄本.--清(1644—1911).--1
冊.--半葉 9 行,行 20 字,無邊框.--毛裝
　　　　　　　　己/411

大清嘉慶十五年歲次庚午時憲書/(清)欽
天監編.--刻本.--京師:順天府,清嘉慶十五年
(1810).--1 冊(1 函).--有殘葉。半葉 17 行,

行 55 字,粗黑口,四周雙邊,雙對黑魚尾,半框 22.1×13.7cm。鈐"司頒監本"朱文印、"吳"朱文印、"曉鈴臧書"朱文印. --綫裝

己/1473

袁天罡李淳風二先生所撰推背圖/(唐)袁天罡,(唐)李淳風作. --抄本,彩繪本. --丹鳳,清道光二十八年(1848). --1 冊(1 函). --題名據書衣著錄。有"推背圖轉天鎖鑰序"。鈐"吳"朱文印、"曉鈴臧書"朱文印. --綫裝

己/1499

藝術類

書畫

顏氏家廟碑/(唐)顏真卿撰並書;(唐)李陽冰篆書額. --拓片. --唐建中元年(780)刻. --4 張;24 行×47 字(陽),6 行×52 字(側). --缺李陽冰篆書額。碑文爲楷書。碑陰記後,刻有宋太平興國七年(982)重立記。宋初李准入城內碑林. --散裝

己/1502

先聖司馬溫公翰墨真跡/(宋)司馬光作. --影印本. --1981 年. --1 冊:像 1 幅. --題名據書簽著錄。有"溫公自題畫像"、"朱子題溫公畫像贊"。鈐"美寶顯彰之印"朱文印、"曉鈴臧書"朱文印. --經折裝

己/1408

新鐫草本花詩譜/(明)黃鳳池撰並繪. --刻本. --明天啓元年(1621). --2 冊. --有殘葉。半圖半文,半葉行、字數不等,白口,四周單邊,半框 26.1×19cm。有周作人題識。鈐"曉鈴臧書"朱文印. --綫裝

己/1453

陳老蓮水滸葉子:四十幅/(明)陳洪綬繪. --影印本. --民國(1912—1949). --1 冊(1 函). --綫裝

己/784

影印明崇禎本英雄譜圖贊:不分卷/王古魯集. --影印本,朱墨套印. --南京:東西文化學社、華夏圖書出版公司,民國三十八年(1949). --1 冊:有圖. --書名頁題"英雄譜"。行、字數不等,白口,四周單邊,半框 21.1×12.5cm。鈐"曉鈴臧書"朱文印. --綫裝

己/790

芥子園書畫/(清)李漁輯. --刻本. --清(1644—1911). --3 冊(1 函). --殘本,存 3 冊。半葉行、字數不等,白口,四周單邊,半框 21.6×13.3cm。鈐"田家自有樂"朱文印、"吳"朱文印、"曉鈴臧書"朱文印. --綫裝

己/1295

甌缽羅室書畫過目考:六卷/(清)李玉棻編輯. --刻本. --京都:琉璃廠興盛齋,清光緒二十三年(1897). --4 冊(1 函). --半葉 11 行,行 25 字,白口,四周雙邊,單黑魚尾,半框 17.5×13.1cm。鈐"杜有慶印"白文印、"特健藥"朱文印、"吳"朱文印、"曉鈴臧書"朱文印. --綫裝

己/1252

八旗畫錄:前編三卷,後編三卷/(清)李充國恭錄. --鉛印本. --民國(1912—1949). --1 冊. --李放,原名李充國。半葉 11 行,行 31 字,黑口,四周單邊,單黑魚尾,半框 18.6×11.7cm。內附有"倬盦藏書"書簽。書名頁有義州李大翀題記,書皮有六逸館主人蓬累題記。鈐"李大翀印"白文印、"吳"朱文印、"曉鈴臧書"朱文印. --綫裝

己/2296

國色天香春豔寫影/吳虞公著;但杜宇畫. --石印本. --上海:世界書局,民國(1912—1949). --1 冊(1 函):插圖20 幅. --半葉 15 行,行 29 字,白口,四周雙邊,半框 21.7×15.7cm. --綫裝

己/2075

音樂舞蹈

音樂賞鑒論/劉守鶴著. --鉛印本. --北京:世界編譯館北平分館,民國二十五年(1936). --1冊(1函). --(戲曲音樂叢書/中國戲曲音樂院研究所編). --半葉 12 行,行 37 字,無邊框. --平裝　　　　　　　　　　　　己/1814

唐人打令考/羅庸,葉玉華著. --鉛印本. --昆明,民國二十九年(1940). --1 冊(1 函). --國立北京大學四十周年紀念論文集抽印本。半葉 27 行,行 37 字,橫排。鈐"吳"朱文印、"曉鈴藏書"朱文印. --平裝　　　　　己/2304—1
　第二部　　　　　　　　　　己/2304—2
　第三部　　　　　　　　　　己/2304—3
　第四部　　　　　　　　　　己/2304—4

雜技

安雅堂觚律:一卷/(元)曹繼善造;(元)陶宗儀定. 附觴政:一卷/(明)袁宏道撰;(明)潘之恒校. 酒經:一卷/(宋)蘇軾撰. --鉛印本. --民國(1912—1949). --1 冊(1 函). --半葉 10 行,行 19 字,白口,四周雙邊,半框 13.8 × 9.3cm。鈐"張丞"朱文印、"吳"朱文印、"曉鈴藏書"朱文印. --綫裝　　己/2276

新刻時尚華筵趣樂談笑酒令:四卷/(明)佚名撰. --刻本. --種德堂,明(1368—1644). --4冊(1 函):圖 2 幅. --有殘葉。書名頁題"博笑珠璣"。上下兩欄,上欄半葉 13 行,行 10 字,下欄半葉 11 行,行 17 字,白口,四周單邊,單黑魚尾,半框 15.9 × 11.3cm。有吳曉鈴跋。鈐"曉鈴藏書"朱文印. --綫裝　　己/1474

弄譜:二卷/(清)李調元撰. --抄本,紅格. --民國(1912—1949). --1 冊(1 函). --半葉 7

行,行 22 字,四周單邊,抄書紙題"廣盛監製",半框 18.1 × 12.1cm。鈐"張次溪印"朱文印、"吳"朱文印、"曉鈴藏書"朱文印. --綫裝　　　　　　　　　　　　己/1493

擬猜隱謎:四卷/(清)費源撰. --刻本. --清乾隆四十五年(1780). --4 冊(1 函):插圖. --半葉行、字數不一,粗黑口,左右雙邊,單黑魚尾,半框 9.5 × 6.5cm。鈐"曉鈴藏書"朱文印. --綫裝　　　　　　　　　　　　己/1441

燈社嬉春集:二卷/(清)蓬道人戲編. --刻本. --長沙:楊氏坦園,清光緒(1875—1908). --2 冊(1 函). --(坦園全集/[清]楊恩壽撰). --蓬道人即楊恩壽。半葉 9 行,行 21 字,小字雙行字同,白口,四周雙邊,單黑魚尾,半框 17 × 12.7cm。長沙楊氏坦園藏版。鈐"吳"朱文印、"曉鈴藏書"朱文印. --綫裝　　己/2248

重訂宣和譜牙牌彙集:二卷/(清)琅槐河上漁人杏園輯;(清)博昌散人雲庵氏重訂. --刻本. --京師:雲庵等,清光緒十二年(1886). --2冊(1 函). --半葉 9 行,行 24 字,白口,四周雙邊,單黑魚尾,半框 17.3 × 12.9cm。鈐"曉鈴藏書"朱文印. --綫裝　　　　　　　　己/959

象棋譜:不分卷. --抄本. --清(1644—1911). --4 冊(1 函). --行款不一,白口,半框 19.5 × 12.8cm。鈐"吳"朱文印、"曉鈴藏書"朱文印. --綫裝　　　　　　　　　　　　己/1467

益智圖千字文/(清)童葉庚書. --石印本. --上海:商務印書館,民國七年(1918). --8 冊(1函). --袖珍本。行款不一,白口,四周單邊,半框 9.2 × 6.8cm。鈐"馬承棣印"朱文印、"吳"朱文印、"曉鈴藏書"朱文印. --綫裝
　　　　　　　　　　　　己/2186

奇書五十五種:三卷,續編一卷/(清)留香主人輯;(清)醉月問花客摹刊. 奇書續編:一

卷/（清）醉月問花客重編. --石印本,巾箱本. --
上海:理文軒,清光緒二十年（1894）. --4 冊（1
函）:有冠圖. --書簽題“繪圖奇書五十五種”。
醉月問花客即張佩芝。半葉 10 行,行 24 字,
白口,四周雙邊,單黑魚尾,半框 9.8 ×6.7cm。
牌記題“光緒甲午夏上海理文軒石印”。鈐
“吳”朱文印、“曉鈴藏書”朱文印. --綫裝
己/1501

新刻秘藏異本奇巧戲法:一卷/（清）中山秦
叟彙積. --刻本. --禪山近文堂,清末（1851—
1911）. --1 冊（1 函）. --半葉 10 行,行 26 字,白
口,四周單邊,半框 16.8 ×11.6cm。鈐“吳”朱
文印、“曉鈴藏書”朱文印. --綫裝　　己/2247

譜錄類

山家清供;山家清事/（宋）林洪撰. --刻本. --
宛委山堂,清順治四年（1647）. --1 冊. --（說
郛/［明］陶宗儀編）. --半葉 9 行,行 20 字,白
口,左右雙邊,單綫魚尾,半框 18.7 ×14.3cm。
鈐“江陰劉氏”白文印、“劉復所藏”朱文印、
“半農”朱文印、“曉鈴藏書”朱文印. --綫裝
己/1430

七硯齋百物銘;附七硯齋雜著/（清）馮譽驄
著. --刻本. --清光緒二十九年（1903）. --1 冊（1
函）. --半葉 9 行,行 21 字,白口,四周雙邊,單
黑魚尾,半框 17.7 ×12.2cm。鈐“吳”朱文印、
“曉鈴藏書”朱文印. --綫裝　　己/2133

雜家類

雜學雜説

墨子閒詁:十五卷,目錄一卷,附錄一卷,後
語二卷/（清）孫詒讓注. --刻本. --清宣統二年
（1910）. --8 冊（1 函）. --書皮題“定本墨子閒
詁”。半葉 12 行,行 20 字,小字雙行字同,黑

口,左右雙邊,半框 18.2 ×13.6cm。鈐“志甄”
白文印、“慶雲”朱文印、“里安林氏惜硯樓收
藏書畫金石經籍印”白文印、“吳”朱文印、“曉
鈴藏書”朱文印. --綫裝　　己/2187

文昌雜錄:六卷/（宋）龐元英撰. --刻本. --雅
雨堂,清乾隆二十一年（1756）. --2 冊（1
函）. --（雅雨堂叢書/［清］盧見曾編）. --半葉
10 行,行 21 字,白口,四周單邊,單黑魚尾,版
心下刻“雅雨堂”,半框 18.3 ×14.2cm. --綫裝
己/2197

佛鈴:一卷/（明）瞿九思著;（明）董漢儒
校. --抄本. --清（1644—1911）. --1 冊. --據明平
陽史學遷刻本抄。半葉 9 行,行 20 字,無邊
框. --毛裝　　己/409

實用編:一卷/（明）瞿九思著. --抄本. --清
（1644—1911）. --1 冊. --此書前面似有缺葉。
題名據版心著錄。又名“經世實用編”。責任
說明據《徵聘本末·刻經世實用編》著錄。半
葉 9 行,行 18 字,無邊框. --毛裝　　己/410

畜艾編:一卷/（明）瞿九思著. --抄本. --清
（1644—1911）. --1 冊. --據明平陽史學遷刻本
抄。半葉 9 行,行 19 字,無邊框. --毛裝
己/408

靈臺小補/（清）白山悟夢子撰. --刻本. --清
道光十二年（1832）. --1 冊（1 函）. --書名頁題
“靈台小補,洞開肺腑,愁緒萬端,余心太苦”。
題名據版心著錄。本書前半部分爲作者自序。
半葉 9 行,行 15 字,小字雙行字同,白口,四周
雙邊,單黑魚尾,半框 19 ×13.1cm。鈐“曉鈴
藏書”朱文印. --綫裝　　己/1349

訄書/（清）章炳麟撰. --刻本. --清光緒
（1875—1908）. --2 冊（1 函）. --半葉 10 行,行
25 字,小字雙行字同,粗黑口,左右雙邊,單黑
魚尾,半框 17.9 ×13.2cm。有黃曼匋題記“甲

子人日曼甸偶題"。鈐"黃曼甸"朱文印、"黃曼甸圖書記"朱文印、"安次黃端所藏"白文印、"黃端私印"白文印、"安次黃端字景呂圖書印"朱文印、"黃端印信"白文印、"黃氏景呂曾讀"白文印、"黃端之印"白文印、"吳"朱文印、"曉鈴藏書"朱文印. --精裝　　　　己/2188

雜考

武帝寶翰考：十卷,首一卷,末一卷/(清)徐謙纂述. --刻本. --四香草堂,清咸豐十年(1860). --4 冊(1 函):有插圖. --半葉 9 行,行 20 字,白口,四周雙邊,單黑魚尾,版心下刻"四香草堂",半框 17.7×13.1cm。慎獨居藏板. --綫裝　　　　己/1057

古書疑義舉例劄迻：一卷/馬敍倫撰. --鉛印本. --民國七年(1918). --1 冊(1 函). --半葉 13 行,行 35 字,黑口,四周雙邊,單黑魚尾,半框 17.4×12.6cm。鈐"吳"朱文印、"曉鈴藏書"朱文印. --綫裝　　　　己/2256

雜纂

顏氏家訓：七卷,附錄一卷/(北齊)顏之推撰;(清)趙曦明注;(清)盧文弨補. --鉛印本. --上海:中華書局,民國(1912—1949). --4 冊(1 函). --(四部備要;子部). --附壬子年重校/(清)盧文弨校注;顏氏家訓注補正/(清)錢大昕撰。目錄題"新注顏氏家訓"。半葉 13 行,行 20 字,小字雙行字同,細黑口,四周單邊,單黑魚尾,版心下印"中華書局聚珍倣宋版印",半框 15.4×10.8cm。鈐"曉鈴藏書"朱文印、"吳曉鈴"白文印. --綫裝　　　　己/2167

紫桃軒雜綴：四卷,又綴二卷/(明)李日華撰. --影印本. --上海:有正書局,民國(1912—1949). --4 冊(1 函). --半葉 8 行,行 19 字,白口,四周單邊,單黑魚尾,半框 15.9×10cm。

鈐"吳"朱文印、"曉鈴藏書"朱文印. --綫裝　　　　己/2228

閒情偶寄：十六卷/(清)李漁著. --刻本. --翼聖堂,清康熙(1662—1722). --8 冊(1 函):插圖 14 幅. --(笠翁秘書;第一種). --半葉 9 行,行 20 字,有眉批,行 3 字,白口,四周單邊,半框 18.4×13.1cm。鈐"曉鈴藏書"朱文印. --綫裝　　　　己/1292

法戒錄：六卷,附閨閣錄四冊/(清)夢覺子彙集. --刻本. --騰陽:明善堂,清光緒十七年(1891). --5 冊(1 函). --半葉 12 行,行 23 字,白口,左右雙邊,無直格,雙對黑魚尾,半框 20.7×13.6cm。版存騰陽明善堂。鈐"曉鈴藏書"朱文印. --綫裝　　　　己/755

俗語指謬：三卷/(清)醫俗道人撰. --刻本. --清光緒二十七年(1901). --1 冊(1 函). --半葉 11 行,行 25 字,小字雙行字同,白口,左右雙邊,版心下刻"杭州白話報",半框 17.5×11.8cm. --綫裝　　　　己/1262

悅容編：十三篇. --抄本,綠絲欄. --清(1644—1911). --1 冊(1 函). --目錄題"悅容編評林"。半葉 8 行,行 13 至 16 字,有眉批,行 6 至 8 字,白口,四周雙邊,版心上印"惜花居士偶筆",半框 13.2×9.6cm. --綫裝　　　　己/1338

點睛集：一卷/樂真道人撰. --刻本. --民國(1912—1949). --1 冊(1 函). --作者據自序著錄。半葉 8 行,行 18 字,白口,四周單邊,無直格,單黑魚尾,半框 16.4×11.1cm. --平裝　　　　己/1167

西洋各派

群學肄言：不分卷/(英國)斯賓塞爾造論;(清)嚴復翻譯. --鉛印本. --上海:文明編譯書

局,清光緒二十九年(1903).--4 冊(1 函).--半葉 11 行,行 27 字,有眉批,行 6 字,白口,四周雙邊,單黑魚尾,半框 16.2×11.5cm。牌記題"光緒二十九年五月上海文明編譯書局印行"。鈐"吳"朱文印、"曉鈴藏書"朱文印.--綫裝　　　　　　　　己/1468

普通的邏輯/張競生編.--鉛印本.--民國(1912—1949).--1 冊(1 函).--半葉 12 行,行 33 字,小字雙行 43 字,白口,四周雙邊,無直格,單黑魚尾,半框 16.4×11.1cm。鈐"吳"朱文印、"曉鈴藏書"朱文印.--綫裝　　己/2230

類書類

補注蒙求:三卷/(唐)李瀚撰;(日本)竹內松治補注.--鉛印本.--東京:松邑三松堂,日本昭和七年(1932).--1 冊.--半葉 12 行,行 23 字,小字雙行 37 字,白口,四周單邊,半框 14.7×11.3cm。有佚名墨筆、鉛筆批語.--精裝　　　　　　　　　　　　己/2175

太平廣記:五百卷,目錄十卷/(宋)李昉等編.--刻本,重刻.--姑蘇:聚文堂,清嘉慶十一年(1806).--64 冊(8 函).--據明談愷刻本重刻。半葉 12 行,行 22 字,小字雙行字同,白口,四周雙邊,單黑魚尾,半框 11.8×9.2cm。鈐"曉鈴藏書"朱文印.--綫裝　　己/720

太平廣記:五百卷,目錄十卷/(宋)李昉等編.--影印本.--北平:文友堂書坊,民國二十三年(1934).--60 冊(4 函).--據明談愷刻本影印。半葉 12 行,行 22 字,小字雙行字同,白口,四周單邊,單黑魚尾,半框 14.5×10.6cm。鈐"曉鈴藏書"朱文印.--綫裝　　己/719

續太平廣記:八卷/(清)陸壽名集.--刻本.--篤慶堂,清嘉慶五年(1800).--8 冊(1 函).--半葉 9 行,行 20 字,細黑口,四周雙邊,半框

12.7×9.6cm。鈐"曉鈴藏書"朱文印.--綫裝　　　　　　　　己/718

王先生十七史蒙求:十六卷/(宋)王令撰.--刻本,影刻.--海陽程宗琠,清康熙四十九年(1710).--2 冊(1 函).--據宋乾道刻本影刻。半葉 11 行,行 21 字,白口,左右雙邊,單黑魚尾,半框 16.7×11.6cm。鈐"則古昔齋"朱文印、"拭塵鑒賞"白文印、"汪昉私印"白文印、"曉鈴藏書"朱文印.--綫裝　　己/2174

釋諺韻編:一卷.--稿本.--民國二十一年(1932).--2 冊(1 函).--卷端下題"棟山堂叢書丙錄"。半葉 12 行,行 24 字,無邊框。鈐"吳"朱文印、"曉鈴藏書"朱文印.--綫裝　　　　　　　　　己/2302

雜誌類

圖書季刊/國立北平圖書館圖書季刊編輯部編輯.--中文版.新 V.2,no.3.--昆明:國立北平圖書館圖書季刊編輯部,民國二十九年(1940)九月.--1 冊(1 函).--半葉 18 行,行 50 字,無邊框.--平裝　　己/1999

雲龍霧豹:第一百十一期至第一百二十期/[雲龍霧豹編輯社編].--石印本.--雲龍霧豹出版社,民國十二至十三年(1923—1924).--1 冊(1 函):圖 10 幅.--題名據版心著錄。半葉 12 行,行 28 字,白口,四周單邊,半框 18×10.8cm.--綫裝　　　　　　　　己/2120

宗教類

佛教

明成祖寫經.--影印本,珂羅版.--民國(1912—1949).--3 冊(1 函).--據拓片影印。半框 6.9×6.3cm。鈐"曉鈴藏書"朱文印.--

綫裝

　子目：

　佛說五十三佛大因緣經

　佛說三十五佛名經

　稱揚諸佛功德經

　金剛般若波羅密經

　妙法蓮華經普門品

　般若波羅密多心經

　聖妙吉祥真實名經

　無量壽佛真言

　佛頂大白傘蓋楞嚴陀羅尼經

　佛頂尊勝總持經咒

　大悲觀自在菩薩總持經咒

　大隨求陀羅尼神咒經

　三大士真言

　文殊師利菩薩神咒

　文殊菩薩五字咒

　救度佛母神咒

　沙乾佛母神咒

　摩利支天菩薩陀羅尼

　滅惡趣神咒

　消災吉祥神咒

　金剛心咒

　般若心咒

　金剛手菩薩神咒

　壞相金剛根本咒

　百字神咒

　金剛壽命真言

　紅色怖畏真言

　黑色怖畏真言

　馬曷葛立真言

　慧忿怒咒

　獄帝忿怒咒

　蓮花忿怒咒

　甘露忿怒咒

　大力忿怒咒

　不動忿怒咒

　欲王忿怒咒

　青杖忿怒咒

　頂尊忿怒咒

　妙鎮忿怒咒

　馬曷葛剌神咒

　馬曷葛辣根本咒　　　　　　　己/1461

金剛藥師觀音三經全部. --刻本. --清(1644—1911). --1 冊（1 函）：有插圖. --半葉 6 行，行 11 字，上下單邊，半框 6.6×4.3cm。鈐"吳曉鈴"朱文印. --經折裝

　子目：

　金剛般若波羅密經：一卷/（後秦）釋鳩摩羅什譯

　藥師瑠璃光如來本願功德經：一卷/（唐）釋玄奘譯

　妙法蓮華經觀世音菩薩普門品　　己/2308

妙法蓮華經：七卷/（後秦）釋鳩摩羅什譯. --刻本. --南京：金陵刻經處，清末（1851—1911）. --3 冊（1 函）. --半葉 9 行，行 8 字，白口，左右雙邊，半框 18.5×13.2cm。鈐"吳"朱文印、"曉鈴藏書"朱文印. --綫裝　　己/2287

慈悲道場懺法：十卷/（梁）釋寶志，（梁）釋寶唱等製. --刻本. --杭州：雲棲寺，清初（1644—1722）. --2 冊（1 函）. --缺卷 4—6。書皮題"梁皇寶懺"。書尾題"甲子歲雲棲重梓"。半葉 8 行，行 17 字，白口，四周雙邊，半框 19.5×11.8cm。鈐"曉鈴藏書"朱文印. --綫裝　　己/1112

圓覺道場修證禮懺文：十八卷/（唐）釋宗密述. --刻本. --北京：釋勝馥，明萬曆四十年（1612）（北京：太子太保武清侯李誠銘，明天啓五年[1625]印刷）. --1 冊. --存第 18 卷。半葉 6 行，行 17 字，上下雙邊，半框 25.2×11.9cm。牌記題"古燕刻字趙文奎，住在順天府角頭一條衚衕"。鈐"吳曉鈴藏書印"朱文印、"曉鈴藏書"朱文印. --經折裝　　己/2223

出三藏記：十七卷/（梁）釋僧祐撰. --刻本. --常熟：虞山華嚴閣，明崇禎十六年（1643）. --4

冊(1 函).--(嘉興藏).--缺卷6。書後題"常熟信士毛晉捐資刊出三藏記集全部"。半葉10行,行20字,白口,四周雙邊,半框22.8×15.6cm。鈐"張遵騮"朱文印、"孫華卿章"朱文印、"曉鈴臧書"朱文印.--綫裝　己/1452

古清涼傳:二卷/(唐)釋慧祥撰. **廣清涼傳**:三卷/(宋)釋延一重編. **續清涼傳**:二卷/(宋)張商英述.--影印本.--上海:商務印書館,民國二十四年(1935).--3 冊(1 函).--據宛委別藏明天順刻本影印。半葉11行,行20字,粗黑口,四周雙邊,雙對黑魚尾,半框14.5×10.1cm.--綫裝　己/2271

唐大和上東征傳:一卷/(日本)元開撰.--影印本.--杭州,1979 年.--1 冊.--書皮題"過海大師東征傳"。據日本昭和七年(1932)鉛印本影印。半框18×11.9cm。鈐"吳"朱文印、"曉鈴臧書"朱文印.--綫裝　己/2295

翻譯名義集:二十卷/(宋)釋法雲編.--刻本.--合肥蒯氏帶耕草堂,清光緒四年(1878).--6 冊(1 函).--半葉10行,行20字,粗黑口,左右雙邊,半框16.9×13.1cm。鈐"吳"朱文印、"曉鈴臧書"朱文印.--綫裝　己/1475

雜毒海:四卷/(宋)釋宗杲說;(清)釋性音重編.--刻本.--北京:大覺山佛泉寺沙門性音,清康熙六十年(1721).--1 冊(1 函).--半葉10行,行20字,粗黑口,四周雙邊,半框21×15.3cm。鈐"安昌毛氏臧書之印"朱文印、"曉鈴臧書"朱文印.--綫裝　己/2091

敕修百丈清規:二卷九章,附一卷/(元)釋德輝重編.--刻本.--明(1368—1644).--2 冊.--存上卷,有殘葉。半葉10行,行24字,粗黑口,四周雙邊,雙對黑魚尾,半框22.2×13.2cm。鈐"曉鈴臧書"朱文印.--綫裝　己/1449

諸佛世尊菩薩如來尊者名稱歌曲:二十卷/(明)朱棣撰.--刻本.--徑山:古梅庵,清康熙二至五年(1663—1666).--6 冊(1 夾).--(嘉興藏).--半葉10行,行20字,白口,四周雙邊,單黑魚尾,半框22.1×15.5cm。有刻工及捐資者姓名。鈐"曉鈴臧書"朱文印.--綫裝　(己)/679

一晝夜齋式/(明)吳沉,(明)釋文彬等纂修.--刻本.--明(1368—1644).--1 冊:有插圖.--目錄題名"脩齋科儀"。半葉6行,行17字,上下單邊,半框30.1×12.8cm。鈐"曉鈴臧書"朱文印.--經折裝　己/2219

護身根本經咒全部/(清)釋元亮編輯. 附**般若波羅密多心經**/(唐)釋玄奘譯.--刻本.--清光緒二十九年(1903).--1 冊(1 函):圖2幅.--半葉4行,行9字,上下單邊,半框5.7×2.9cm。板存五臺山南山極樂寺。鈐"吳曉鈴"朱文印.--經折裝　己/2307

悉曇三書:三種/羅振玉輯.--影印本.--上虞羅振玉,民國六年(1917).--6 冊(1 函).--鈐"吳曉鈴"朱文印.--綫裝
子目:
涅槃經悉談章:一卷/(後秦)釋鳩摩羅什譯.--據日本貞治元年(1362)抄本影印
景祐天竺字源:六卷/(宋)釋惟淨等集.--據日本東京博物館臧嘉祿二年(1226)抄本影印
悉曇字記:一卷/(唐)釋智廣撰.--據日本臧寬治七年(1093)抄本影印　己/2309

梵語雜名:一卷/(唐)釋禮言集;(日本)釋真源較.--影印本.--上海:佛學書局,民國二十九年(1940).--1 冊(1 函).--(密部法彙).--據日本享保十七年(1732)本影印。半葉行、字數不一,白口,四周雙邊,半框14.3×9.9cm.--綫裝　己/2270

梵語千字文:一卷/(唐)釋義淨撰.--影印

本.--上海：佛學書局,民國二十九年(1940).--1 冊(1 函).--(密部法彙).--據日本安永二年(1773)京師書鋪刻本影印。行款不一,白口,四周單邊,半框 12.5×10cm.--綫裝

己/2269

梵字悉曇字母並釋義：一卷/(日本)釋空海撰.--刻本.--北京：北京刻經處,民國十一年(1922).--1 冊.--半葉 10 行,行 20 字,細黑口,左右雙邊,半框 16.8×13.2cm。鈐"吳"朱文印、"曉鈴藏書"朱文印.--綫裝

己/2293

悉曇十八章草呩：一卷.--抄本.--日本：啟雄,日本明治、大正間(1868—1926).--1 冊(1 函).--半葉 6 行,行 12 字,無邊框。鈐"吳"朱文印、"曉鈴藏書"朱文印.--綫裝

己/2283

悉曇十二返抄.--抄本,朱墨抄.--日本,[18?? 年].--1 冊(1 函).--正文爲日文。半葉 8 行,行 20 字,無邊框。鈐"吳"朱文印、"曉鈴藏書"朱文印.--綫裝

己/1488

悉曇私記：一卷/(日本)睿僧正撰.--刻本.--日本,日本享保十七年(1732).--1 冊.--書皮題"新鍥悉曇字記林記"。半葉 10 行,行 20字,白口,四周雙邊,半框 20.9×14.6cm。鈐"吳"、"曉鈴藏書"朱文印.--綫裝

己/2281

悉曇字記聞書：六卷/(日本)宥快記.--刻本.--日本,江户時代(1603—1868).--3 冊(1 函).--半葉 14 行,行 19 字,白口,四周單邊,雙對黑魚尾,半框 21.9×15.4cm。鈐"佛母院親護金剛藏"朱文印、"佛地藏院"朱文印、"吳"朱文印、"曉鈴藏書"朱文印.--綫裝

己/2282

華嚴字母音譜/貝晉眉製譜.--影印本.--民國十八年(1929).--1 冊(1 函).--半葉 2 行,行 15 字,白口,四周單邊,半框 19×11.5cm。鈐"曉鈴藏書"朱文印.--綫裝

己/871

佛教研究法：一卷/呂澂編述.--鉛印本.--上海：商務印書館,民國二十二年(1933).--1 冊(1 函).--(佛學叢書).--半葉 12 行,行 33 字,白口,四周雙邊,無直格,半框 16.4×11.8cm。有吳曉鈴題記"曉鈴旅印得書,卅三年三月廿二日法舫上人贈本"。鈐"吳"朱文印、"曉鈴藏書"朱文印.--綫裝

己/2263

道教

高上玉皇本行集：三卷.--刻本,重刻.--方緣,清嘉慶十一年(1806).--3 冊:有圖.--半葉 5 行,行 11 字,上下雙邊,半框 27.1×12.5cm。鈐"曉鈴藏書"朱文印.--經折裝

己/2221

太上玄靈北斗本命延生真經.--刻本.--清(1644—1911).--1 冊:有圖.--書籤題"太上三元賜福赦罪解厄消災延生保命妙經"。半葉 4 行,行 11 字,上下雙邊,半框 23.2×11.2cm。鈐"曉鈴藏書"朱文印.--經折裝

己/2222

太上全真功課經：二卷.--刻本,重刻.--龐洪智等,清嘉慶二年(1797).--2 冊(1 函).--上卷題名"太上全真早壇功課經",下卷題名"太上全真晚壇功課經"。半葉 5 行,行 15 字,上下雙邊,半框 24.5×12.2cm。鈐"白雲觀"朱文印、"曉鈴藏書"朱文印.--經折裝

己/2217、己/2218

武當全功課經.--刻本.--趙守雯,清康熙五十四年(1715).--5 冊(1 函):圖 1 幅.--題名據函套書籤著錄。半葉 5 行,行 15 字,上下雙邊,半框 23.8×11.4cm。望奎縣太極宮藏板。鈐"曉鈴藏書"朱文印.--經折裝

子目：

武當功課經：二卷

太上三元賜福赦罪解厄消災延生保命妙經.--半框 22.7×11.2cm

太上玄靈北斗本命延生真經.--半框 24×11.2cm

北方真武妙經. --半框 23.7×11.5cm
太上五斗金章受生妙經. --半框 23.7×
11.4cm　　　　　　　　　　　己/1442

三天易髓：一卷/（元）李清菴撰；（明）混然
子校正. --刻本. --明正統十年（1445）. --1
冊. --（正統道藏）. --卷尾缺葉。千字文編號
“光七”。李清菴即元李道純；混然子即明王
道淵。半葉 5 行，行 17 字，上下雙邊，半框
27.8×12.9cm。鈐“曉鈴臧書”朱文印. --綫裝
　　　　　　　　　　　己/2220

禮斗摘要：一卷. --刻本. --玄真七眷，明
（1368—1644）. --1 冊：圖 2 幅. --半葉 4 行，行
15 字，上下雙邊，半框 27×12.9cm。鈐“曉鈴
臧書”朱文印. --經折裝　　　　　己/2224

太極靈寶祭煉科儀：二卷/（清）婁近垣增
訂. --刻本，朱墨套印. --北京：和親王弘晝，清
乾隆三十二年（1767）. --2 冊. --半葉 9 行，行
15 字，有少量工尺譜，白口，四周雙邊，單黑魚
尾，半框 22.4×15.3cm。鈐“曉鈴臧書”朱文
印. --綫裝　　　　　　　　　　己/444

玉音法事. --抄本. --京師：妙緣觀大光明殿
內副住持弟子劉巨銑，清光緒三十年
（1904）. --1 冊. --半葉 9 行，行 21 字，無邊框。
鈐“劉巨銑印”白文印、“錫九”朱文印、“錫九
之書”朱文印、“形端意正”朱文印、“妙緣觀”
朱文印、“圖章”朱文印、“曉鈴臧書”朱文
印. --綫裝　　　　　　　　　　己/449

修真入門：一卷. --刻本. --牛得清，清末
（1851—1911）. --1 冊（合裝 1 函）. --半葉 8
行，行 21 字，白口，四周雙邊，無直格，單黑魚
尾，半框 14.7×10.9cm. --平裝　　己/1161

修坐須知：一卷. --鉛印本. --民國（1912—
1949）. --1 冊. --半葉 12 行，行 25 字，無邊框。
鈐“曉鈴臧書”朱文印. --綫裝　　己/1092

其他宗教

葫頭集：二卷/呂洞賓乩書. --刻本. --清
（1644—1911）. --4 冊（1 函）. --半葉 8 行，行
20 字，白口，四周單邊，單黑魚尾，半框 20.2×
13.1cm。鈐“復盦南氏”朱文印、“甯武南氏珍
藏”朱文印、“曉鈴臧書”朱文印. --綫裝
　　　　　　　　　　　己/1279

理數合解/（清）北海老人著. --鉛印本，重
印. --濟寧：崇華堂，民國二十一年（1932）. --1
冊. --據北京崇華堂版重印。半葉 13 行，行 33
字，無邊框. --平裝　　　　　　　己/1915

皇申訓子十戒. --鉛印本. --崇華堂，民國
（1912—1949）. --1 冊（1 函）. --半葉 13 行，行
32 字，無邊框. --平裝　　　　　　己/1917

一貫道疑問解答：二卷/崇華堂編. --鉛印
本，重印. --北京：崇華堂，民國（1912—
1949）. --半葉 12 行，行 35 字，無邊框. --1 冊
（1 函）. --平裝　　　　　　　　　己/1916

孔孟聖訓. --鉛印本，重印. --崇華堂，民國
（1912—1949）. --1 冊（1 函）. --半葉 12 行，行
22 字，無邊框。吳曉鈴題跋。鈐“吳”朱文印、
“曉鈴臧書”朱文印. --平裝　　　　己/1919

一貫淺說/伍博士著並演說. --鉛印本，重
印. --北京：崇華堂，民國（1912—1949）. --1 冊
（1 函）. --半葉 11 行，行 27 字，無邊框. --平裝
　　　　　　　　　　　己/1918

破邪詳辯：三卷，首一卷/（清）黃育楩撰. --
刻本. --清道光十四年（1834）. --1 冊（1 函）. --
半葉 9 行，行 22 字，白口，四周雙邊，單黑魚
尾，半框 21.1×15.5cm。鉅鹿清慎勤齋藏板。
鈐“曉鈴臧書”朱文印. --綫裝　　　己/1073

破邪詳辯：三卷，續刻一卷，首一卷/（清）黃育楩撰. --刻本. --清光緒八年（1882）. --2 冊（1 函）. --半葉 9 行，行 22 字，白口，四周雙邊，單黑魚尾，半框 20.2×14.3cm。荊州將軍署藏板。鈐"曉鈴藏書"朱文印. --綫裝

己/1072

集　部

總集類

通代

楚辭：十七卷／（漢）劉向集；（漢）王逸章句；（宋）洪興祖補注. --鉛印本. --上海：中華書局，民國（1912—1949）. --6 冊（1 函）. --（四部備要；集部）. --書皮題"楚辭補注"。半葉 9 行，行 15 字，小字雙行 30 字，細黑口，四周單邊，單黑魚尾，半框 15.2×10.5cm. --綫裝

己/2142

樂府詩集：一百卷／（宋）郭茂倩編. --鉛印本. --上海：中華書局，民國（1912—1949）. --16 冊（2 函）. --（四部備要；集部）. --半葉 13 行，行 26 字，細黑口，四周單邊，單黑魚尾，版心下印"中華書局聚珍倣宋版印"，半框 15×10.9cm。有吳曉鈴題記"一九三六年春，中華書局舉行廉價，母親爲我購此書". --綫裝

己/2141

絕句博選：五卷／（明）王朝雍輯. --刻本. --明嘉靖十五年（1536）. --5 冊（1 函）. --半葉 9 行，行 18 字，小字雙行字同，白口，四周雙邊，雙對黑魚尾，半框 20.1×13.9cm。鈐"郁彩芝記"朱文印、"曉鈴臧書"朱文印. --綫裝

己/1450

新鎸注釋出像皇明千家詩：四卷／（明）汪萬頃選注. --刻本. --日本：萃慶堂，日本貞亨二年（1685）. --4 冊（1 函）：插圖 29 幅. --書名頁題

"鎸出像注釋皇明千家詩"。半葉 9 行，行 20 字，白口，四周單邊，無直格，單黑魚尾，半框 22.2×14.1cm。鈐"周豐一"印（陰陽合璧）、"周伯上"朱文印、"苦雨齋藏書印"朱文印、"曉鈴臧書"朱文印. --綫裝

己/1454

四六初徵：二十卷／（清）李漁輯. --刻本. --芥子園，清康熙十年（1671）. --12 冊（1 函）. --半葉 9 行，行 20 字，白口，四周單邊，半框 18.9×13.1cm. --綫裝

（己）/1285

古詩源：十四卷／（清）沈德潛選. --鉛印本. --上海：商務印書館，民國（1912—1949）. --4 冊（1 函）. --（有不爲齋叢書）. --半葉 11 行，行 27 字，小字雙行字同，細黑口，四周雙邊，單黑魚尾，半框 15.7×11.3cm。鈐"曉鈴臧書"朱文印. --綫裝

己/2210

六朝文絜：四卷／（清）許槤評選；（清）朱鈞校. --鉛印本. --上海：中華書局，民國（1912—1949）. --1 冊（1 函）. --（四部備要；集部）. --據許刻本校刊。半葉 13 行，行 22 字，欄上有評，行 5 字，細黑口，四周單邊，單黑魚尾，版心下印"中華書局聚珍倣宋版印"，半框 12.8×10.8cm。鈐"曉鈴臧書"朱文印. --綫裝

己/2171

姜母寄當歸賦／（明）黃吉元等作. --抄本. --清（1644—1911）. --1 冊（1 函）. --本書包括"姜母寄當歸賦"、"馬嵬坡賦"、"劉阮再到天臺賦"等幾篇文章。半葉 8 行，行 16 字，無邊框。佚名朱墨圈點、批註。鈐"酒中仙"朱文印、"學士"白文印、"吳"朱文印、"曉鈴臧書"朱文印. --綫裝

己/1496

小學弦歌選本/（清）李元度原輯；周子秀選.--刻本.--泉州：周伯迢，民國十七年（1928）.--1 冊（1 函）.--半葉 9 行，行 21 字，小字雙行字同，白口，四周單邊，無直格，單黑魚尾，半框 16.1×11.5cm。福建泉州佛經流通處存版。鈐"曉鈴臧書"朱文印.--平裝

己/2176

古燕詩紀：十卷/馬鍾琇編.--鉛印本.--味古堂，民國四年（1915）.--4 冊（1 函）.--書籤題"野史亭古燕詩紀"。半葉 11 行，行 27 字，小字雙行字同，白口，四周雙邊，無直格，單黑魚尾，版心下印"味古齋"，半框 16×11.4cm。鈐"馬仲瑞印"白文印、"吳"朱文印、"曉鈴臧書"朱文印.--綫裝

己/2139

苦兵集：一卷/程豔秋摘錄.--石印本.--民國二十年（1931）.--1 冊（1 函）.--據程豔秋抄本影印。責任說明據程豔秋序著錄。半葉 6 行，行 16 字，無直格。鈐"吳"朱文印、"曉鈴臧書"朱文印.--綫裝

己/2148

詩名著選：四卷.--鉛印本.--北京：北京大學出版組，民國（1912—1949）.--1 冊（1 函）.--半葉 13 行，行 40 字，粗黑口，四周雙邊，單黑魚尾，版心下印"北京大學出版組印行"，半框 20×12.4cm.--綫裝

己/2116

周漢文鈔.--鉛印本.--北京：北京大學出版組，民國（1912—1949）.--1 冊（1 函）.--半葉 13 行，行 40 字，粗黑口，四周雙邊，單黑魚尾，半框 20×12.2cm。鈐"曉鈴臧書"朱文印.--綫裝

己/2191

漢魏六朝詩：六卷/（三國魏）曹植等作.--鉛印本.--北京：北京大學出版組，民國（1912—1949）.--1 冊（合裝 1 函）.--半葉 13 行，行 40 字，粗黑口，四周雙邊，無直格，單黑魚尾，版心下印"北京大學出版組印行"，半框 20×12.4cm.--綫裝

己/2113

斷代

[魏帝詩注]/黃節注.--鉛印本.--北京：北京大學出版組，民國（1912—1949）.--1 冊（合裝 1 函）.--題名自擬。半葉 10 行，行 34 字，小字雙行 26 字，粗黑口，四周雙邊，單黑魚尾，版心下印"北京大學出版組印行"，半框 20×12.5cm。有佚名批語.--綫裝
  子目：
  魏武帝詩注/（漢）曹操著；黃節注
  魏文帝詩注/（三國魏）曹丕著；黃節注
  魏明帝詩注/（三國魏）曹叡著；黃節注

己/2114

曹孟德詩注：一卷/（漢）曹操著；黃節集注．曹子建詩注：二卷/（三國魏）曹植撰；黃節集注.--鉛印本.--北京：國立北平師範大學，民國十七年（1928）.--1 冊（1 函）.--半葉 10 行，行 26 字，小字雙行字同，粗黑口，四周雙邊，單黑魚尾，版心下印"國立北平師範大學"，序、卷二及曹孟德詩注部分版心下印"北京大學"，半框 20.2×12cm。有佚名墨筆注釋，書衣有墨筆題"王錫祥".--綫裝

己/2112

唐五代詩選/（唐）韋莊，（唐）杜牧等作.--鉛印暨影印本.--北京：北京大學出版組，民國（1912—1949）.--1 冊（合裝 1 函）.--附李太白集樂府編目、李太白詩分體編目。版心題"唐宋詞"。半葉 13 行，行 40 字，粗黑口，四周雙邊，無直格，單黑魚尾，版心下印"北京大學出版組印行"，半框 20×12.4cm。有佚名批語.--綫裝

己/2115

又玄集：三卷/（唐）韋莊輯.--影印本.--上海：古典文學出版社，1958 年.--1 冊（1 函）.--半葉 9 行，行 21 字，白口，左右雙邊，半框 13.9×9.7cm.--綫裝

己/2154

王荊公唐百家詩選：二十卷/（宋）王安石編.--刻本.--山陽丘迴，清康熙四十三年

（1704）.--10 冊.--半葉 10 行,行 18 字,白口,左右雙邊,單黑魚尾,半框 18.9×14.1cm。雙清閣藏版.--綫裝　　　　　　己/2145

全唐詩:九百卷/（清）彭定求等奉敕編.--石印本.--上海:同文書局,清光緒十三年（1887）.--32 冊（4 夾）.--書名頁題"欽定全唐詩"。半葉 22 行,行 42 字,小字雙行 66 字,白口,左右雙邊,雙對白魚尾,半框 15.5×10.7cm。牌記題"光緒丁亥孟冬上海同文書局石印".--綫裝　　　　　　己/2158

唐詩三百首注疏:六卷/（清）蘅塘退士手編;（清）章燮注.附姓氏小傳/（清）于慶元輯.--刻本.--清（1644—1911）.--5 冊（2 函）.--存卷 1—5。書名頁題"註疏三百首合編"。半葉 8 行,行 20 字,小字雙行字同,白口,四周單邊,單黑魚尾,半框 15.8×11.4cm。鈐"吳"朱文印、"曉鈴藏書"朱文印.--綫裝
　　　　　　己/2135—2136

唐詩三百首續選:一卷/（清）于慶元編.--刻本.--章燮,清（1644—1911）.--2 冊（1 函）.--半葉 9 行,行 21 字,小字雙行字同,白口,左右雙邊,單黑魚尾,半框 16.8×11.7cm.--綫裝
　　　　　　己/2137

千首宋人絕句:十卷/（清）嚴長明錄.--鉛印本.--上海:商務印書館,民國二十二年（1933）.--2 冊（1 函）.--半葉 13 行,行 17 字,粗黑口,四周單邊,單黑魚尾,半框 13.3×9.5cm。鈐"邢海潮印"朱文印.--綫裝
　　　　　　己/2150

宋詩鈔補/（清）管庭芬抄補;（清）蔣光煦編輯.--鉛印本.--上海:商務印書館,民國四年（1915）.--8 冊（1 夾）.--本書據別下齋舊藏本排印。半葉 12 行,行 24 字,粗黑口,四周單邊,雙對黑魚尾,半框 14.2×10.7cm。鈐"曉鈴藏書"朱文印.--綫裝　　　　　　己/2089

楊林兩隱君集:三卷/李文漢,李文林輯.--刻本.--昆明:雲南圖書館,民國八年（1919）.--1 冊（1 函）.--（雲南叢書二編;集部）.--收錄嵩明楊林人蘭茂和賈惟孝的遺稿。半葉 10 行,行 21 字,小字雙行字同,粗黑口,左右雙邊,單黑魚尾,半框 18.3×13.2cm。雲南圖書館藏版.--綫裝　　　　　　己/2147

媚幽閣文娛/（明）鄭元勳選.--刻本.--明崇禎（1628—1644）.--5 冊（1 函）.--仿刻鄭元化明崇禎三年（1630）本。半葉 9 行,行 20 字,白口,四周單邊,無直格,單白魚尾,半框 20.7×14.2cm。有刻工:李文孝。馬廉題識。鈐"越周作人"朱文印、"會稽周氏鳳皇專齋臧"朱文印、"豈明"朱文印、"榮木山房"朱文印、"馬廉"白文印、"吳如棠印"白文印、"綠雲山館"朱文印、"曉鈴臧書"朱文印.--綫裝
　　　　　　己/1456

國朝繡像千家詩:二卷/（清）李光明繪梓.--刻本.--南京:狀元閣,清（1644—1911）.--1 冊（1 函）:有插圖.--書衣題"重復較栞洪武正韻繡像國朝千家詩",版心題"國朝千家詩"。上圖下文,半葉 10 行,行 14 字,小字雙行字同,白口,四周雙邊,單黑魚尾,版心下刻"李光明莊",半框 17.5×12cm。佚名朱筆圈點。鈐"曉鈴藏書"朱文印.--綫裝　　　　　　己/2134

敘德書情集:一卷/（清）吳嵩梁選錄.--刻本.--清道光（1821—1850）.--1 冊（1 函）.--書名頁題"敘德書情"。半葉 10 行,行 21 字,小字雙行字同,白口,左右雙邊,單黑魚尾,半框 19.7×13.2cm。鈐"吳"朱文印、"曉鈴藏書"朱文印.--綫裝　　　　　　己/698

清人絕句選,一名清絕/陳友琴編.--鉛印本.--上海:開明書店,民國二十四年（1935）.--1 冊（1 函）.--半葉 10 行,行 28 字,小字雙行 48 字,粗黑口,四周單邊,單黑魚尾,半框 14.2×9.6cm。牌記題"民國二十四年一月開

明書店校勘印行"。有吳曉鈴題記。佚名朱
筆批校. --綫裝　　　　　　　　　己/2117

簡學齋清夜齋手書詩稿合印/(清)陳沆,
(清)魏源撰並書. --影印本. --民國(1912—
1949). --1 冊(1 函). --行款不一. --綫裝
　　　　　　　　　　　　　　　己/2131

春帖子詞:一卷/(清)徐用儀輯. --鉛印本. --
清光緒十年(1884). --1 冊(1 函). --半葉 8
行,行 21 字,小字雙行字同,白口,四周雙邊,
單黑魚尾,半框 16.8×11cm。鈐"吳"朱文印、
"曉鈴臧書"朱文印. --綫裝　　　己/2149

初期白話詩稿/李大釗,沈尹默等作;劉復
輯. --影印本. --北平:星雲堂書店,民國二十二
年(1933). --1 冊(1 函). --行款不一. --綫裝
　　　　　　　　　　　　　　　己/2106

首都雜詠:一卷/王靖龢等撰. --抄本,綠方
格. --民國(1912—1949). --1 冊. --此書爲《實
報》徵詩運動投稿。半葉 6 行,行 22 字,白口,
左右雙邊,版心下印"文華閣",半框 18.4×
11.7cm。有蠖園跋、吳曉鈴跋。鈐"蠖翁"朱
文印、"吳"朱文印、"曉鈴臧書"朱文印、"吳曉
鈴"朱文印. --綫裝　　　　　　己/2303

家族、婦女

問園遺集:一卷;**空山夢**:二卷八出/(清)范
元亨著. **憶秋軒詩抄**:一卷,附補遺、詩餘、尺
牘/(清)范淑撰. --刻本. --良鄉縣官廨:范履
福,清光緒十七年(1891). --3 冊(1 函):圖 2
幅. --半葉 9 行,行 20 字,白口,四周雙邊,單
黑魚尾,半框 20.7×13.2cm。牌記題"光緒辛
卯冬男履福開雕於良鄉縣官廨"。鈐"甯武南
氏珍藏"朱文印、"曉鈴臧書"朱文印. --綫裝
　　　　　　　　　　　　　　　己/32

栩園叢稿:初編五卷,二編五卷/陳栩著;周

之盛輯. --石印本. --家庭工業社,民國(1912—
1949). --10 冊(1 函). --半葉 11 行,行 29 字,
細黑口,四周單邊,單黑魚尾,半框 14.7×
10.6cm。香雪樓藏版。鈐"曉鈴臧書"朱文
印. --綫裝

　子目:
　栩園詩集:十二卷/陳栩著
　栩園詞集:五卷/陳栩著
　栩園曲稿:三卷/天虛我生著
　栩園詩賸:一卷/天虛我生著
　天風樓詩賸:一卷/陳栩著
　栩園詩賸二集:一卷/天虛我生著
　香雪樓詞:一卷/天虛我生著
　栩園文稿:一卷/陳栩著
　翠樓吟草:一卷/陳翠娜著
　翠樓文草:一卷/陳璨著
　翠樓曲稿:一卷/陳璨著　　　己/2037

粧樓摘豔:十卷,首一卷/(清)錢三錫輯. --
刻本. --清道光十三年(1833). --4 冊(1 函). --
半葉 9 行,行 21 字,小字雙行字同,粗黑口,四
周單邊,無直格,單黑魚尾,半框 13.6×
9.3cm。香雨軒藏板。鈐"花雨山房"白文印、
"吳"朱文印、"曉鈴臧書"朱文印. --綫裝
　　　　　　　　　　　　　　　己/1365

豔跡編/(清)孫兆溁輯;(清)石室居士
編. --刻本. --滬上,清光緒十一年(1885). --1
冊(1 函). --半葉 9 行,行 21 字,粗黑口,左右
雙邊,單黑魚尾,半框 12.4×9.1cm。牌記題
"光緒乙酉刻於滬上"。二石軒藏板。鈐"雲
中白鶴"朱文印、"吳"朱文印、"曉鈴臧書"朱
文印. --綫裝　　　　　　　　　己/1366

碧桐花館吟稿/(清)春江過客錄. **綠靆韻
語**/(清)碧桐花館女郎錄. --刻本. --清
(1644—1911). --1 冊(1 函). --半葉 10 行,行
21 字,白口,左右雙邊,雙對黑魚尾,半框
17.7×13.5cm。鈐"吳"朱文印、"曉鈴臧書"
朱文印. --綫裝　　　　　　　　己/2126

酬唱

觀劇絕句:三卷,附諸家題跋和作/(清)金德瑛等撰. --刻本. --長沙:葉氏觀古堂,清光緒三十四年(1908). --1 冊(1 函). --書名頁題"檜門觀劇詩"。半葉 11 行,行 22 字,小字雙行字同,粗黑口,左右雙邊,雙對黑魚尾,半框18.2×13.2cm。牌記題"光緒戊申夏五葉氏觀古堂刊"。鈐"曉鈴臧書"朱文印. --綫裝
己/1378

補學軒扶鸞詩詞:三卷/(清)鄭獻甫輯. --鉛印本. --稷門:周安康,民國六年(1917). --1 冊(1 函):插圖 1 幅. --書簽題"重印補學軒扶鸞詩詞"。半葉 11 行,行 25 字,白口,四周雙邊,單黑魚尾,半框 19.5×13.5cm。牌記題"舊曆丁巳秋七月桂林周氏重印於稷門"。封面有吳曉鈴手記。鈐"吳"朱文印、"曉鈴臧書"朱文印. --綫裝
子目:
卷一:幽女詩/(清)林芝雲等撰
卷二:靈鬼香奩詩/(清)林芝雲等撰
卷三:扶鸞新樂府,附扶鸞戲生吊一齣/(清)林芝雲譜
己/608

秋懷倡和詩:一卷/(清)董文煥等撰. --刻本. --清咸豐十一年(1861). --1 冊. --半葉 10 行,行 22 字,粗黑口,左右雙邊,單黑魚尾,半框 17.5×12.6cm。鈐"東里宋氏臧書之印"朱文印、"吳"朱文印、"曉鈴臧書"朱文印. --綫裝
己/2299

勺湖蓮隱圖詠/(清)勺湖主人等作. --石印本. --並門,清光緒八年(1882). --1 冊(1 函):圖 1 幅. --半葉行,字數不一,白口,四周單邊,無直格,半框 16.7×12cm。牌記題"光緒壬午刊於並門"。鈐"連方畫章"印(陰陽合璧)、"詩癖"朱文印、"一氓六十"白文印、"一氓讀書"朱文印、"成都李一氓"朱文印、"無是樓"朱文印、"吳"朱文印、"曉鈴臧書"朱文印. --

綫裝
己/2130

英華唱和錄/雪印軒主,友菊館主作. --稿本. --民國十年(1921). --1 冊(1 函). --雪印軒主即關士英,友菊館主即華以慧。本書爲關士英與華以慧的詩詞唱和。半葉 14 行,行 25 字,白口,四周單邊,單黑魚尾,半框 14.2×11.6cm。鈐"友菊館主"朱文印、"伯達"朱文印、"華以慧章"朱文印、"吳"朱文印、"曉鈴臧書"朱文印. --綫裝
己/1336

明湖顧曲集/文安邢氏後思適齋輯. --鉛印本,藍印. --濟南:文安邢氏後思適齋,民國二十五年(1936). --1 冊(1 函). --半葉 6 行,行 21 字,小字雙行字同,白口,四周單邊,半框 11×7.8cm。鈐"吳"朱文印、"曉鈴臧書"朱文印. --綫裝
己/1369

題詠

汲綆圖題跋/(清)潘慶齡選;(清)潘曜三編輯. --刻本. --清道光十九年(1839). --1 冊(1 函):圖 1 幅. --半葉 8 行,行 19 字,白口,左右雙邊,單黑魚尾,半框 18.3×12.3cm。鈐"曉鈴臧書"朱文印. --綫裝
己/1429

滬上評花錄/(清)梁溪池蓮居士選. --刻本,朱墨套印. --寄月軒,清光緒八年(1882). --2 冊(1 函). --末葉殘。半葉 7 行,行 15 字,小字雙行字同,白口,四周雙邊,單黑魚尾,半框 11×7.1cm. --綫裝
己/1352

滬上評花錄/(清)梁溪池蓮居士選. **滬上評花續錄**/(清)梁谿半癡生集. --刻本,朱墨套印. --清光緒九年(1883). --2 冊(1 函). --書名頁題"滬江艷譜",書牌題"海上吟竹枝詞"。池蓮居士、半癡生疑爲一人,姓名不詳。半葉 7 行,行 15 字,小字雙行字同,白口,四周雙邊,單黑魚尾,半框 10.9×7cm。鈐"如今是雲散雪消花殘月闕"朱文印、"知白守黑"朱文

印、"壽金石"白文印. --綫裝　　　　己/1350

重訂海上群芳譜：四卷/（清）莫釐峰顧曲詞人評花；（清）小藍田懺情侍者寫豔；（清）澧溪賓紅閣外史參校. --刻本. 清光緒十二年（1886）. --2 冊（1 函）. --半葉 9 行，行 20 字，粗黑口，左右雙邊，單黑魚尾，半框 12.9 × 9.5cm. --綫裝　　　　己/1351

天香閣寫蘭圖題詠/（清）鄒雲氏輯. --鉛印本. --清光緒二十五年（1899）. --1 冊（1 函）. --書葉殘缺。半葉 11 行，行 31 字，小字雙行字同，白口，四周單邊，單黑魚尾，半框 17.6 × 12cm. --平裝　　　　己/1306

紀貞詩存：一卷/（清）楊兆李等撰. **不垂楊傳奇**：六齣/（清）汪應培撰. --刻本. --益清堂楊氏，清光緒十八年（1892）. --1 冊. --半葉 9 行，行 22 字，白口，四周雙邊，單黑魚尾，半框 18.9 × 11.7cm。牌記題"光緒壬辰夏月益清堂楊氏梓"。鈐"瞿氏補書堂所藏"朱文印、"曉鈴藏書"朱文印. --綫裝　　　　己/322

合肥相國七十賜壽圖：附壽言/（清）羅豐祿等輯. --石印本. --清光緒（1875—1908）. --4 冊（1 函）. --半葉 18 行，行 39 字，粗黑口，四周雙邊，單黑魚尾，半框 17 × 11.5cm. --綫裝　　　　己/2229

題山居詩書圖詩；題我我周旋圖詩；采采蘋藻圖題詞. --刻本. --清（1644—1911）. --1 冊：插圖 3 幅. --半葉 10 行，行 19 字，小字雙行字同，白口，左右雙邊，單黑魚尾，半框 16.1 × 12.6cm。鈐"吳"朱文印、"曉鈴藏書"朱文印. --綫裝　　　　己/2127

握蘭簃裁曲圖詠/李宣倜輯. --鉛印本. --民國二十二年（1933）. --1 冊（1 函）：照片 4 幅. --半葉 10 行，行 19 字，白口，左右雙邊，單黑魚尾，半框 17 × 10.3cm。鈐"曉鈴藏書"朱

文印. --綫裝　　　　己/1320

秋波小影：一卷. --石印本. --上海：有正書局，民國（1912—1949）. --1 冊：圖 3 幅. --行款不一。鈐"吳"朱文印、"曉鈴藏書"朱文印. --綫裝　　　　己/1271

秋波小影：一卷. --石印本. --民國（1912—1949）. --1 冊：圖 3 幅. --行款不一。鈐"吳"朱文印、"曉鈴藏書"朱文印. --綫裝　　　　己/1286

忻縣古跡名勝詩文錄/陳敬棠編印. --鉛印本. --太原：山西書局，民國二十五年（1936）. --1 冊（1 函）：照片 15 幅. --半葉 12 行，行 24 字，白口，四周單邊，單黑魚尾，半框 18.7 × 12.6cm。牌記題"中華民國二十五年仲夏時印"。鈐"吳"朱文印、"曉鈴藏書"朱文印. --綫裝　　　　己/2227

尺牘

新刻藝林尺一明珠：七卷/（明）佚名編. --刻本. --明（1368—1644）. --2 冊（1 函）：插圖 7 幅. --有缺葉、殘葉。半葉 11 行，行 21 字，有眉欄，行 7 字，白口，四周單邊，單黑魚尾，半框 20.9 × 11.7cm。函套書簽題"錢嶺鄭氏珍藏"。鈐"曙雲樓藏"白文印、"曉鈴藏書"朱文印. --綫裝　　　　己/1423

賴古堂名賢尺牘新鈔：十二卷/（清）周亮工編纂；張靜廬校點. --鉛印本. --上海：上海雜誌公司，民國二十四年（1935）. --1 冊. --（中國文學珍本叢書；第一輯；第六種）. --書名頁題"尺牘新鈔"。半葉 15 行，行 42 字，無邊框。鈐"曉鈴藏書"朱文印. --平裝　　　　己/2206

舒鐵雲王仲瞿往來手劄及詩曲稿合冊/（清）舒鐵雲，（清）王仲瞿著. --影印本. --上海：有正書局，民國（1912—1949）. --1 冊（1 函）. --據抄本影印。題名據書簽著錄。舒鐵

雲即舒位,王仲瞿即王良士。鈐"曉鈴藏書"朱文印.--綫裝　　　　　　　　　　　己/1388

羅癭公、齊如山、齊白石等人信件.--稿本.--民國(1912—1949).--1 冊.--夾在有美堂所製帳簿中,扉頁印財神像。包括信封 34 件,信箋 14 葉,名片 1 張,明信片 1 張、邀請函 1 份,梅瀾祖母金匱陳氏八十壽啟 1 份.--綫裝　　　　　　　　　　　　　　己/2052

雜録

聯句私抄:四卷/(明)毛紀輯.--刻本.--明嘉靖(1522—1566).--2 冊(1 函).--序與卷 4 末有缺葉。半葉 10 行,行 20 字,小字雙行字同,白口,四周雙邊,單花魚尾,半框 18.8 × 14.7cm。鈐"曉鈴藏書"朱文印.--綫裝　　　　　　　　　　　　　　己/1451

花間楹帖:十卷/(清)上海抱玉生編.--刻本.--上海:擊缽盦,清咸豐十一年(1861).--1 冊(1 函).--半葉 8 行,行 20 字,白口,四周雙邊,單黑魚尾,半框 16.2 × 10.5cm。佚名題識.--綫裝　　　　　　　己/1359

西廂文/(明)唐寅,(明)祝允明合稿;(明)張赤霞參訂;(明)王晉瓚校正.--抄本.--民國(1912—1949).--1 冊(1 函).--封面題"唐伯虎祝枝山合璧西廂文鈔"。半葉 9 行,行 25 字,無邊框。牌記題"槐蔭室秘本之一"。佚名朱筆圈點。書皮題"仰笑珍藏"。鈐"仰霄"朱文印、"槐蔭主"朱文印、"曉鈴藏書"朱文印.--綫裝　　　　　　己/1412

雅趣藏書/(清)錢書訂.--刻本,朱墨套印.--清康熙(1662—1722).--2 冊:圖 20 幅.--書名頁題"繡像西廂時藝"。半葉 9 行,行 25 字,白口,四周單邊,無直格,半框 20.9×13.7cm。崇文堂藏板.--綫裝　　　　　　　己/1420

文章遊戲:初編八卷,二編八卷,三編八卷,四編八卷/(清)繆艮選.--刻本,重刻.--清道光五年(1825).--22 冊(4 函).--牌記題"文章遊戲合編"。半葉 8 行,行 18 字,粗黑口,四周單邊,單黑魚尾,半框 12.5×9.2cm。宏道堂藏板。鈐"曉鈴藏書"朱文印.--綫裝　　　　　　　　　　　　　　己/1427

別集類

唐五代

工部五言律/(唐)杜甫作.--抄本.--北京:五十六叟偉仲,清光緒元年(1875).--1 冊(1 函).--題名、作者據抄書者五十六叟題記著録。版本項據五十六叟後記著録。半葉 6 行,行 20 字,無邊框。鈐"福可"白文印、"偉仲"朱文印、"吳曉鈴印"朱文印、"吳"朱文印、"曉鈴藏書"朱文印.--平裝　　　　己/1491

杜工部集:二十卷,首一卷,附録一卷/(唐)杜甫著.--鉛印本.--上海:中華書局,民國(1912—1949).--6 冊(1 函).--(四部備要;集部).--書衣題"杜工部詩集"。半葉 13 行,行 20 字,細黑口,四周單邊,雙對黑魚尾,版心下印"中華書局聚珍倣宋版印",半框 15.4 × 10.7cm。鈐"曉鈴藏書"朱文印.--綫裝　　　　　　　　　　　　　　己/2090

洪度集:一卷,首一卷/(唐)薛濤撰.--刻本.--貴陽:陳矩靈峯草堂,清光緒三十二年(1906).--1 冊(1 函):肖像 1 幅.--半葉 12 行,行 23 字,小字雙行字同,白口,四周雙邊,單黑魚尾,版心下刻"靈峯草堂",半框 17.5 × 13.6cm。鈐"文經御覽詩播東瀛"白文印、"陳矩之印"白文印、"衡山"朱文印.--綫裝　　　　　　　　　　　　　　己/1382

天地陰陽交歡大樂賦/(唐)白行簡撰.--影

印本.--民國(1912—1949).--1 冊(1 函).--底本原殘。書簽題"唐白行簡賦殘卷(敦煌石室遺書)"。半葉 11 行,行 26 字,無邊框.--綫裝
己/775

張承吉文集:十卷/(唐)張祜撰.--影印本.--上海:上海古籍出版社,1979 年.--1 冊(1 函).--(宋蜀刻本唐人集叢刊).--據北京圖書館藏宋蜀刻本影印。題名據卷二卷端著錄,其餘各卷卷端題"張承言集"。半葉 12 行,行 21 字,白口,左右雙邊,單黑魚尾,半框 19.4 × 14.2cm.--綫裝
己/2144

秦婦吟:一卷/(五代)韋莊撰.--鉛印本.--天津:貽安堂經籍鋪,民國十四年(1925).--1 冊(1 函).--半葉 11 行,行 21 字,白口,四周單邊,單黑魚尾,半框 16 × 10.7cm.--綫裝
己/2151

秦婦吟校箋:一卷/(五代)韋莊撰;陳寅恪箋.--鉛印本.--昆明:陳寅恪,民國二十九年(1940).--1 冊(1 函).--半葉 10 行,行 30 字,細黑口,單黑魚尾,半框 15.4 × 10.4cm。鈐"吳曉鈴"白文印.--綫裝
己/2152

宋元明

張大家蘭雪集:二卷,附錄一卷/(宋)張玉若著;(明)孟思光校.**孟大家栢樓吟**:一卷,附錄一卷/(宋)孟蘊著;(明)孟思光校.--刻本.--清(1644—1911).--1 冊(1 函).--書皮題"蘭雪栢樓合集"。據本書所附傳記,張玉若爲張玉娘。半葉 9 行,行 20 字,有眉批,行 4 字,白口,四周單邊,半框 20.1 × 14.1cm。鈐"吳曉鈴"朱文印.--綫裝
己/1289

鐵厓古樂府注/(元)楊維禎著;(元)吳復編;(清)樓卜瀍注.--鉛印本.--上海:中華書局,民國(1912—1949).--6 冊(1 函).--(四部備要;集部).--題名據書衣著錄。半葉 13 行,

行 26 字,小字雙行字同,細黑口,四周單邊,單黑魚尾,半框 14.8 × 10.3cm。鈐"曉鈴臧書"朱文印.--綫裝
子目:
鐵厓樂府注:十卷/(元)楊維禎著;(元)吳復編;(清)樓卜瀍注
鐵厓詠史注:八卷/(元)楊維禎著;(清)樓卜瀍注
鐵厓逸編:八卷/(元)楊維禎著;(清)樓卜瀍注
己/2088

重刻渼陂王太史先生全集:八卷/(明)王九思撰.--刻本.--明崇禎十三年(1640).--4 冊(1 函).--存 5 種。半葉 9 行,行 22 字,白口,四周單邊,單黑魚尾,半框 20.8 × 13.4cm。鈐"曉鈴臧書"朱文印.--綫裝
存書子目:
碧山樂府:四卷
碧山詩餘:一卷
南曲次韻:一卷
杜子美春遊記:一卷四折
中山狼院本:一卷
(己)/693

射陽先生存稿:四卷/(明)吳承恩著;(明)丘度校.--鉛印本.--北平:故宮博物院圖書館,民國十九年(1930).--2 冊(1 函).--半葉 11 行,行 30 字,細黑口,四周單邊,半框 17.4 × 11.3cm。牌記題"民國十九年七月故宮博物院圖書館印"。鈐"曉鈴臧書"朱文印.--綫裝
己/2036

椒山先生遺著:不分卷/(明)楊繼盛著.--鉛印本.--北京:北京慈祥工廠,民國(1912—1949).--1 冊(1 函).--附明史本傳。半葉 12 行,行 26 字,白口,四周單邊,無直格,單黑魚尾,版心下印"北京慈祥工廠印",半框 15.4 × 11.5cm。佚名墨筆批點。鈐"劉鑄雄章"朱文印、"吳"朱文印、"曉鈴臧書"朱文印.--綫裝
己/2212

鍾伯敬合集:三十三集/(明)鍾伯敬撰;阿英校點.--鉛印本.--貝葉山房,民國二十五年(1936).--2冊.--(中國文學珍本叢書;第一輯第三十二種).--半葉14行,行34字,無邊框.鈐"曉鈴藏書"朱文印.--平裝　　　已/2163

白石樵真稿:二十四卷/(明)陳繼儒撰;阿英校點.--鉛印本.--上海:上海雜誌公司,民國二十四年(1935).--2冊.--(中國文學珍本叢書;第一輯第十二種).--半葉15行,行42字,無邊框.鈐"曉鈴藏書"朱文印.--平裝
　　　已/2162

白蘇齋類集:二十二卷/(明)袁宗道撰;阿英校點.--鉛印本.--上海:上海雜誌公司,民國二十四年(1935).--1冊.--(中國文學珍本叢書;第一輯第十四種).--半葉14行,行36字,無邊框.鈐"曉鈴藏書"朱文印.--綫裝
　　　已/2166

袁中郎全集:六卷/(明)袁宏道撰;劉大杰校編.--鉛印本.--上海:時代圖書公司,民國二十三至二十四年(1934—1935).--6冊(1函).--(有不爲齋叢書).--半葉12行,行37字,白口,四周單邊,單黑魚尾,版心下印"時代圖書公司有不爲齋叢書",半框13.9×9.6cm.鈐"吳曉鈴"朱文印.--綫裝
　　　已/2209

譚友夏合集:二十三卷/(明)譚元春撰;阿英校點.--鉛印本.--上海:上海雜誌公司,民國二十四年(1935).--1冊.--(中國文學珍本叢書;第一輯第八種).--半葉15行,行42字,無邊框.鈐"曉鈴藏書"朱文印.--平裝
　　　已/2164

中州草堂遺集:二十六卷,首一卷,末一卷/(明)陳子升著.--刻本.--詩雪軒,清(1644—1911).--8冊(1函).--卷24至26嗣刻.半葉9行,行21字,小字雙行字同,粗黑口,左右雙

邊,版心下刻"詩雪軒校刊本",半框13.3×9.8cm.鈐"南海譚氏藏書畫印"朱文印、"曉鈴藏書"朱文印.--綫裝　　　已/705

明瞿忠宣公手劄及蠟丸書:一卷/(明)瞿式耜撰.--石印本.--上海:國學保存會,清光緒三十四年(1908).--1冊(1函).--明瞿忠宣公即瞿式耜,抗清英雄.行款不一.鈐"吳"朱文印、"曉鈴藏書"朱文印.--綫裝　　　已/1293

瑯嬛文集:六卷/(明)張岱著;劉大杰校點.--鉛印本.--上海:上海雜誌公司,民國二十四年(1935).--1冊.--(中國文學珍本叢書;第一輯;第十種).--半葉14行,行36字,無邊框.鈐"曉鈴藏書"朱文印.--平裝
　　　已/2207

寶綸堂集:十卷,附拾遺一卷/(明)陳洪綬著.--活字本,木活字.--會稽:董氏取斯家塾,清光緒十四年(1888).--6冊(1函).--半葉10行,行20字,小字雙行字同,白口,四周單邊,單黑魚尾,半框18.5×13.8cm.有吳曉鈴題識,記慕湘將軍贈《寶綸堂集》及此書的版本與價值.鈐"慕湘"白文印、"慕湘藏書"朱文印、"吳"朱文印、"曉鈴藏書"朱文印.--綫裝
　　　已/2156

清

笠翁一家言全集:初集十二卷,二集十二卷,別集四卷/(清)李漁著.--刻本.--翼聖堂,清康熙(1662—1722).--8冊(1函).--半葉9行,行20字,有眉欄,行5字,白口,四周單邊,半框19.8×12.8cm.鈐"吳"朱文印、"曉鈴藏書"朱文印.--綫裝　　　已/1288

抱犢山房集:六卷,附續離騷/(清)嵇永仁著.--刻本.--長沙,清同治元年(1862).--2冊(1函).--半葉10行,行25字,小字雙行字同,白口,左右雙邊,單黑魚尾,半框17.6×12cm.

牌記題"同治元年六月重刊於長沙"。鈐"曉鈴藏書"朱文印. --綫裝　　　　　己/655

奚囊寸錦:不分卷/(清)張潮製. --刻本,重刻. --清嘉慶二十五年(1820). --6 冊(1 函). --半葉 9 行,行 20 字,白口,四周雙邊,半框 17.9×12.9cm。鈐"鄴郡聚業堂自在江浙蘇閩揀選古今書籍發兌"朱文印、"吳"朱文印、"曉鈴藏書"朱文印. --綫裝　　己/1469

康熙御製避暑山莊詩:二卷/(清)聖祖玄燁撰;(清)沈崳繪. --刻本,朱墨套印. --北京:內府,清康熙五十一年(1712). --1 冊:圖 32 幅. --版心題"御製詩"。半葉 6 行,行 16 字,小字雙行 19 至 22 字,白口,四周雙邊,單黑魚尾,半框 19.9×13.5cm。楊惠庵原藏。鈐"吳"朱文印、"曉鈴藏書"朱文印. --綫裝　　　己/2107

重刻添補傳家寶:初集八卷,首一卷,二集八卷,三集八卷,四集八卷/(清)石成金撰. --刻本,重刻. --石基年等,清嘉慶十年(1805). --32 冊(4 函):圖 39 幅. --附天基石先生傳/(清)譚夢元等撰。半葉 9 行,行 20 字,白口,左右雙邊,單黑魚尾,半框 12.4×9.8cm。鈐"曉鈴藏書"朱文印. --綫裝　　　己/1439

夢月巖詩集:二十卷;**夢月巖詩餘**:一卷/(清)呂履恒撰. --刻本. --清雍正三年(1725). --8 冊(1 函). --半葉 10 行,行 19 字,白口,左右雙邊,單黑魚尾,半框 17.7×13.7cm。鈐"曉鈴藏書"朱文印. --綫裝　　　　己/1287

授研齋詩:不分卷/(清)宋韋金撰. --刻本. --清康熙(1662—1722). --1 冊(1 函). --半葉 10 行,行 19 字,小字雙行字同,白口,四周雙邊,單黑魚尾,半框 17.2×13cm。鈐"曉鈴藏書"朱文印. --綫裝　　　　　己/2100

冬心先生集:四卷/(清)金農撰. --影印本. --上海:上海古籍出版社,1979 年. --1 冊(1 函). --(清人別集叢刊). --據南京圖書館藏清雍正刻本影印。半葉 10 行,行 18 字,白口,左右雙邊,單黑魚尾,半框 14.5×9.3cm. --綫裝　　　己/2153

華陽散稿:二卷/(清)史震林著;張靜廬校點. --鉛印本. --上海:上海雜誌公司,民國二十四年(1935). --1 冊. --(中國文學珍本叢書;第一輯;第九種). --半葉 14 行,行 36 字,無邊框。鈐"曉鈴藏書"朱文印. --平裝　　　　己/2208

名山藏副本初集:二卷/(清)齊周華著. --刻本. --寄生草堂,清乾隆二十六年(1761). --2 冊(1 函). --半葉 9 行,行 27 字,白口,四周雙邊,雙對黑魚尾,半框 19.9×11cm。有佚名批語。鈐"曉鈴藏書"朱文印. --綫裝　　　己/2200

文木山房集:四卷/(清)吳敬梓撰. --鉛印本. --上海:亞東圖書館,民國二十六年(1937). --2 冊(1 函). --半葉 13 行,行 22 字,細黑口,左右雙邊,單黑魚尾,半框 16.8×11.1cm。鈐"曉鈴藏書"朱文印. --綫裝
　　附:春華小草:一卷/(清)吳烺撰
　　　靚粧詞鈔:一卷/(清)吳烺撰
　　　吳敬梓年譜:一卷/胡適撰　　己/1789

擬樂府辭:二卷,附詠古篇一卷,丹桂軒初稿一卷/(清)雲溪外史著. --刻本. --清(1644—1911). --1 冊(1 函). --雲溪外史,即清彭光斗。半葉 10 行,行 21 字,小字雙行字同,白口,左右雙邊,單黑魚尾,半框 17.6×12.8cm。鈐"彭光斗印"白文印、"賁園"朱文印、"曉鈴藏書"朱文印. --綫裝　　　己/2104

雪壓軒集:二卷/(清)賀雙卿撰;張壽林校輯. --鉛印本. --北平:北京文化學社,民國二十

七年（1938）.--1 冊（1 函）.--版權頁題“賀雙卿雪壓軒集”。半葉 8 行,行 22 字,白口,四周雙邊,半框 11.5×7.8cm.--綫裝　　己/2242

滑疑集：八卷/（清）韓錫胙著；（清）端木百祿校訂.--刻本.--清同治十三年（1874）.--4 冊（1 函）.--半葉 9 行,行 24 字,白口,左右雙邊,單黑魚尾,半框 18.8×13.4cm。湔江處州府署藏板。鈐“吳”朱文印、“曉鈴藏書”朱文印.--綫裝　　己/1264

忠雅堂文集：三十卷/（清）蔣士銓撰.--刻本.--清乾隆（1736—1795）.--6 冊（1 函）.--半葉 12 行,行 24 字,粗黑口,四周單邊,雙對黑魚尾,半框 20.3×15.1cm。有吳曉鈴題記。鈐“天門松石湖泊雪印記”朱文印、“沉觀齋”朱文印、“吳”朱文印、“曉鈴藏書”朱文印.--綫裝　　己/1270

會心內集：二卷/（清）劉一明著.--抄本.--清（1644—1911）.--1 冊（1 函）.--半葉 8 行,行 21 字,無邊框。佚名朱筆圈點。鈐“宏遠”朱文印、“段啓範”白文印、“嘗還我讀書”朱文印、“曉鈴藏書”朱文印.--綫裝　　己/713

潯陽詩詞合稿：一卷；附三種/（清）戴德全撰.--刻本.--清嘉慶（1796—1820）.--4 冊（1 函）.--書名據書籤題。附紅牙小譜二齣、西調一卷、小曲一卷。半葉 6 行,行 18 字,小字雙行字同,白口,左右雙邊,無直格,半框 16.4×9.6cm。鈐“吳”朱文印、“曉鈴藏書”朱文印.--綫裝　　己/676

窺園詩鈔：五卷,附窺園詞鈔一卷,窺園四六一卷/（清）王夢篆撰.--刻本.--清道光（1821—1850）.--2 冊（1 函）：冠像 1 幅.--半葉 11 行,行 19 字,小字雙行 27 字,粗黑口,左右雙邊,半框 16.1×12.9cm。鈐“吳”朱文印、“曉鈴藏書”朱文印.--綫裝　　己/2102

浣青詩草：八卷,附詩餘/（清）錢孟鈿著.--抄本.--清（1644—1911）.--1 冊（1 函）.--半葉 10 行,行 30 字,無邊框。有吳曉鈴題記。鈐“曉鈴藏書”朱文印.--綫裝　　己/1266

竹初樂府二種/（清）錢維喬著.--刻本.--清嘉慶（1796—1820）.--8 冊（1 函）.--半葉 11 行,行 21 字,白口,左右雙邊,單黑魚尾,半框 18.5×14.3cm.--綫裝

子目：

竹初詩鈔：十六卷/（清）錢維喬著；（清）錢伯坰,（清）錢中鈃編次

竹初文鈔：六卷/（清）錢維喬著；（清）錢伯坰,（清）錢中鈃編次　　己/33

缾水齋詩集：十七卷,首一卷；**缾水齋詩別集**：二卷,附缾水齋詩話一卷/（清）舒位撰.--刻本.--清光緒十二至十七年（1886—1891）.--8 冊（1 函）.--半葉 12 行,行 23 字,小字雙行字同,白口,四周單邊,單黑魚尾,半框 18.5×13.3cm。鈐“吳玉翁詩文詞”朱文印、“碧海舍人”朱文印、“吳氏不才”朱文印、“海漚香雪”白文印、“曉鈴藏書”朱文印.--綫裝

己/1282

姚鏡塘先生全集：十卷/（清）姚學塽著.--刻本,重刻.--東陽：尊經閣,清光緒九年（1883）.--5 冊（1 函）：冠像 1 幅.--半葉 9 行,行 25 字,小字雙行字同,白口,四周雙邊,單黑魚尾,半框 18.8×11.8cm。有知堂（周作人）跋。鈐“知堂”朱文印、“知堂書記”朱文印、“苦雨齋藏書印”朱文印、“曉鈴藏書”朱文印.--綫裝

子目：

竹素齋古文遺稿：三卷

竹素齋自訂古今體詩稿：四卷

竹素齋時文遺稿：三卷　　己/2103

瘦吟樓詩稿：四卷/（清）金逸著.--刻本.--北京：陳雪蘭、楊蕊淵、李紉蘭,清嘉慶（1796—

1820).--1 冊(1 函).--半葉 9 行,行 21 字,小字雙行字同,白口,四周單邊,單黑魚尾,半框 16.7×12.2cm。有雪蕉題識,佚名朱筆圈點。鈐"蕭想"朱文印、"雪蕉"朱文印、"高飛"朱文印、"佩坐仙山"朱文印、"吳"朱文印、"曉鈴藏書"朱文印.--綫裝　　　　　　　己/2138

琴隱園詩集:三十六卷;**琴隱園詞集**:四卷/(清)湯貽汾撰.--刻本.--明州:曹秉仁等,清光緒元年(1875).--8 冊:圖 1 幅.--半葉 11 行,行 22 字,白口,左右雙邊,單黑魚尾,半框 17.5×12.9cm。上元宗氏心遠樓藏版。鈐"吳"朱文印、"曉鈴藏書"朱文印.--綫裝
　　　　　　　　　　　　　　　　己/1263

江鄉節物詩/(清)吳存楷撰.--刻本.--泉唐丁丙,清光緒八年(1882).--1 冊(1 函).--(武林掌故叢編:二十六集/[清]丁丙輯).--半葉 10 行,行 20 字,小字雙行字同,白口,四周雙邊,單黑魚尾,半框 17×11.9cm。鈐"吳"朱文印、"曉鈴藏書"朱文印.--綫裝　　　　己/2098

檉華館試帖彙鈔輯注:十卷/(清)路德編;(清)路慎莊等注.--刻本.--喬邦憲,清道光十四年(1834).--10 冊(1 函).--半葉 9 行,行 22 字,小字雙行字同,粗黑口,四周雙邊,雙對黑魚尾,半框 16.6×12cm。掃葉山房藏版。鈐"吳"朱文印、"曉鈴藏書"朱文印.--綫裝
　　　　　　　　　　　　　　　　己/2225

靜遠草堂初稿:不分卷/(清)周樂清撰.--稿本,藍絲欄.--清道光(1821—1850).--8 冊:圖 1 幅.--書名據書籤題。半葉 9 行,行 21 字,小字雙行字同,白口,四周雙邊,單黑魚尾,半框 18.6×13.6cm。鈐"靜遠艸堂"朱文印、"樂清"白文印、"文泉"朱文印、"行雲流水"白文印、"文墨水而涌泉"白文印、"曉鈴藏書"朱文印等.--綫裝
　子目:
　靜遠草堂四六稿

　靜遠草堂駢文稿
　靜遠草堂四六文稿
　靜遠草堂散體文初稿
　靜遠草堂尺牘稿　　　　　己/1269

小羅浮館集/(清)趙對澂撰.--刻本.--清道光(1821—1850).--4 冊(1 函).--半葉 10 行,行 19 字,小字雙行字同,粗黑口,四周雙邊,單黑魚尾,半框 16.1×12.4cm。鈐"曉鈴藏書"朱文印.--綫裝
　子目:
　小羅浮館詩:四卷
　小羅浮館詞:三卷
　小羅浮館雜曲:一卷
　延秋閣賸稿:一卷/(清)趙景淑撰
　小羅浮館別錄:十卷　　　　己/1273

紅蕉吟館詩存:十二卷/(清)嚴廷中撰.--刻本.--揚州:嚴廷中,清道光十六年(1836).--2 冊(1 函):肖像 1 幅.--半葉 11 行,行 19 字,小字雙行字同,白口,左右雙邊,單黑魚尾,半框 17.2×13.3cm。鈐"曉鈴藏書"朱文印.--綫裝
　　　　　　　　　　　　　　　　己/1274

翠眉亭稿:一卷,附碧雲遺稿一卷/(清)華胥大夫著.--刻本.--清道光三年(1823).--1 冊(1 函).--翠眉亭稿卷端下題"摘錄",碧雲遺稿卷端下題"選錄"。半葉 10 行,行 20 字,小字雙行字同,白口,左右雙邊,單黑魚尾,半框 15.7×12.1cm.--綫裝　　　　　己/1348

榴南山房詩存/(清)王蕙滋著;王麟綬輯.--刻本.--王麟綬,清同治十三年(1874).--1 冊(1 函).--半葉 8 行,行 20 字,小字雙行字同,白口,四周雙邊,單黑魚尾,半框 18.4×13.1cm。牌記題"同治十三年十一月刊版"。鈐"恩華"朱文印、"詠春珍藏"朱文印、"吳"朱文印、"曉鈴藏書"朱文印.--綫裝
　　　　　　　　　　　　　　　　己/2101

復莊詩問:三十四卷;**復莊駢儷文榷**:八卷/(清)姚燮撰. --刻本. --大梅山館,清道光二十六至二十八年（1846—1848）;清咸豐四年（1854）刻復莊駢儷文榷. --11 冊（2 函）:肖像 1 幅. --書名頁題"大梅山館集"。半葉 10 行,行 21 字,白口（復莊駢儷文榷細黑口）,左右雙邊,單黑魚尾,版心下刻"大梅山館集",半框 17.2 × 13.2cm。鈐"曉鈴藏書"朱文印. --綫裝　　　己/1283

復莊駢儷文榷二編:八卷/(清)姚燮撰. --刻本. --大梅山館姚氏,清咸豐六至十一年（1856—1861）. --4 冊（1 函）:肖像 1 幅. --半葉 10 行,行 21 字,白口,左右雙邊,單黑魚尾,版心下刻"大梅山館集",半框 17.3 × 12.7cm。寧城千歲坊蔣瑞堂鐫。鈐"曉鈴藏書"朱文印. --綫裝　　己/1268

紅樓夢竹枝詞:一卷/(清)盧先駱著. --鉛印本. --蘇州:毛上珍,民國十九年（1930）. --1 冊（1 函）. --半葉 10 行,行 24 字,白口,四周單邊,單黑魚尾,半框 14.3 × 9.3cm。鈐"吳"朱文印、"曉鈴藏書"朱文印. --綫裝　　己 1797

心嚮往齋詩集:二卷/(清)孔繼鑅著. --刻本. --繡水王相,清道光二十九年（1849）. --1 冊（1 函）. --書名頁及版心題"心嚮往齋用陶韻詩"。半葉 10 行,行 21 字,白口,左右雙邊,單黑魚尾,半框 17.9 × 13.5cm。鈐"吳"朱文印、"曉鈴藏書"朱文印. --綫裝　　己/2125

越中百詠/(清)周晉鑅撰. --刻本. --蘇城:湯晉苑局,清道光二十九年（1849）. --1 冊（1 函）. --半葉 9 行,行 20 字,小字雙行字同,白口,左右雙邊,單黑魚尾,版心下刻"小寄廬",半框 18.6 × 12.2cm。鈐"應生金石書畫珍藏之章"朱文印、"桃源漁父"朱文印. --綫裝　　己/2132

宣南夢憶:二卷/(清)楊懋建評花. --刻本. --

清光緒（1875—1908）. --1 冊（1 函）. --下卷題"甘溪瘦腰生述夢"。楊懋建,號甘溪瘦腰生,又稱甘溪生。半葉 10 行,行 20 字,小字雙行字同,粗黑口,左右雙邊,雙對黑魚尾,半框 15 × 10.9cm. --綫裝　　己/1358

宣南夢憶:二卷/(清)楊懋建評花. --石印本. --上海:文宜書局,清光緒二十一年（1895）. --2 冊（1 函）. --書簽題"看花記"。收長安看花記十九則、夢憶雜詩六十首（附錄拈花一笑人無題六十首）、夢憶律詩三十首、答藥芳詞史書、夢遊仙記。下卷責任方式題"甘溪瘦腰生述夢"。半葉 12 行,行 26 字,小字雙行字同,白口,四周雙邊,無直格,單黑魚尾,半框 11.1 × 6.9cm. --綫裝　　己/1371

津雲小草:二卷;**梨花夢**:四卷/(清)何佩珠撰. --刻本. --清道光二十年（1840）. --1 冊（1 函）. --半葉 9 行,行 21 字,小字雙行字同,白口,左右雙邊,單黑魚尾,半框 15.5 × 11.1cm。鈐"曉鈴藏書"朱文印. --綫裝　　己/669

庚戌春闈記事詩:十首,附日記一卷;**癸丑瑣闈日記**:一卷;**花間笛譜**:一卷/(清)潘曾瑩著;潘承厚,潘承弼輯. --影印本. --民國二十九年（1940）. --1 冊（1 函）. --半葉 9 行,行 22 字,白口,四周雙邊,單黑魚尾,半框 15 × 9.6cm。牌記題"庚辰孟春潘氏景印"。鈐"曉鈴藏書"朱文印. --綫裝　　己/714

曾文正公家書:十卷,家訓二卷,大事記四卷,榮哀錄一卷/(清)曾國藩作. --鉛印本. --鴻文書局,清光緒十三年（1887）. --8 冊（1 函）. --半葉 15 行,行 37 字,白口,四周雙邊,單黑魚尾,半框 14.3 × 9cm。牌記題"光緒丁亥仲夏鴻文書局鉛印"。鈐"王明照"朱文印、"吳"朱文印、"曉鈴藏書"朱文印. --綫裝　　己/1433

秋蟪吟館詩鈔:七卷/(清)金和撰. --刻本. --

北京:金還,民國五年(1916).--5 冊(1 函).--
半葉 10 行,行 18 字,白口,左右雙邊,單黑魚
尾,半框 17.1 × 13cm。鈐"曉鈴藏書"朱文
印.--綫裝　　　　　　　　　　己/2105

思益堂集:詩鈔六卷,古文二卷,詞鈔一卷,
日劄十卷/(清)周壽昌撰.--刻本.--清光緒十
四年(1888).--6 冊(1 函).--半葉 13 行,行 22
字,小字雙行字同,白口,四周雙邊,單黑魚尾,
半框 17.2 × 13.4cm。有吳曉鈴題記述得書經
過。鈐"吳"朱文印、"曉鈴藏書"朱文印.--綫
裝　　　　　　　　　　己/2201

梧軒詩鈔:不分卷/(清)許達生撰.--稿本,
綠絲欄.--清道光(1821—1850).--4 冊(1
函).--半葉 9 行,行 17 字,小字雙行字同,白
口,四周雙邊,單黑魚尾,半框 18.3 × 13cm。
鈐"嶺東高氏玉笥山樓圖書"朱文印、"米齋墨
緣"白文印、"高氏家藏"白文印、"蘊琴"朱文
印、"玉笥山廔藏本"朱文印、"曉鈴藏書"朱文
印.--綫裝　　　　　　　　　　己/1276

秋影軒詩草:四卷/(清)佚名撰.--抄本,藍
絲欄.--清(1644—1911).--2 冊(1 函).--首葉
有殘。半葉 6 行,行 17 字,小字雙行字同,白
口,四周單邊,半框 16.6 × 10cm。鈐"曉鈴藏
書"朱文印.--綫裝　　　　　　　　己/1294

翠巖室詩鈔:二卷,續刻二卷/(清)韓弼元
撰.--刻本.--清光緒(1875—1908).--2 冊(1
函).--半葉 9 行,行 24 字,小字雙行字同,白
口,四周雙邊,單黑魚尾,半框 17.9 × 11.9cm。
鈐"吳"朱文印、"曉鈴藏書"朱文印.--綫裝
　　　　　　　　　　　　　己/2096

杏花香雪齋詩:十集,附詩補/(清)李慈銘
著;吳道晉輯校.--鉛印本.--上海:中華書局有
限公司,民國二十八年(1939).--2 冊(1
函).--半葉 13 行,行 30 字,細黑口,四周單
邊,單黑魚尾,版心下印"中華書局聚珍倣宋

版印",半框 15 × 10.6cm。鈐"吳"朱文印、
"曉鈴藏書"朱文印.--綫裝　　　　　己/2140

豳風詠/(清)恭親王著.--刻本.--清咸豐七
年(1857).--1 冊.--恭親王指奕訢。半葉 9
行,行 18 字,白口,四周雙邊,單黑魚尾,半框
20.1 × 13.8cm.--綫裝　　　　　　己/2108

聊自娛齋遺稿:一卷/(清)容作恭著.--鉛印
本.--文嵐簃印書局,民國二十一年(1932).--1
冊.--(頌齋叢刻).--半葉 10 行,行 18 字,白
口,左右雙邊,單黑魚尾,版心下印"頌齋叢刻
之一,文嵐簃印書局印",半框 16.1 × 10.7cm。
有容庚贈言"石公年伯惠存,容庚贈,廿二年
五月"。鈐"吳"朱文印、"曉鈴藏書"朱文
印.--綫裝　　　　　　　　　　己/2193

蒔唐詩集:八卷,附錄二卷/(清)王瑋慶
著.--刻本.--清嘉慶二十五年(1820).--4 冊(1
函).--附滄浪詩話補注/(宋)嚴羽著;(清)王
瑋慶注. 碧香閣遺稿/(清)單苣樓著;(清)王
瑋慶訂.《滄浪詩話補註》及《碧香閣遺稿》爲
補配。《滄浪詩話補註》由蕉葉山房刻印。半
葉 10 行,行 21 字,白口,四周雙邊,單黑魚尾,
半框 17.8 × 14.2cm。蕉葉山房藏板.--綫裝
　　　　　　　　　　　　　己/2097

續刻滬上竹枝詞.--刻本.--清光緒六年
(1880).--2 冊(1 函).--書名頁題"續刊上海
竹枝詞"。半葉 8 行,行 13 字,小字雙行字同,
粗黑口,四周雙邊,單黑魚尾,半框 10.5 ×
7.8cm。牌記題"光緒庚辰秋月校刊".--綫裝
　　　　　　　　　　　　　己/1360

賚花屋蛻稿:四卷/(清)吳卿弼著.--刻本.--
晚香堂,清光緒十六年(1890).--1 冊(1
函).--半葉 9 行,行 18 字,白口,左右雙邊,單
黑魚尾,半框 15.9 × 10.9cm。晚香堂藏板。
逸公題簽。鈐"曉鈴藏書"朱文印.--綫裝
　　　　　　　　　　　　　己/712

都門贅語/（清）韓又黎著；（清）吳東山校訂. --刻本. --吳家儒，清光緒六年（1880）. --1冊. --半葉 8 行，行 21 字，小字雙行字同，白口，四周雙邊，單黑魚尾，半框 14.8 × 10cm。斫桂山房存板。鈐"吳"朱文印、"曉鈴藏書"朱文印. --綫裝　　　　　己/1505

日下梨園百詠/（清）醉薇居士著；（清）避塵盦主書；（清）沽上庸傭，（清）佩林逸史校. --石印本. --天津：石印書屋，清光緒十七年（1891）. --1冊（1函）. --半葉 9 行，行 20 字，細黑口，四周單邊，半框 13.6 × 10.3cm。鈐"曉鈴藏書"朱文印. --綫裝　　　　　己/1335

滇中宦場竹枝詞. 附惜花怨集唐七律/（清）浣花溪主味蓮氏甫稿. --刻本. --清光緒十七年（1891）. --1冊（1函）. --半葉 8 行，行 20 字，小字雙行字數不等，白口，四周雙邊，單黑魚尾，半框 18 × 11.3cm. --綫裝　　　　　己/2109

都門竹枝詞/（清）佚名撰. --抄本. --清光緒三十一年（1905）. --1冊. --半葉 7 行，行 21 字，四周雙邊，半框 19.5 × 13.1cm。鈐"吳"朱文印、"曉鈴藏書"朱文印. --綫裝　　　　　己/1510

京華百二竹枝詞/（清）憂患生著. --鉛印本. --北京：益森公司，清宣統二年（1910）. --1冊. --（遇園雜著）. --半葉 12 行，行 29 字，白口，四周雙邊，單黑魚尾，版心下印"遇園雜著之一益森公司印刷"，半框 17 × 12.5cm。鈐"君實"朱文印、"吳"朱文印、"曉鈴藏書"朱文印. --綫裝　　　　　己/1509

陶盧雜憶/（清）金武祥撰. --刻本. --廣州：江陰金氏，清光緒二十五年（1899）. --1冊（1函）：圖 2 幅. --半葉 8 行，行 21 字，白口，左右雙邊，單黑魚尾，半框 13.1 × 9.9cm。牌記題"江陰金氏刊於廣州"。鈐"曉鈴藏書"朱文印. --綫裝　　　　　己/1435

庚子花詩/（清）焦繼華撰. --刻本. --清光緒二十八年（1902）. --1冊（1函）. --版心題"亦耕草堂庚子花詩"。半葉 11 行，行 21 字，小字雙行字同，粗黑口，左右雙邊，單黑魚尾，半框 15.7 × 12cm。鈐"吳"朱文印、"曉鈴藏書"朱文印. --綫裝　　　　　己/2129

酒餘偶錄：十卷/（清）古吳十二芙蓉館主若楨氏撰. --稿本. --清光緒（1875—1908）. --12冊（1函）. --缺卷 4. 半葉行、字數不一，無邊框。鈐"蓉"白文印、"亭"白文印、"兩晉家風"白文印、"爲善最樂"白文印、"秋江逸史"朱文印、"道光己亥生"印（陰陽合璧）. --平裝　　　　　己/1313、己/1314

畏盧文集/林紓著. --鉛印本. --上海：商務印書館，民國十四年（1925）. --1冊（1函）：照片 1 幅. --半葉 12 行，行 32 字，粗黑口，四周雙邊，半框 18.5 × 12.3cm。鈐"曉鈴藏書"朱文印. --綫裝　　　　　己/2179

林琴南文鈔/林紓撰. --鉛印本. --上海：進步書局，民國（1912—1949）. --1冊（1函）. --半葉 15 行，行 34 字，粗黑口，四周雙邊，單黑魚尾，半框 16.8 × 11cm。鈐"曉鈴藏書"朱文印. --綫裝　　　　　己/2182

居東集：二卷/（清）蔣智由撰. --鉛印本. --上海：文明書局，清宣統二年（1910）. --1冊（1函）. --卷 1 第 1、5、7—9、17 葉被剪。題名據目錄卷端著錄。卷一卷端題"蔣詩"。半葉 10 行，行 22 字，小字雙行 26 字，白口，四周單邊，半框 15.2 × 10.3cm。鈐"曉鈴藏書"朱文印. --綫裝　　　　　己/2093

小瀛壺別集：一卷/（清）瀛壺居士撰. --鉛印本. --民國（1912—1949）. --1冊（1函）. --（小瀛壺叢書；第三種）. --半葉 9 行，行 27 字，白口，四周雙邊，無直格，雙順黑魚尾，半框

15.9×10cm。鈐"曉鈴臧書"朱文印. --綫裝

己/2192

藤香館小品：二卷, 續二卷/（清）楊曉嵐作；醉歌叟輯. --刻本, 重刻. --清末民國（1851—1949）. --1 冊（1 函）. —半葉 9 行, 行 21 字, 黑口, 左右雙邊, 單黑魚尾, 半框 13.4×9.9cm。牌記題"光緒癸酉六月"。鈐"曉鈴臧書"朱文印. --綫裝

己/1437

考槃室詩草：六卷/（清）富竹泉稿. --抄本, 紅格. --民國（1912—1949）. --2 冊（1 函）. --富竹泉, 姓富察氏, 名蘊和, 字稚川, 號竹泉, 室名考槃室。半葉 6 行, 行 22 字, 四周雙邊, 版心下印"鼓樓前"、"洪吉紙莊", 半框 16.5×11.4cm。有吳曉鈴題記。鈐"應耆齡"朱文印、"吳"朱文印、"綠雲山館"朱文印、"曉鈴臧書"朱文印. --綫裝

己/1497

驢背集：四卷/（清）胡思敬撰. --刻本. --南昌：問影樓, 民國二年（1913）. --2 冊（1 函）. --半葉 10 行, 行 20 字, 粗黑口, 左右雙邊, 版心下刻"問影樓", 半框 16.2×12.1cm。牌記題"歲在癸丑刊於南昌"。有吳曉鈴墨筆題識。鈐"吳"朱文印、"曉鈴臧書"朱文印. --綫裝

己/2190

民國

北京女伶百詠：一卷/燕石撰. --鉛印本. --北京：都門印書局, 民國六年（1917）. --1 冊（1 函）. --半葉 10 行, 行 25 字, 小字雙行字同, 白口, 四周雙邊, 單黑魚尾, 半框 14.7×10.8cm. --綫裝

己/2066

蹇齋賸墨：二卷/蹇叟口授；冬心柏秀手抄. --鉛印本. --民國十五年（1926）. --1 冊（1 函）. --英華字斂之, 號安蹇、安蹇齋主等。半葉 11 行, 行 27 字, 白口, 四周雙邊, 單黑魚尾, 半框 20.3×11.5cm。犀頁有吳曉鈴題記。鈐

"吳"朱文印、"曉鈴臧書"朱文印. --綫裝

己/1422

瞿園詩草/袁祖光著. --鉛印本. --武昌：湖北官紙印刷局, 民國三年（1914）. --1 冊（1 函）. --半葉 10 行, 行 26 字, 小字雙行字同, 白口, 四周雙邊, 單黑魚尾, 版心下印"湖北官紙印刷局刊", 半框 15.3×10.8cm。鈐"曉鈴臧書"朱文印. --綫裝

己/2033

小竹里館吟草：八卷, 附錄二卷/俞陛雲著. --刻本. --民國十八年（1929）. --2 冊（1 函）. --附樂靜詞：一卷/俞陛雲撰. 漢硯唐琴室遺詩：一卷/俞玫撰。半葉 10 行, 行 23 字, 小字雙行字同, 白口, 左右雙邊, 單黑魚尾, 半框 16.9×11.5cm。有俞平伯贈言"敬贈石蓀吾兄。平伯, 二一. 一. 一二"。鈐"平伯"朱文印、"曉鈴臧書"朱文印. --綫裝

己/2099

蠖園文存：三卷/朱啟鈐撰. --鉛印本. --紫江朱氏, 民國二十五年（1936）. --2 冊（1 函）：照片 1 幅. --半葉 11 行, 行 34 字, 粗黑口, 四周單邊, 單黑魚尾, 版心下印"紫江朱氏刊", 半框 20.1×14.5cm。牌記題"民國二十有五年丙子紫江朱氏刊"。有墨筆贈言"吳曉鈴先生惠存。晚朱文相、宋丹菊敬贈, 一九七八年七月三日"。鈐"曉鈴臧書"朱文印. --綫裝

己/2198

篁溪存稿：一卷/張伯楨撰. --刻本. --民國二年（1913）. --1 冊（1 函）：照片 1 幅. --（滄海叢書；第四種）. --半葉 10 行, 行 21 字, 小字雙行字同, 粗黑口, 左右雙邊, 單黑魚尾, 半框 16.6×12.3cm。牌記題"民國周年紀念日刻"。有題識"宋筱牧"、"惜分陰館乙種藏書第一百九十六種, 庚寅三月, 宋筱牧識"。鈐"東里宋氏藏書之印"朱文印、"吳"朱文印、"曉鈴臧書"朱文印. --綫裝

己/2124

秦臺豔乘：羼提別集/何震彝撰. --石印本. --

民國(1912—1949). --1 冊 (1 函). --書首有純飛撰"靈簫小傳"。半葉 11 行, 行 21 字, 白口, 四周單邊, 無直格, 半框 18.3×12.5cm. --綫裝 　　　　　　　　己/1383

霜厓詩錄: 四卷/吳梅撰; 盧前編. --鉛印本. --貴陽: 交通書局, 民國三十一年 (1942). --1 冊 (1 函): 吳梅先生遺像 1 幅. --(吳梅先生全集; 第二種). --半葉 10 行, 行 25 字, 小字雙行 50 字, 粗黑口, 左右雙邊, 單黑魚尾, 半框 15.2×11.2cm。鈐"曉鈴藏書"朱文印. --綫裝 　　　　　　　　己/2038

蘇曼殊詩集/蘇曼殊著; 柳無忌輯. --鉛印本. --柳無忌, 民國十六年 (1927). --1 冊 (1 函). --半葉 9 行, 行 16 字, 細黑口, 左右雙邊, 雙順黑魚尾, 半框 16.3×12.2cm。鈐"曉鈴藏書"朱文印. --綫裝 　　　　　　　　己/2094

阮烈士遺集/阮式撰. --鉛印本. --阮式, 民國二年 (1913). --1 冊: 肖像 1 幅. --半葉 13 行, 行 30 字, 細黑口, 四周雙邊, 單黑魚尾, 半框 17.6×13.2cm。鈐"曉鈴藏書"朱文印. --綫裝 　　　　　　　　己/1627

求志廬詩: 七卷, 附錄濼源四友集/吳藹宸撰. --鉛印本, 朱絲欄. --吳哲孫, 1961 年. --1 冊 (1 函). --半葉 12 行, 行 21 字, 白口, 左右雙邊, 單黑魚尾, 半框 13.9×11.2cm. --綫裝 　　　　　　　　己/2143

燕知草/俞平伯撰. --鉛印本. --上海: 開明書店, 民國十九年 (1930). --2 冊 (1 函): 有插圖. --附重過西園碼頭殘稿/趙心餘撰。半葉 8 行, 行 28 字, 細黑口, 四周單邊, 半框 14.4×7.8cm。鈐"吳"朱文印、"曉鈴藏書"朱文印、"吳曉鈴"朱文印. --綫裝 　　己/2032

遙夜閨思引/俞平伯撰. --影印本. --北平: 暴春霆, 民國三十七年 (1948)(北平彩華印刷局

承印). --1 冊. --半葉 12 行, 行 20 字, 白口, 左右雙邊, 半框 12.2×10.9cm. --毛裝 　　　　　　　　己/2031

翠樓吟草初編: 六卷, 附文稿一卷/陳翠娜著. --鉛印本. --涂筱巢, 民國三十年 (1941). --1 冊 (1 函). --有天虛我生陳栩序, 著者即其女。書簽題"翠樓吟草初編, 辛巳重刊"。半葉 12 行, 行 19 字, 黑口, 四周單邊, 單黑魚尾, 半框 14.6×10cm。鈐"吳"朱文印、"曉鈴藏書"朱文印. --綫裝 　　　　　　　　己/1739

盧冀野詩鈔: 四卷/盧前撰. --鉛印本. --貴陽: 文通書局, 民國三十一年 (1942). --1 冊 (1 函). --書名頁題"盧參政詩"。半葉 9 行, 行 21 字, 粗黑口, 四周單邊, 單黑魚尾, 版心下印"文通書局印行", 半框 16.3×10.4cm。鈐"吳"朱文印、"曉鈴藏書"朱文印. --綫裝 　　　　　　　　己/2030

桐陰清晝堂詩存: 四卷, 附編一卷/鄭騫撰. --鉛印本. --臺北: 藝文印書館, 1975 年. --1 冊 (1 函). --半葉 10 行, 行 18 字, 小字雙行 29 字, 白口, 四周單邊, 單黑魚尾, 半框 15×10.8cm。鈐"綏中吳氏雙楳書室藏"朱文印. --綫裝 　　　　　　　　己/2092

哀江南/灌叟撰. --鉛印本. --唯物社, 1929 年. --1 冊. --(滄海微波之一). --半葉 6 行, 行 7 字, 無邊框. --平裝 (毛邊本) 　己/2155

詩文評類

文心雕龍: 十卷/(梁) 劉勰撰; (清) 黃叔琳注; (清) 紀昀評. --鉛印本. --上海: 中華書局, 民國 (1912—1949). --4 冊 (1 函). --(四部備要; 集部). --書皮題名"文心雕龍輯注"。半葉 10 行, 行 18 字, 小字雙行字同, 欄上刻評, 行 5 字, 細黑口, 四周單邊, 雙對黑魚尾, 版心下印"中華書局聚珍倣宋版印", 半框 13.9×

10.8cm。鈐"曉鈴藏書"朱文印. --綫裝

己/2168

詩品：三卷/（梁）鍾嶸撰. **詩品二十四品則**/（唐）司空圖撰. --鉛印本. --上海：中華書局,民國(1912—1949). --1 冊(1 函). --(四部備要;集部). --半葉 13 行,行 20 字,細黑口,四周單邊,單黑魚尾,半框 15.4×10.8cm. --綫裝

己/2119

詩林辨體：十六卷,首一卷/（明）潘援編. --刻本. --新安書堂,明正德七年(1512). --2 冊. --存卷 1—7,有殘葉。半葉 11 行,行 21 字,小字雙行字同,粗黑口,四周雙邊,雙順黑魚尾,半框 18.5×12.3cm。牌記題"正德壬申孟冬月新安書堂刊"。鈐"曉鈴藏書"朱文印. --綫裝

己/1448

律詩四辨：四卷/（清）李宗文撰. --抄本,紅格. --民國(1912—1949). --1 冊(1 函). --殘本,存卷 1—3,缺"正紐後半部及旁紐前半部"。抄於"燕京大學"稿紙上。半葉 12 行,行 25 字,白口,四周單邊,半框 20.2×16.3cm。鈐"曉鈴藏書"朱文印. --綫裝

己/1484

詩學/黃節編. --抄本,紅格. --民國(1912—1949). --2 冊. --書衣題名"詩文集腋"。半葉 8 行,行 18 字,白口,四周雙邊,半框 22.6×13.6cm。鈐"作琳六十以後作"朱文印、"吳"朱文印、"曉鈴藏書"朱文印. --綫裝

己/1482

詩學/黃節編. --鉛印本. --北京：國立北京大學出版部,民國十八年(1929). --1 冊(1 函). --半葉 13 行,行 33 字,小字雙行 43 字,粗黑口,四周雙邊,單黑魚尾,半框 16.5×11.5cm. --綫裝

己/2118

遼詩紀事：十二卷/陳衍輯. --鉛印本. --上海：商務印書館,民國二十五年(1936). --1 冊(合裝 1 函). --半葉 11 行,行 26 字,細黑口,四周單邊,單黑魚尾,半框 17.7×11.4cm. --綫裝

己/2110

金詩紀事：十六卷/陳衍輯. --鉛印本. --上海：商務印書館,民國二十五年(1936). --4 冊(合裝 1 函). --半葉 11 行,行 26 字,細黑口,四周單邊,單黑魚尾,半框 17.7×11.4cm. --綫裝

己/2111

紅樓夢評贊/（清）王雪香撰. --刻本. --上海,清光緒二年(1876). --6 冊(1 函). --書名據書名頁題。半葉 9 行,行 20 字,小字雙行字同,白口,左右雙邊,無直格,單黑魚尾,半框 13×9.8cm。鈐"曉鈴藏書"朱文印. --綫裝
附：
紅樓夢賦：二十首/（清）沈謙著
紅樓夢竹枝詞：一百首/（清）盧先駱著
讀紅樓夢雜記：二十五則/（清）顧爲明鏡室主人撰

己/836

紅樓夢偶說：二卷/（清）晶三蘆月草舍居士撰. --刻本. --簣覆山房,清光緒二年(1876). --2 冊(1 函). --半葉 10 行,行 25 字,白口,四周雙邊,單黑魚尾,版心下刻"簣覆山房",半框 17.3×12.6cm。簣覆山房藏板。鈐"曉鈴藏書"朱文印. --綫裝

己/832

紅樓夢廣義/（清）青山山農撰. --石印本. --清(1644—1911). --1 冊(1 函). --半葉 10 行,行 24 字,白口,四周單邊,無直格,半框 13.9×9.1cm。鈐"吳"朱文印、"曉鈴藏書"朱文印. --綫裝

己/859

金玉緣的文法觀：二卷七章/周幹庭著. --石印本. --民國十四年(1925). --1 冊(1 函). --存上卷第 1 至 3 章。半葉 12 行,行 30 字,白口,四周單邊,單黑魚尾,半框 19.6×12.1cm。鈐"曉鈴藏書"朱文印. --綫裝

己/1796

畏廬論文/林紓著. --鉛印本. --上海:商務印書館,民國十年(1921). --1 冊(1 函). --半葉 12 行,行 32 字,小字雙行字同,粗黑口,四周雙邊,半框 18.5×12.5cm。鈐"曉鈴藏書"朱文印. --綫裝　　　　　　　　　己/2178

枝巢四述/夏枝巢述. --鉛印本. --民國三十二年(1943). --1 冊. --分說駢、言詩各四章,談詞、論曲各八章。半葉 15 行,行 42 字,白口,四周雙邊,單黑魚尾,半框 20.9×14.2cm。鈐"曉鈴藏書"朱文印. --綫裝　　　　　　　　　己/998

中國中古文學史講義/劉師培編. --鉛印本. --北京:國立北京大學出版組,民國二十三年(1934). --1 冊(1 函). --書皮題名"中古文學史"。半葉 12 行,行 33 字,粗黑口,四周雙邊,無直格,單黑魚尾,半框 16.7×11.4cm。鈐"吳"朱文印、"曉鈴藏書"朱文印. --綫裝　　　　　　　　　己/2251

中國近世文學史選例/胡適著. --鉛印本. --北京:北京大學出版組,民國(1912—1949). --1 冊. --半葉 13 行,行 40 字,白口,四周雙邊,單黑魚尾,半框 20×11.5cm. --綫裝　　　　　　　　　己/1714

中國古代文學史/傅斯年撰. --鉛印本. --北京:北京大學出版組,民國(1912—1949). --1 冊. --殘存第 1 冊:敘語;泛論一、二。半葉 13 行,行 40 字,細黑口,四周雙邊,單黑魚尾,半框 20×12.2cm. --綫裝　　　　　　　　　己/2297

文論集要;中國近世文學史選例. --鉛印本. --北京:北京大學出版組,民國(1912—1949). --1 冊(合裝 1 函). --半葉 13 行,行 41 字,黑口,四周雙邊,無直格,單黑魚尾,半框 20×12.3cm。鈐"吳"朱文印、"曉鈴藏書"朱文印. --綫裝　　　　　　　　　己/2254—1

唐代俗講考:一卷/向達撰. --油印本. --昆明:國立北京大學研究院文科研究所,民國三十年(1941). --1 冊. --國立北京大學研究院文科研究所油印論文之一。半葉 11 行,行 29 字,無邊框。有吳曉鈴批注。鈐"吳曉鈴印"朱文印. --綫裝　　　　　　　　　己/2257

十年來中國戲曲小說的發現/葉德均撰. --鉛印本. --上海:商務印書館,民國三十六年(1947). --1 冊. --《東方雜誌》第四十三卷第七號 49—58 葉。上下兩欄,皆半葉 20 行,行 28 字,小字雙行 36 字,無邊框. --散裝　　　　　　　　　己/2017

元明俗語小說所見/(日本)蘆田孝昭撰. --複印本. --[19?? 年]. --1 冊. --散裝　　　　　　　　　己/2009—3

小說類

小說林:清光緒三十三年第一至六期/小說林編輯所編輯. --鉛印本. --上海:小說林、宏文館有限合資會社,清光緒三十三年(1907). --6 冊:照片 26 幅. --半葉 11 行,行 29 字,無邊框。鈐"曉鈴藏書"朱文印. --平裝　　　　　　　　　己/623

小說林:第七至十二期/小說林編輯所編輯. --鉛印本. --上海:小說林、宏文館有限合作會社,清光緒三十三至三十四年(1907—1908). --6 冊(1 函):照片 23 幅. --半葉 11 行,行 29 字,無邊框. --平裝　　　　　　　　　己/622

寫春園叢刊:第一輯三種. --鉛印本. --民國(1912—1949). --5 冊(1 函). --半葉 13 行,行 25 字,細黑口,四周單邊,單黑魚尾,版心下印"寫春園",半框 14.6×11cm。鈐"曉鈴藏書"朱文印. --綫裝
　子目:
　控鶴監秘記:一卷/(唐)張垍撰
　癡婆子傳:一卷/(清)芙蓉主人輯;(清)情癡子批校

肉蒲團：四卷二十回/（明）情癡道人編次
己/770

奇文欣賞錄/逍遙子編．--鉛印本．--優生學會，民國（1912—1949）．--1 冊．--半葉 9 行，行 27 字，無邊框。有藏書票"石塪壬藏書記"．--平裝

子目：

控鶴監祕記：一卷/（唐）張泊（一說袁枚）撰

癡婆子傳：一卷/（清）芙蓉主人輯；（清）情癡子批校

奇文欣賞錄：一卷/萁小鳳著　　己/1779

筆記小說

唐人說薈：二十卷/（清）蓮塘居士纂．--刻本．--挹秀軒，清乾隆五十七年（1792）．--20 冊（4 函）．--（唐代叢書/［清］王文浩輯）．--有殘葉。蓮塘居士即清陳世熙。書首嘉慶十七年（1812）楊景曾序係補配。半葉 9 行，行 21 字，白口，四周單邊，單黑魚尾，半框 12.5 × 9.7cm。挹秀軒藏板。鈐"曉鈴藏書"朱文印．--綫裝　　己/1425

山海經釋義：十八卷/（晉）郭璞注；（明）王崇慶釋義．--刻本．--董漢儒，明萬曆（1573—1620）．--6 冊（1 函）：圖 76 幅．--半葉 9 行，行 19 字，小字雙行字同，白口，四周單邊，單黑魚尾，少量書葉版心下刻"大業堂"，半框 22.2 × 14.6cm。鈐"苦雨齋藏書印"朱文印、"周豐一"印（陰陽合璧）、"曉鈴藏書"朱文印．--綫裝　　（己）/1455

燕丹子：三卷/（清）孫星衍校．--鉛印本．--上海：中華書局，民國（1912—1949）．--1 冊（合裝 1 函）．--（四部備要；子部）．--半葉 10 行，行 15 字，小字雙行字同，細黑口，四周單邊，雙對黑魚尾，版心下印"中華書局聚珍倣宋版印"，半框 15 × 10.6cm。鈐"曉鈴藏書"朱文印．--綫裝　　己/2172

飛燕外傳：一卷/（漢）伶玄撰．**漢雜事秘辛**：一卷/（漢）佚名撰．--刻本．--民國（1912—1949）．--1 冊（1 函）．--半葉 8 行，行 14 字，白口，左右雙邊，雙順黑魚尾，半框 14.4 × 10.3cm。鈐"希三"白文印、"曉鈴藏書"朱文印．--綫裝　　己/783

搜神記：一卷/（唐）句道興撰．--抄本，藍格．--董康，民國二年（1913）．--1 冊（1 函）．--此書據東京文求書堂藏書抄錄。封面題"誦芬室稿本"。半葉 10 行，行 20 字，白口，四周雙邊，邊欄下題"誦芬室原稿"，半框 19.6 × 13.3cm。有董康識跋。鈐"吳"朱文印、"曉鈴藏書"朱文印．--平裝　　己/1489

續墨客揮犀：十卷/（宋）彭乘撰．--抄本．--志雅齋，清（1644—1911）．--1 冊．--據明正德四年（1509）刻本抄。鈐"嬛嬛仙館"朱文印、"常熟趙氏舊山樓經籍記"朱文印、"舊山樓書畫記"朱文印、"非昔過眼"白文印、"吳"朱文印、"曉鈴藏書"朱文印．--綫裝　　己/1485

新編醉翁談錄：十集二十卷/（宋）羅燁編．--影印本．--東京：田中慶太郎，日本昭和十五年（1940）（東京：玉潤館印刷）．--2 冊（1 函）．--據日本觀瀾閣藏孤本宋刻本影印。半葉 12 行，行 20 字，細黑口，左右雙邊，三對黑魚尾，半框 14.2 ×9.6cm。吳曉鈴題"傅惜華先生於三十六年四月三日贈此本於中法漢學研究所，曉鈴"。鈐"吳郎之書"朱文印．--綫裝

己/1767

剪燈新話：四卷/（明）瞿佑撰．**剪燈餘話**：五卷/（明）李禎撰．--鉛印本．--上海：華通書局，民國二十年（1931）．--1 冊（1 函）．--半葉 10 行，行 29 字，細黑口，四周單邊，單黑魚尾，半框 14.5 ×9.8cm。鈐"曉鈴藏書"朱文印．--綫裝　　己/1756

剪燈新話句解：二卷/（明）瞿佑著；（明）垂

胡子集釋. --刻本. --朝鮮:朝鮮李朝後期（1636—1910）. --2 冊（1 函）. --半葉 11 行,行 20 字,小字雙行字同,白口,四周單邊,雙對黑魚尾,半框 23.5×17cm。鈐"天行"朱文印、"建功客韓所得"朱文印、"曉鈴藏書"朱文印. --綫裝　　　　　己/2234

麗情集:一卷;床麗情集:一卷/（明）楊慎撰;（清）李調元校定;（清）李朝礎再校. --刻本. --清（1644—1911）. --1 冊（1 函）. --半葉 10 行,行 20 字,小字雙行字同,白口,左右雙邊間四周雙邊,雙對黑魚尾,半框 13.7×10.7cm. --綫裝　　　　　己/1381

梅花草堂筆談:十四卷/（明）張大復著;阿英校點. --鉛印本. --上海:上海雜誌公司,民國二十四年（1935）. --1 冊. --（中國文學珍本叢書;第一輯;第十五種）. --半葉 15 行,行 42 字,無邊框。鈐"曉鈴藏書"朱文印. --平裝　　　　　己/2205

校鐫鴛渚誌餘雪窗談異:二帙/（明）釣鴛湖客評述;（明）臥雲幽士批句;（明）奇奇狂叟賞閱. --油印本. --長春:東北人民大學,1957 年. --2 冊. --半葉 9 行,行 22 字,無邊框。鈐"吳"朱文印、"曉鈴藏書"朱文印. --綫裝　　　　　己/1755

渾如篇:一卷/（明）沈弘宇述;范遇安校訂. --鉛印本,藍印. --北京:北新書局,民國十五年（1926）. --1 冊（1 函）. --半葉 10 行,行 23 字,白口,四周雙邊,單黑魚尾,半框 12.1×9.7cm。有劉復、吳曉鈴題記。鈐"吳"朱文印、"曉鈴藏書"朱文印. --綫裝　　　　　己/2267

情史類略:二十四卷/（明）江南詹詹外史評輯. --刻本,重刻. --三讓堂,清道光二十八年（1848）. --10 冊（1 函）. --題名據總目著錄。半葉 11 行,行 24 字,白口,四周單邊,單黑魚尾,半框 11.9×9.2cm。鈐"曉鈴藏書"朱文

印. --綫裝　　　　　己/1426

陶庵夢憶:八卷/（明）張岱撰;張靜廬校點. --鉛印本. --貝葉山房,民國二十五年（1936）. --1 冊. --（中國文學珍本叢書;第一輯第二十三種）. --半葉 14 行,行 36 字,無邊框。鈐"曉鈴藏書"朱文印. --平裝　　　　　己/2160

西湖夢尋:五卷/（明）張岱撰;阿英校點. --鉛印本. --貝葉山房,民國二十五年（1936）. --1 冊. --（中國文學珍本叢書;第一輯第二十三種）. --半葉 14 行,行 36 字,無邊框。鈐"曉鈴藏書"朱文印. --平裝　　　　　己/2161

寫情集:四集/（清）錢尚濠輯. --刻本. --清初（1644—1722）. --4 冊（1 函）. --首尾皆缺葉。又名買愁集。分想書、恨書、哀書、悟書四集。半葉 8 行,行 22 字,白口,四周單邊,無直格,單黑魚尾間單綫魚尾,半框 18.8×11.7cm。鈐"餘姚謝氏永耀樓藏書"朱文印、"吳"朱文印、"曉鈴藏書"朱文印. --綫裝　　　　　己/2199

買愁集:四卷/（清）錢尚濠輯;阿英校點. --鉛印本. --貝葉山房,民國二十五年（1936）. --1 冊. --（中國文學珍本叢書;第一輯第二十種）. --半葉 14 行,行 36 字,無邊框。鈐"曉鈴藏書"朱文印. --平裝　　　　　己/2159

天合良緣/（清）墅史逸叟撰. --刻本. --清咸豐七年（1857）. --1 冊（1 函）. --原名"過墟志感"。半葉 8 行,行 20 字,粗黑口,四周雙邊,雙對黑魚尾,半框 17.2×10cm。有吳曉鈴題記。鈐"吳"朱文印、"曉鈴藏書"朱文印. --綫裝　　　　　己/865

西青散記:四卷/（清）史震林撰;張靜廬校點. --鉛印本. --上海:上海雜誌公司,民國二十四年（1935）. --1 冊. --（中國文學珍本叢書;第一輯第五種）. --半葉 14 行,行 42 字,無邊框。鈐"曉鈴藏書"朱文印. --平裝　　　　　己/2204

續板橋雜記：三卷,附錄一卷;附雪鴻小記：一卷/（清）珠泉居士著. --刻本. --清乾隆（1736—1795）. --1 冊（1 函）. --半葉 8 行,行 16 字,有眉批,行 4 字,白口,左右雙邊,單黑魚尾,半框 13.1×9.5cm. --綫裝　　己/1332

挑燈新錄：六卷/（清）文溪荊園氏編次. --刻本. --清同治二年（1863）. --4 冊（1 函）. --荊園氏即吳荊園。半葉 9 行,行 18 字,小字雙行字同,白口,四周單邊,無直格,單黑魚尾,半框 12.9×9.7cm。鈐"曉鈴臧書"朱文印. --綫裝　　己/1367

畫舫餘譚：一卷;三十六春小譜：一卷/（清）捧花生撰. --鉛印本. --上海：有正書局,民國三年（1914）. --1 冊（1 函）. --版權頁題"秦淮畫舫錄"。半葉 12 行,行 30 字,白口,四周雙邊,單黑魚尾,半框 15.3×11.2cm。鈐"曉鈴臧書"朱文印. --綫裝　　己/2068

三十六春小譜/（清）捧花生著. --刻本. --清道光六年（1826）. --1 冊（1 函）. --卷端題"捧花樓原本"。捧花生據考爲清車持謙。半葉 10 行,行 21 字,粗黑口,四周雙邊,單黑魚尾,半框 16.6×12.2cm。牌記題"丙戌秋仲刊版". --綫裝　　己/1386

金臺殘淚記：三卷/（清）華胥大夫著. --刻本. --清道光三年（1823）. --1 冊（1 函）. --華胥大夫即清張際亮,字亨甫,清建寧人。半葉 10 行,行 20 字,小字雙行字同,白口,左右雙邊,單黑魚尾,半框 15.9×12.2cm. --綫裝

　　己/1345—1

第二部　鈐"王"朱文印、"君方"朱文印

　　己/1345—2

南浦秋波錄：三卷/（清）華胥大夫著. --刻本. --清（1644—1911）. --1 冊（1 函）. --目錄有附刻翠眉亭稿（摘錄）、碧雲遺稿（選錄）二種,未見。半葉 10 行,行 20 字,小字雙行字同,白

口,左右雙邊,單黑魚尾,半框 15.4×12.1cm. --綫裝　　己/1342

第二部　　　　　　　　己/1346

夢花雜誌：五卷/（清）李澄述. --刻本. --清道光六年（1826）. --2 冊（1 函）. --半葉 9 行,行 21 字,有眉批,行 4 字,粗黑口,左右雙邊,半框 12.6×9.9cm。鈐"曉鈴臧書"朱文印. --綫裝　　己/760

寶存：四卷/（清）胡式鈺作. --刻本. --雲琢如,清道光二十一年（1841）. --4 冊（1 函）. --半葉 10 行,行 21 字,白口,四周雙邊,單黑魚尾,半框 18.7×12.8cm。鈐"曉鈴臧書"朱文印. --綫裝　　己/1463

燕臺鴻爪集：一卷/（清）粟海庵居士著. --刻本. --清末（1851—1911）. --1 冊（1 函）. --半葉 10 行,行 20 字,小字雙行字同,白口,左右雙邊,單黑魚尾,半框 15.9×12.1cm. --綫裝

　　己/1347

十洲春語：三卷,首一卷,補遺一卷/（清）二石生撰. --刻本. --靈蕤館主,清道光二十一年（1841）. --2 冊（1 函）. --（上湖綺語;第五種）. --二石生姓名不詳,爲清道光年間人。半葉 9 行,行 21 字,小字雙行字同,白口,左右雙邊,單黑魚尾,版心下刻"上湖綺語第五種",半框 12.9×9.3cm。每卷末題"靈蕤館主校刊". --綫裝　　己/1327

花間笑語：五卷/（清）釀花使者輯. --刻本. --京師:釀花使者,清咸豐九年（1859）. --4 冊（1 函）. --半葉 9 行,行 20 字,小字雙行字同,粗黑口,左右雙邊,半框 12.8×9.9cm。有刻工:戴宗發。鈐"曉鈴臧書"朱文印. --綫裝

　　己/759

明僮合錄/（清）碧裏生編. --刻本. --擷芷館,清同治六年（1867）. --1 冊（1 函）. --題名據書

簽著錄。半葉 6 行,行 20 字,小字雙行字同,白口,四周雙邊,單黑魚尾,半框 17.9 × 11.4cm。牌記題"丁卯六月擷芷館梓"。鈐"曉鈴臧書"朱文印.--綫裝

子目:

明僮小錄:一卷/(清)餘不釣徒撰

明僮續錄:一卷/(清)殿春生撰

已/1385

第二部　琉璃廠東門桶子胡同龍文齋藏板。鈐"藏在吳奎卿家"朱文印　已/1384

蜆斗蓭樂府本事:一卷/(清)平步青纂.--鉛印本.--紹興:四有書局,民國十三年(1924).--1 冊.--書衣題"樂府本事"。半葉 11 行,行 30 字,無邊框.--平裝　已/2061

見聞瑣錄:前集六卷,後集四卷,附刊一卷/(清)歐陽昱著.--刻本.--歐陽溙,民國十四至二十一年(1925—1932).--3 冊(1 函).--缺前集卷 1—2。半葉 10 行,行 20 字,細黑口,左右雙邊,單黑魚尾,半框 16.7 × 12.1cm。百隋甎齋藏版。鈐"中華圖書館協會之印"朱文印、"曉鈴臧書"朱文印.--綫裝　已/2194

竹西花事小錄:一卷,附錄一卷/(清)芬利它行者編.--抄本.--清末(1851—1911).--1 冊(1 函).--卷首誤作"芬芬它行者",此從序言著錄。半葉 9 行,行 20 字,白口,四周雙邊,稿紙版心下印"寄齋鈔本",半框 17.9×10.3cm。鈐"秋水盦臧書印"朱文印、"斷腸人遠傷心事多"白文印、"天下有情人盡解相思死"朱文印.--綫裝　已/1318

海上煙花瑣記:四卷/(清)浪游子輯.--刻本.--清光緒三年(1877).--2 冊(1 函).--浪游子姓名不詳,與作序者指引迷途人爲一人。半葉 8 行,行 18 字,白口,左右雙邊,單黑魚尾,半框 13.7×10.7cm。鈐"吳"朱文印、"曉鈴臧書"朱文印.--綫裝　已/1361

嘻談錄:二卷,續錄二卷/(清)小石道人纂輯;(清)粲然叟參訂.--刻本.--清光緒十年(1884).--4 冊(1 函).--半葉 9 行,行 21 字,白口,四周雙邊,無直格,單黑魚尾,半框 14.9×10.5cm。鈐"吳"朱文印、"曉鈴臧書"朱文印.--綫裝　已/2279

新選時興笑絕氣話:一卷/(清)幽閒主人選.--刻本.--廣州:五桂堂,清末(1851—1911).--1 冊(1 函).--半葉 10 行,行 26 字,白口,四周單邊,無直格,單黑魚尾,半框 15.2×10.7cm。有吳曉鈴題識,責任說明據以著錄。鈐"吳"朱文印、"曉鈴臧書"朱文印.--毛裝　已/2280

情天外史:不分卷/(清)情天外史著.--刻本,綠印.--清光緒二十一年(1895).--1 冊(1 函).--情天外史姓名不詳,光緒年間曾在貴州爲官,後客居京師。半葉 9 行,行 25 字,白口,四周雙邊,無直格,單黑魚尾,半框 16.4×12.2cm。牌記題"光緒乙未三月載筆,畫圖後補"。鈐"曉鈴臧書"朱文印.--綫裝

已/1387

繪圖情天外史:二卷/(清)情天外史著.--石印本.--天津,清光緒二十一年(1895).--2 冊(1 函):圖 19 幅.--題名據書名頁著錄。全書分正冊與續冊,故擬爲二卷。半葉 8 行,行 24 字,小字雙行字同,白口,四周花邊,單花魚尾,半框 13.9×8.7cm。牌記題"光緒乙未天津石印".--綫裝　已/1370

紙糊燈籠:一卷/(清)綿邑不能道人手著.--刻本.--三邑爽樂山人,清光緒二十四年(1898).--1 冊.--目錄題"醒迷紙燈籠"。半葉 10 行,行 22 字,黑口,四周單邊,半框 17.8×11.5cm。牌記題"光緒戊戌新刊"。板存豐谷井.--綫裝　已/2294

板橋雜記補:三卷/(清)金嗣芳撰.--抄本.--

民國（1912—1949）.--1 冊（1 函）.--半葉 10
行,行 32 字,無邊框。鈐"程氏守中所得善
本"白文印.--綫裝　　　　　　　己/1322

群芳志：二卷/楊掌生著.--鉛印本.--上海：
國光書局,民國三年（1914）.--1 冊.--本書原
名"京塵雜錄"。楊掌生即楊懋建,字掌生。
半葉 12 行,行 30 字,小字雙行字同,細黑口,
四周雙邊,單黑魚尾,兰框 15.3×11.4cm。牌
記題"中華民國三年二月初版,上海國光書局
印行"。有顧和鏞贈言"顧君和鏞專貼道華軒
主"。鈐"顧和鏞"朱文印、"道華軒"朱文印、
"郭正茂"朱文印、"憶梅狂客"朱文印.--綫裝
子目：
長安看花記
辛壬癸甲錄
丁年玉筍志
夢華瑣簿　　　　　　　　　　　己/2064

戲謔錄：一卷/醉生撰.--鉛印本.--民國四年
（1915）.--1 冊.--書衣題名"滇中戲謔錄"。半
葉 12 行,行 30 字,白口,四周雙邊,單黑魚尾,
半框 17.5×12.9cm。有題記"吳苐購自滇
南"。鈐"吳曉鈴"朱文印.--綫裝　　己/2050

青樓風月史：初編/恨恨生編.--鉛印本.--上
海：蔚文書局,民國八年（1919）.--4 冊：有插
圖.--書衣題"繪圖青樓風月史"。半葉 12 行,
行 30 字,無邊框.--平裝　　　　　己/2044

上海的倡門/花偵主編.--鉛印本.--上海：新
聞出版社,民國十八年（1929）.--2 冊：插圖 19
幅.--（社會叢書之三匹）.--半葉 10 行,行 30
字,白口,上下單邊,左右無邊,半框 12.3×
7.2cm。鈐"贅盦居士"朱文印.--平裝
　　　　　　　　　　　　　　　　己/2043

虹口倡門/李約作.--鉛印本.--上海：綠葉書
店,民國二十年（1931）.--1 冊：有插圖.--半葉
11 行,行 34 字,無邊框.--平裝　　己/2045

思無邪小說/姚靈犀編撰.--天津：天津書
局,民國三十年（1941）.--1 冊.--一名"豔海"。
半葉 15 行,行 36 字,無邊框.--平裝
　　　　　　　　　　　　　　　　己/1774

聽歌想影錄/張聊公著.--鉛印本.--民國三
十一年（1942）.--1 冊.--一名"國劇春秋"。半
葉 15 行,行 38 字,無邊框.--平裝
　　　　　　　　　　　　　　　　己/1373

短篇小説

遊仙窟：一卷/（唐）張文成作.--鉛印本.--
上海：開明書店,民國十七年（1928）.--1 冊（1
函）.--（古佚小說叢刊初集；第一種）.--據日
本刻本校印。半葉 16 行,行 24 字,細黑口,四
周單邊,單黑魚尾,半框 14.9×10.3cm。牌記
題"海寧陳氏校印,開明書店發行".--綫裝
　　　　　　　　　　　　　　　　己 1757

梁公九諫：一卷/（宋）佚名撰.--刻本.--士禮
居,清嘉慶十一年（1806）.--1 冊（1 函）.--半
葉 8 行,行 20 字,白口,左右雙邊,單黑魚尾,
半框 21.4×13.6cm。鈐"休寧汪氏劫餘圖書"
朱文印、"潭月山房書印"朱文印、"曉鈴藏書"
朱文印.--綫裝　　　　　　　　　己/723

新刊全相平話：四種/（明）佚名輯.--影印
本.--民國（1912—1949）.--4 冊（1 函）.--上圖
下文,下欄半葉 20 行,行 20 字,白口,左右雙
邊,半框 13.9×9cm。鈐"曉鈴藏書"朱文
印.--綫裝
子目：
新刊全相平話武王伐紂書,又名呂望興周：
三卷
新刊全相平話樂毅圖齊七國春秋後集：三卷
新刊全相秦併六國平話,又名秦始皇傳：三
卷
新刊全相平話前漢書續集,又名呂后斬韓
信：三卷　　　　　　　　　　　己/762

唐三藏取經詩話：三卷/（宋）佚名撰. --影印本. --上虞羅振玉, 民國（1912—1949）. --1冊. --據日本所藏宋刻本影印。半葉10行, 行15字, 白口, 左右雙邊, 半框9.4×6.9cm。鈐"曉鈴藏書"朱文印. --綫裝　　　　　己/1764

新編五代史平話：十卷/（宋）佚名編. --刻本, 影刻. --毗陵董氏誦芬室, 清宣統三年（1911）. --2冊（1函）. --梁史、唐史、晉史、漢史、周史各上下兩卷, 梁史、漢史原缺下卷。書名頁題"景宋殘本五代平話"。據宋本影刻。半葉14行, 行25字, 粗黑口, 四周單邊, 雙順黑魚尾, 半框17.4×11.8cm。禾生題簽。鈐"龐"朱文印、"禾生"朱文印、"禾生藏古"朱文印、"禾生一字紹田"朱文印、"情苑龐氏珍藏金石書畫圖章"朱文印、"聖香精舍"朱文印、"毓同長壽"朱文印、"曉鈴藏書"朱文印. --綫裝　　　　　己/744

新刊宣和遺事：二集/（宋）佚名撰. --刻本, 重刻. --民國（1912—1949）. --1冊（1函）. --書名頁題"宣和遺事"。半葉12行, 行23字, 粗黑口, 四周雙邊, 雙順黑魚尾, 半框16.7×11.1cm。有吳曉鈴墨筆眉批。鈐"曉鈴藏書"朱文印. --綫裝　　　　　己/791

京本通俗小說：殘存八卷/（宋）佚名輯. --影印暨鉛印本. --上海：江東老蟬, 民國四年（1915）. --2冊（1函）. --底本原存卷10—16、21。半葉10行, 行18字, 白口, 左右雙邊, 雙順黑魚尾, 半框12.8×9.1cm。鈐"盱眙王伯恭印"白文印、"萬章藏書"朱文印、"青陽齋珍藏章"朱文印、"曉鈴藏書"朱文印. --綫裝
子目：
　碾玉觀音：一卷
　菩薩蠻：一卷
　西山一窟鬼：一卷
　志誠張主管：一卷
　拗相公：一卷
　錯斬崔寧：一卷

馮玉梅團圓：一卷
　金虜海陵王荒淫：一卷. --鉛印本. --郁園, 民國六年（1917）　　　　　己/757

三國志平話：三卷/（元）佚名撰. --鉛印本. --上海：開明書店, 民國十七年（1928）. --1冊（1函）. --（古佚小說叢刊初集；第二種）. --半葉16行, 行24字, 細黑口, 四周單邊, 單黑魚尾, 半框14.4×10.2cm。牌記題"海寧陳氏校印, 開明書店發行"。鈐"曉鈴藏書"朱文印. --綫裝　　　　　己/1758

至治新刊全相平話三國志：三卷/（元）佚名撰. --影印本. --上海：涵芬樓, 民國十八年（1929）. --1冊（1函）. --書名頁題"新全相三國志平話"。據元至治間建安虞氏刊本影印。上圖下文, 下欄半葉20行, 行20字, 白口, 左右雙邊, 無直格, 半框13.5×8.9cm。鈐"曉鈴藏書"朱文印. --綫裝　　　　　己/725

清平山堂話本：十五篇/（明）洪楩編. --影印本. --北平：古今小品書籍印行會, 民國十六年（1927）（北京：京華書局印刷）. --3冊. --據日本內閣文庫藏明嘉靖間洪楩刻本影印。半葉11行, 行21字, 白口, 四周單邊, 半框13.1×10.3cm。鈐"曉鈴藏書"朱文印. --綫裝
　　　　　己/1761

雨窗敧枕集/（明）洪楩編. --影印本. --北平：馬廉, 民國二十三年（1934）. --2冊. --存雨窗集上, 話本5篇；敧枕集上, 話本2篇, 殘存7葉；敧枕集下, 話本5篇。半葉11行, 行21字, 白口, 四周單邊, 半框13.6×10.5cm。牌記題"據民國二十三年六月鄞馬氏用天一閣舊藏明嘉靖本影印, 原書板心框高十七又五分之三公分, 寬十二又五分之四公分"。吳曉鈴跋。鈐"吳郎之書"朱文印、"吳曉鈴"朱文印、"曉鈴藏書"朱文印. --平裝　　　　　己/1762
　第二部　鈐"知足齋主珍藏"朱文印、"曉鈴藏書"朱文印　　　　　己/1763

新刻京臺公餘勝覽國色天香：十卷/（明）吳敬所編輯．--刻本．--大梁：周文煒，明末（1621—1644）．--10 冊（1 函）．--書名頁題"國色天香"，目錄題"新刻公餘勝覽國色天香"。上下兩欄，上欄半葉 16 行，行 14 字，小字雙行字同，下欄半葉 13 行，行 16 字，白口，四周單邊，無直格，單黑魚尾，半框 14.3×10cm。聚瀛堂藏版。鈐"曉鈴藏書"朱文印．--綫裝

己/726

新鐫國朝名公神斷詳刑公案：八卷/（明）歸正寧靜子輯；（明）匡直淡薄子訂．--油印本．--長春：東北人民大學圖書館，1956 年．--4 冊（1 函）．--（油印明清善本叢書；一）．--卷一首缺 2 葉，卷二末缺半葉或 1 葉半。半葉 11 行，行 18 字，無邊框。鈐"曉鈴藏書"朱文印．--綫裝

己/756

五金魚傳/（明）佚名撰．--刻本．--明（1368—1644）．--1 冊（1 函）．--存下卷，有缺葉。半葉 9 行，行 20 字，白口，四周單邊，半框 21.1×12.1cm。鈐"曉鈴藏書"朱文印．--綫裝

（己）/776

石點頭：十四卷/（明）天然癡叟著；（明）墨憨主人評．--刻本．--司人堂，清（1644—1911）．--6 冊（1 函）．--墨憨主人即明馮夢龍。半葉 11 行，行 22 字，白口，四周單邊，無直格，單黑魚尾，半框 19.3×14.5cm。鈐"曉鈴藏書"朱文印．--綫裝

己/764

全像古今小說：四十卷/（明）茂苑野史氏編；（明）綠天館主人評次．--鉛印本．--上海：商務印書館，民國三十六年（1947）．--6 冊（1 函）：圖 80 幅．--茂苑野史氏、綠天館主人皆馮夢龍別號。半葉 13 行，行 30 字，有眉評，行 4 字，白口，四周單邊，亞黑魚尾，半框 15×10.3cm。天頭有吳曉鈴批．--綫裝

己/1760

醒世恒言：四十卷/（明）馮夢龍編．--鉛印本．--上海：生活書局，民國二十五年（1936）．--1 冊：圖 2 幅．--（世界文庫/鄭振鐸主編）．--附書影 12 葉。半葉 20 行，行 51 字，無邊框．--綫裝

己/1765

拍案驚奇：十二卷/（明）凌濛初輯．--刻本．--清（1644—1911）．--12 冊（2 函）．--首葉係抄配。書名頁題"袖珍拍案驚奇"。半葉 12 行，行 25 字，白口，四周單邊，無直格，單黑魚尾，半框 13.3×10.4cm。鈐"書有味"朱文印、"遂安居士珍賞"朱文印、"蔭庭"朱文印、"蔭庭閱記"朱文印、"德祐"白文印、"曉鈴藏書"朱文印．--綫裝

己/761

新刻古今傳奇：十四卷/（明）墨憨道人輯．--刻本．--清（1644—1911）．--2 冊（1 函）．--存卷 1—3，有缺葉。半葉 12 行，行 28 字，白口，四周單邊，無直格，單黑魚尾，半框 18×10.9cm。鈐"曉鈴藏書"朱文印．--綫裝

己/758

繡像今古奇觀：四十卷/（明）抱甕老人輯．--刻本．--經文堂，清光緒十四年（1888）．--8 冊（1 函）：冠圖 40 幅．--書名據書名頁著錄。版心題"今古奇觀"。半葉 16 行，行 36 字，白口，左右雙邊，無直格，單黑魚尾，半框 13.2×8.8cm。經文堂藏版。鈐"曉鈴藏書"朱文印．--綫裝

己/765

筆耕山房宜春香質：四集二十回/（明）醉西湖心月主人著；（明）且笑廣芙蓉僻者評；（明）般若天不不山人參．--抄本．--民國（1912—1949）．--4 冊（1 函）：圖 32 幅．--目錄題"新鐫繡像批評宜春香質"，版心題"宜春香質"。半葉 8 行，行 18 字，無邊框。鈐"吳"朱文印、"曉鈴藏書"朱文印．--綫裝

己/782

歡喜冤家：六卷二十四回/（清）西湖漁隱主人編．--刻本．--文秀堂，清嘉慶二十三年（1818）．--10 冊（1 函）．--書名頁題"貪歡報"。

半葉 11 行,行 28 字,白口,四周單邊,無直格,單黑魚尾,半框 14.1×9.6cm。鈐"曉鈴藏書"朱文印. --綫裝　　　　　　　己/844

豆棚閒話:十二卷/(清)艾衲居士原本;(清)百懶道人重訂. --刻本. --三德堂,清乾隆六十年(1795). --4 冊(1 函). --半葉 10 行,行 26 字,白口,四周單邊,無直格,單黑魚尾,版心下刻"三德",半框 18.5×11.4cm。鈐"曉鈴藏書"朱文印. --綫裝　　　　　　　己/766

照世盃:四卷/(清)酌元亭主人編次. --鉛印本. --上海:開明書店,民國十七年(1928). --1 冊. --(古佚小說叢刊初集;第三種). --據日本傳抄本校印。半葉 16 行,行 24 字,細黑口,四周單邊,單黑魚尾,半框 14.4×10.1cm。牌記題"海寧陳氏校印,開明書店發行". --綫裝　　　　　　　己/1766

醒夢駢言:十二回/(清)蒲崼主人偶輯. --複印本. --[19?? 年]. --3 冊:圖 12 幅. --據首都圖書館藏舊刊本複印. --平裝　　　　己/1588

二刻泉潮荔鏡奇逢:二卷/(清)佚名撰. --刻本. --清道光二十七年(1847). --2 冊(1 函):冠圖 7 幅. --書名頁題"新增磨鏡奇逢集",版心題"荔鏡傳"。半葉 9 行,行 16 字,有眉欄,行 2 字,白口,四周單邊,無直格,半框 11.6×8.1cm。鈐"曉鈴藏書"朱文印. --綫裝　　　　　　　己/823

九頭案:不分卷. --複印本. --[19?? 年]. --2 冊. --半葉 8 行,行 24 字,無邊框. --散裝　　　　　　　己/1759

畏廬短篇小說/林紓著. --鉛印本. --上海:普通圖書局,民國七年(1918). --1 冊. --半葉 13 行,行 33 字,無邊框. --平裝　　己/1642

浪裏生舟:四卷/石照雲霞子編輯;自省子校

書. --刻本,重刻. --新都:鑫記書莊,民國四年(1915). --4 冊(1 函). --半葉 8 行,行 21 字,白口,四周單邊,單黑魚尾,半框 17.1×10.3cm。鈐"曉鈴藏書"朱文印. --綫裝

己 1791

長篇小説

繡像漢宋奇書/(清)金聖歎批點. --刻本. --英德堂,清(1644—1911). --24 冊(2 函):冠圖 80 幅. --書名據書名頁題。版心題"英雄譜"。上下兩欄,上欄忠義水滸傳,半葉 13 行,行 10 字,下欄四大奇書第一種,半葉 12 行,行 20 字,粗黑口,四周單邊,無直格,單黑魚尾,半框 13.7×9.9cm。英德堂藏版。鈐"曉鈴藏書"朱文印. --綫裝
子目:
忠義水滸傳:十七卷一百一十五回/(明)羅貫中編輯
四大奇書第一種:二十卷一百二十回/(清)毛宗崗評　　　　　　　己/787

忠義水滸全書:一百二十回/(元)施耐庵集撰;(明)羅貫中纂修. --抄本. --清(1644—1911). --24 冊(3 函). --半葉 12 行,行 20 字,無邊框。鈐"曉鈴藏書"朱文印. --綫裝
己/789

忠義水滸全書:一百二十回/(元)施耐庵集撰;(明)羅貫中纂. --鉛印本. --藝文書房,民國十八年(1929). --10 冊. --書前附胡適《水滸傳新考》、《水滸版本源流沿革表》,李贄《出像評點忠義水滸全書發凡》、《水滸忠義一百八人籍貫出身》,楊定見《小引》,以及《宣和遺事》等,書後附鄭振鐸《水滸傳的演化》。半葉 19 行,行 46 字,無邊框。鈐"曉鈴藏書"朱文印. --綫裝　　　己/794

第五才子書:十二卷一百二十四回/(元)施耐庵撰. --刻本. --清乾隆(1736—1795). --12

冊(1 函). --書名頁題"重訂水滸全傳",版心題"第五才子"。半葉 11 行,行 26 字,白口,四周單邊,單黑魚尾,半框 15.2×10.4cm。鈐"曉鈴藏書"朱文印. --綫裝　　　　己/785

百回水滸:一百回/(元)施耐庵撰. --鉛印本. --北京:沖霄漢閣主,民國二十二年(1933). --8 冊(1 夾). --據明代盛行之百回本排印。半葉 17 行,行 40 字,白口,四周單邊,半框 15.3×9.8cm。有李玄伯序。有吳曉鈴題記,考證沖霄漢閣主即李玄伯。鈐"實事求是"朱文印、"守之以信行之以禮"朱文印、"孫京方印"朱文印、"孫景山"朱文印、"吳"朱文印、"曉鈴藏書"朱文印. --平裝　　　　己/1783

第五才子書施耐庵水滸傳:七十回/(元)施耐庵著;(清)金人瑞評. --刻本. --貫華堂,清初(1644—1722). --32 冊(4 函). --半葉 8 行,行 19 字,白口,左右雙邊,單綫魚尾,版心下刻"貫華堂",半框 20×14cm。鈐"東迎堂閣"朱文印、"曉鈴藏書"朱文印. --綫裝

(己)/788

第五才子書施耐菴水滸傳:七十五卷七十回/(元)施耐庵撰. --影印本. --上海:中華書局,民國二十三年(1934). --24 冊(2 函):冠圖 54 幅. --書簽題"影印金聖歎批改貫華堂原本水滸傳",書名頁題"金聖歎七十一回本水滸傳",版心題"第五才子書"。插圖據清光緒間粵東藏修堂刻本影印。半葉 8 行,行 19 字,白口,左右雙邊,單綫魚尾,版心下刻"貫華堂",半框 12.6×9cm。劉半農藏。鈐"曉鈴藏書"朱文印. --綫裝　　　　己/795

新式水滸演義:一百八十回/(元)施耐庵著;江蔭香重編. --鉛印本,四版. --上海:世界書局,民國十一年(1922)(上海:廣文書局印刷). --4 冊. --封面題"新式符號標點水滸演義"。半葉 18 行,行 38 字,黑口,四周單邊,半框 16.6×11.9cm。鈐"吳"朱文印、"曉鈴藏

書"朱文印. --綫裝　　　　己/1785

水滸續集/(元)施耐庵,(清)陳忱著;汪原放,章希呂標點. --鉛印本,三版. --上海:亞東圖書館,民國十七年(1928). --4 冊. --本書的《征四寇》是截取《水滸傳》一百十五回本之第六十七回至結尾而成,《水滸後傳》由明末清初人陳忱著,共四十回,蓋以續百回本。卷首有胡適《水滸續集兩種序》,以及《宣和遺事中的水滸故事》、《校讀後記》、《本書標點符號說明》、《水滸後傳原序》、《水滸後傳論略》等文章。半葉 12 行,行 36 字,無邊框. --綫裝

子目:

征四寇:四十九回/(元)施耐庵著

水滸後傳:四十四回/(清)古宋遺民(陳忱)著　　　　己/1786

水滸傳注略:二卷/(清)程穆衡著. --抄本. --北京:趙錫蕃,1966 年. --2 冊(1 函). --半葉 12 行,行 25 字,白口,四周單邊,單黑魚尾,版心下印"綏中吳氏綠雲山館",半框 20.3×15.9cm。吳曉鈴跋。鈐"吳"朱文印、"曉鈴藏書"朱文印、"躍玲寶之"朱文印. --綫裝

己/1784

新刻按鑑演義京本三國英雄志傳:六卷/(晉)陳壽志傳;(元)羅貫志演義. --刻本. --清(1644—1911). --6 冊(1 函):圖 24 幅. --封面題"三國志",目錄題"新刻三國志"。半葉 15 行,行 32 字,白口,四周單邊,無直格,單黑魚尾,半框 21.8×13.3cm。佚名朱筆圈點,海棟題跋。鈐"海棟"朱文印、"潭月山房書印"朱文印、"曉鈴藏書"朱文印. --綫裝　　　　己/727

新刻按鑑演義三國英雄志傳:二十卷/(晉)陳壽撰;(明)羅貫中編. --刻本. --清嘉慶七年(1802). --10 冊(1 函):圖 12 幅. --扉頁題"繡像三國志全傳"。半葉 16 行,行 41 字,白口,四周單邊,無直格,單黑魚尾,半框 19.5×

11.4cm。鈐"曉鈴藏書"朱文印.--綫裝

己/722

三國志通俗演義：二十四卷/(晉)陳壽傳；(明)羅貫中編次.--影印本.--上海：涵芬樓，民國十八年(1929).--24冊(3函).--書衣題"明弘治本三國志通俗演義"。半葉9行,行17字,粗黑口,四周雙邊,雙對黑魚尾,半框14.1×9.6cm。牌記題"己巳中秋上海涵芬樓據明弘治本景印,遠近翻刻必究"。鈐"陳光藻印"朱文印、"曉鈴藏書"朱文印.--綫裝

己/793

四大奇書第一種：六十卷一百二十回/(明)羅貫中撰；(清)毛宗崗評；(清)杭永年評定.--刻本.--清(1644—1911).--16冊(2函).--存卷1—4、8—11、15—18、20、21、23—28、31—38、44、45、55、56,有缺葉。又名三國演義。半葉8行,行24字,小字雙行字同,有眉批,行3字,白口,四周單邊,無直格,單黑魚尾,半框19.1×11.1cm。鈐"曉鈴藏書"朱文印.--綫裝

己/721

四大奇書第一種：一百二十回/(明)羅貫中撰；(清)金聖歎批；(清)毛宗崗評.--刻本.--清(1644—1911).--1冊(1函).--存1卷6回：第17卷第101—106回。版心題"第一才子書"。半葉12行,行26字,小字雙行字同,白口,四周單邊,無直格,單黑魚尾,半框18.1×14.1cm。吳曉鈴題記。鈐"令德堂記"朱文印、"吳"朱文印、"曉鈴藏書"朱文印、"吳曉鈴"朱文印.--綫裝

己/733

三國志像：一百二十回.--刻本.--清(1644—1911).--2冊(1函).--衹存圖像。白口,四周單邊,半框19.8×14.2cm。鈐"曉鈴藏書"朱文印.--綫裝

己/724

第一才子書：六十卷一百二十回/(明)羅貫中撰；(清)毛宗崗評.--刻本.--常熟：顧氏小石

山房,清咸豐三年(1853).--16冊(2函)：冠圖40幅.--書名頁題"繡像三國志演義"。咸豐二年(1852)虞山袁鶴寫圖。半葉10行,行25字,小字雙行字同,白口,左右雙邊,無直格,單黑魚尾,半框14×10cm。牌記題"癸丑仲夏常熟顧氏小石山房刊"。鈐"曉鈴藏書"朱文印.--綫裝

己/792

殘唐五代史演義傳：十二卷六十回/(明)羅貫中編輯；(明)李贄批評.--刻本.--京都：老二酉堂,清光緒十三年(1887).--6冊(1函)：圖12幅.--書名頁題"繡像五代殘唐全傳",書籤題"五代殘唐全部",版心題"殘唐五代傳"。半葉12行,行28字,白口,四周單邊,無直格,半框16.9×11.5cm。鈐"曉鈴藏書"朱文印.--綫裝

己/729

四雪草堂重訂通俗隋唐演義：二十卷一百回/(明)羅貫中等原本；(清)褚人獲彙編.--刻本.--清道光三十年(1850).--20冊(2函)：圖100幅.--半葉11行,行23字,白口,左右雙邊,單黑魚尾,半框12.7×9.4cm。鈐"曉鈴藏書"朱文印.--綫裝

己/736

三遂平妖傳：四卷二十回/(明)羅貫中編次.--影印本.--日本奈良縣：天理大學出版部,日本昭和五十六年(1981).--1冊：圖24幅.--(天理圖書館善本叢書漢籍之部第十二卷/天理圖書館善本叢書漢籍之部編集委員會編).--據明刊清修本影印.--精裝

己/1583

新說西遊記：八十回/(明)[吳承恩著]；(清)張書紳注.--刻本.--清乾隆十四年(1749).--24冊(2函).--半葉10行,行24字,小字雙行字同,白口,四周單邊,雙對黑魚尾,半框20.2×14.3cm。鈐"曉鈴藏書"朱文印.--綫裝

己/796

西遊真詮：一百回/(明)[吳承恩撰]；(清)陳士斌詮解.--刻本.--金閶：書業堂,清乾隆四

十五年(1780).--20 冊(2 函):冠圖 20 幅.--半葉 11 行,行 24 字,白口,四周單邊,單黑魚尾,半框 21.2×14.3cm.--綫裝　　　(己)/797

新刻按鑑編纂開闢衍繹通俗志傳:六卷八十回,附錄䰡仙天地判說/(明)周遊集;(清)王黌釋.--刻本.--清道光元年(1821).--6 冊(1 函):圖 44 幅.--書名頁題"繡像開闢演義",版心題"開闢衍繹"。半葉 9 行,行 18 字,小字雙行字同,白口,四周雙邊,單黑魚尾,半框 12.6×9.5cm。文林堂藏版。鈐"曉鈴藏書"朱文印.--綫裝　　　己/737

孫龐演義:四卷二十回/(明)吳門嘯客編.**新編批評繡像後七國樂田演義**:四卷十八回/(清)遯世山人撰.--刻本.--京都:文和堂,清(1644—1911).--8 冊(1 函).--書名頁題"前七國孫龐演義"、"後七國樂田演義",書簽題"孫龐演義七國前傳"、"樂田演義七國後傳"。半葉 10 行,行 25 字,白口,四周單邊,無直格,單黑魚尾,半框 16.1×10.5cm。京都文和堂藏版。鈐"曉鈴藏書"朱文印.--綫裝　　　己/728

新鍥重訂出像注釋通俗演義西晉志傳題評:四卷;**東晉志傳題評**:八卷/(明)楊爾曾編;(明)陳氏尺蠖齋評釋.--刻本.--書林周氏大業堂,明(1368—1644).--11 冊(1 函):有插圖.--缺西晉志傳卷 1、序文。半葉 12 行,行 24 字,有眉批,行 5 字,白口,四周單邊,單黑魚尾,半框 21.6×14.5cm。顧炳鑫跋。鈐"炳鑫所藏"朱文印、"顧"白文印、"炳鑫"朱文印、"寶山顧氏所藏版畫"白文印、"吳"朱文印、"曉鈴藏書"朱文印.--綫裝　　　(己)/735

新鐫全像通俗演義隋煬帝豔史:四十回/(明)齊東野人撰;(明)不經先生批評.--刻本.--明崇禎(1628—1644).--11 冊(1 函):圖 37 幅.--半葉 9 行,行 20 字,白口,四周單邊,單黑魚尾,半框 20.6×14cm。鈐"曉鈴藏書"

朱文印.--綫裝　　　(己)/771

新鐫批評出像通俗演義禪真後史:十卷六十回/(明)清溪道人編次;(清)沖和居士評校.--刻本.--明崇禎(1628—1644).--8 冊(1 函):冠圖 40 幅.--存 30 回:第 1—30 回。半葉 9 行,行 20 字,白口,四周單邊,單黑魚尾,半框 19.8×14cm.--綫裝　　　(己)/798

玉茗堂批點南北宋演義全傳/(明)研石山樵訂正;(明)織里畸人校閱.--刻本.--集文堂,清(1644—1911).--8 冊(1 函).--內容包括南宋志傳十卷五十回、北宋志傳十卷五十回。書名頁題"南北宋演義全傳",版心分別題"南宋志傳"、"北宋志傳"。半葉 10 行,行 23 字,白口,四周單邊,無直格,單黑魚尾,半框 11.2×9.2cm。鈐"曉鈴藏書"朱文印.--綫裝　　　己/732

續英烈傳:五卷三十四回/(明)空谷老人編次.--刻本.--集古齋,清(1644—1911).--5 冊(1 函).--半葉 9 行,行 21 字,白口,四周單邊,單黑魚尾,半框 17.4×11.8cm.--綫裝　　　己/730

于少保萃忠全傳:十卷四十傳/(明)孫高亮纂述.--刻本.--清(1644—1911).--6 冊(1 函).--半葉 9 行,行 24 字,白口,四周單邊,無直格,半框 19.6×11.8cm。鈐"曉鈴藏書"朱文印.--綫裝　　　己/748

皇明大儒王陽明先生出身靖亂錄:三卷/(明)墨憨齋新編.--刻本.--東京:嵩山堂,日本明治、大正間(1868—1925).--3 冊(1 函).--書簽及書名頁題"王陽明出身靖亂錄",版心題"王陽明先生出身靖亂錄"。墨憨齋即明馮夢龍。半葉 10 行,行 21 字,有眉批,行 4 字,白口,左右雙邊,半框 16.4×12.1cm。嵩山堂藏版。鈐"澤存書庫"白文印、"曉鈴藏書"朱文印.--綫裝　　　己/754

新刻全像海剛峰先生居官公案：四卷／（明）李春芳編次. --刻本. --郁文堂,清初（1644—1722）. --4 冊（1 函）：肖像 1 幅,圖 16 幅. --書名頁題"全像海剛峰居官公案傳"。半葉 12 行,行 23 字,白口,四周雙邊,單黑魚尾,半框 19.2×13.5cm。牌記題"郁文堂重校梓"。鈐"曉鈴藏書"朱文印. --綫裝　　　　　　　（己）／751

崢霄館評定出像通俗演義魏忠賢小說斥奸書：七卷三十四回／（明）吳越草莽臣撰. --抄本. --清（1644—1911）. --5 冊（1 函）. --缺第 13—21 回。半葉 10 行,行 21 字,無邊框。鈐"兌之所有"白文印、"曉鈴藏書"朱文印. --綫裝　　　　　　　己／810

繡榻野史：二卷／（明）情顛主人著；小隱齋主人校正. --鉛印本. --上海：上海圖書館,民國四年（1915）. --1 冊. --半葉 11 行,行 29 字,白口,四周雙邊,單黑魚尾,半框 14.8×11.2cm. --平裝　　　　　　　己／1777

昭陽趣史：二卷三十四回／（明）豔豔生編；（明）情癡生批. --鉛印本. --襟霞閣主人,民國二十五年（1936）. --2 冊：圖 12 幅. --（國學珍本文庫；第一集廿一種）. --又名"趙飛燕全傳"。半葉 14 行,行 30 字,無邊框. --平裝
　　　　　　　己／1771

繡像初刻玉閨紅全傳：二卷十回／（明）東魯落落平生著；王朱校點. --鉛印本. --麗華出版社,民國（1912—1949）. --1 冊. --書名頁題"古佚珍本玉閨紅全傳"。附金陵文潤山房刻本書影。半葉 12 行,行 37 字,無邊框. --平裝
　　　　　　　己／1798

新刻癡婆子傳：二卷／（明）芙蓉主人輯；（清）情癡子批校. --刻本. --清乾隆（1736—1795）. --2 冊（1 函）. --半葉 7 行,行 15 字,白口,四周雙邊,單黑魚尾,半框 15.4×11.7cm。鈐"曉鈴藏書"朱文印. --綫裝　　（己）／778

新刻全像浪史：四十回／（明）風月軒入玄子著. --刻本. --嘯風軒,清（1644—1911）. --2 冊（1 函）. --書名頁題"浪史奇觀",版心題"浪史"。半葉 9 行,行 21 字,白口,四周單邊,無直格,單黑魚尾,半框 17.5×10.6cm。嘯風軒藏版. --綫裝　　　　　　　己／781

浪史：四十回／優生學會逍遙子校. --鉛印本. --優生學會,民國十五年（1926）. --1 冊. --據袁寒雲珍藏孤本排印。半葉 14 行,行 27 字,無邊框. --平裝　　　　　　　己／1778

金瓶梅：一百回／（明）蘭陵笑笑生撰. --抄本. --清乾隆（1736—1795）. --20 冊（4 函）. --半葉 9 行,行 20 字,無邊框。鈐"得天然樂趣齋印"朱文印、"綏中吳氏雙栦書屋藏"朱文印、"吳"朱文印、"曉鈴藏書"朱文印. --綫裝
　　　　　　　己／829

新刻繡像批評金瓶梅：二十卷一百回／（明）蘭陵笑笑生撰. --刻本. --明崇禎（1628—1644）. --1 冊（1 函）：有插圖. --存第 1 卷 1—5 回。版心題"金瓶梅"。半葉 10 行,行 22 字,有眉批,行 2 字,白口,四周單邊,無直格,半框 20.6×14.6cm。鈐"吳"朱文印、"曉鈴藏書"朱文印. --綫裝　　　　　　　己／843

續金瓶梅：十二卷六十四回／（清）紫陽道人編. --抄本. --清（1644—1911）. --12 冊（1 函）：插圖 25 幅. --封面題"繡像續金瓶梅"。紫陽道人即清丁耀亢。半葉 10 行,行 24 字,白口,四周單邊,無直格,單黑魚尾,半框 13.6×10.1cm。鈐"曉鈴藏書"朱文印. --綫裝
　　　　　　　己／842

新編覺世梧桐影：十二回／（清）佚名撰. --抄本. --清（1644—1911）. --4 冊（1 函）. --半葉 10 行,行 18 字,無邊框。鈐"曉鈴藏書"朱文印. --綫裝　　　　　　　己／769

肉蒲團小說,一名,覺後禪:二十回/(清)情癡反正道人編次;(清)情死還魂社友批評.--刻本.清(1644—1911).--3 冊(1 函).--半葉10 行,行26 字,白口,四周單邊,無直格,半框17×11.5cm。鈐"越然"朱文印、"周二"白文印、"周越然"朱文印、"曉鈴藏書"朱文印.--綫裝
己/767

肉蒲團:二十回/(明)情隱先生編次.--影印本.--香港:聯合出版社,[19?? 年].--1 冊.--一名"覺後禪"。據日本寶永二年(1705)刻本影印。半葉10 行,行21 字,無邊框.--平裝
己/1770

十二樓:十二種/(清)覺世稗官編次;(清)睡鄉祭酒批評.--刻本.--清初(1644—1722).--10 冊(1 函).--圖 12 幅.--覺世稗官即清李漁,睡鄉祭酒即清杜濬。半葉9 行,行19 字,白口,四周單邊,半框18.7×13.5cm。鈐"曉鈴藏書"朱文印.--綫裝

子目:

合影樓:三回

奪錦樓:一回

三與樓:三回

夏宜樓:三回

歸正樓:四回

萃雅樓:三回

拂雲樓:六回

十巹樓:二回

鶴歸樓:四回

奉先樓:二回

生我樓:四回

聞過樓:三回
(己)/763

連城璧:十二回,外編六卷/(清)覺世稗官編次;(清)睡鄉祭酒批評.--複印本.--[19??年].--1 冊.--書名頁題"覺世名言連城璧"。覺世稗官即清李漁.--散裝
己/1595

西遊補:十六回/(清)董若雨著;劉半農校

點.--鉛印本.--上海:北新書局,1929 年.--4 冊.--董若雨即明末清初小說家董說(1620—1686),字若雨,號西庵。附劉復《西游補作者董若雨傳》。半葉10 行,行20 字,正文之上有評,行11 字,無邊框.--綫裝
己/1787

新刻批評繡像後西遊記:八卷四十回/(清)天花才子點評.--刻本.--清末(1851—1911).--4 冊(1 函):圖 16 幅.--書名頁題"重鐫繡像後西遊記",版心題"後西遊記"。半葉13 行,行30 字,白口,四周單邊,單黑魚尾,半框20.9×13.4cm。大文堂藏版。鈐"曉鈴藏書"朱文印.--綫裝
己/650

天花藏合刻七才子書:五卷/(清)荑秋散人編次.--刻本,重刻.--翼聖堂,清乾隆五年(1740).--2 冊(1 函).--書葉有殘缺。版心題"七才子書"。此書爲玉嬌梨和平山冷燕合刻本,前者又稱"三才子玉嬌梨",後者又稱"四才子平山冷燕",合刻故名"七才子"。上下兩欄,上欄天花藏批評玉嬌梨,半葉14 行,行15 字,下欄天花藏批評平山冷燕,半葉11 行,行18 字,白口,四周單邊,無直格,半框18×11.1cm。本衙藏版。鈐"曉鈴藏書"朱文印.--綫裝

子目:

天花藏批評玉嬌梨:五卷二十回

天花藏批評平山冷燕:五卷二十回
己/866

新編四才子二集兩交婚小傳:十八回/(清)天花藏主人撰.--刻本.--清(1644—1911).--8 冊(1 函).--序文缺 3 葉半,第 17 回第 8 葉至結尾係抄配。目錄題"四才子續集兩交婚傳"。半葉8 行,行20 字,白口,四周單邊,無直格,半框19.6×11.6cm。鈐"曹家駿印"朱文印、"江都曹氏家駿秘笈"朱文印、"曉鈴藏書"朱文印.--綫裝
己/777

快心編:初集五卷十回,二集五卷十回,三集

六卷十二回/（清）天花才子編輯；（清）四橋居士評點．--刻本．--課花書屋，清初（1644—1722）．--16 冊．--書名頁題"新編快心編全傳"。半葉 10 行，行 22 字，白口，左右雙邊，單黑魚尾，半框 19.4×14.2cm。鈐"曉鈴藏書"朱文印．--綫裝　　　　　　（己）/811

新鎸桃花影：四卷十二回/（清）煙花散人編次．--刻本．--畹香齋，清（1644—1911）．--2 冊（1 函）．--第 12 回有缺葉。書名頁及版心題"桃花影"。半葉 10 行，行 25 字，白口，四周單邊，無直格，單黑魚尾，半框 16.9×10.4cm。鈐"曉鈴藏書"朱文印．--綫裝　　己/779

後七國樂田演義：四卷二十回/（清）煙水散人演輯；（清）遊方外客較閱．--刻本．--嘯花軒，清（1644—1911）．--4 冊（1 函）．--書名頁題"後七國志"，版心題"樂田演義"。半葉 10 行，行 23 字，白口，四周單邊，無直格，單黑魚尾，半框 18.8×11.3cm。嘯花軒藏版。鈐"谷邑文會堂自在江浙蘇閩揀選古今書籍發兌"朱文印、"曉鈴藏書"朱文印．--綫裝　　　　　　　　　　己/739

新編批評後七國樂田演義：六卷十八回/（清）遯世老人演輯．--刻本．--古吳：文裕堂，清（1644—1911）．--4 冊（1 函）．--書名頁題"後七國樂田演義"，版心題"樂田演義"。半葉 10 行，行 28 字，白口，四周單邊，無直格，單黑魚尾，半框 18.4×11.2cm。鈐"曉鈴藏書"朱文印．--綫裝　　己/738

新世鴻勳：四卷二十回/（清）蓬蒿子撰．--刻本．--京師：善成堂，清（1644—1911）．--2 冊（1 函）．--卷末有缺葉。書名頁題"鐵冠圖"。半葉 10 行，行 24 字，白口，四周單邊，無直格，單黑魚尾，半框 17.6×11.1cm。善成堂藏版。鈐"曉鈴藏書"朱文印．--綫裝　　己/740

順治過江：四卷二十回/（清）蓬蒿子編．--刻本，重刻．--清咸豐十一年（1861）．--4 冊（1 函）：冠圖 10 幅．--書名頁題"順治皇過江全傳"，目錄題"大清順治過江"，版心題"過江"。半葉 11 行，行 24 字，白口，四周單邊，無直格，單黑魚尾，半框 12.5×9.3cm。鈐"伯仲叔季孟元亨利貞玄收藏圖記"墨印、"書業德記發兌"朱文印、"曉鈴藏書"朱文印．--綫裝　　　　　　　　　　　己/741

新刻三妙傳：六卷/（清）養純子編集．--刻本．--清（1644—1911）．--1 冊（1 函）．--版心、書名頁及書簽題"三妙傳"。半葉 8 行，行 21 字，白口，四周單邊，無直格，單黑魚尾，半框 16.3×10.7cm。竹軒藏版。鈐"曉鈴藏書"朱文印．--綫裝　　　　　　　　　　己/867

醒世姻緣傳：一百回/（清）西周生著；（清）然藜子校定；汪乃剛句讀．--鉛印本．--上海：亞東圖書館，民國二十二年（1933）．--4 冊．--西周生或即清蒲震，一說蒲松齡。半葉 12 行，行 32 字，無邊框。有吳曉鈴墨筆題記．--綫裝　　　　　　　　　　　己/1651

雙奇夢傳：四卷二十回/（清）青心才人撰．--刻本．--談惜軒，清（1644—1911）．--4 冊（1 函）．--版心題"雙奇夢"。半葉 9 行，行 17 字，白口，左右雙邊，單黑魚尾，半框 12.5×9.7cm。鈐"曉鈴藏書"朱文印．--綫裝　　　　　　　　　　己/854

繡像批點麟兒報：四卷十六回．--刻本．--清咸豐二年（1852）．--4 冊（1 函）：冠圖 8 幅．--版心題"繡像麟兒報"。半葉 9 行，行 20 字，有眉批，行 3 字，白口，左右雙邊，單黑魚尾，半框 15×10.3cm。有吳曉鈴手記。鈐"開設季家市鎮東圈門口便是"朱文印、"曉鈴藏書"朱文印．--綫裝　　　　　　己/827

濟顛大師醉菩提傳：二十回/（清）西湖墨浪子偶拈．--刻本．--清（1644—1911）．--4 冊（1

函）.--書名頁及版心題"醉菩提"。半葉 8 行，行 20 字，白口，四周單邊，單黑魚尾，半框 18.1×11.6cm。本衙藏版。鈐"受命堂記"朱文印、"北城樓真武廟記"朱文印、"曉鈴藏書"朱文印.--綫裝　　　　　己/808

濟顛大師醉菩提全傳：二十回/（清）西湖墨浪子偶拈.--刻本.--清末（1851—1911）.--6 冊（1 函）：朱印冠圖 20 幅.--版心題"濟公傳"，書簽題"醉菩提全圖濟公傳"。半葉 10 行，行 22 字，白口，左右雙邊，單黑魚尾，半框 13.9×10.5cm。封面有顧隨題贈手跡。鈐"曉鈴藏書"朱文印.--綫裝　　　　　己/804

鳳凰池：四卷十六回/（清）煙霞散人編.--刻本.--鼎翰樓，清（1644—1911）.--4 冊（1 函）.--缺第 12—16 回。半葉 10 行，行 28 字，白口，四周單邊，無直格，單黑魚尾，半框 17.9×10.7cm。鈐"曉鈴藏書"朱文印.--綫裝　　　　　己/863

斬鬼傳：十回/（清）煙霞散人撰.--抄本.--董顯宗，清乾隆五十年（1785）.--4 冊（1 函）.--煙霞散人即清劉璋。半葉 11 行，行 25 字，無邊框。有吳曉鈴手記。鈐"曉鈴藏書"朱文印.--綫裝　　　　　（己）/635

第九才子書平鬼傳：四卷十回/（清）樵雲山人編次.--刻本.--近文堂，清（1644—1911）.--2 冊（1 函）：冠圖 1 幅.--目錄題"第九才子書斬鬼傳"，版心題"第九才子書"。樵雲山人即清劉璋。半葉 10 行，行 20 字，白口，四周單邊，無直格，單黑魚尾，半框 12.3×9.5cm。近文堂藏版。鈐"曉鈴藏書"朱文印.--綫裝　　　　　己/809

鴛鴦影：十八回/（清）佚名撰.--刻本.--清道光二年（1822）.--4 冊（1 函）.--目錄題"新編鴛鴦影"。清雍正刻本題名作"飛花艷想"，題"樵雲山人編次"。半葉 9 行，行 21 字，白口，

四周單邊，無直格，單黑魚尾，半框 12.2×9cm。鈐"松下看雲讀道書"白文印、"曉鈴藏書"朱文印.--綫裝　　　　　己/848

狐妧口授人見樂妓館鈔匣東遊記/（清）顧道民脫稿；（清）客夫人校字.--刻本.--清（1644—1911）.--3 冊（1 函）.--殘本，存 3 冊。半葉 10 行，行 22 字，白口，四周單邊，半框 19.1×13.5cm。佚名朱筆圈點。鈐"吳"朱文印、"曉鈴藏書"朱文印.--綫裝　　　　　己/800

姑妄言：六十回/（清）[曹去晶撰].--鉛印本.--優生學會，民國三十年（1941）.--1 冊.--據抄本排印，底本祇有第 40、41 回。半葉 11 行，行 27 字，無邊框。有藏書票"石埇壬藏書記".--平裝　　　　　己/1780

新說生花夢奇傳：四卷十二回/（清）娥川主人編次；（清）青門逸史點評.--複印本.--[19?? 年].--1 冊.--據哈佛大學漢和圖書館藏乾隆五十八年（1793）刻本複印.--散裝　　　　　己/1662

新鐫繡像風流悟：八回/（清）坐花散人編輯.--刻本.--清（1644—1911）.--4 冊（1 函）.--書名頁及版心題"風流悟"。半葉 9 行，行 24 字，白口，四周單邊，無直格，半框 17.2×11.1cm。鈐"吳"朱文印、"曉鈴藏書"朱文印.--綫裝　　　　　己/773

新鐫小說戀情人：六卷十二回.--刻本.--清（1644—1911）.--1 冊（1 函）.--目錄和末葉有缺字。半葉 11 行，行 24 字，白口，四周單邊，無直格，單黑魚尾，半框 17.9×11.2cm。鈐"吳"朱文印、"曉鈴藏書"朱文印.--綫裝　　　　　己/780

臺灣外記：三十卷/（清）江日升識.--活字本，木活字.--求無不獲齋，清（1644—1911）.--10 冊（2 函）.--半葉 10 行，行 23 字，白口，四

周雙邊,雙對黑魚尾,半框 17.9×11.7cm。鈐
"曉鈴藏書"朱文印. --綫裝　　　　　　（己）/734

好逑傳：四卷十八回/（清）名教中人編. --刻
本. --獨處軒,清（1644—1911）. --4 冊（1
函）. --半葉 10 行,行 20 字,白口,四周雙邊,
單黑魚尾,半框 19.4×14.7cm。獨處軒藏版。
鈐"曉鈴藏書"朱文印. --綫裝　　　　　己/855

畫圖緣：四卷十六回/（清）步月主人撰. --刻
本. --積經堂,清（1644—1911）. --4 冊（1
函）. --封面題"畫圖緣平夷全傳"。半葉 9 行,
行 25 字,白口,四周單邊,無直格,半框 17×
10.7cm。鈐"曉鈴藏書"朱文印. --綫裝
　　　　　　　　　　　　　　　　　己/861

情夢柝：四卷二十回/（清）蕙水安陽酒民
著;（清）西心灌菊散人評. --刻本. --清
（1644—1911）. --2 冊（1 函）. --半葉 9 行,行
17 字,白口,左右雙邊,單黑魚尾,半框 12.5×
9.6cm。鈐"曉鈴藏書"朱文印. --綫裝
　　　　　　　　　　　　　　　　　己/868

錦香亭：四卷十六回/（清）古吳素菴主人
編. --刻本. --經綸堂,清（1644—1911）. --4 冊
（1 函）. --半葉 10 行,行 28 字,白口,四周單
邊,無直格,單黑魚尾,半框 14.9×10.3cm。
鈐"曉鈴藏書"朱文印. --綫裝　　　　　己/862

鐵花仙史：二十六回/（清）雲封山人編次;
（清）一嘯居士評點. --刻本. --清末（1851—
1911）. --8 冊（1 函）:冠圖 12 幅. --書名頁題
"繡像鐵花仙史"。半葉 8 行,行 17 字,粗黑
口,左右雙邊,半框 13×9.7cm。本衙藏版。
鈐"曉鈴藏書"朱文印. --綫裝　　　　　己/803

新鐫古本批評繡像三世報隔簾花影：四十八
回/（清）四橋居士撰. --刻本. --清（1644—
1911）. --8 冊（1 函）. --書名頁及版心題"隔簾
花影"。半葉 11 行,行 24 字,白口,左右雙邊,

無直格,單黑魚尾,半框 19.8×14.2cm。本衙
藏版。鈐"曉鈴藏書"朱文印. --綫裝
　　　　　　　　　　　　　　　　　己/768

蝴蝶媒：四卷十六回/（清）南嶽道人編. --刻
本. --清（1644—1911）. --4 冊（1 函）. --半葉 10
行,行 28 字,白口,四周單邊,無直格,單黑魚
尾,半框 18.2×11.2cm。鈐"曉鈴藏書"朱文
印. --綫裝　　　　　　　　　　　　　己/864

儒林外史：五十六回/（清）吳敬梓著. --刻
本. --藝古堂,清嘉慶二十一年（1816）. --12 冊
（2 函）. --半葉 9 行,行 18 字,白口,四周單邊,
單黑魚尾,半框 12.8×9.4cm。藝古堂藏版。
鈐"曉鈴藏書"朱文印. --綫裝　　　　　己/814

儒林外史：五十五回/（清）吳敬梓撰;汪原
放句讀. --鉛印本,4 版. --上海:亞東圖書館,
民國二十年（1931）. --2 冊. --附吳敬梓傳:一
卷;吳敬梓年譜:一卷/胡適撰。半葉 10 行,行
36 字,無邊框. --平裝　　　　　　　　己/1793

野叟曝言：二十卷一百五十四回/（清）夏敬
渠著. --石印本. --清光緒八年（1882）. --20 冊
（2 函）:圖 170 幅. --半葉 22 行,行 35 字,粗黑
口,四周雙邊,單黑魚尾,半框 11.7×8.6cm。
鈐"曉鈴藏書"朱文印. --綫裝　　　　　己/815

杏花天：四卷十四回/（清）古棠天放道人編
次;（清）曲水白雲山人批評. --刻本. --清
（1644—1911）. --4 冊（1 函）. --半葉 10 行,行
25 字,白口,四周單邊,無直格,單黑魚尾,半
框 18×11.4cm。本衙藏版。鈐"曉鈴藏書"朱
文印. --綫裝　　　　　　　　　　　　己/772

紅樓夢/（清）曹雪芹撰. --抄本. --京師:虎林
舒元煒,清乾隆五十四年（1789）. --16 冊（4
函）. --存第 1—40 回。半葉 8 行,行 24 字,無
邊框。佚名批校。鈐"元煒"朱文印、"董園"
白文印、"元炳"連珠印、"敬慎堂印"朱文印、

"和逸所藏書畫金石之印"朱文印、"得天然樂
趣齋之印"朱文印、"曉鈴藏書"朱文印. --綫裝
（己）/634

原本紅樓夢：八十回/（清）曹雪芹撰. --石印
本. --上海：有正書局,民國（1912—1949）. --20
冊（2 函）. --題名據書名頁著錄,書簽題"國初
鈔本原本紅樓夢",目錄題"石頭記"。半葉 9
行,行 20 字,白口,四周雙邊,單黑魚尾,半框
16.3×10.2cm。鈐"李薈亭印"朱文印、"灤縣
李薈亭氏家藏"朱文印. --綫裝　　　己/1795

原本紅樓夢：八十回/（清）曹雪芹編. --石印
本,2 版. --上海：有正書局,民國十六年
（1927）. --12 冊（1 函）. --題名據版權頁著錄,
書簽題"國初鈔本原本紅樓夢",目錄題"石頭
記"。半葉 15 行,行 30 字,白口,四周雙邊,單
黑魚尾,半框 16.2×11.1cm。鈐"曉鈴藏書"
朱文印. --綫裝　　　己/1794

紅樓夢：八十回/（清）曹雪芹撰. --抄本. --清
同治光緒間（1862—1908）. --20 冊（4 函）. --
半葉 8 行,行 20 字,無邊框。有宗韶題識。鈐
"宗韶之印"朱文印、"道光二十四年生"朱文
印、"甲辰生"朱文印、"吳"朱文印、"曉鈴藏
書"朱文印. --綫裝　　　己/834

紅樓夢：一百二十回/（清）曹雪芹撰；（清）
高鶚續. --抄本. --清（1644—1911）. --4 冊（1
函）. --存第 51—70、81—100 回。半葉 10 行,
行 22 字,無邊框。鈐"銘九珍藏"印（陰陽合
璧）、"春艸堂珍藏印"朱文印、"吳"朱文印、
"曉鈴藏書"朱文印. --綫裝　　　（己）/835

紅樓夢：一百二十回/（清）曹雪芹撰；（清）
高鶚續. --木活字印本. --程偉元,清乾隆五十
七年（1792）. --24 冊（4 函）：圖 24 幅. --半葉
10 行,行 24 字,白口,左右單邊,上下雙邊,單
黑魚尾,半框 17.1×11.8cm。鈐"曉鈴藏書"
朱文印. --綫裝　　　（己）/837

紅樓夢：一百二十回/（清）曹雪芹撰；（清）
高鶚續. --抄本. --清（1644—1911）. --24 冊（3
函）. --半葉 12 行,行 20 字,無邊框。鈐"容庚
藏書記"朱文印、"吳"朱文印、"曉鈴藏書"朱
文印. --綫裝　　　己/838

紅樓夢：一百二十回/（清）曹雪芹撰；（清）
高鶚續. --刻本,重刻. --耘香閣,清同治三年
（1864）. --24 冊（3 函）：冠圖 15 幅. --書名頁
題"繡像紅樓夢"。半葉 11 行,行 24 字,粗黑
口,四周單邊,無直格,半框 11.9×9.8cm。藤
花榭原版。有藏書票"石埼壬藏書記"。鈐
"吳"朱文印、"曉鈴藏書"朱文印. --綫裝
己/839

續紅樓夢：三十卷/（清）秦子忱撰. --刻本. --
抱甕軒,清嘉慶四年（1799）. --10 冊（1 函）. --
半葉 9 行,行 20 字,粗黑口,左右雙邊,無直
格,單黑魚尾,半框 12.8×9.6cm。鈐"曉鈴藏
書"朱文印. --綫裝　　　己/857

續紅樓夢：三十卷/（清）秦子忱撰. --刻本. --
抱甕軒,清嘉慶四年（1799）. --6 冊（1 函）. --
存 16 卷：卷 1—16。與上一部版式相似,但非
同一版。半葉 9 行,行 20 字,粗黑口,左右雙
邊,無直格,單黑魚尾,半框 13×9.5cm. --綫裝
己/841

紅樓復夢：一百卷一百回/（清）紅香閣小和
山樵南陽氏編輯. --刻本. --娜嬛齋,清嘉慶
（1796—1820）. --20 冊：冠圖 32 幅. --書名頁
題"繡像紅樓復夢"。半葉 9 行,行 22 字,白
口,左右雙邊,無直格,單黑魚尾,半框 14.8×
10.8cm。娜嬛齋藏版。鈐"曉鈴藏書"朱文
印. --綫裝　　　己/845

綺樓重夢：四十八回/（清）佚名撰. --刻本. --
瑞凝堂,清嘉慶十年（1805）. --12 冊（2 函）. --
原名"紅樓續夢"。目錄頁題"蜃樓情夢"。半
葉 8 行,行 20 字,白口,四周單邊,無直格,半

框 13.6×10.1cm。鈐"書業興記"朱文印、"曉鈴藏書"朱文印. --綫裝　　　　　己/846

後紅樓夢：三十卷三十回,首一卷,附刻詩二卷/（清）逍遙子撰. --刻本. --清（1644—1911）. --12 冊（1 函）：有圖. --半葉 9 行,行 20 字,白口,四周單邊,單黑魚尾,半框 13.8×9.9cm。鈐"瑞志堂"白文印、"石逸手記"朱文印、"曉鈴藏書"朱文印. --綫裝　　己/851

紅樓圓夢：三十回/（清）佚名撰. --刻本. --紅薔閣,清嘉慶十九年（1814）. --6 冊（1 函）. --版心題"比目魚"。半葉 8 行,行 18 字,白口,四周單邊,單黑魚尾,半框 14×9.5cm。紅薔閣藏版。鈐"曉鈴藏書"朱文印. --綫裝
己/850

紅樓真夢：六十四回/（清）雲槎花隱撰. --鉛印本. --清光緒六年（1880）. --16 冊（1 函）. --半葉 13 行,行 32 字,粗黑口,四周雙邊,無直格,單黑魚尾,半框 16×10.9cm。牌記題"庚辰長夏雪蘋校印"。鈐"曉鈴藏書"朱文印. --綫裝　　　　　　　　　己/847

繡戈袍真本：八卷四十二回/（清）江南隨園主人著；（清）曾放翁校正. --刻本. --清（1644—1911）. --4 冊（1 函）：冠圖 20 幅. --書名頁題"繡戈烏龍袍"。半葉 10 行,行 20 字,白口,左右雙邊,無直格,單黑魚尾,半框 11.2×9.4cm。鈐"曉鈴藏書"朱文印. --綫裝
己/828

綠野仙蹤：五十回/（清）李百川著. --抄本. --清（1644—1911）. --5 冊（1 函）：冠圖 42 幅. --半葉 11 行,行 26 字,小字雙行字同,無邊框。鈐"曉鈴藏書"朱文印. --綫裝　　　　（己）/801

繡像綠野仙蹤：八十回/（清）李百川撰. --刻本. --清道光十年（1830）. --20 冊（2 函）：冠圖 16 幅. --書名據書名頁著錄。半葉 9 行,行 21

字,白口,四周單邊,單黑魚尾,半框 14.5×10.6cm。佚名朱筆圈點。鈐"曉鈴藏書"朱文印. --綫裝　　　　　　　　　己/802

繪圖陰陽鬥異說傳奇：四卷十六回/（清）夢花主人撰. --石印本. --上海：上海書局,清光緒二十年（1894）. --2 冊（1 函）：冠圖 16 幅. --書名頁題"繪圖桃花女陰陽鬥寶傳奇",書簽題"繡像桃花女鬥法奇書"。半葉 14 行,行 28 字,白口,四周花邊,無直格,半框 12.2×8cm。牌記題"光緒甲午仲春三月上海書局石印"。鈐"曉鈴藏書"朱文印. --綫裝　　　　己/821

駐春園小史：六卷二十四回/（清）吳航野客編次；（清）水箸散人評閱. --刻本. --三餘堂,清乾隆四十八年（1783）. --4 冊（1 函）. --半葉 8 行,行 16 字,白口,四周單邊,無直格,單黑魚尾,半框 11×8.1cm。鈐"曉鈴藏書"朱文印. --綫裝　　　　　己/858

西湖小史：四卷十六回,首一卷/（清）上谷氏蓉江著. --刻本. --清（1644—1911）. --4 冊（1 函）. --目錄有缺葉。半葉 8 行,行 18 字,白口,四周單邊,無直格,單黑魚尾,半框 12.4×9.7cm。佚名墨筆圈點。鈐"吳"朱文印、"曉鈴藏書"朱文印. --綫裝　　　　　己/860

新刊比目魚：七回/（清）松竹草廬愛月主人編次. --刻本. --嘯花軒,清（1644—1911）. --2 冊（1 函）. --版心題"比目魚"。半葉 8 行,行 18 字,白口,四周單邊,半框 15.6×10cm。鈐"曉鈴藏書"朱文印. --綫裝　　　　　己/849

新刻春秋配：四卷/（清）佚名撰. --刻本. --清（1644—1911）. --4 冊（1 函）. --卷 4 有缺葉。版心題"春秋配"。半葉 9 行,行 23 字,白口,四周單邊,無直格,單黑魚尾,半框 16.1×10cm。佚名墨筆題識。鈐"曉鈴藏書"朱文印. --綫裝　　　　　己/856

株林野史：六卷十六回/（清）豔春軒居士著．--鉛印本．--上海：新書林，民國六年（1917）．--1 冊．--半葉 12 行，行 30 字，無邊框．--平裝
己/1775

南海記：一卷/（清）觀我道人著；（清）海月散人妙陽子筆錄．--刻本，後印．--清同治七年（1868）刻；大慈宮白玉山書局，民國十五年（1936）後印．--2 冊（1 函）：圖 3 幅．--半葉 10 行，行 24 字，白口，四周雙邊，單黑魚尾，半框 18.2×13cm。版存湖光碧峰。鈐"曉鈴臧書"朱文印．--綫裝
己/799

新編玉蟾記：六卷五十三回/（清）通元子黃石著．--刻本．--綠玉山房，清道光十九年（1839）．--6 冊（1 函）．--書簽題"銅板玉蟾記全部"，版心及書名頁題"玉蟾記"。附明史（敘玉蟾記原委）。半葉 8 行，行 20 字，白口，左右雙邊，無直格，單黑魚尾，半框 13.1×9.4cm。綠玉山房臧版。鈐"曉鈴臧書"朱文印．--綫裝
己/805

常言道：四卷十六回/（清）落魄道人編．--刻本．--得成堂，清光緒元年（1875）．--4 冊（1 函）．--半葉 8 行，行 20 字，白口，四周單邊，無直格，單黑魚尾，半框 13.3×9.5cm。得成堂臧版。鈐"曉鈴臧書"朱文印．--綫裝
己/813

新刻癡人福：四卷八回/（清）佚名撰．--石印本．--上海：上海書局，清光緒二十九年（1903）．--4 冊（1 函）：冠圖 16 幅．--書名頁題"繪圖癡人福"，版心題"癡人福"。半葉 12 行，行 25 字，白口，四周單邊，單黑魚尾，半框 11.4×7.4cm。牌記題"光緒癸卯年暮春日上海書局石印"。鈐"曉鈴臧書"朱文印．--綫裝
己/822

嶺南逸史：二十八回/（清）花溪逸士編次；（清）醉園狂客評點．--刻本．--裕德堂，清

（1644—1911）．--8 冊（1 函）．--半葉 8 行，行 16 字，白口，四周單邊，無直格，半框 11.4×9.4cm。裕德堂臧版。鈐"曉鈴臧書"朱文印．--綫裝
己/731

警富新書：四卷三十六回/（清）安和撰．--刻本．--清嘉慶十四年（1809）．--4 冊（1 函）：冠圖 12 幅．--書名頁題"繡像梁天來警富新書"。半葉 10 行，行 22 字，白口，左右雙邊，無直格，單黑魚尾，半框 12.6×9.3cm。鈐"曉鈴臧書"朱文印．--綫裝
己/818

清風閘：四卷三十二回/（清）佚名撰．--抄本．--清（1644—1911）．--4 冊（1 函）：冠圖 9 幅．--書名頁題"繡像清風閘"。半葉 9 行，行 20 字，白口，左右雙邊，單黑魚尾，半框 12.2×9.4cm。鈐"曉鈴臧書"朱文印．--綫裝
己/853

新注綠牡丹全傳：六十四回/（清）佚名撰．--刻本．--清（1644—1911）．--12 冊（2 函）：冠圖 24 幅．--序缺半葉。半葉 9 行，行 18 字，白口，四周單邊，單黑魚尾，半框 11.3×8.6cm。鈐"曉鈴臧書"朱文印．--綫裝
己/833

結水滸全傳：二十四卷七十回，結子一卷/（清）俞萬春著．--刻本．--京都：東籬山人，清咸豐七年（1857）．--24 冊（4 函）：冠圖 28 幅．--書名頁題"結水滸傳"，書簽及版心題"蕩寇志"。原標第七十一回至一百四十回。半葉 8 行，行 22 字，白口，左右雙邊，單黑魚尾，半框 13.6×10.5cm。鈐"曉鈴臧書"朱文印．--綫裝
己/786

忠烈俠義傳：一百二十回/（清）石玉崑編．--抄本．--清（1644—1911）．--40 冊（4 函）．--書簽題"龍圖公案"。半葉 5 行，行 26 字，無邊框。佚名朱筆圈點。鈐"同仁字號"朱文印、"曉鈴臧書"朱文印．--綫裝
己/750

忠烈俠義傳：一百二十回/（清）石玉崑述. --活字本, 木活字. --京師：聚珍堂書坊, 清光緒八年（1882）. --24 冊（4 函）. --半葉 10 行, 行 22 字, 白口, 四周雙邊, 無直格, 單黑魚尾, 版心下刻"聚珍堂", 半框 14.8×10.7cm。牌記題"光緒八年歲次壬午孟冬重校"。有吳曉鈴題記。鈐"聚珍堂印"白文印、"聚寶藏珍"印（陰陽合璧）、"觀保"朱文印、"讀我書齋主人校字"白文印、"曉鈴藏書"朱文印. --綫裝

己/746

小五義：一百二十四回/（清）石玉崑編. --刻本. --京師：文光樓書坊, 清光緒十六年（1890）. --24 冊（4 函）：冠圖 14 幅. --書名頁題"繡像忠烈小五義傳"。半葉 9 行, 行 22 字, 粗黑口, 左右雙邊, 無直格, 單黑魚尾, 半框 14.3×11cm。琉璃廠東門路北文光樓書坊藏版。鈐"曉鈴藏書"朱文印. --綫裝

己/747

續小五義：一百二十四回/（清）石玉崑編. --刻本. --京師：文光樓書坊, 清光緒十七年（1891）. --24 冊（4 函）：冠圖 23 幅. --書名頁題"新刻全圖續小五義"。半葉 9 行, 行 22 字, 粗黑口, 左右雙邊, 無直格, 單黑魚尾, 半框 14.1×10.7cm。琉璃廠東門路北文光樓書坊藏版。鈐"曉鈴藏書"朱文印. --綫裝

己/753

雲鍾雁三鬧太平莊全傳：五十四回. --刻本. --一笑軒, 清道光二十九年（1849）. --12 冊（2 函）：冠圖 8 幅. --書名頁題"雲中雁全傳"。半葉 9 行, 行 18 字, 白口, 四周單邊, 無直格, 單黑魚尾, 半框 12.6×9.4cm。一笑軒藏版。鈐"曉鈴藏書"朱文印. --綫裝　　己/830

新刻世途境：八卷/（清）佚名撰. --刻本. --清末（1851—1911）. --1 冊（1 函）. --書名頁及版心題"世途境"。半葉 10 行, 行 24 字, 白口, 四周單邊, 無直格, 單黑魚尾, 半框 18×11.1cm。本衙藏版。書皮墨書"全盛堂段宅

記"。鈐"曉鈴藏書"朱文印. --綫裝

子目：

狹路逢：三回

自作障：二回

寒徹骨：三回　　　　　　　　己/826

風月夢：三十二回/（清）邗上蒙人撰. --刻本. --清光緒十二年（1886）. --6 冊（1 函）：圖 5 幅. --函套書簽題"繡像風月夢"。半葉 12 行, 行 27 字, 白口, 四周雙邊, 無直格, 雙對黑魚尾, 半框 13.3×10cm。鈐"清風明月"朱文印、"曉鈴藏書"朱文印. --綫裝　　己/825

繡雲仙閣：八卷一百四十三回/（清）魏文中編輯. --刻本, 重刻. --清同治八年（1869）. --8 冊（2 函）. --書名據書名頁題。書簽題"增像全圖繡雲仙閣", 目錄及版心題"繡雲閣"。半葉 10 行, 行 25 字, 白口, 四周雙邊, 單黑魚尾, 半框 15.8×10.2cm。版存富順縣下南鄧井關外龍泉井側雷姓宅下。鈐"曉鈴藏書"朱文印. --綫裝　　己/806

何典：十回/（清）纏夾二先生評;（清）過路人編定. --鉛印本. --北京：北新書局, 民國十五年（1926）. --1 冊：圖 1 幅. --據跋文, 過路人即清張南莊。半葉 12 行, 行 25 字, 無邊框. --平裝　　己/1647

品花寶鑑：六十回/（清）陳森撰. --刻本. --幻中了幻居士, 清道光二十九年（1849）. --20 冊（2 夾）. --半葉 8 行, 行 22 字, 白口, 左右雙邊, 單黑魚尾, 半框 14.2×10.8cm。牌記題"戊申年十月幻中了幻開雕, 己酉六月竣工"。鈐"曉鈴藏書"朱文印. --綫裝　　己/852

花月痕全書：五十二回/（清）眠鶴主人編次;（清）棲霞居士評閱. --刻本. --清光緒十四年（1888）. --16 冊（2 函）. --書名頁題"花月痕"。半葉 9 行, 行 21 字, 有眉批, 行 5 字, 白口, 四周單邊, 無直格, 單黑魚尾, 半框 13.4×

10.5cm。牌記題"光緒戊子夏月開雕"。鈐"子強圖書之章"朱文印、"曉鈴藏書"朱文印.--綫裝　　　　　　己/840

揚州夢:十六回/(清)焦東周生著;葆光主人校勘.--鉛印本.--上海:國學維持社,民國四年(1915).--3冊(1函).--半葉12行,行30字,細黑口,四周雙邊,單黑魚尾,半框15×11.3cm。鈐"企齋藏"朱文印、"企齋"朱文印、"曉鈴藏書"朱文印.--綫裝　　　　己/1792

兒女英雄傳評話:四十回/(清)文康原本;(清)吾了翁重訂.--活字本,木活字.--京師:聚珍堂書坊,清光緒四年(1878).--20冊(4函).--書籤及書名頁題"兒女英雄傳"。文康,姓費莫氏,字鐵仙,一字悔庵,號燕北閒人。半葉10行,行22字,白口,四周雙邊,無直格,單黑魚尾,半框14.6×10.8cm。京都隆福寺路南聚珍堂書坊發兌。牌記題"光緒四年歲次戊寅孟秋校字"。鈐"曉鈴藏書"朱文印.--綫裝　　　　己/752

繡像萬年清奇才新傳:十二卷,續四卷/(清)佚名編.--刻本.--清末(1851—1911).--9冊(1函):圖4幅.--題名據書名頁題。目錄題"萬年清"。半葉11行,行22字,白口,四周單邊,無直格,單黑魚尾,半框13.3×9.7cm.--綫裝　　　　己/745

繪圖平金川:四卷三十二回/(清)小山居士編次.--石印本.--富文書局,清光緒二十五年(1899).--4冊(1函):冠圖18幅.--書籤題"年大將軍平西傳"。半葉13行,行32字,粗黑口,四周雙邊,無直格,單黑魚尾,半框12.4×8.1cm。牌記題"歲次己亥富文書局石印"。鈐"曉鈴藏書"朱文印.--綫裝　　　　己/743

海上花列傳:六十四回/(清)花也憐儂撰;汪原放句讀.--鉛印本.--上海:亞東圖書館,民國二十四年(1935).--4冊.--附太仙漫稿:一卷。花也憐儂即清韓邦慶。半葉12行,行36字,無邊框.--綫裝　　　　己/1646

老殘遊記:二十卷/(清)洪都百鍊生撰.--鉛印本.--上海:上海圖書館,民國二年(1913).--2冊.--洪都百鍊生即清劉鶚。半葉13行,行32字,無邊框.--平裝　　　　己/1652

老殘遊記:二編四十章/(清)劉鐵雲著;許嘯天點校.--鉛印本.--上海:百新公司,民國十四年(1925).--2冊.--劉鐵雲即清劉鶚。半葉13行,行32字,無邊框.--平裝　　　　己/1653

老殘遊記:正集二十章,二集六章/(清)劉鶚著;單庚生編選.--鉛印本.--瀋陽:藝文書店,偽康德十年(1943).--1冊:圖8幅,肖像1幅.--半葉11行,行39字,無邊框.--平裝　　　　己/1657

金蓮仙史:二十四回/(清)潘昶撰.--刻本.--上海:翼化堂,清光緒三十四年(1908).--4冊(1函).--半葉9行,行22字,白口,四周單邊,無直格,單黑魚尾,半框16.8×11.1cm。上海邑廟後翼化堂藏版。鈐"曉鈴藏書"朱文印.--綫裝　　　　己/807

萬國演義:六十卷/(清)沈惟賢輯著.--鉛印本.--杭州:上賢齋,清光緒二十九年(1903).--6冊:地圖6幅.--半葉13行,行31字,欄上刻評,行6字,白口,四周雙邊,半框18.3×11.5cm.--綫裝　　　　己/1639

泰西歷史演義:三十六回/中國商務印書館編譯所編輯.--鉛印本,首版.--上海:中國商務印書館,清光緒三十二年(1906).--1冊.--半葉12行,行32字,無邊框.--平裝　　　己/625

遼天鶴唳記:四編六十回/(清)氣凌霄漢者評話.--石印本.--清光緒三十年(1904).--4冊

（1 函）：冠圖 12 幅. --扉頁題"日本東京田太郎著"，疑僞託。半葉 15 行,行 32 字,白口,四周花邊,單黑魚尾,半框 13.5×9.1cm。鈐"曉鈴藏書"朱文印. --綫裝　　　　　　　　　　　己/742

白話西廂記：十二回/吳趼人遺著. --鉛印本. --上海：中華書局,民國十年（1921）. --1 冊. --半葉 11 行,行 30 字,無邊框. --平裝　　　　　　　　　　　己/1659

碧海珠/（清）思綺齋著. --鉛印本. --京師：書業公司,清光緒三十三年（1907）. --1 冊：照片 2 幅. --（豔情小說之一）. --責任說明據版權頁題著錄,卷端題"薄倖郎述;忘情子編"。半葉 11 行,行 30 字,無邊框. --平裝　　己/1308

檮杌萃編：二十四回/（清）誕叟著. --鉛印本. --民國（1912—1949）. --6 冊（1 函）. --誕叟,本名錢錫寶,字叔楚,清末浙江杭州人。半葉 10 行,行 32 字,白口,四周雙邊,單黑魚尾,半框 18.8×12.6cm。鈐"曉鈴藏書"朱文印. --綫裝　　　　　　　　　己/812

官場現形記：六十回/（清）李寶嘉著;汪原放,汪協如句讀. --鉛印本. --上海：亞東圖書館,民國十六年（1927）. --4 冊：肖像 1 幅. --半葉 12 行,行 36 字,無邊框. --平裝　　　　　　　　　　　己/1645

增注繪圖官場現形記：第六編十六卷/（清）李寶嘉撰. --石印本. --清光緒（1875—1908）. --4 冊（1 函）：插圖 16 幅. --存第 6 編 16 卷：卷 61—76。書名據書名頁題。書籤題"繪圖增注官場現形記"。半葉 14 行,行 32 字,小字雙行字同,白口,四周花邊,無直格,單黑魚尾,半框 14.4×8.9cm。鈐"曉鈴藏書"朱文印. --綫裝　　　己/819

最新增注繪圖官場現形記：第七編十六卷/（清）李寶嘉撰. --石印本. --清宣統二年

（1910）. --4 冊（1 函）. --存第 7 編 16 卷：卷 77—92。書名據書名頁題。半葉 14 行,行 32 字,小字雙行字同,白口,四周花邊,無直格,單黑魚尾,半框 14.2×8.9cm。鈐"曉鈴藏書"朱文印. --綫裝　　　　　　　　　己/820

孽海花：十卷二十回/（清）愛自由者發起;（清）東亞病夫編述. --鉛印本. --東京（日本）：小說林社,清光緒三十一至三十二年（1905—1906）. --2 冊. --愛自由者爲金天翮筆名,東亞病夫爲曾樸筆名。半葉 11 行,行 29 字,無邊框. --平裝　　　　　　　　　己/624

孽海花續編：六十二回/（清）陸士諤編著. --鉛印本,17 版. --上海：啟新振記圖書局,民國九年（1920）. --4 冊. --殘本,缺第 1—20 回。題名據书皮著錄,卷端及書名頁皆題"歷史小說孽海花"。半葉 11 行,行 29 字,無邊框. --平裝　　　　　　　　　　　己/1640

精禽填海記：十回/（清）沁梅子撰. --鉛印本. --上海：愈愚書社,清光緒三十二年（1906）. --1 冊. --沁梅子,清陸士諤筆名。半葉 11 行,行 29 字,無邊框. --平裝

己/1648

聰明誤：十二回/寓滬醫隱著. --鉛印本. --社會小說社,清宣統元年（1909）. --1 冊：圖 30 幅. --寓滬醫隱,清陸士諤筆名。半葉 11 行,行 29 字,無邊框. --平裝　　己/1650

女獄花：十二回/（清）王妙如遺稿;（清）羅景仁加批. --鉛印本. --清光緒三十年（1904）. --1 冊：肖像 1 幅. --王妙如,名保福,錢塘人。半葉 13 行,行 32 字,有眉批,行 4 字,無邊框. --平裝　　　　　　己/628

新黨升官發財記：十六回/（清）作新社撰. --鉛印本. --上海：作新社,清光緒三十二年（1906）. --1 冊. --書名頁題"新黨發財記"。半

葉 13 行, 行 32 字, 無邊框. --平裝　　　己/627

黄繡球: 二卷三十回/(清)頤瑣著. --鉛印本. --上海: 新小說社, 清光緒三十三年 (1907). --2 冊. --半葉 11 行, 行 29 字, 無邊框. --平裝　　　己/631

玉佛緣: 八回/(清)嘿生編纂. --鉛印本. --上海: 商務印書館, 清光緒三十四年 (1908). --1 冊. --半葉 11 行, 行 26 字, 無邊框. --平裝　　　己/626

笏山記: 三卷六十九回/(清)冷道人撰. --鉛印本. --上海: 廣智書局, 清光緒三十四年 (1908). --3 冊. --書中夾有一張介紹此書的剪報。冷道人即清蔡召華。半葉 11 行, 行 29 字, 無邊框. --平裝　　　己/629

慘女界: 二卷三十回/(清)呂俠人編纂. --鉛印本. --上海: 商務印書館, 清光緒三十四年 (1908). --2 冊. --半葉 12 行, 行 32 字, 無邊框. --平裝　　　己/630

掃迷帚: 二十四回/(清)壯者編. --鉛印本. --上海: 商務印書館, 清宣統元年 (1909). --1 冊. --半葉 11 行, 行 26 字, 無邊框. --平裝　　　己/1649

新三笑: 四卷二十回/蹉跎子著. --鉛印本. --上海: 小說進步社, 清宣統元年 (1909). --4 冊. --半葉 11 行, 行 25 字, 黑口, 四周雙邊, 單黑魚尾, 半框 14.8 ×11.4cm. --平裝　　　己/1658

新鴛鴦譜: 十回/(清)蒲塘退士輯; 高屏翰評校. --石印本. --開智社, 民國二年 (1913). --1 冊: 圖 12 幅. --半葉 15 行, 行 32 字, 白口, 四周雙邊, 單黑魚尾, 半框 15.3 ×10.7cm. --綫裝　　　己/1655

亡國之妖孽風流福晉, 一名, 楊小樓外傳/漢史氏著. --鉛印本. --黃帝紀元四千六百零九年 (1911). --1 冊. --版權頁題印刷者"日本三三島外郎", 應是假託。半葉 9 行, 行 26 字, 無邊框。有吳曉鈴題識。鈐"吳"朱文印、"曉鈴藏書"朱文印. --平裝　　　己/2072

張勳之豔妾小毛子傳初集, 一名, 梨花怨: 十回/小鶴著. --鉛印本. --時中書局, 黃帝紀元四千六百零九年 (1911). --1 冊. --半葉 10 行, 行 26 字, 無邊框. --平裝　　　己/2046

俠義佳人初集: 二十回/(清)問漁女史著. --鉛印本. --上海: 商務印書館, 清宣統元年 (1909). --1 冊. --問漁女史, 即清邵振華。半葉 8 行, 行 40 字, 白口, 四周雙邊, 半框 15.2 ×11.1cm. --平裝　　　己/1660

海上評花寶鑑: 二集二十二回/平江引年著. --石印本. --上海: 醉經堂書莊, 民國元年 (1912). --2 冊 (1 函): 圖 12 幅. --封面題"海上群花新譜", 書名頁題"評花寶鑑", 版心上題"繪圖評花寶鑑"。半葉 13 行, 行 32 字, 白口, 四周單邊, 半框 14.8 ×9.6cm. --平裝　　　己/1333

上下古今談: 前編四卷二十四回/吳敬恒演詞. --鉛印本, 再版. --上海: 文明書局, 民國四年 (1915). --4 冊 (1 函): 有圖. --本書一名"無量數世界變相"。半葉 12 行, 行 32 字, 白口, 四周雙邊, 單黑魚尾, 半框 15.9 ×11.3cm. --綫裝　　　己/1790

梅蘭芳小傳: 二回. 附煙鬼現形記/央公著. --鉛印本. --北京: 燕都報社, 民國九年 (1920). --1 冊 (1 函). --剪報本, 缺第 24、26 葉至結尾. --半葉 11 行, 行 27 字, 白口, 四周雙邊, 單黑魚尾, 半框 11 ×7.5cm. --綫裝　　　己/2070

近十年目睹之怪現狀：四十回/李涵秋著. --鉛印本. --上海：世界書局，民國十二年（1923）. --4 冊. --半葉 13 行，行 39 字，無邊框。陶雨民墨筆題記。鈐"陶雨民"朱文印. --平裝　　　　　　　己/1654

繪圖情海奇緣：八回/鄧小秋著. --鉛印本. --上海：新明書局，民國十五年（1926）. --1 冊（1 函）. --半葉 11 行，行 28 字，無邊框. --平裝　　　　　　　　　　　　己/1769

雲遊記：四卷七十六回/鄧定一宣述；陳錦文修輯. --石印本. --諸暨：覺雲軒，民國十八年（1929）. --4 冊（1 函）：插圖 4 幅. --附呂祖雲遊靈蹟：一卷/劉體恕彙輯；陳錦文校錄。半葉 11 行，行 28 字，白口，左右雙邊，單黑魚尾，半框 18.4×11.2cm。鈐"曉鈴藏書"朱文印. --綫裝　　　　　　　　　　　　己/1788

秘密風流案：十八回/何恭第著. --鉛印本. --民國（1912—1949）. --1 冊（1 函）. --有殘缺，存第 1—15 回。封面題"私娟性慾史"。半葉 15 行，行 34 字，無邊框. --平裝　　　己/1305

苦鄉綺夢錄：六十八回/趙亦新著；姚靈犀刪潤. --鉛印本. --天津：天津書局，民國三十年（1941）. --1 冊. --半葉 13 行，行 37 字，無邊框. --平裝　　　　　　　　　　　己/1773

瑤光祕記：二卷/姚靈犀撰. --鉛印本. --民國（1912—1949）. --1 冊. --半葉 15 行，行 37 字，無邊框. --平裝　　　　　　　　己/1772

火星遊記/市隱著. --鉛印本. --民國（1912—1949）. --1 冊：肖像 1 幅. --半葉 17 行，行 42 字，無邊框. --平裝　　　　　　　己/1661

外國小説

花王本紀：十一回/（朝鮮）金訥夫著. --抄本. --朝鮮：金舜基，朝鮮光武九年（1905）. --1 冊（1 函）. --半葉 10 行，行 17 字，小字雙行字同，白口，四周雙邊，單花魚尾，半框 21.1×14.2cm。鈐"建功客韓所得"朱文印、"曉鈴藏書"朱文印. --綫裝　　　　　　己/2235

九雲夢：六卷/（朝鮮）金道洙撰. --刻本. --朝鮮，李朝純祖三年（1803）. --3 冊（1 函）. --半葉 10 行，行 20 字，白口，四周單邊，半框 19×16.1cm。卷末有天行題識，記購書時間、地點。鈐"建功客韓所得"朱文印、"天行"朱文印、"曉鈴藏書"朱文印. --綫裝　　　己/2236

三山秘記，又名，東枕秘/（日本）金子強撰. --影印本. --民國（1912—1949）. --1 冊（1 函）. --半葉 5 行，行 13 字，小字雙行字同，白口，四周單邊，半框 10.3×7.3cm。佚名朱筆圈點。鈐"惜陰軒主珍藏秘笈"朱文印、"曉鈴藏書"朱文印. --綫裝　　　　　　己/774

豔情笑史初編/（日本）真島與敬編. --刻本. --日本：精英堂，日本明治（1868—1911）. --1 冊（1 函）：圖 4 幅. --書名頁題"豔情笑史"。半葉 9 行，行 17 字，白口，四周單邊，半框 13.4×8.4cm. --綫裝　　　　　己/1362

東都仙洞餘譚：一卷，附錄一卷/（日本）愛花情仙著；（日本）此中生評. --鉛印本. --東京：紅夢樓，日本明治十六年（1883）. --1 冊（1 函）. --附新橋八景佳話/紅夢樓主人戲著；新橋八景佳話/紅樓主人。愛花情仙即三木貞一，字愛花，號愛花情仙、愛花情史、有髮僧愛花居士、紅夢樓主人等。此中生姓名不詳。版心題"紅夢樓刊行"。半葉 12 行，行 20 字，有眉欄，行 3 字，白口，四周雙邊，無直格，單黑魚尾，半框 16.8×10.8cm。牌記題"癸未仲夏印於紅夢樓"。有夢香瘦仙題詞。鈐"曉鈴藏書"朱文印. --綫裝　　　　　　己/1438

世界上傾國的尤物西施/（日本）宮崎來城

著;(清)垂虹亭長譯述.--石印本.--上海:灝文編譯書社,清光緒三十二年(1906).--1 冊(1 函).--卷端題名"西施",封面題"世界的尤物",版心題"世界上尤物的西施",此從目錄著錄。半葉 12 行,行 26 字,無邊框.--平裝

己/1312

電術奇談:二十四回/(日本)菊池幽芳著;方慶周譯述;我佛山人衍義;知新主人評點.--鉛印本.--上海:廣智書局,清宣統三年(1911).--1 冊.--我佛山人即吳沃堯。半葉 11 行,行 29 字,有眉批,行 5 字,無邊框。有吳曉鈴墨筆題記、買書發票.--平裝   己/1656

金銀島/(英國)司的反生原著;商務印書館編譯所譯述.--鉛印本.--上海:商務印書館,民國二年(1913).--1 冊.--半葉 13 行,行 30 字,無邊框。鈐"吳"朱文印、"曉鈴臧書"朱文印.--平裝   己/1644

續譯華生包探案/員警學生譯.--鉛印本.--上海:文明編譯書局,清光緒二十八年(1902).--1 冊.--殘本,缺下冊。"華生"一作"滑震"。半葉 12 行,行 23 字,白口,四周雙邊,單黑魚尾,半框 15.7×11.4cm.--綫裝

己/1643

巴黎茶花女遺事/(法國)小仲馬撰;曉齋述;林紓筆記.--鉛印本.--玉晴瑤怨館,清光緒二十七年(1901).--1 冊(1 函).--林紓(1852—1924),原名群玉,字琴南,學名徽(秉輝),號畏廬,別署冷紅生、六橋補柳翁等,福建閩縣(福州)人。半葉 16 行,行 28 字,白口,四周雙邊,單黑魚尾,半框 15.6×11.8cm。牌記題"光緒辛丑秋玉晴瑤怨館校刊"。鈐"吳"朱文印、"曉鈴臧書"朱文印.--綫裝

己/816

拊掌錄/(美國)歐文著;林紓,魏易同譯.--鉛印本,三版.--上海:商務印書館,清光緒三

十三年(1907).--1 冊.--半葉 11 行,行 29 字,無邊框.--平裝   己/632

伊索寓言/(希臘)伊索撰;林紓,嚴培南,嚴璩編纂.--鉛印本.--上海:商務印書館,民國七年(1918).--1 冊(1 函).--半葉 11 行,行 27 字,白口,四周雙邊,單黑魚尾,半框 15.9×11cm。鈐"吳"朱文印、"曉鈴臧書"朱文印.--綫裝   己/2277

詞類

總集

增修箋注妙選群英草堂詩餘:二卷/(宋)佚名輯.--影印本.--日本京都:株式會社同朋舍,日本昭和五十五年(1980).--1 冊(1 夾).--(京都大學漢籍善本叢書第一期:二十卷/京都大學圖書館編;九).--版權頁題"群英詩餘"。據元至正三年(1343)廬陵泰宇書堂刊本影印.--精裝   己/1530

新刻注釋草堂詩餘評林:六卷/(明)李廷機批評;(清)翁正春校正.--刻本.--起秀堂,明萬曆三十六年(1608).--4 冊(1 函).--半葉 9 行,行 18 字,小字雙行字同,有眉欄,行 5 字,白口,四周單邊,半框 19.2×12.8cm。養拙軒主人跋,佚名圈點。鈐"文梽之印"朱文印、"宗文氏"白文印、"鑑山所藏"朱文印、"餘姚謝氏永耀樓臧書"朱文印、"養拙子"朱文印、"氣象萬千"朱文印、"郁"朱文印、"壬寅之年七十一"白文印、"曉鈴臧書"朱文印.--綫裝

己/1444

古香岑草堂詩餘:正集六卷,續集二卷,新集五卷,別集四卷/(明)顧從敬選;(明)沈際飛評正.--刻本.--吳門:童湧泉,明末(1621—1644).--8 冊(1 夾).--古香岑即明沈際飛室

名。半葉 9 行,行 19 字,小字雙行字同,有眉欄,行 5 字,白口,四周單邊,無直格,單白魚尾間單黑魚尾間單綫魚尾,半框 23.2×13.5cm。佚名圈點批注。鈐"得者寶之"朱文印、"芑詒"白文印、"心翼"白文印、"大德堂"朱文印、"吉祥"朱文印、"曉鈴藏書"朱文印. --綫裝

己/1443

彙選歷代名賢詞府全集:四集/(明)鯿溪逸史選編. --刻本. --明(1368—1644). --1 冊. --有殘葉。半葉 11 行,行 20 字,白口,左右雙邊,半框 16.7×12.5cm。鈐"曉鈴藏書"朱文印. --綫裝

己/1447

花草粹編:十二卷/(明)陳耀文纂. 附**樂府指迷**/(宋)沈義父著. --影印本. --陶風樓,民國二十二年(1933). --12 冊(2 函). --半葉 10 行,行 20 字,小字雙行字同,白口,左右雙邊,單黑魚尾,半框 11.3×8.4cm。牌記題"癸酉夏五陶風樓印"。鈐"曉鈴藏書"朱文印. --綫裝

己/2240

詞選:二卷,附錄一卷/(清)張惠言錄. **續詞選**:二卷/(清)董毅錄. --刻本,重刻. --張琦,清道光十年(1830). --(1 函). --半葉 11 行,行 20 字,白口,左右雙邊,半框 15.2×11.9cm。鈐"曉鈴藏書"朱文印. --綫裝　己/1459

明湖四客詞鈔:四卷/(清)趙國華輯. --刻本. --濟南:趙國華,清同治十三年(1874). --1 冊(1 函). --半葉 9 行,行 21 字,白口,四周雙邊,單黑魚尾,半框 17.8×12.8cm。鈐"曉鈴藏書"朱文印. --綫裝
　子目:
　麝塵詞:一卷/(清)嚴廷中著
　紅豆詞:一卷/(清)李鈞和著
　尺壺詞:一卷/(清)王蔭昌著
　絮月詞:一卷/(清)徐宗襄著　己/1275

四印齋所刻詞/(清)王鵬運輯. --影印本. --民國(1912—1949). --16 冊(2 函). --半葉 10 行,行 18 字,白口,左右雙邊,單黑魚尾,版心下刻"四印齋",半框 11.3×8.4cm。鈐"曉鈴藏書"朱文印. --綫裝
　子目:
　東坡樂府:二卷/(宋)蘇軾撰
　稼軒長短句:十二卷/(宋)辛棄疾撰
　雙白詞:九卷/(清)王鵬運輯
　　白石道人詞集:四卷/(宋)姜夔撰
　　山中白雲詞:二卷/(宋)張炎撰
　　山中白雲詞補:二卷/(宋)張炎撰
　　山中白雲詞續補:一卷/(宋)張炎撰
　詞旨:一卷/(元)陸行直述
　花外集:一卷/(宋)王沂孫撰
　漱玉詞:一卷/(宋)李清照撰
　詞林正韻:三卷,首一卷/(清)戈載輯
　陽春集:一卷/(南唐)馮延巳撰
　東山寓聲樂府:一卷/(宋)賀鑄撰
　梅溪詞:一卷/(宋)史達祖撰
　斷腸詞:一卷/(宋)朱淑真撰
　樂府指迷:一卷/(宋)沈義父撰
　東山寓聲樂府補鈔:一卷/(宋)賀鑄撰
　南宋四名臣詞集:一卷/(清)王鵬運輯
　　趙忠簡得全居士詞/(宋)趙鼎撰
　　李莊簡詞/(宋)李光撰
　　李忠定梁溪詞/(宋)李綱撰
　　胡忠簡澹菴長短句/(宋)胡銓撰
　天籟集:二卷/(元)白樸撰
　蟻術詞選:四卷/(元)邵亨貞著;(明)汪稷校
　花間集:十卷/(後蜀)趙崇祚編
　精選名賢詞話草堂詩餘:二卷/(宋)何士信輯
　清真集:二卷,外詞一卷/(宋)周邦彥撰
　蕭閑老人明秀集注:三卷/(金)蔡松年撰;(金)魏道明注解
　四印齋彙刻宋元三十一家詞:三十一卷/(清)王鵬運輯
　　逍遙詞:一卷/(宋)潘閬撰
　　筠谿詞:一卷/(宋)李彌遠撰

枡櫚詞:一卷/(宋)鄧肅撰

樵歌拾遺:一卷/(宋)朱敦儒撰

梅詞:一卷/(宋)朱雍撰

綺川詞:一卷/(宋)倪偁撰

東溪詞:一卷/(宋)高登撰

文定公詞:一卷/(宋)丘崈撰

燕喜詞:一卷/(宋)曹冠撰

梅山詞:一卷/(宋)姜特立撰

拙庵詞:一卷/(宋)趙磻老撰

宣卿詞:一卷/(宋)袁去華撰

晦菴詞:一卷/(宋)李處全撰

養拙堂詞:一卷/(宋)管鑑撰

雙溪詩餘:一卷/(宋)王炎撰

龍川詞補:一卷/(宋)陳亮撰

龜峰詞:一卷/(宋)陳亮撰

梅屋詩餘:一卷/(宋)許棐撰

秋崖詞:一卷/(宋)方嶽撰

碎錦詞:一卷/(宋)李好古撰

潛齋詞:一卷/(宋)何夢桂撰

覆瓿詞:一卷/(宋)趙必璩撰

撫掌詞:一卷/(宋)歐良編

章華詞:一卷/(宋)佚名撰

藏春樂府:一卷/(元)劉秉忠撰

淮陽樂府:一卷/(元)張弘範撰

樵菴詞:一卷/(元)劉因撰

牆東詩餘:一卷/(元)陸文圭撰

天遊詞:一卷/(元)詹玉撰

草廬詞:一卷/(元)吳澄撰

五峰詞:一卷/(元)李孝光撰

己/2214

唐宋金元詞鈎沈/周泳先校編.--鉛印本.--上海:商務印書館,民國二十六年(1937).--2冊(1函).--半葉12行,行31字,小字雙行52字,白口,四周雙邊,單黑魚尾,半框15.5×11.3cm。鈐"曉鈴藏書"朱文印.--綫裝

己/2216

校輯宋金元人詞/趙萬里編.--鉛印本.--北平:國立中央研究院歷史語言研究所,民國二十年(1931).--5冊(1函).--半葉11行,行30字,小字雙行字同,粗黑口,四周單邊,單黑魚尾,半框17.4×11.4cm。牌記題"中華民國二十年二月國立中央研究院歷史語言研究所印行"。鈐"曉鈴藏書"朱文印.--綫裝

己/2213

宋詞:一卷;**元明散曲選**:一卷.--鉛印本.--北京:北京大學出版組,民國(1912—1949).--1冊.--殘本,存1冊。半葉13行,行39字,黑口,四周雙邊,單黑魚尾,半框20×12.3cm。顧隨批注.--綫裝

己/1706

中興鼓吹:二卷/盧前撰.--刻本.--成都:黃氏茹古堂,民國(1912—1949).--1冊(1函).--半葉9行,行20字,粗黑口,左右雙邊,單黑魚尾,半框17.7×12.4cm。鈐"吳"朱文印、"曉鈴藏書"朱文印.--綫裝

己/2035

別集

樵歌:三卷/(宋)朱敦儒撰;章衣萍校點.--鉛印本.--北平:北新書局,民國十六年(1927).--1冊(1函).--半葉8行,行22字,小字雙行32字,白口,四周雙邊,版心下印"北新書局",半框11.5×7.8cm.--綫裝

己/2241

海浮山堂詞稿/(明)馮惟敏撰.--刻本.--潤州:馮惟敏,明嘉靖四十五年(1566).--1冊(1函).--半葉9行,行17字,白口,左右雙邊,單綫魚尾,半框16×13cm。鈐"曉鈴藏書"朱文印.--綫裝

(己)/709

問紅軒詞:一卷/(清)王鑒撰.--刻本.--清道光十七年(1837).--1冊(1函).--書名據書名頁著錄。卷端題"問紅軒",書簽題"蘋香絮影詞"。半葉9行,行21字,小字雙行字同,白口,左右雙邊,單黑魚尾,半框18.1×12.4cm.--綫裝

己/1265

耐歌詞:四卷,首一卷/(清)李漁著. **笠翁詞韻**:四卷/(清)李漁輯.--刻本.--清康熙(1662—1722).--2冊(1函).--半葉8行,行19字,有眉欄,行5字,白口,四周單邊,半框19.8×13cm。鈐"吳"朱文印、"曉鈴藏書"朱文印.--綫裝 　　己/1300

耐歌詞:四卷,首一卷/(清)李漁著.--刻本.--清康熙(1662—1722).--2冊(1函).--半葉8行,行19字,有眉欄,行5字,白口,四周單邊,半框19.8×13cm。鈐"吳"朱文印、"曉鈴藏書"朱文印.--綫裝 　　己/1296

東江別集:五卷,集外詩一卷/(清)沈謙著.--鉛印本.--上海:聚珍仿宋印書局,民國九年(1920).--1冊.--附應撝謙《東江沈公傳》,毛先舒《沈去矜墓誌銘》。半葉10行,行21字,黑口,左右雙邊,單黑魚尾,半框16.2×10.6cm.--綫裝 　　己/1727

殢花詞/(清)唐祖命著.--刻本,重刻.--趙氏又滿樓,民國十二年(1923).--1冊(1函).--半葉10行,行21字,黑口,左右雙邊,單黑魚尾,半框17.3×12.8cm。牌記題"趙氏又滿樓刊本","癸亥中秋昆山趙詒琛重校刊"。劉公魯題識。鈐"芯厂藏書"朱文印、"畏齋藏書"朱文印.--綫裝 　　己/1460

微波詞:四卷;**花韻庵詩餘**:一卷/(清)石韞玉撰. **花間樂府**:一卷/(清)歸真子撰.--刻本.--清(1644—1911).--1冊(1函).--又名"獨學廬三稿"。半葉10行,行18字,小字雙行字同,粗黑口,左右雙邊,單黑魚尾,半框18.3×14.2cm。鈐"曉鈴藏書"朱文印.--綫裝 　　己/710

紅雪詞:甲集二卷,乙集二卷,詞餘一卷/(清)馮雲鵬填詞;(清)李兆榮選定.--刻本.--掃紅亭,清嘉慶(1796—1820).--4冊(1函).--半葉6行,行17字,小字雙行字同,白

口,四周雙邊,單黑魚尾,半框16.3×10.3cm。有刻工:陳映奎。鈐"杏花春雨江南"白文印、"仰見明月"朱文印、"有莘埜老"朱文印、"曉鈴藏書"朱文印.--綫裝 　　己/717

藕湖詞:一卷/(清)蔣學沂著.--活字本,木活字.--清嘉慶二十一年(1816).--1冊(1函).--半葉9行,行21字,粗黑口,四周單邊,單黑魚尾,半框19.7×13.8cm。有吳曉鈴題記。鈐"吳曉鈴"朱文印、"吳"朱文印、"曉鈴藏書"朱文印.--綫裝 　　己/1267

香消酒醒詞,曲附/(清)趙慶熺撰.--刻本,重刻.--仁和:許氏碧聲吟館,清光緒十一年(1885).--1冊(1函).--半葉11行,行22字,小字雙行字同,粗黑口,左右雙邊,雙對黑魚尾,半框17.5×12.9cm。牌記題"光緒乙酉秋九月仁和許氏碧聲吟館重刊".--綫裝 　　己/700

紅蕉吟館詩餘/(清)嚴廷中撰.--複印本.--[19??年].--1冊.--殘本,衹存書皮1葉、序1葉、圖1幅、卷端1葉。半葉11行,行19字,無邊框.--綫裝 　　己/1731

花簾詞:一卷;**香南雪北詞**:一卷/(清)吳藻撰.--刻本.--吳藻,清道光十至三十年(1830—1850).--1冊(1函).--半葉11行,行19字,小字雙行字同,粗黑口,左右雙邊,半框16.1×11.4cm。鈐"六橋"朱文印、"六橋藏去"朱文印、"玉并"朱文印、"綠梅都護"白文印、"香珊瑚館"白文印、"曉鈴藏書"朱文印.--綫裝
　　己/1281

疏影樓詞:五卷/(清)姚燮撰.--刻本.--上湖草堂,清道光十三年(1833).--2冊(1函):肖像1幅.--半葉11行,行23字,小字雙行字同,粗黑口,左右雙邊,單黑魚尾,半框17.8×13cm。鈐"曉鈴藏書"朱文印.--綫裝
　　子目:

畫邊琴趣:二卷

吳涇謳唱:一卷

剪鐙夜語:一卷

石雲唸雅:一卷　　　　　　　　　　己/1284

疏影樓詞:五卷/(清)姚燮撰. 附種玉詞:一卷/(清)孫家穀撰. --抄本,朱絲欄. --清同治八至九年(1869—1870). --1 冊(1 函). --半葉12 行,行 20 字,白口,四周雙邊,單黑魚尾,半框 20.1×12cm。鈐"曉鈴臧書"朱文印. --綫裝

子目同上　　　　　　　　　　　己/1290

有恒心齋詞餘:一卷/(清)程鴻詔撰. --抄本. --北京:綏中吳氏,[19?? 年]. --1 冊(1 函). --半葉 10 行,行 20 字,白口,四周單邊,雙對黑魚尾,版心下印"綏中吳氏綠雲山館抄藏",半框 18.1×12.5cm。鈐"曉鈴臧書"朱文印. --綫裝　　　　　　　　　己/1732

小鷗波館詞鈔:不分卷,附倚笛樓賸曲/趙藩著. --石印本. --劍南:陳受慈,民國三十二年(1943). --1 冊. --半葉 10 行,行 18 字,黑口,四周單邊,無直格,半框 15.7×12.2cm。牌記題"民國三十有二年秋八月鄉後學陳受慈繕版". --綫裝　　　　　　　　己/1741

樵風樂府:九卷/鄭文焯撰. --刻本,朱印. --仁和:吳氏雙照樓,民國二年(1913). --1 冊(1 函). --有殘葉。半葉 10 行,行 17 字,白口,左右雙邊,單黑魚尾,半框 14.8×11.1cm。牌記題"歲在癸丑仁和吳氏雙照樓刊"。鈐"吳"朱文印、"曉鈴臧書"朱文印. --綫裝　　　　己/1458

秀道人修梅清課/夔笙倚聲作. --木活字本,仿聚珍版. --民國九年(1920). --1 冊(1 函). --書名頁題"修梅清課"。夔笙即況夔笙。半葉10 行,行 18 字,小字雙行字同,白口,四周單邊,雙對黑魚尾,半框 17.1×12.3cm。鈐"丹徒姚氏"白文印、"吳"朱文印、"曉鈴臧書"朱

文印. --綫裝　　　　　　　　　己/1344

綠春詞/(清)曇齋次韻. --稿本. --王郎,清光緒二十七年(1901). --1 冊(1 函). --封面題"藏蝶館主書曇",曇齋即清王郎的字,號藏蝶館主。半葉 10 行,行 24 字,無邊框。鈐"古越山陰人"朱文印、"吳"朱文印、"曉鈴臧書"朱文印. --平裝　　　　　　　　　己/1490

守白詞:二卷/許之衡稿;藥庵居士評點. --石印本. --北平:許氏飲流齋,民國十八至十九年(1929—1930). --2 冊(1 函). --(飲流齋著叢書). --半葉 9 行,行 20 字,有眉批,行 5 字,白口,四周單邊,單黑魚尾,版心下印"飲流齋著叢書",半框 16.6×11.8cm。鈐"曉鈴臧書"朱文印. --綫裝　　　　　　　　　己/1291

龍顧山房詩餘續集:一卷,附龍顧山房詩餘補錄/(清)郭則澐撰. --鉛印本. --清光緒二十年(1894). --1 冊(1 函). --版心題"獨繭詞"。半葉 11 行,行 21 字,白口,四周單邊,單黑魚尾,半框 15.7×9.8cm。鈐"吳"朱文印、"曉鈴臧書"朱文印. --綫裝　　　　　　　　　己/1272

霰集詞:二卷/顧隨撰. --鉛印本. --民國(1912—1949). --1 冊(1 函). --半葉 8 行,行20 字,無邊框。書皮有墨筆贈語"兼士三丈教正"。鈐"曉鈴臧書"朱文印. --綫裝

己/2243

荒原詞/顧隨撰. --鉛印本. --北平:顧隨,民國十九年(1930). --1 冊(1 函). --半葉 9 行,行 20 字,四周單邊,半框 12.6×8.8cm。書衣有顧隨贈言"志甫學長,作者"。鈐"曉鈴臧書"朱文印. --綫裝　　　　　己/2034

叢碧詞:二卷/張伯駒作. --刻本,藍印. --張伯駒,民國二十七年(1938). --1 冊(1 函). --下卷卷端題"和白石子自度曲"。半葉 10 行,行 18 字,粗黑口,左右雙邊,雙對黑魚尾,半框

19×13.1cm。有 1975 年 2 月 11 日乙卯春元曉鈴題記一篇。鈐“吳”朱文印、“曉鈴臧書”朱文印. --綫裝　　　　　　己/1457

詞韻、詞話

笠翁詞韻：四卷/（清）李漁輯. --刻本. --清康熙（1662—1722）. --3 冊（1 函）. --半葉 8 行，行 18 字，有眉欄，行 4 字，白口，四周單邊，半框 19.9×12.5cm。有知堂（周作人）跋。鈐“知堂書記”朱文印、“吳郎之書”朱文印. --綫裝　　　　　　（己）/1280

元詞斠律：四卷/王玉章纂輯；吳瞿安校閱. --鉛印本. --上海：商務印書館，民國二十五年（1936）. --3 冊（1 函）. --半葉 11 行，行 26 字，白口，四周雙邊，單黑魚尾，半框 15.2×11.5cm。鈐“曉鈴臧書”朱文印. --綫裝　　　　　　己/1823

廣中原音韻小令定格：二卷/盧前著. --鉛印本. --上海：中華書局，民國二十六年（1937）. --1 冊. --半葉行、字數不等. --平裝　　　　　　己/1819

詞學初桄：八卷/吳莽漢輯. --鉛印本. --上海：朝記書莊，民國九年（1920）. --8 冊（1 函）. --半葉 12 行，行 29 字，粗黑口，四周單邊，單黑魚尾，半框 14.7×10.9cm。鈐“吳”朱文印、“曉鈴臧書”朱文印. --綫裝　　己/2215

曲類

會真六幻：十九卷/（明）閔齊伋編. --刻本. --明末（1621—1644）. --2 冊（2 函）. --存 13 卷。有殘葉。書名頁題“閔家原本”、“文林閣藏”。半葉 10 行，行 20 字，白口，四周雙邊，半框 21.7×15.7cm。有黃裳跋。鈐“積學齋徐乃昌藏書”朱文印、“黃裳藏本”白文印、“黃裳容氏珍臧圖籍”白文印、“黃裳百嘉”朱文印、

“吳”朱文印、“曉鈴臧書”朱文印. --綫裝
子目：
王實父西廂記：四卷/（元）王實甫撰
關漢卿續西廂記：一卷/（元）關漢卿撰
會真記：一卷/（唐）元稹撰
會真詩：一卷
會真賦：一卷/（明）方諸生撰
會真說：一卷
錢塘夢：一卷
園林午夢：一卷
圍棋闖局：一卷/（元）王生撰
五劇箋疑：一卷　　　（己）/1400、（己）/1396

中國戲曲善本三種. --影印本. --日本京都：思文閣，日本昭和五十七年（1982）. --1 冊：有冠圖. --精裝
子目：
北西廂記：二卷二十出/（元）王實甫，（元）關漢卿作
新刊重訂出相附釋標注裴淑英斷髮記：二卷四十九出/游氏興賢堂重訂
重校竊符記：二卷四十出/（漢）司馬子長列傳；（明）張伯起隱括　　　　　　己/1536

[抄本劇本]/（清）宋純修選. --抄本. --宋純修，清（1644—1911）. --1 冊（1 函）. --殘本，多葉缺字。題目爲自擬。半葉 8 行，行 26 字，無邊框。佚名朱墨筆圈點。鈐“曉鈴臧書”朱文印. --綫裝
子目：
追白兔
孝姜詩
合珍珠
葵花記
白鸚歌
三代榮
蘆花記
夢石人
合衣襟
古城會

取荆州

金印

九龍

荆釵

忠烈迴文

雙鎖

搖錢樹

瓦盆

跳澗

雙元

八百

白蛇

巽合

台城

六國封詔

尼姑思凡

昭君和番

雪梅觀畫

剿何珅故事

竊蟠桃八仙　　　　　　　　己/1892

[抄本劇本]:不分卷.--抄本.--鑒泉等,清(1644—1911).--1 冊(1 函).--殘本,已修補。題目爲自擬。半葉 8 行,行 17 字,有工尺譜,無邊框。佚名朱墨筆圈點。鈐"曉鈴藏書"朱文印.--綫裝

子目:

金碻筭命

華蓉道

劉備

富貴長春

四川買子吳

出對子　　　　　　　　己/1893

奢摩他室曲叢:二集/吳梅輯錄.--影印暨鉛印本.--上海:涵芬樓,民國十七年(1928).--24冊(2 函).--紅心詞客即清沈起鳳,粲花主人即明吳炳。行款不一,版心下印"長洲吳氏奢摩他室手校"、"涵芬樓"。牌記題"上海涵芬樓印行".--綫裝

子目:

第一集

揚州夢:二卷十六出/(清)嵇永仁填詞.--影印本,據葭秋堂原刻本影印

雙報應:二卷三十出/(清)嵇永仁填詞.--影印本,據葭秋堂原刻本影印

報恩緣:二卷三十七出/(清)紅心詞客著.--影印本,據古香林原刻沈氏四種傳奇本影印

才人福:二卷三十二出/(清)紅心詞客著.--影印本,據古香林原刻沈氏四種傳奇本影印

文星榜:二卷三十二出/(清)紅心詞客著.--影印本,據古香林原刻沈氏四種傳奇本影印

伏虎韜:二卷二十九出/(清)紅心詞客著.--影印本,據奢摩他室抄沈氏四種傳奇本影印

第二集

誠齋樂府二十四種/(明)朱有燉撰.--鉛印本,據宣德憲藩本校印

新編天香圃牡丹品:一卷

新編十美人慶賞牡丹園:一卷

新編蘭紅葉從良烟花夢:一卷

新編瑤池會八仙慶壽:一卷

惠禪師三度小桃紅:一卷

新編掬搜判官喬斷鬼:一卷

新編豹子和尚自還俗:一卷

新編甄月娥春風慶朔堂:一卷

新編美姻緣風月桃源景:一卷

新編宣平巷劉金兒復落娼:一卷

新編福祿壽仙官慶會:一卷

新編神后山秋獮得騶虞:一卷

新編黑旋風仗義疏財:一卷

新編小天香半夜朝元:一卷

新編張天師明斷辰鈎月:一卷

新編李妙清花裏悟真如:一卷

新編洛陽風月牡丹仙:一卷

新編李亞仙花酒曲江池:一卷

新編清河縣繼母大賢:一卷

新編趙貞姬身後團圓夢:一卷
新編劉盼春守志香囊怨:一卷
新編紫陽仙三度常椿壽:一卷
群仙慶壽蟠桃會:一卷
新編孟浩然踏雪尋梅:一卷
粲花別墅五種曲/(明)粲花主人撰.--鉛
印本,據雨衡堂本校印
綠牡丹傳奇:二卷三十出/(明)粲花主
人編;(明)牡丹花史評
畫中人傳奇:二卷三十四出/(明)粲花
主人編;(明)畫隱先生評
療妬羹傳奇:二卷三十二出/(明)粲花
主人編;(明)鶺鴒子評
西園記傳奇:二卷三十三出/(明)粲花
主人編;(明)西園公子評
情郵記傳奇:二卷四十三出/(明)粲花
主人編　　　　　　　　　　己/1522

明清雲南劇作十種/昆明市戲劇研究室編
印.--油印本.--昆明:昆明市戲劇研究室,1980
年.--1 冊.--平裝
子目:
性天風月通玄記:二十齣/(明)蘭茂撰
晏清都洞天玄記:四折/(明)楊慎撰
後四聲猿(雜劇四種)/(清)桂馥撰
放楊枝:一折
題園壁:一折
謁府帥:一折
投圜中:一折
秋聲譜(雜劇三種)/(清)嚴廷中撰
武則天風流案卷:一折
沈秋娘秋窗情話:一折
洛陽殿無雙豔福:四齣
秦淮話劇:一折/(清)嚴廷中撰
　　　　　　　　　　　　　己/1667

諸宮調

金本諸宮調劉知遠.--石印本.--北平:陳杭,
民國二十六年(1937).--1 冊(1 函).--據金刻

本影印,原本殘缺。半葉 12 行,行 20 字,白
口,左右雙邊,雙順黑魚尾,半框 12×9.6cm。
有吳曉鈴題識。鈐"曉鈴臧書"朱文印.--蝴蝶
裝　　　　　　　　　　　　　己/2078

校注劉知遠諸宮調/(日本)內田道夫校
注.--複印本.--[19?? 年].--1 冊.--據日本東
北大學《文學部研究年報》第一四號 240—323
頁複印.--散裝　　　　　　　　己/2084

新刊合併董解元西廂記:二卷/(金)董解元
作;(明)屠隆校正.--抄本,影抄.--清(1644—
1911).--2 冊(1 函):圖 13 幅.--有缺葉。據明
萬曆二十八年(1600)周居易刻本抄。半葉 10
行,行 24 字,粗黑口,左右雙邊,半框 20.9×
13.6cm。鈐"曉鈴臧書"朱文印.--綫裝
　　　　　　　　　　　　　己/1417

董解元西廂:四卷/(金)董解元撰;(明)湯
顯祖評.--鉛印本.--上海:商務印書館,民國二
十六年(1937).--1 冊.--(萬有文庫;第二集七
百種.國學基本叢書).--半葉 8 行,行 18 字,
小字雙行字同,白口,四周單邊,半框 12.9×
10.3cm。有吳曉鈴轉錄自 1973 年 7 月上海人
民出版社《湯顯祖集》的"玉茗堂批訂董西廂
敍".--平裝　　　　　　　　　己/2079

董解元西廂:一卷/(金)董解元編.--刻本.--
暖紅室,民國(1912—1949).--2 冊:冠圖 17
幅.--殘本,存下冊。半葉 9 行,行 20 字,欄上
鎸評,行 5 字,白口,四周單邊,單黑魚尾,版心
上刻"董西廂",中刻"董解元搊彈本",下刻
"暖紅室",半框 20.3×12.8cm.--綫裝
　　　　　　　　　　　　　己/120

董解元西廂記:八卷,首一卷/(金)董解元
作;凌景埏校注.--鉛印本,重印.--北京:人民
文學出版社,1978 年.--1 冊.--董解元真名不
詳。有吳曉鈴鋼筆批注,記敘黃嘉惠刊本與鄭

西諦所藏董解元西廂記之差異. --平裝

己/1404

天寶遺事諸宮調/（元）王伯成著；朱禧輯. --鉛印本. --天津：天津古籍出版社，1986 年. --1冊. --有前言、附錄. --平裝　　己/1406

雜劇

古今雜劇：三十種/（元）佚名輯. --影印本. --陳乃乾，民國十三年（1924）. --5 冊（1 函）. --據日本京都大學藏元刊本影印。半葉 14 行，行 29 字，黑口，左右雙邊，單黑魚尾，半框 15×10.6cm。牌記題"甲子五月影印，陳乃乾篆崗"。函套內有吳曉鈴鉛筆跋。鈐"章鐵民印"白文印、"曉鈴藏書"朱文印. --綫裝

子目：

大都新編關張雙赴西蜀夢：一卷/（元）關漢卿撰

新刊關目閨怨佳人拜月亭：一卷/（元）關漢卿撰

古杭新刊的本關大王單刀會：一卷/（元）關漢卿撰

新刊關目詐妮子調風月：一卷/（元）關漢卿撰

新刊關目好酒趙元遇上皇：一卷/（元）高文秀撰

大都新編楚昭王疎者下船：一卷/（元）鄭廷玉撰

新刊關目看錢奴買冤家債主：一卷/（元）鄭廷玉撰

新刊的本泰華山陳摶高臥：一卷/（元）馬致遠撰

新刊關目馬丹陽三度任風子：一卷/（元）馬致遠撰

新刊的本散家財天賜老生兒：一卷/（元）武漢臣撰

古杭新刊的本尉遲恭三奪槊：一卷/（元）尚仲賢撰

新刊關目漢高皇濯足氣英布：一卷/（元）尚仲賢撰

趙氏孤兒：一卷/（元）紀君祥撰

古杭新刊的本關目風月紫雲庭：一卷/（元）石君寶撰

大都新編公孫汗衫記：一卷/（元）張國賓撰

新刊的本薛仁貴衣錦還鄉：一卷/（元）張國賓撰

新刊關目張鼎智勘魔合羅：一卷/（元）孟漢卿撰

古杭新刊關目的本李太白貶夜郎：一卷/（元）王伯成撰

新編岳孔目借鐵拐李還魂：一卷/（元）岳伯川撰

新編關目晉文公火燒介子推：一卷/（元）狄君厚撰

大都新刊關目的本東窗事犯：一卷/（元）金仁傑撰（一題孔學詩撰）

古杭新刊關目霍光鬼諫：一卷/（元）楊梓撰

新刊死生交范張雞黍：一卷/（元）宮天挺撰

新刊關目嚴子陵垂釣七里灘：一卷/（元）宮天挺撰

古杭新刊關目輔成王周公攝政：一卷/（元）鄭光祖撰

新刊關目全蕭何追韓信：一卷/（元）金仁傑撰

新刊關目陳季卿悟道竹葉舟：一卷/（元）范康撰

新刊關目諸葛亮博望燒屯：一卷/（元）無名氏撰

新編足本關目張千替殺妻：一卷/（元）無名氏撰

古杭新刊小張屠焚兒救母：一卷/（元）無名氏撰

己/950

覆元槧古今雜劇三十種. --刻本，朱印. --京都：京都帝國大學文科大學，日本大正三年（1914）. --5 冊（1 函）. --（京都帝國大學文科大學叢書；第二）. --扉頁有吳曉鈴先生題記，稱"此本係狩野直喜延武昌刻工陶子麟上木，京都書林山田茂助刊行者"。半葉 14 行，行

24 字,黑口,左右雙邊,單黑魚尾,半框 13.9 × 9.5cm。鈐"曉鈴臧書"朱文印. --綫裝

子目：
古杭新刊關目的本李太白貶夜郎
新刊關目嚴子陵垂釣七里灘
大都新編楚昭王疎者下船
古杭新刊的本尉遲恭奪槊
古杭新刊的本關目風月紫雲庭
大都新編關張雙赴西蜀夢全
新刊關目詐妮子調風月
新刊的本泰華山陳搏高臥
古杭新刊關目霍光鬼諫
新刊關目張鼎智勘魔合羅
古杭新刊的本關大王單刀會
新編關目晉文公火燒介子推
新刊關目閨怨佳人拜月亭
新刊關目馬丹陽三度任風子
古杭新刊小張屠焚兒救母
新刊的本散家財天賜老生兒
新刊死生交范張雞黍新編岳孔目借鐵拐李
還魂
新刊關目全蕭何追韓信大都
新編關目公孫汗衫記
新刊關目看錢奴買冤家債主
新刊關目漢高皇濯足氣英布
新編足本關目張千替殺妻
趙氏孤兒
新刊的本薛仁貴衣錦還鄉關目全
古杭新刊關目輔成王周公攝政
新刊關目好酒趙元遇上皇
新刊關目陳季卿悟道竹葉舟
新刊關目諸葛亮博望燒屯大都
新刊關目的本東窗事犯　　　己/1850

元曲選：一百種/(明)臧懋循輯. --影印本. --
上海：商務印書館,民國七年(1918). --48 冊
(1 函)：插圖 220 幅. --書名頁題名"元人百種
曲"。部分子目作者據《中國叢書綜錄》補充。
據明博古堂本影印。半葉 9 行,行 20 字,有眉
批,行字數不等,白口,左右雙邊,單黑魚尾,半

框 15.5×10.1cm。佚名朱筆圈點. --綫裝

子目：
甲集上
破幽夢孤雁漢宮秋雜劇：四折/(元)馬致
遠撰
李太白匹配金錢記雜劇：四折/(元)喬夢
符撰
包待制陳州糶米雜劇：四折/(元)□□撰
玉清庵錯送鴛鴦被雜劇：四折/(元)□□
撰
隨何賺風魔蒯通雜劇：四折/(元)□□撰
甲集下
溫太真玉鏡臺雜劇：四折/(元)關漢卿撰
楊氏女殺狗勸夫雜劇：四折/(元)［蕭德
祥］撰
相國寺公孫合汗衫雜劇：四折/(元)張國
賓撰
錢大尹智寵謝天香雜劇：四折/(元)關漢
卿撰
爭報恩三虎下山雜劇：四折/(元)□□撰
乙集上
張天師斷風花雪月雜劇：四折/(元)吳昌
齡撰
趙盼兒風月救風塵雜劇：四折/(元)關漢
卿撰
東堂老勸破家子弟雜劇：四折/(元)秦簡
夫撰
同樂院燕青博魚雜劇：四折/(元)李文蔚
撰
臨江驛瀟湘秋夜雨雜劇：四折/(元)楊顯
之撰
乙集下
李亞仙花酒曲江池雜劇：四折/(元)石君
寶撰
楚昭公疎者下船雜劇：四折/(元)鄭廷玉
撰
龐居士誤放來生債雜劇：四折/(元)［劉
君錫］撰
薛仁貴榮歸故里雜劇：四折/(元)張國賓
撰

裴少俊牆頭馬上雜劇:四折/(元)白仁甫撰

丙集上

唐明皇秋夜梧桐雨雜劇:四折/(元)白仁甫撰

散家財天賜老生兒雜劇:四折/(元)武漢臣撰

硃砂擔滴水浮漚記雜劇:四折/(元)□□撰

便宜行事虎頭牌雜劇:四折/(元)李直夫撰

包龍圖智賺合同文字雜劇:四折/(元)□□撰

丙集下

凍蘇秦衣錦還鄉雜劇:四折/(元)□□撰

翠紅鄉兒女兩團圓雜劇:四折/(元)楊文奎撰

李素蘭風月玉壺春雜劇:四折/(元)武漢臣撰

呂洞賓度鐵拐李岳雜劇:四折/(元)岳伯川撰

小尉遲將鬪將認父歸朝雜劇:四折/(元)□□撰

丁集上

陶學士醉寫風光好雜劇:四折/(元)戴善夫撰

魯大夫秋胡戲妻雜劇:四折/(元)石君寶撰

神奴兒大鬧開封府雜劇:四折/(元)□□撰

半夜雷轟薦福碑雜劇:四折/(元)馬致遠撰

謝金吾詐拆清風府雜劇:四折/(元)□□撰

丁集下

呂洞賓三醉岳陽樓雜劇:四折/(元)馬致遠撰

包待制三勘蝴蝶夢雜劇:四折/(元)關漢卿撰

說鱄諸伍員吹簫雜劇:四折/(元)李壽卿

撰

河南府張鼎勘頭巾雜劇:四折/(元)孫仲章撰

黑旋風雙獻功雜劇:四折/(元)高文秀撰

戊集上

迷青瑣倩女離魂雜劇:四折/(元)鄭德輝撰

西華山陳搏高臥雜劇:四折/(元)馬致遠撰

龐涓夜走馬陵道雜劇:四折/(元)□□撰

救孝子賢母不認屍雜劇:四折/(元)王仲文撰

邯鄲道省悟黃粱夢雜劇:四折/(元)馬致遠撰

戊集下

杜牧之詩酒揚州夢雜劇:四折/(元)喬夢符撰

醉思鄉王粲登樓雜劇:四折/(元)鄭德輝撰

昊天塔孟良盜骨雜劇:四折/(元)[朱凱]撰

包待制智斬魯齋郎雜劇:四折/(元)關漢卿撰

朱太守風雪漁樵記雜劇:四折/(元)[庾天錫]撰

己集上

江州司馬青衫淚雜劇:四折/(元)馬致遠撰

四丞相高會麗春堂雜劇:四折/(元)王實甫撰

孟德耀舉案齊眉雜劇:四折/(元)□□撰

包龍圖智勘後庭花雜劇:四折/(元)鄭廷玉撰

死生交范張雞黍雜劇:四折/(元)宮大用撰

己集下

玉簫女兩世因緣雜劇:四折/(元)喬夢符撰

宜秋山趙禮讓肥雜劇:四折/(元)秦簡夫撰

鄭孔目風雪酷寒亭雜劇:四折/(元)楊顯之撰

桃花女破法嫁周公雜劇:四折/(元)[王曄]撰

陳季卿悞上竹葉舟雜劇:四折/(元)范子安撰

庚集上

布袋和尚忍字記雜劇:四折/(元)鄭廷玉撰

謝金蓮詩酒紅梨花雜劇:四折/(元)張壽卿撰

鐵拐李度金童玉女雜劇:四折/(元)賈仲名撰

包待制智賺灰闌記雜劇:四折/(元)李行道撰

崔府君斷冤家債主雜劇:四折/(元)[鄭廷玉]撰

庚集下

㑳梅香騙翰林風月雜劇:四折/(元)鄭德輝撰

尉遲恭單鞭奪槊雜劇:四折/(元)尚仲賢撰

呂洞賓三度城南柳雜劇:四折/(元)谷子敬撰

須賈大夫誶范叔雜劇:四折/(元)高文秀撰

李雲英風送梧桐葉雜劇:四折/(元)[李唐賓]撰

辛集上

花間四友東坡夢雜劇:四折/(元)吳昌齡撰

杜蘂娘智賞金線池雜劇:四折/(元)關漢卿撰

王月英元夜留鞋記雜劇:四折/(元)曾瑞卿著

漢高皇濯足氣英布雜劇:四折/(元)尚仲賢撰

兩軍師隔江鬥智雜劇:四折/(元)□□撰

辛集下

馬丹陽度脫劉行首雜劇:四折/(元)楊景賢撰

月明和尚度柳翠雜劇:四折/(元)李壽卿撰

劉晨阮肇誤入桃源雜劇:四折/(元)王子一撰

張孔目智勘魔合羅雜劇:四折/(元)孟漢卿撰

玎玎璫璫盆兒鬼雜劇:四折/(元)□□撰

壬集上

荊楚臣重對玉梳記雜劇:四折/(元)賈仲名撰

逞風流王煥百花亭雜劇:四折/(元)□□撰

秦脩然竹塢聽琴雜劇:四折/(元)石子章撰

金水橋陳琳抱粧盒雜劇:四折/(元)□□撰

趙氏孤兒大報讎雜劇:四折/(元)紀君祥撰

壬集下

感天動地竇娥冤雜劇:四折/(元)關漢卿撰

梁山泊李逵負荊雜劇:四折/(元)康進之撰

蕭淑蘭情寄菩薩蠻雜劇:四折/(元)賈仲名撰

錦雲堂暗定連環計雜劇:四折/(元)□□撰

羅李郎大鬧相國寺雜劇:四折/(元)張國賓撰

癸集上

看錢奴買冤家債主雜劇:四折/(元)[鄭廷玉]撰

都孔目風雨還牢末雜劇:四折/(元)李致遠撰

洞庭湖柳毅傳書雜劇:四折/(元)尚仲賢撰

風雨像生貨郎旦雜劇:四折/(元)□□撰

望江亭中秋切鱠雜劇:四折/(元)關漢卿撰

癸集下

　　馬丹陽三度任風子雜劇：四折/（元）馬致遠撰

　　薩真人夜斷碧桃花雜劇：四折/（元）□□撰

　　沙門島張生煮海雜劇：四折/（元）李好古撰

　　包待制智賺生金閣雜劇：四折/（元）武漢臣撰

　　馮玉蘭夜月泣江舟雜劇：四折/（元）□□撰　　　　　　　　　　　　　己/1851

　　第二部　　　　　　　己/1852

元雜劇二種/（元）馬致遠，（元）關漢卿撰. --活字本，銅活字. --京都：山田茂助，日本明治四十四年（1911）. --1 冊（1 函）. --半葉 10 行，行 19 字，白口，左右雙邊，單黑魚尾，半框 21.7×14.9cm。鈐"曉鈴藏書"朱文印. --綫裝

子目：

破幽夢孤雁漢宮秋雜劇/（元）馬致遠撰；（明）臧晉叔校

感天動地竇娥冤雜劇/（元）關漢卿撰；（明）臧晉叔校　　　　　　　己/577

元人雜劇全集：一百三十種/盧冀野輯. --鉛印本. --上海：上海雜誌公司，民國二十四年（1935）. --8 冊. --（中國文學珍本叢書/施蟄存主編；第一輯）. --盧冀野即盧前，字冀野。半葉 11 行，行 29 字，白口，四周雙邊，半框 14.1×8.8cm。貝葉山房張氏藏版. --平裝

子目：

關漢卿雜劇

　　溫太真玉鏡臺：一卷

　　錢大尹智寵謝天香：一卷

　　趙盼兒風月救風塵一卷

　　包待制三勘蝴蝶夢：一卷

　　包待制智斬魯齋郎：一卷

　　杜蕊娘智賞金線池：一卷

　　感天動地竇娥冤：一卷

　　望江亭中秋切鱠：一卷

　　錢大尹智勘緋衣夢：一卷

　　關大王單刀會：一卷

　　詐妮子調風月：一卷

　　閨怨佳人拜月亭：一卷

　　關張雙赴西蜀夢：一卷

　　張君瑞慶團圞：一卷

　　附：風流孔目春衫記殘本

　　　唐明皇哭香囊殘本

王實甫雜劇

　　四丞相高會麗春堂：一卷

　　崔鶯鶯待月西廂記：四卷

　　附：蘇小卿月夜販茶船殘本：一卷

　　　王彩雲絲竹芙蓉亭殘本：一卷

晚進王生雜劇

　　圍棋闖局：一卷

白仁甫雜劇

　　唐明皇秋夜梧桐雨：一卷

　　裴少俊牆頭馬上：一卷

　　附：董秀英花月東牆記殘本：一卷

　　　韓采蘋御水流紅葉殘本：一卷

　　　李克用箭射雙雕殘本：一卷

高文秀雜劇

　　黑旋風雙獻功：一卷

　　須賈大夫誶范叔：一卷

　　好酒趙元遇上皇：一卷

　　附：周瑜謁魯肅殘本：一卷

鄭廷玉雜劇

　　楚昭公疎者下船：一卷

　　布袋和尚忍字記：一卷

　　包龍圖智勘後庭花：一卷

　　看錢奴買冤家債主：一卷

　　崔府君斷冤家債主：一卷

馬致遠雜劇

　　破幽夢孤雁漢宮秋：一卷

　　半夜雷轟薦福碑：一卷

　　呂洞賓三醉岳陽樓：一卷

　　西華山陳搏高臥：一卷

　　邯鄲道省悟黃粱夢：一卷

　　江州司馬青衫淚：一卷

　　馬丹陽三度任風子：一卷

劉晨阮肇誤入桃源：一卷

李文蔚雜劇

　　同樂院燕青博魚：一卷

李直夫雜劇

　　便宜行事虎頭牌：一卷

　　附：鄧伯道棄子留侄殘本：一卷

庾吉甫雜劇

　　朱太守風雪漁樵記：一卷

吳昌齡雜劇

　　唐三藏西天取經：六卷

　　張天師斷風花雪月：一卷

　　花間四友東坡夢：一卷

　　附：鬼子母揭缽記殘本：一卷

武漢臣雜劇

　　李素蘭風月玉壺春：一卷

　　散家財天賜老生兒：一卷

　　包待制智勘生金閣：一卷

　　附：虎牢關三戰呂布殘本：一卷

王仲文雜劇

　　救孝子賢母不認屍：一卷

　　附：漢張良辭朝歸山殘本：一卷

　　　　諸葛亮秋風五丈原殘本：一卷

李壽卿雜劇

　　說鱄諸伍員吹簫：一卷

　　月明和尚度柳翠：一卷

　　附：鼓盆歌莊子歎骷髏殘本：一卷

尚仲賢雜劇

　　洞庭湖柳毅傳書：一卷

　　漢高皇濯足氣英布：一卷

　　尉遲恭單鞭奪槊：一卷

　　尉遲恭三奪槊：一卷

　　附：海神廟王魁負桂英殘本：一卷

　　　　陶淵明歸去來兮殘本：一卷

　　　　鳳凰坡越娘背燈殘本：一卷

石君寶雜劇

　　魯大夫秋胡戲妻：一卷

　　李亞仙花酒曲江池：一卷

　　風月紫雲亭：一卷

楊顯之雜劇

　　臨江驛瀟湘秋夜雨：一卷

鄭孔目風雪酷寒亭：一卷

紀君祥雜劇

　　趙氏孤兒大報讎：一卷

戴善夫雜劇

　　陶學士醉寫風光好：一卷

　　附：柳耆卿詩酒翫江樓殘本：一卷

李好古雜劇

　　沙門島張生煮海：一卷

王伯成雜劇

　　李太白貶夜郎：一卷

孫仲章雜劇

　　河南府張鼎勘頭巾：一卷

張國賓雜劇

　　薛仁貴榮歸故里：一卷

　　相國寺公孫合汗衫：一卷

　　羅李郎大鬧相國寺：一卷

康進之雜劇

　　梁山泊李逵負荊：一卷

岳伯川雜劇

　　呂洞賓度鐵拐李岳：一卷

　　附：羅光遠夢斷楊貴妃殘本：一卷

石子章雜劇

　　秦脩然竹塢聽琴：一卷

　　附：黃貴孃秋夜竹窗雨殘本：一卷

孟漢卿雜劇

　　張孔目智勘魔合羅：一卷

李進取雜劇

　　神龍殿欒巴噀酒殘本：一卷

李行道雜劇

　　包待制智賺灰闌記：一卷

狄君厚雜劇

　　晉文公火燒介子推：一卷

孔文卿雜劇

　　秦太師東窗事犯：一卷

張壽卿雜劇

　　謝金蓮詩酒紅梨花：一卷

費唐臣雜劇

　　蘇子瞻風雪貶黃州殘本：一卷

宮大用雜劇

　　死生交范張雞黍：一卷

鄭德輝雜劇

　　醉思鄉王粲登樓：一卷

　　迷青瑣倩女離魂：一卷

　　㑳梅香騙翰林風月：一卷

　　輔成王周公攝政：一卷

　　附：崔懷寶月夜聞箏殘本：一卷

己/1881

元曲選釋/（日本）京都大學人文科學研究所編輯.--鉛印本.--京都：京都大學人文科學研究所，日本昭和二十六至五十二年（1951—1977）.--12 冊（4 函）：有插圖.--半葉 11 行，行 22 字，小字雙行 26 字，白口，四周單邊，無直格，單黑魚尾，半框 15.8 × 10.3cm。第三和第四函函套上題“吳曉鈴先生教正，田中謙二拜呈”。鈐“田謙”朱文印、“曉鈴藏書”朱文印.--綫裝

子目：

破幽夢孤雁漢宮秋雜劇：四折/（元）馬致遠撰；（明）臧晉叔校；（日本）青木正兒，吉川幸次郎，入矢義高，田中謙二，（德國）魏敷訓注

李太白匹配金錢記雜劇：四折/（元）喬夢符撰；（明）臧晉叔校；（日本）吉川幸次郎，入矢義高，田中謙二注

楊氏女殺狗勸夫雜劇：四折/（元）□□撰；（明）臧晉叔校；（日本）吉川幸次郎，入矢義高，田中謙二注

臨江驛瀟湘秋夜雨雜劇：四折/（元）楊顯之撰；（明）臧晉叔校；（日本）吉川幸次郎，入矢義高，田中謙二注

便宜行事虎頭牌雜劇：四折/（元）李直夫撰；（明）臧晉叔校；（日本）吉川幸次郎，入矢義高，田中謙二注

杜蘂娘智賞金線池雜劇：四折/（元）關漢卿撰；（明）臧晉叔校；（日本）吉川幸次郎，入矢義高，田中謙二注

趙盼兒風月救風塵雜劇：四折/（元）關漢卿撰；（明）臧晉叔校；（日本）青木正兒，吉川幸次郎，入矢義高，田中謙二，（德國）魏敷訓注

馬丹陽三度任風子雜劇：四折/（元）馬致遠

撰；（明）臧晉叔校；（日本）青木正兒，吉川幸次郎，入矢義高，田中謙二注

鄭孔目風雪酷寒亭雜劇：四折/（元）楊顯之撰；（明）臧晉叔校；（日本）吉川幸次郎，入矢義高，田中謙二注

裴少俊牆頭馬上雜劇：四折/（元）白仁甫撰；（明）臧晉叔校；（日本）吉川幸次郎，入矢義高，田中謙二注

望江亭中秋切鱠雜劇：四折/（元）關漢卿撰；（明）臧晉叔校；（日本）吉川幸次郎，入矢義高，田中謙二注

四丞相高會麗春堂雜劇：四折/（元）王實甫撰；（明）臧晉叔校；（日本）吉川幸次郎，入矢義高，田中謙二注

己/1849

元明雜劇：二十七種/（明）佚名輯.--影印本.--南京：國學圖書館，民國十八年（1929）.--6 冊（1 函）.--據明刊本影印。半葉 9 行，行 21 字，白口，左右雙邊，半框 15.5 × 10.6cm。鈐“盍山精舍”白文印、“曉鈴藏書”朱文印.--綫裝

子目：

劉盼春守志香囊怨：一卷/（明）誠齋（朱有燉）撰

忠義士豫讓吞炭：一卷/（元）楊梓撰

尉遲恭單鞭奪槊：一卷/（元）尚仲賢撰

金翠寒衣記：一卷/（明）斛園居士（葉憲祖）著

唐明皇秋夜梧桐雨：一卷/（元）白仁甫（樸）撰

杜牧之詩酒揚州夢：一卷/（元）喬夢符（吉）撰

玉簫女兩世姻緣：一卷/（元）喬夢符（吉）撰

李亞仙花酒曲江池：一卷/（明）[朱有燉撰]（原書誤題爲楊誠齋撰）

李雲英風送梧桐葉：一卷/（明）李唐賓撰

謝金蓮詩酒紅梨花：一卷/（元）張壽卿撰

荊楚臣重對玉梳：一卷/（元）賈仲名撰

裴少俊牆頭馬上：一卷/（元）白仁甫（樸）撰

鄭孔目風雪酷寒亭：一卷/（元）楊顯之撰

大婦小妻還牢末：一卷／（元）馬致遠撰

宋太祖龍虎風雲會：一卷／（明）羅貫中撰

劉晨阮肇悮入天臺：一卷／（明）王子一撰

龍濟山野猿聽經：一卷／（元）佚名撰

清河縣繼母大賢：一卷／（明）誠齋（朱有燉）撰

醉思鄉王粲登樓：一卷／（元）鄭德輝（光祖）撰

趙貞姬身後團圓夢：一卷／（明）誠齋（朱有燉）撰

蘇子瞻醉寫赤壁賦：一卷／（元）佚名撰

灌將軍使酒罵座記：一卷／（明）斠園居士（葉憲祖）著

羅李郎大鬧相國寺：一卷／（元）張國賓撰

漢鍾離度脫藍采和：一卷／（元）佚名撰

秦脩然竹塢聽琴：一卷／（元）石子章撰

李太白匹配金錢記：一卷／（元）喬夢符（吉）撰

馬丹陽度脫劉行首：一卷／（元）楊景賢撰

己／951

古今名劇選／吳梅集並校勘．--鉛印本，再版．--北京：國立北京大學出版組，民國二十三年（1934）．--1 冊（1 函）．--半葉 12 行，行 31 字，無邊框．--平裝

子目：

東堂老勸破家子弟雜劇：四折／（元）秦簡夫撰

唐明皇秋夜梧桐雨雜劇：四折／（元）白仁甫撰

死生交范張雞黍雜劇：四折／（元）宮大用撰

邯鄲道省悟黃粱夢雜劇：四折／（元）馬致遠撰

醉思鄉王粲登樓雜劇：四折／（元）鄭德輝撰

呂洞賓三醉岳陽樓雜劇：四折／（元）馬致遠撰

風雨像生貨郎旦雜劇：四折／（元）□□撰

望江亭中秋切鱠雜劇：四折／（元）關漢卿撰

蕭淑蘭情寄菩薩蠻雜劇：四折／（元）賈仲名撰

劉晨阮肇誤入桃源雜劇：四折／（元）王子一撰

天香圃牡丹品雜劇：四折／（明）朱有燉撰

煙花夢雜劇：四折／（明）朱有燉撰

義勇辭金雜劇：四折／（明）朱有燉撰

曲江池雜劇：四折／（明）朱有燉撰

繼母大賢雜劇：四折／（明）朱有燉撰

己／1883

孤本元明雜劇／涵芬樓輯．--鉛印本．--長沙：涵芬樓，民國三十年（1941）．--32 冊（3 函）．--半葉 14 行，行 30 字，小字單行 39 字，白口，四周單邊，單黑魚尾，版心下印"涵芬樓藏板"，半框 15 × 10.4cm。牌記題"上海涵芬樓印行"。吳曉鈴墨筆題記．--綫裝

子目：

呂蒙正風雪破窑記：四折／（元）王實甫撰

關大王獨赴單刀會：四折／（元）關漢卿撰

山神廟裴度還帶：四折／（元）關漢卿撰

鄧夫人苦痛哭存孝：四折／（元）關漢卿撰

劉夫人慶賞五侯宴：五折／（元）關漢卿撰

狀元堂陳母教子：四折／（元）關漢卿撰

董秀英花月東墻記：五折／（元）白仁甫撰

保成公徑赴澠池會：四折／（元）高文秀撰

劉玄德獨赴襄陽會：四折／（元）高文秀撰

好酒趙元遇上皇：四折／（元）高文秀撰

宋上皇御斷金鳳釵：四折／（元）鄭廷玉撰

張子房圯橋進履：四折／（元）李文蔚撰

破苻堅蔣神靈應：四折／（元）李文蔚撰

莊周夢蝴蝶：四折／（元）史九敬先撰

蘇子瞻風雪貶黃州：四折／（元）費唐臣撰

降桑椹蔡順奉母：五折／（元）劉唐卿撰

立成湯伊尹耕莘：四折／（元）鄭德輝撰

鍾離春智勇定齊：四折／（元）鄭德輝撰

虎牢關三戰呂布：四折／（元）鄭德輝撰

程咬金斧劈老君堂：四折／（元）鄭德輝撰

陶母剪髮待賓：四折／（元）秦簡夫撰

劉玄德醉走黃鶴樓：四折／（元）朱凱撰

癭李岳詩酒玩江亭：四折／（元）戴善夫撰

呂洞賓桃柳升仙夢：四折／（元）賈仲名撰

張公藝九世同居：四折／（元）□□撰
二郎神醉射鎖魔鏡：四折／（元）□□撰
關雲長千里獨行：四折／（元）□□撰
諸葛亮博望燒屯：四折／（元）□□撰
摩利支飛刀對箭：四折／（元）□□撰
雁門關存孝打虎：四折／（元）□□撰
狄青復奪衣襖車：四折／（元）□□撰
閥閱舞射柳捶丸記：四折／（元）□□撰
施仁義劉弘嫁婢：四折／（元）□□撰
鄭月蓮秋夜雲窗夢：四折／（元）□□撰
劉千病打獨角牛：四折／（元）□□撰
十探子大鬧延安府：四折／（元）□□撰
魯智深喜賞黃花峪：四折／（元）□□撰
卓文君私奔相如：四折／（明）朱權撰
沖漠子獨步大羅天：四折／（明）朱權撰
河嵩神靈芝慶壽：四折／（明）朱有燉撰
東華仙三度十長生：四折／（明）朱有燉撰
呂洞賓花月神仙會：四折／（明）朱有燉撰
四時花月賽嬌容：四折／（明）朱有燉撰
南極星度海脫海棠仙：四折／（明）朱有燉撰
黃廷道夜走流星馬：四折／（明）黃元吉撰
王蘭卿貞烈傳：四折／（明）康海撰
洞天玄記：四折／（明）楊慎撰
太平仙記：四折／（明）陳自得撰
獨樂園司馬入相：四折／（明）桑紹良撰
僧尼共犯：四折／（明）馮惟敏撰
十八國臨潼鬥寶：四折
田穰苴伐晉興齊：四折
守貞節孟母三移：四折
吳起敵秦挂帥印：四折
後七國樂毅圖齊：四折
韓元帥暗度陳倉：四折
運機謀隨何騙英布：四折
漢公卿衣錦還鄉：四折
馬援撾打聚獸牌：四折
漢銚期大戰邳彤：五折
寇子翼定時捉將：四折
鄧禹定計捉彭寵：四折
雲臺門聚二十八將：四折
薛苞認母：四折

劉關張桃園三結義：四折
關雲長單刀劈四寇：五折
張翼德大破杏林莊：四折
張翼德單戰呂布：四折
張翼德三出小沛：四折
莽張飛大鬧石榴園：四折
走鳳雛龐掠四郡：四折
曹操夜走陳倉路：五折
陽平關五馬破曹：四折
壽亭侯怒斬關平：四折
周公瑾得志娶小喬：四折
陶淵明東籬賞菊：四折
魏徵改詔風雲會：四折
徐懋功智降秦叔寶：四折
長安城四馬投唐：四折
尉遲恭鞭打單雄信：四折
立功勳慶賞端陽：四折
十八學士登瀛洲：四折
唐李靖陰山破虜：四折
賢達婦龍門隱秀：四折
孫真人南極登仙會：四折
眾僚友喜賞浣花溪：四折
招涼亭賈島破風詩：四折
李嗣源復奪紫泥宣：四折
壓關樓疊掛午時牌：四折
趙匡胤打董達：五折
穆陵關上打韓通：四折
存仁心曹彬下江南：四折
八大王開詔救忠臣：四折／（明）□□撰
焦光贊拏拿蕭天佑：四折／（明）□□撰
楊六郎調兵破天陣：四折／（明）□□撰
十樣錦諸葛論功：四折／（明）□□撰
關雲長大破蚩尤：四折／（明）□□撰
認金梳孤兒尋母：四折／（明）□□撰
張于湖誤宿女真觀：四折／（明）□□撰
女學士明講春秋：四折／（明）□□撰
女姑姑說法陞堂記：四折／（明）□□撰
宋大將岳飛精忠：四折／（明）□□撰
梁山五虎大劫牢：五折／（明）□□撰
梁山七虎鬧銅台：五折／（明）□□撰

王矮虎大鬧東平府：四折／（明）□□撰
宋公明排九宮八卦陣：四折／（明）□□撰
徐伯株貧富興衰記：四折／（明）□□撰
海門張仲村樂堂：四折／（明）□□撰
奉天命三保下西洋：四折／（明）□□撰
若耶溪漁樵閑話：四折／（明）□□撰
雷澤遇仙記：五折／（明）□□撰
王文秀渭塘奇遇記：四折／（明）□□撰
清廉官長勘金環：四折／（明）□□撰
秦月娥誤失金環記：四折／（明）□□撰
風月南牢記：四折
慶豐門蘇九淫奔記：四折
釋迦佛雙林坐化：四折
觀音菩薩魚籃記：四折
猛烈那吒三變化：四折
許真人拔宅飛升：四折
呂翁三化邯鄲店：四折
呂純陽點化度黃龍：四折
邊洞玄慕道升仙：四折
李雲卿得悟升真：四折
太乙仙夜斷桃符記：四折
時真人四聖鎖白猿：四折
二郎神鎖齊天大聖：四折
灌口二郎斬健蛟：四折
寶光殿天真祝萬壽：四折
祝聖壽金母獻蟠桃：四折
降丹墀三聖慶長生：四折
衆神聖慶賀元宵節：四折
爭玉板八仙過滄海：四折
慶豐年五鬼鬧鍾馗：四折
紫薇宮慶賀長春節：四折
賀萬壽五龍朝聖：四折
衆天仙慶賀長生會：五折
賀生平群仙祝壽：四折
廣成子祝賀齊天壽：四折
感天地群仙朝聖：四折
祝聖壽萬國來朝：四折
慶千秋金母賀延年：四折
慶冬至共享太平宴：四折
黃眉翁賜福上延年：四折

附孤本元明雜劇提要：一卷／王季烈撰

己／1529

古本戲曲叢刊四集／古本戲曲叢刊編輯委員會輯．--影印本．--上海：商務印書館，1958年．--120冊（14函）．--據北京圖書館藏本影印。子目中未著錄責任者的,據叢書總目錄著錄．--綫裝
　子目：
元刊雜劇：三十種／（元）□□輯．--據元刻本影印
　　大都新編關張雙赴西蜀夢：一卷／（元）［關漢卿撰］
　　新刊關目閨怨佳人拜月亭：一卷／（元）［關漢卿撰］
　　古杭新刊的本關大王單刀會：一卷／（元）［關漢卿撰］
　　新刊關目詐妮子調風月：一卷／（元）關漢卿撰
　　新刊關目好酒趙元遇上皇：一卷／（元）［高文秀撰］
　　大都新編楚昭王疎者下船：一卷／（元）［鄭廷玉撰］
　　新刊關目看錢奴買怨家債主：一卷／（元）［鄭廷玉撰］
　　新刊的本泰華山陳摶高臥：一卷／（元）［馬致遠撰］
　　新栞關目馬丹陽三度任風子：一卷／（元）［馬致遠撰］
　　新刊的本散家財天賜老生兒：一卷／（元）［武漢臣撰］
　　古杭新刊的本尉遲恭三奪槊：一卷／（元）［尚仲賢撰］
　　新刊關目漢高皇濯足氣英布：一卷／（元）［尚仲賢撰］
　　趙氏孤兒：一卷／（元）［紀君祥撰］
　　古杭新刊的本關目風月紫雲庭：一卷／（元）［石君寶撰］
　　大都新編關目公孫汗衫記：一卷／（元）［張國賓撰］

新刊的本薛仁貴衣錦還鄉：一卷/（元）
［張國賓撰］

新刊關目張鼎智勘魔合羅：一卷/（元）
［孟漢卿撰］

古杭新刊關目的本李太白貶夜郎：一卷/
（元）［王伯成撰］

新編岳孔目借鐵拐李還魂：一卷/（元）
［岳伯川撰］

新刊關目晉文公火燒介子推：一卷/（元）
［狄君厚撰］

大都新刊關目的本東窗事犯：一卷/（元）
［金仁傑（一題孔文卿）撰］

古杭新刊關目霍光鬼諫：一卷/（元）［楊
梓撰］

新刊死生交范張雞黍：一卷/（元）［宮天
挺撰］

新刊關目嚴子陵垂釣七里灘：一卷/（元）
［宮天挺撰］

古杭新刊關目輔成王周公攝政：一卷/
（元）［鄭光祖撰］

新栞關目全蕭何追韓信：一卷/（元）［金
仁傑撰］

新刊關目陳季卿悟道竹葉舟：一卷/（元）
［范康撰］

新刊關目諸葛亮博望燒屯：一卷/（元）
［無名氏撰］

新刊足本關目張千替殺妻：一卷/（元）
［無名氏撰］

古杭新刊小張屠焚兒救母：一卷/（元）
［無名氏撰］

古雜劇/（明）王驥德輯. --據明萬曆中期顧
曲齋刻本影印

望江亭中秋切鱠旦：一卷/（元）關漢卿撰

溫太真玉鏡臺：一卷/（元）關漢卿撰

白敏中偎梅香：一卷/（元）鄭德輝撰

錢大尹智勘緋衣夢：一卷/（元）關漢卿撰

玉簫女兩世姻緣：一卷/（元）喬夢符撰

江州司馬青衫淚：一卷/（元）馬致遠撰

洞庭湖柳毅傳書：一卷/（元）尚仲賢撰

李太白匹配金錢記：一卷/（元）喬夢符撰

李亞仙花酒曲江池：一卷/（元）石君寶撰

蕭淑蘭情寄菩薩蠻：一卷/（元）賈仲名撰

迷青瑣倩女離魂：一卷/（元）鄭德輝撰

杜蘂娘智賞金線池：一卷/（元）關漢卿撰

臨江驛瀟湘夜雨：一卷/（元）楊顯之撰

荊楚臣重對玉梳：一卷/（元）賈仲名撰

李雲英風送梧桐葉：一卷/（元）喬夢符撰

漢元帝孤雁漢宮秋：一卷/（元）馬致遠撰

唐明皇秋夜梧桐雨：一卷/（元）白仁甫撰

秦脩然竹塢聽琴：一卷/（元）石子章撰

宋太祖龍虎風雲會：一卷/（明）羅貫中撰

謝金蓮詩酒紅梨花：一卷/（元）張壽卿撰

脈望館鈔校本古今雜劇/（明）趙琦美輯. --
據趙氏稿本影印

孤雁漢宮秋：一卷/（元）馬致遠撰

馬丹陽三度任風子：一卷/（元）馬致遠撰

呂洞賓三醉岳陽樓：一卷/（元）馬致遠撰

江州司馬青衫淚：一卷/（元）馬致遠撰

半夜雷轟薦福碑：一卷/（元）馬致遠撰

西華山陳摶高臥：一卷/（元）馬致遠撰

孟浩然踏雪尋梅雜劇：一卷/（元）馬致遠
撰

開壇闡教黃粱夢：一卷/（元）馬致遠撰

蘇子瞻風雪貶黃州：一卷/（元）費唐臣撰

四丞相歌舞麗春堂：一卷/（元）王實甫撰

呂蒙正風雪破窯記雜劇：一卷/（元）王實
甫撰

死生交范張雞黍雜劇：一卷/（元）宮天挺
撰

杜蘂娘智賞金線池：一卷/（元）關漢卿撰

劉夫人慶賞五侯宴雜劇：一卷/（元）關漢
卿撰

單刀會：一卷/（元）關漢卿撰

趙盼兒風月救風塵：一卷/（元）關漢卿撰

溫太真玉鏡臺：一卷/（元）關漢卿撰

望江亭中秋切鱠旦：一卷/（元）關漢卿撰

錢大尹智寵謝天香：一卷/（元）關漢卿撰

鄧夫人苦痛哭存孝雜劇：一卷/（元）關漢
卿撰

錢大尹智勘緋衣夢：一卷/（元）關漢卿撰

包待制三勘蝴蝶夢：一卷/（元）關漢卿撰

感天動地竇娥冤：一卷/（元）關漢卿撰

山神廟裴度還帶雜劇：一卷/（元）關漢卿撰

尉遲恭單鞭奪槊：一卷/（元）關漢卿撰

狀元堂陳母教子雜劇：一卷/（元）關漢卿撰

唐明皇秋夜梧桐雨：一卷/（元）白仁甫撰

董秀英花月東牆記：一卷/（元）白仁甫撰

裴少俊牆頭馬上：一卷/（元）白仁甫撰

保成公徑赴澠池會雜劇：一卷/（元）高文秀撰

好酒趙元遇上皇：一卷/（元）高文秀撰

劉玄德獨赴襄陽會雜劇：一卷/（元）高文秀撰

立成湯伊尹耕莘：一卷/（元）鄭德輝［鄭光祖］撰

鍾離春智勇定齊：一卷/（元）鄭德輝［鄭光祖］撰

㑳梅香騙翰林風月：一卷/（元）鄭德輝［鄭光祖］撰

醉思鄉王粲登樓：一卷/（元）鄭德輝［鄭光祖］撰

迷青瑣倩女離魂：一卷/（元）鄭德輝［鄭光祖］撰

虎牢關三戰呂布雜劇：一卷/（元）鄭德輝［鄭光祖］撰

張子房圯橋進履：一卷/（元）李文蔚撰（缺1至4葉半）

同樂院燕青博魚雜劇：一卷/（元）李文蔚撰

破苻堅蔣神靈應雜劇：一卷/（元）李文蔚撰

莊周夢蝴蝶：一卷/（元）史九敬先撰（版心題"老莊周一枕蝴蝶夢"）

張孔目智勘魔合羅：一卷/（元）孟漢卿撰

陶學士醉寫風光好：一卷/（元）戴善夫撰

東堂老勸破家子弟雜劇：一卷/（元）秦簡夫撰

孝義士趙禮讓肥雜劇：一卷/（元）秦簡夫撰

陶母剪髮待賓：一卷/（元）秦簡夫撰

宋上皇御斷金鳳釵：一卷/（元）鄭廷玉撰

布袋和尚忍字記雜劇：一卷/（元）鄭廷玉撰

楚昭公疏者下船雜劇：一卷/（元）鄭廷玉撰

看財奴買冤家債主雜劇：一卷/（元）鄭廷玉撰

包龍圖智勘後庭花：一卷/（元）鄭廷玉撰

斷冤家債主：一卷/（元）鄭廷玉撰

宋太祖龍虎風雲會：一卷/（明）羅貫中撰

諸葛亮博望燒屯雜劇：一卷/（元）無名氏撰

龐涓夜走馬陵道雜劇：一卷/（元）無名氏撰

忠義士豫讓吞炭：一卷/（元）［楊梓撰］

錦雲堂美女連環記雜劇：一卷

蘇子瞻醉寫赤壁賦：一卷

鄭月蓮秋夜雲窗夢：一卷/（元）無名氏撰

王月英元夜留鞋記雜劇：一卷

河南府張鼎勘頭巾：一卷/（元）孫仲章撰

硃砂擔滴水浮漚記雜劇：一卷/（元）無名氏撰

貨郎旦雜劇：一卷/（元）無名氏撰

敬德不伏老：一卷/（元）無名氏（一作楊梓）撰

施仁義劉弘嫁婢雜劇：一卷/（元）無名氏撰

劉千病打獨角牛雜劇：一卷/（元）無名氏撰

斷殺狗勸夫：一卷/（元）［蕭德祥撰］

大婦小妻還牢末：一卷/（元）［李致遠撰］

講陰陽八卦桃花女雜劇：一卷/（元）［王曄撰］

玎玎璫璫盆兒鬼雜劇：一卷/（元）無名氏撰

劉玄德醉走黃鶴樓雜劇：一卷/（元）［朱凱撰］

玉清庵錯送鴛鴦被：一卷/（元）無名氏撰

關雲長千里獨行：一卷/（元）無名氏撰

孟光女舉案齊眉雜劇：一卷/（元）無名氏撰

存孝打虎：一卷/（元）無名氏撰

狄青復奪衣襖車雜劇：一卷

摩利支飛刀對箭雜劇：一卷/（元）無名氏撰

降桑椹蔡順奉母：一卷/（元）劉唐卿撰

羅李郎大鬧相國寺：一卷/（元）張國賓撰

馬丹陽度脫劉行首：一卷/（元）楊景賢撰

閥閱舞射柳蕤丸記：一卷

百花亭：一卷/（元）無名氏撰

龍濟山野猿聽經：一卷/（元）無名氏撰

二郎神醉射鎖魔鏡：一卷/（元）無名氏撰

漢鍾離度脫藍采和：一卷/（元）無名氏撰

李雲英風送梧桐葉：一卷/（明）[李唐賓撰]

趙匡義智娶符金錠雜劇：一卷/（元）無名氏撰

包待制智賺生金閣：一卷/（元）[武漢臣撰]

包待制智斬魯齋郎：一卷/（元）關漢卿撰

張公藝九世同居：一卷/（元）無名氏撰

月明和尚度柳翠：一卷/（元）[李壽卿撰]

獨步大羅天：一卷/（明）丹丘先生[朱權]撰

卓文君私奔相如：一卷/（明）丹丘先生[朱權]撰

劉晨阮肇誤入天臺：一卷/（明）王子一撰

黃廷道夜走流星馬：一卷/（明）黃元吉撰

呂洞賓三度城南柳：一卷/（明）谷子敬撰

鐵拐李度金童玉女：一卷/（元）賈仲名撰

呂洞賓桃柳昇仙夢：一卷/（元）賈仲名撰

蕭淑蘭情寄菩薩蠻：一卷/（元）賈仲名撰

荊楚臣重對玉梳：一卷/（元）賈仲名撰

翠紅鄉兒女兩團圓雜劇：一卷/（明）楊文奎撰

洞天玄記：一卷/（明）楊升庵[楊慎]撰

司馬入相傳奇：一卷/（明）桑紹良著

灌將軍使酒罵座記：一卷/（明）斛園居士[葉憲祖]著

金翠寒衣記：一卷/（明）斛園居士[葉憲祖]撰

漁陽三弄：一卷/（明）[徐渭撰]

玉通和尚罵紅蓮：一卷/（明）無名氏撰

木蘭女：一卷/（明）[徐渭撰]

黃崇嘏女狀元：一卷/（明）[徐渭撰]

僧尼共犯傳奇：一卷/（明）[馮惟敏撰]

東華仙三度十長生：一卷/（明）周王誠齋[朱有燉]撰

羣仙慶壽蟠桃會：一卷/（明）周王誠齋[朱有燉]撰

呂洞賓花月神仙會：一卷/（明）周王誠齋[朱有燉]撰

惠禪師三度小桃紅：一卷/（明）周王誠齋[朱有燉]撰

張天師明斷辰鈎月：一卷/（明）周王誠齋[朱有燉]撰

洛陽風月牡丹仙：一卷/（明）周王誠齋[朱有燉]撰

清河縣繼母大賢：一卷/（明）周王誠齋[朱有燉]撰

趙貞姬身後團圓夢：一卷/（明）周王誠齋[朱有燉]撰

劉昐春守志香囊怨：一卷/（明）周王誠齋[朱有燉]撰

李亞仙花酒曲江池：一卷/（明）周王誠齋[朱有燉]撰

紫陽仙三度常椿壽：一卷/（明）周王誠齋[朱有燉]撰

福祿壽仙官慶會：一卷/（明）周王誠齋[朱有燉]撰

十美人慶賞牡丹園：一卷/（明）周王誠齋[朱有燉]撰

善知識苦海回頭：一卷/（明）周王誠齋[朱有燉]撰

瑤池會八仙慶壽雜劇：一卷/（明）周王誠齋[朱有燉]撰

黑旋風仗義疏財：一卷/（明）周王誠齋[朱有燉]撰

伍子胥鞭伏柳盜蹠雜劇：一卷

十八國臨潼鬭寶雜劇：一卷

田穰苴伐晉興齊雜劇：一卷

後七國樂毅圖齊雜劇：一卷

吳起敵秦掛帥印雜劇：一卷

守貞節孟母三移雜劇：一卷

漢公卿衣錦還鄉雜劇：一卷

運機謀隨何騙英布雜劇：一卷

隨何賺風魔蒯徹雜劇：一卷

韓元帥暗度陳倉雜劇：一卷

司馬相如題橋記：一卷

馬援撾打聚獸牌雜劇：一卷

雲臺門聚二十八將雜劇：一卷

漢姚期大戰邳仝雜劇：一卷

孝義士趙禮讓肥雜劇：一卷／（元）[秦簡
夫撰]

寇子翼定時捉將雜劇：一卷

鄧禹定計捉彭寵雜劇：一卷

十樣錦諸葛論功雜劇：一卷

曹操夜走陳倉路雜劇：一卷

陽平關五馬破曹雜劇：一卷

走鳳雛龐掠四郡雜劇：一卷

周公瑾得志娶小喬雜劇：一卷

張翼德單戰呂布雜劇：一卷

莽張飛大鬧石榴園雜劇：一卷

關雲長單刀劈四寇雜劇：一卷

壽亭侯怒斬關平雜劇：一卷

關雲長大破蚩尤雜劇：一卷

劉關張桃園三結義雜劇：一卷

張翼德三出小沛：一卷（原闕第一葉）

張翼德大破杏林莊雜劇：一卷

陶淵明東籬賞菊雜劇：一卷

長安城四馬投唐雜劇：一卷

立功勳慶賞端陽雜劇：一卷

賢達婦龍門隱秀雜劇：一卷

招涼亭賈島破風詩雜劇：一卷

眾僚友喜賞浣花溪雜劇：一卷

魏徵改詔風雲會雜劇：一卷

程咬金斧劈老君堂雜劇：一卷／（元）[鄭
光祖撰]

徐茂公智降秦叔寶雜劇：一卷

小尉遲將鬭將將鞭認父雜劇：一卷

尉遲恭鞭打單雄信：一卷

十八學士登瀛洲：一卷

唐李靖陰山破虜雜劇：一卷

李嗣源復奪紫泥宣雜劇：一卷

飛虎峪存孝打虎雜劇：一卷／（元）[陳以
仁撰]

壓關樓疊掛午時牌雜劇：一卷

存仁心曹彬下江南雜劇：一卷

八大王開詔救忠臣雜劇：一卷

楊六郎調兵破天陣雜劇：一卷

焦光贊活拿蕭天佑雜劇：一卷

宋大將岳飛精忠雜劇：一卷

十探子大鬧延安府雜劇：一卷

張于湖誤宿女真觀：一卷

女學士明講春秋：一卷

趙匡胤打董達雜劇：一卷

穆陵關上打韓通雜劇：一卷

相國寺公孫汗衫記雜劇：一卷／（元）[張
國賓撰]

海門張仲村樂堂雜劇：一卷／（明）無名氏
撰

王閨香夜月四春園雜劇：一卷／（元）[關
漢卿撰]

女姑姑說法陞堂記雜劇：一卷／（明）無名
氏撰

清廉官長勘金環雜劇：一卷／（明）無名氏
撰

雷澤遇仙記：一卷／（明）無名氏撰

若耶溪漁樵閑話：一卷／（明）無名氏撰

徐伯株貧富興衰記：一卷／（明）無名氏撰

薛包認母：一卷／（明）無名氏撰

認金梳孤兒尋母：一卷／（明）無名氏撰

四時花月賽嬌容：一卷／（明）[朱有燉撰]

王文秀渭塘奇遇記：一卷／（明）無名氏撰

月夜淫奔記：一卷／（明）無名氏撰

風月南牢記：一卷／（明）無名氏撰

秦月娥誤失金環記：一卷／（明）無名氏撰

釋迦佛雙林坐化：一卷／（明）無名氏撰

觀音菩薩魚籃記雜劇：一卷/（明）無名氏撰

許真人拔宅飛昇雜劇：一卷/（明）無名氏撰

孫真人南極登仙會雜劇：一卷/（明）無名氏撰

呂翁三化邯鄲店：一卷/（明）無名氏撰

呂純陽點化度黃龍雜劇：一卷/（明）無名氏撰

邊洞玄慕道昇仙雜劇：一卷/（明）無名氏撰

李雲卿得悟昇真雜劇：一卷/（明）無名氏撰

王蘭卿真烈傳：一卷（明）［康海撰］

太平仙記：一卷/（明）［陳自得撰］

瘸李岳詩酒翫江亭雜劇：一卷/（元）［戴善夫撰］

太乙仙夜斷桃符記：一卷

南極星度脫海棠仙：一卷/（明）［朱有燉撰］

張天師斷風花雪月雜劇：一卷/（元）［吳昌齡撰］

時真人四聖鎖白猿雜劇：一卷

猛烈哪吒三變化雜劇：一卷

二郎神鎖齊天大聖雜劇：一卷

灌口二郎斬健蛟雜劇：一卷

二郎神射鎖魔鏡雜劇：一卷

魯智深喜賞黃花峪雜劇：一卷

梁山五虎大劫牢雜劇：一卷

梁山七虎鬧銅台雜劇：一卷

王矮虎大鬧東平府雜劇：一卷

宋公明排九宮八卦陣雜劇：一卷

黑旋風雙獻功雜劇：一卷/（元）［高文秀撰］

奉天命三保下西洋雜劇：一卷

寶光殿天真祝萬壽雜劇：一卷/（明）［教坊編演］

眾群仙慶賞蟠桃會雜劇：一卷/（明）［教坊編演］

祝聖壽金母獻蟠桃雜劇：一卷/（明）［教坊編演］

降丹墀三聖慶長生雜劇：一卷/（明）［教坊編演］

眾神聖慶賀元宵節雜劇：一卷/（明）［教坊編演］

祝聖壽萬國來朝：一卷/（明）［教坊編演］

爭玉板八仙過滄海雜劇：一卷/（明）［教坊編演］

慶豐年五鬼鬧鍾馗雜劇：一卷/（明）［教坊編演］

河嵩神靈芝慶壽：一卷/（明）［教坊編演］

慶賀長春節：一卷/（明）［教坊編演］

賀萬壽五龍朝聖雜劇：一卷/（明）［教坊編演］

眾天仙慶賀長生會雜劇：一卷/（明）［教坊編演］

慶冬至共享太平宴雜劇：一卷/（明）［教坊編演］

賀昇平群仙祝壽雜劇：一卷/（明）［教坊編演］

慶千秋金母賀延年雜劇：一卷/（明）［教坊編演］

廣成子祝賀齊天壽雜劇：一卷/（明）［教坊編演］

黃眉翁賜福上延年雜劇：一卷/（明）［教坊編演］

感天地群仙朝聖雜劇：一卷/（明）［教坊編演］

古名家雜劇/（明）陳與郊輯.--據明萬曆刻本影印

尉遲恭單鞭奪槊：一卷/（元）尚仲賢撰

杜牧之詩酒揚州夢：一卷/（元）喬夢符［喬吉］撰

玉簫女兩世姻緣：一卷/（元）喬夢符［喬吉］撰

李太白匹配金錢記：一卷/（元）喬夢符［喬吉］撰

鄭孔目風雪酷寒亭：一卷/（元）楊顯之撰

大婦小妻還牢末：一卷/（元）馬致遠撰

謝金蓮詩酒紅梨花：一卷/（元）張壽卿撰

秦脩然竹塢聽琴：一卷/（元）石子章撰

劉晨阮肇誤入天臺：一卷/（明）王子一撰

帝妃春遊：一卷/（明）程士廉撰. --圖 1 幅

雜劇選/（明）息機子輯. --據明萬曆二十六年（1598）刻本影印

西華山陳摶高臥：一卷/（元）馬致遠撰

玉簫女兩世姻緣：一卷/（元）喬夢符［喬吉］撰

須賈譖范睢雜劇：一卷/（元）［高文秀撰］

宋太祖龍虎風雲會：一卷/（明）羅貫中撰

呂洞賓三度城南柳：一卷/（元）谷子敬撰

包待制智賺合同文字雜劇：一卷/（元）□□撰

薩真人夜斷碧桃花雜劇：一卷/（元）□□撰

月明和尚度柳翠雜劇：一卷/（元）［李壽卿撰］

玉清庵錯送鴛鴦被：一卷/（元）□□撰

李素蘭風月玉壺春：一卷/（元）［武漢臣撰］

王鼎臣風雪漁樵記雜劇：一卷/（元）□□撰

陽春奏三種/（明）黃正位輯. --據明萬曆三十七年（1609）刻本影印

陶學士醉寫風光好：一卷/（元）戴善夫撰；（明）尊生館校

宋太祖龍虎風雲會：一卷/（明）羅貫中撰；（明）尊生館校

西華山陳摶高臥：一卷/（元）馬致遠撰；（明）尊生館校

元明雜劇四種/（明）□□撰. --據明萬曆刻本影印

新鐫半夜雷轟薦福碑雜劇：一卷/（元）東籬馬致遠撰. --圖 2 幅

新鐫唐明皇秋夜梧桐雨雜劇：一卷/（元）白仁甫［白樸］撰

新鐫杜牧之詩酒揚州夢雜劇：一卷/（元）喬夢符［喬吉］撰

新鐫鐵拐李度金童玉女：一卷/（明）賈仲名撰

古今名劇合選：二集/（明）孟稱舜輯. --據明崇禎六年（1633）刻本影印

錄鬼簿/（元）鍾嗣成撰

新鐫古今名劇柳枝集：

倩女離魂：一卷/（元）鄭德輝著；（明）孟稱舜評點

翰林風月：一卷/（元）鄭德輝著；（明）孟稱舜評點

青衫淚：一卷/（元）馬致遠著；（明）孟稱舜評點

兩世姻緣：一卷/（元）喬吉著；（明）孟稱舜評點

詩酒揚州夢：一卷/（元）喬吉著；（明）孟稱舜評點

金錢記：一卷/（元）喬吉著；（明）孟稱舜評點

玉鏡臺：一卷/（元）關漢卿著；（明）孟稱舜評點

智賞金線池：一卷/（元）關漢卿著；（明）孟稱舜評點

牆頭馬上：一卷/（元）白仁甫著；（明）孟稱舜評點

秋夜瀟湘雨：一卷/（元）楊顯之著；（明）孟稱舜評點

詩酒紅梨花：一卷/（元）張壽卿著；（明）孟稱舜評點

張生煮海：一卷/（元）李好古著；（明）孟稱舜評點

二郎收豬八戒：一卷/（元）吳昌齡著；（明）孟稱舜評點

竹塢聽琴：一卷/（元）石子章著；（明）孟稱舜評點

柳毅傳書：一卷/（元）尚仲賢著；（明）孟稱舜評點

月明和尚度柳翠：一卷/（元）［李壽卿］著；（明）孟稱舜評點

悞入桃源：一卷/（明）王子一著；（明）孟稱舜評點

三度城南柳：一卷/（明）谷子敬著；（明）孟稱舜評點

重對玉梳記：一卷／（明）賈仲名著；（明）孟稱舜評點

蕭淑蘭：一卷／（元）賈仲名著；（明）孟稱舜評點

三度小桃紅：一卷／（明）周藩憲王［朱有燉］著；（明）孟稱舜評點

春風慶朔堂：一卷／（明）周藩憲王［朱有燉］著；（明）孟稱舜評點

風月牡丹僊：一卷／（明）周藩憲王［朱有燉］著；（明）孟稱舜評點

泣賦眼兒媚：一卷／（明）孟稱舜著；（明）陳洪綬評點

桃源三訪：一卷／（明）孟稱舜著；（明）陳洪綬評點

花前一笑：一卷／（明）孟稱舜著；（明）陳洪綬評點

新鐫古今名劇酹江集：

孤雁漢宮秋：一卷／（元）馬致遠著；（明）孟稱舜評點

三渡任風子：一卷／（元）馬致遠著；（明）孟稱舜評點

雷轟薦幅碑：一卷／（元）馬致遠著；（明）孟稱舜評點

秋夜梧桐雨：一卷／（元）白仁甫著；（明）孟稱舜評點

范張雞黍：一卷／（元）宮天挺著；（明）孟稱舜評點

王粲登樓：一卷／（元）鄭德輝［光祖］著；（明）孟稱舜評點

竇娥冤：一卷／（元）關漢卿著；（明）孟稱舜評點

鐵拐李：一卷／（元）岳伯川著；（明）孟稱舜評點

李逵負荊：一卷／（元）康進之著；（明）孟稱舜評點

誶范叔：一卷／（元）［高文秀］著；（明）孟稱舜評點

東堂老：一卷／（元）秦簡夫著；（明）孟稱舜評點

趙氏孤兒：一卷／（元）紀君祥著；（明）孟稱舜評點

高宴麗春堂：一卷／（元）王實甫著；（明）孟稱舜評點

燕青博魚：一卷／（元）李文蔚著；（明）孟稱舜評點

天賜老生兒：一卷／（元）武漢臣著；（明）孟稱舜評點

龍虎風雲會：一卷／（明）羅貫中著；（明）孟稱舜評點

智勘魔合羅：一卷／（元）孟漢卿著；（明）孟稱舜評點

隔江鬥智：一卷／（元）□□著；（明）孟稱舜評點。

黑旋風仗義疏財：一卷／（明）周藩憲王［朱有燉］撰

沽酒遊春：一卷／（明）王九思著；（明）孟稱舜評點

中山狼：一卷／（明）康海著；（明）孟稱舜評點

一世不伏老：一卷／（明）馮惟敏著；（明）孟稱舜評點

昆侖奴：一卷／（明）梅鼎祚著；（明）孟稱舜評點

紅線女：一卷／（明）梁辰魚著；（明）孟稱舜評點

鬱輪袍：一卷／（明）王衡著；（明）孟稱舜評點

狂鼓史漁陽三弄：一卷／（明）徐渭著；（明）孟稱舜評點

雌木蘭替父從軍：一卷／（明）徐渭著；（明）孟稱舜評點

真傀儡：一卷／（明）□□著；（明）孟稱舜評點

鞭歌妓：一卷／（明）沈自徵撰著；（明）孟稱舜評點

鄭節度殘唐再創：一卷／（明）孟稱舜撰；（明）馬權奇評點　　己/1663、己/1664

雜劇十段錦：十集／（明）朱有燉等撰. --影印

本,玻璃版.--誦芬室主人董康,民國二年(1913).--4冊.--據明嘉靖三十七年(1558)紹陶室刊本影印。半葉9行,行19字,白口,四周單邊,半框9.7×7.6cm。牌記題"癸丑季秋南蘭陵誦芬室主人仿古香齋袖珍本精製印行"。天頭有吳曉鈴批。鈐"曉鈴藏書"朱文印.--綫裝

　　子目:

　　關雲長義勇辭金:一集/(明)朱有燉撰

　　李亞仙花酒曲江池:一集/(明)朱有燉撰

　　蟠桃會八仙慶壽:一集/(明)朱有燉撰

　　漢相如獻賦題橋:一集/(明)佚名撰

　　胡仲淵貶竄雷州:一集/(明)佚名撰

　　趙貞姬死後團圓:一集/(明)朱有燉撰

　　黑旋風仗義疏財:一集/(明)朱有燉撰

　　清河縣繼母大賢:一集/(明)朱有燉撰

　　豹子和尚自還俗:一集/(明)朱有燉撰

　　蘭紅葉訴良煙花夢:一集/(明)朱有燉撰

己/958

盛明雜劇初集:三十卷/(明)沈泰編.--刻本.--武進:誦芬室,民國七年(1918).--10冊(1函):插圖60幅.--半葉9行,行20字,欄上鐫評,行3字,白口,左右雙邊,半框19.7×14.2cm。牌記題"戊午年春仲誦芬室仿明本精槧".--綫裝

　　子目:

　　高唐夢:一出/(明)汪道昆撰;(明)王世懋評;(明)黃嘉惠,(明)沈泰閱

　　五湖遊:一出/(明)汪道昆撰;(明)王世懋評;(明)黃嘉惠,(明)汪槤閱

　　遠山戲:一出/(明)汪道昆撰;(明)王世懋評;(明)沈泰,(明)李光陽閱

　　洛水悲:一出/(明)汪道昆撰;(明)王世懋評;(明)徐翽,(明)黃之堯閱

　　漁陽弄:一出/(明)徐渭編;(明)袁宏道評;(明)張元徵,(明)程羽文閱

　　翠鄉夢:二出/(明)徐渭編;(明)袁宏道評;(明)葉蔚,(明)陳雲瑞閱

　　雌木蘭:二出/(明)徐渭編;(明)袁宏道評;

(明)胡潛,(明)姚學孟閱

　　女狀元:五出/(明)徐渭編;(明)袁宏道評;(明)黃嘉惠,(明)沈士俊閱

　　昭君出塞:一出/(明)陳與郊編;(明)沈泰評;(明)徐翽,(明)王璣閱

　　文姬入塞:一出/(明)陳與郊編;(明)張亦臨評;(明)黃嘉惠,(明)沈泰閱

　　袁氏義犬:五出/(明)陳與郊編;(明)徐翽評;(明)沈泰,(明)張佩玉閱

　　霸亭秋:一出/(明)沈自徵撰;(明)沈泰評;(明)汪槤,(明)包啟礽閱

　　鞭歌妓:一出/(明)沈自徵撰;(明)汪槤評;(明)黃之堯,(明)朱煒閱

　　簪花髻:一出/(明)沈自徵撰;(明)張佩玉評;(明)陳雲瑞,(明)朱炯閱

　　北邙說法:一出/(明)葉憲祖編;(明)黃嘉惠評;(明)葉體仁,(明)黃之禧閱

　　團花鳳:一出/(明)葉憲祖編;(明)沈泰評;(明)毛明,(明)楊世珍閱

　　桃花人面:一出/(明)孟稱舜編;(明)沈泰評;(明)徐翽,(明)姚士望閱

　　死裏逃生:三出/(明)孟稱舜編;(明)汪槤評;(明)馬揚,(明)陳節閱

　　中山狼:二折/(明)康海編;(明)沈泰評;(明)黃之城,(明)沈喬閱

　　鬱輪袍:七折/(明)王衡撰;(明)沈泰評;(明)黃嘉惠,(明)周文憲閱

　　紅線女:四折/(明)梁辰魚編;(明)汪槤評;(明)汪文彪,(明)葉筠閱

　　崑崙奴:四折/(明)梅鼎祚撰;(明)張鶚翠評;(明)楊世珍,(明)汪槤閱

　　花舫緣:三出/(明)孟稱舜原本;(明)卓人月重編;(明)徐翽批點;(明)沈泰參評

　　春波影:四出/(明)徐翽編;(明)卓人月評;(明)沈一驪,(明)朱煒閱

　　廣陵月:六出/(明)汪廷訥著;(明)汪槤評;(明)王象坤,(明)穆四維閱

　　真傀儡:一出/(明)綠野堂無名氏編;(明)黃嘉惠評;(明)黃之珪,(明)吳國華閱

　　男王后:四折/(明)秦樓外史編;(明)陽臺

99

散人評

　　再生緣:四出/(明)衡蕪室[徐復祚]編;
(明)沈士伸,(明)黃士佳閱

　　一文錢:六出/(明)破慳道人編;(明)栩庵
居士評

　　齊東絕倒:四出/(明)秣陵竹癡居士編;
(明)西湖竹笑居士評　　　　　　　己/65

盛明雜劇二集/(明)沈泰輯.--刻本.--明崇
禎(1628—1644).--2冊(1函).--存11種.
半葉9行,行20字,有眉批,行3字,白口,左
右雙邊,半框20.3×14.3cm.鈐"曉鈴藏書"
朱文印.--綫裝

存書子目:

香囊怨:四折/(明)朱有燉編

武陵春:一折/(明)許潮編

蘭亭會:一折/(明)許潮編

寫風情:一折/(明)許潮編

午日吟:一折/(明)許潮編

南樓月:一折/(明)許潮編

赤壁遊:一折/(明)許潮編

龍山宴:一折/(明)許潮編

魚兒佛:四齣/(明)寓山居士編

雙鶯傳:七折/(清)袁于令編

不伏老:五折/(明)馮惟敏編　　(己)/660

盛明雜劇二集:三十卷/(明)沈泰輯.--刻
本.--武進:董氏誦芬室,民國十四年(1925).--
10冊(1函):圖60幅.--半葉9行,行20字,
白口,左右雙邊,半框20.4×14.5cm.牌記題
"乙丑季冬月武進董氏誦芬室覆刊".--綫裝

子目:

風月牡丹仙:四折/(明)周藩憲王編;(明)
沈泰,(明)徐翽評閱

香囊怨:四折/(明)周藩憲王編;(明)徐翽,
(明)沈泰評閱

武陵春:一折/(明)許潮譔;(明)沈士俊評;
(明)黃嘉惠,(明)程羽文閱

蘭亭會:一折/(明)許潮編;(明)沈泰評;
(明)朱煒,(明)黃之堯閱

寫風情:一折/(明)許潮譔;(明)黃嘉惠評;
(明)沈士俊,(明)王象坤閱

午日吟:一折/(明)許潮譔;(明)黃嘉惠評;
(明)沈一驥,(明)黃士佳閱

南樓月:一折/(明)許潮編;(明)朱煒評;
(明)卓人月,(明)張鸑翬閱

赤壁遊:一折/(明)許潮編;(明)黃嘉惠評;
(明)汪楷,(明)牛斗星閱

龍山宴:一折/(明)許潮編;(明)黃嘉惠評;
(明)王元功,(明)錢肇科閱

同甲會:一折/(明)許潮編;(明)沈士俊評;
(明)沈士伸,(明)黃之禧閱

易水寒:四折/(明)葉憲祖編;(明)王璣評;
(明)朱璨,(明)葉蔚閱

夭桃紈扇:八折/(明)葉憲祖編;(明)沈泰
評;(明)葉體仁,(明)沈維垣閱

碧蓮繡符:八折/(明)葉憲祖編;(明)張佩
玉評;(明)葉澳,(明)陳新閱

丹桂鈿合:七折/(明)葉憲祖編;(明)黃之
堯評;(明)黃之城,(明)姚士望閱

素梅玉蟾:八折/(明)葉憲祖編;(明)沈泰
評;(明)汪楷,(明)姚文謨閱

有情癡:一折/(明)徐陽輝編;(明)沈泰評;
(明)張亦臨,(明)陳雲瑞閱

脫囊穎:四折/(明)徐陽輝編;(明)汪橒評;
(明)黃之珪,(明)汪爾瑚閱

曲江春:四折/(明)王九思譔;(明)沈士伸
評;(明)童漸逵,(明)朱烱閱

魚兒佛:四出:一折/(明)湛然禪師原本;
(明)寓山居士重編;(明)袁鳧公批點;(明)
沈泰參評

雙鶯傳:七折/(明)袁令昭幔亭仙史(即袁
于令)編次;(明)武功山人評點

不伏老:五折/(明)北海馮氏(即馮惟敏)
編;(明)栩庵居士評;(明)丁必成,(明)馮士
鼇閱

蚋髯翁:四出/(明)凌濛初譔;(明)汪橒評;
(明)沈維垣,(明)穆四維閱

英雄成敗:四折/(明)孟稱舜編;(明)汪橒
評;(明)沈時佑,(明)曹兆龍閱

紅蓮債：四折/（明）陳太乙編；（明）新安如道人評

絡冰絲：一折/（明）徐翽撰；（明）沈泰評；（明）周驤，（明）徐翽閲

錯轉輪：四出/（明）祁元孺編；（明）醉鶴居士評

蕉鹿夢：六折/（明）舜水蘧然子［車任遠］編；（明）沈泰評

櫻桃園：四折/（明）會稽澹居士編；（明）新安如道人評

逍遥遊：一折/（明）王應遴編；（明）黄嘉惠評；（明）陳節，（明）王光陞閲

相思譜：八折/（明）吳中情奴編；（明）巫山散人評　　　　　　　　　己/66

雙魚墜［等雜劇四種］.--抄本.--清（1644—1911）.--1 冊（1 函）.--半葉 10 行,行 22 字,無邊框.--綫裝

子目：

雙魚墜：四回/（清）佚名撰

珍珠塔：四回/（清）佚名撰

風箏誤：四回/（清）佚名撰

古玉杯：四回/（清）佚名撰　　　己/1029

雜劇新編：三十四卷/（清）鄒式金編.--刻本.--武進：誦芬室,民國三十年（1941）.--10 冊（1 函）:圖 68 幅.--一名"雜劇三集"。半葉 9 行,行 19 字,欄上鐫評,行 4 字,白口,左右雙邊,單黑魚尾,半框 19.6×13.2cm。牌記題"歲次辛巳孟秋誦芬室重校定".--綫裝

子目：

通天臺：二出/（清）灌隱主人著

臨春閣：二出/（清）吳偉業著

讀離騷：四折/（清）尤侗著

弔琵琶：四折/（清）尤侗著

空堂話：一出/（清）鄒兌金著

蘇園翁：一出/（清）茅僧曇著

秦廷筑：三折/（清）茅僧曇著

金門戟：一出/（清）茅僧曇著

醉新豐：四出/（清）茅僧曇著

鬧門神：一出/（清）茅僧曇著

雙合歡：一出/（清）茅僧曇著

半臂寒：四出/（清）南山逸史著

長公妹：四出/（清）南山逸史著

中郎女：三出/（清）南山逸史著

京兆眉：四出/（清）南山逸史著

翠鈿緣：五出/（清）南山逸史著

鸚鵡洲：一出/（清）鄭瑜著

汨羅江：一出/（清）鄭瑜著

黄鶴樓：一出/（清）鄭瑜著

滕王閣：二折/（清）鄭瑜著

眼兒媚：四折/（明）孟稱舜著

孤鴻影：五折/（清）周如璧著

夢幻緣：六出/（清）周如璧著

續西廂：四折/（清）查繼佐著

不了緣：四出/（清）碧蕉軒主人著

櫻桃宴：四折/（清）張源著

昭君夢：四折/（清）薛旦著

旗亭讌：二折/（清）張龍文著

餓方朔：四折/（清）孫源文著

城南寺：二折/（清）黄家舒著

西臺記：四出/（清）陸世廉著

衛花符：二出/（清）堵廷棻著

鯁詩讖：一出/（清）土室道民著

風流塚：四折/（清）鄒式金著　　己/67

清人雜劇初集/鄭振鐸輯.--影印本.--長樂鄭氏,民國二十年（1931）.--10 冊（1 函）.--灌隱主人即清吳偉業,抱犢山農即清嵇永仁,吳儂悔庵即清尤侗,慈溪廢莪子即清裘璉,紫微舍人即清張韜,老蒲即清桂馥,花韵庵主即清石韞玉。牌記題"中華民國二十年正月長樂鄭氏印行"。鈐"狂歌痛飲"白文印、"意在三代兩漢六朝之間"白文印.--綫裝

子目：

臨春閣：四出/（清）灌隱主人著

通天臺：二出/（清）灌隱主人著

續離騷/（清）抱犢山農填詞

劉國師教習扯淡歌：一卷

杜秀才痛哭泥神廟：一卷

痴和尚街頭笑布袋：一卷

憤司馬夢裏罵羅漢：一卷

西堂樂府/（清）尤侗撰

　讀離騷：四折

　弔琵琶：四折

　桃花源：四折

　黑白衛：四折

　李白登科記，一名清平調：一折/（清）吳

儂悔庵填詞

明翠湖亭四韻事/（清）慈溪廢莪子編

　昆明池：二折

　集翠裘：二折

　鑑湖隱：四折

　旗亭館：三折

續四聲猿/（清）紫微舍人填詞

　杜秀才痛哭霸亭廟雜劇

　戴院長神行薊州道雜劇

　王節使重續木蘭詩雜劇

　李翰林醉草清平調雜劇

後四聲猿/（清）老蒲填詞；（清）憐芳校刊

　放楊枝北調一套

　題園壁南調一套

　謁府帥北調一套

　投園中南調一套

桃花吟：四折/（清）曹錫黼填詞；（清）曹錫

辰，（清）曹錫棠，（清）曹洪梁，（清）曹洪頤，

（清）曹洪潤同校

四色石/（清）曹錫黼填詞；（清）曹錫辰，

（清）曹錫棠，（清）曹洪梁，（清）曹洪頤，（清）

曹洪潤同校

　張雀網廷平感世

　序蘭亭內史臨波

　宴滕王子安檢韻

　寓同谷老杜興歌

花音九奏/（清）花韻庵主填詞

　伏生授經

　羅敷采桑

　桃葉渡江

　桃源漁父

　梅妃作賦

樂天開閣

賈島祭詩

琴操參禪

對山救友

秋聲譜/（清）嚴廷中填詞

　武則天風流案卷，一名判艷

　沈媚娘秋總情話，一名譜秋

　洛城殿無雙艷福：四出　　　　　己/1526

清人雜劇二集/鄭振鐸編. --影印本. --長樂
鄭氏，民國二十三年（1934）. --12 冊（1 函）. --
牌記題"中華民國二十三年五月長樂鄭氏印
行"。有吳梅朱筆批校，鈐"霜厓藏曲"朱文
印、"鄭振鐸"白文印、"曉鈴藏書"朱文印. --
綫裝

子目：

坦菴買花錢雜劇：四折/（清）徐石麒編；
（清）羅然倩，（清）吳園次，（清）劉雨先評閱

坦菴大轉輪雜劇：四折/（清）徐石麒編；同
社諸子評定

坦菴拈花笑雜劇/（清）徐石麒戲筆

坦菴浮西施雜劇/（清）徐石麒編；同社諸子
評閱

孔方兄：一折/（清）葉承宗著；（清）葉承桃
校

賈閬仙：一折/（清）葉承宗著；（清）葉承桃
校

十三娘笑擲神奸首：二折/（清）葉承宗戲
筆；（清）灤陽季子點次

狗咬呂洞賓雜劇：四折/（清）葉承宗戲筆；
（清）灤陽季子點次

龍舟會雜劇：四折/（清）王夫之撰

風流塚：四折/（清）鄒式金著

空堂話/（清）鄒兌金著

柴舟別集四种/（清）廖燕編；同學諸公評定

　醉圖畫

　訴琵琶劇本：一出

　續訴琵琶劇本：二出

　鏡花亭

四嬋娟：四折/（清）洪升填詞；（清）徐麟樂

句
 四名家填詞摘齣/（清）車江英填詞
  藍關雪
  柳州烟
  醉翁亭
  游赤壁
 玉田春水軒雜齣/（清）張聲玠作
  汛礽
  題肆
  琴別
  畫隱
  碎胡琴
  安市
  看真
  游山
  壽甫
 璿璣錦雜劇：四折/（清）孔廣林編
 女專諸雜劇：四折/（清）孔廣林編
 松年長生引/（清）孔廣林編
 北涇草堂外集三種/（清）陳棟作
  苧蘿夢：四折
  紫姑神：四折
  維揚夢：四出
 喬影/（清）吳藻作
 老圓/（清）俞樾作　　　　　己/1527

元

西廂記：二卷二十齣/（元）王實甫撰. --刻本. --常熟：毛氏汲古閣，明末（1621—1644）. --1 冊（1 函）. --（六十種曲/［明］毛晉輯）. --存上卷。書名頁題"繡刻西廂記定本"。半葉 9 行，行 19 字，細黑口，左右雙邊，半框 20.1×13.2cm。鈐"曉鈴藏書"朱文印. --綫裝
　　　　　　　　　　　　　　（己）/349

西廂記：八卷/（元）王德信，（元）關漢卿作. --抄本，藍絲欄. --清（1644—1911）. --2 冊（1 函）. --殘本，存卷 2—5。半葉 10 行，行 20 字，白口，四周雙邊，單黑魚尾，半框 15.6×13.2cm。鈐"曉鈴藏書"朱文印. --綫裝
　　　　　　　　　　　　　　己/1421

北西廂：五卷二十折/（元）王實甫編；（元）關漢卿續；（明）徐渭訂正. 會真記/（唐）元稹撰. --刻本. --李廷謨，明崇禎三年（1630）. --2 冊（1 函）：圖 20 幅. --有殘葉。書名頁題"徐文長先生批評北西廂記"。半葉 9 行，行 20 字，有眉批，行 5 或 6 字，白口，四周單邊，單白魚尾，半框 19.8×14cm。鈐"曉鈴藏書"朱文印. --綫裝
　　　　　　　　　　　　　　（己）/1398

新校注古本西廂記：五卷五折，考一卷，首一卷/（元）王實甫編；（明）方諸生校注. --刻本. --王氏香雪居，明萬曆四十二年（1614）. --4 冊：圖 20 幅. --有殘葉。半葉 10 行，行 20 字，小字雙行字同，白口，四周單邊，單綫魚尾，版心下刻"香雪居"，半框 20.8×14.3cm。新安黃應光刻圖。鈐"虎邱太子馬頭萃古齋書坊發兌印"朱文印、"曉鈴藏書"朱文印. --綫裝
　　　　　　　　　　　　　　（己）/1397

新校注古本西廂記：六卷/（元）王實甫編；（明）方諸生校注；（明）徐渭附解；（明）吳江詞隱生評. --影印本. --北平：富晉書社：東來閣書店，民國十八年（1929）. --6 冊（1 函）：插圖 22 幅. --方諸生即王驥德。書簽題名"繪圖新校注古本西廂記"。據明香雪居刻本影印。半葉 10 行，行 20 字，小字雙行字同，白口，四周單邊，單白魚尾，半框 19.4×13.3cm。鈐"竹銘藏書之印"朱文印、"此書曾藏蔡仲壎家"朱文印、"吳"朱文印、"曉鈴藏書"朱文印. --綫裝
　　　　　　　　　　　　　　己/2087

新刻李卓吾原評西廂記：二卷，首一卷/（元）王德信，（元）關漢卿撰；（明）李贄評點. --刻本. --明崇禎十三年（1640）. --1 冊：圖 21 幅. --殘本，存西廂摘句殽譜：一卷/（明）湯顯祖輯. 錢塘夢：一卷. 會真記：一卷/（唐）元稹撰. 圍棋闈局：一卷/（元）王生撰. 園林

午夢：一卷。半葉 9 行，行 20 字，白口，四周單邊，半框 21.2 × 14.3cm。西陵天章閣藏版。鈐"曉鈴臧書"朱文印. --綫裝　　　　己/1395

新刊合併王實甫西廂記：二卷/（明）屠隆校正；（明）周居易梓. --複印本. --[19?? 年]. --1 冊. --半葉 10 行，行 24 字，小字雙行字同，白口，四周雙邊，半框 15.6×10.5cm. --平裝
　　　　己/2085

西廂記：五劇二十折/（元）王實甫作；（元）關漢卿續；（明）淩濛初鑒定；夢鳳樓，暖紅室校訂. --刻本. --暖紅室，民國（1912—1949）. --1 冊. --（雜劇傳奇彙刻/劉世珩輯；第二種）. --版心題"王實甫正本"、"關漢卿續本"。半葉 9 行，行 20 字，欄上鐫評，行 5 字，白口，四周單邊，單黑魚尾，版心下印"暖紅室"，半框 20.4×10.8cm. --綫裝　　　　己/116

新刻魏仲雪先生批點西廂記：二卷十五出，首一卷/（元）王德信，（元）關漢卿撰；（明）魏浣初批評；（明）李裔蕃注釋. --刻本. --古吳陳長卿，清初（1644—1722）. --2 冊（1 函）：圖 1 幅. --卷首"蒲東詩"有殘缺。附蒲東詩一卷；新刻魏仲雪先生批評錢塘夢一卷；園林午夢記一卷。半葉 10 行，行 27 字，小字雙行字同，眉欄鐫評，行 4 字，白口，四周單邊，半框 21.1×12.4cm。鈐"曉鈴臧書"朱文印. --綫裝
　　　　己/1394

成裕堂繪像第六才子書：八卷/（元）王實甫，（元）關漢卿作；（清）金聖歎評. --刻本. --清雍正十一年（1733）. --6 冊：圖 21 幅. --附才子西廂文：一卷。書名頁題"繡像第六才子書"。半葉 8 行，行 16 字，白口，四周雙邊，單黑魚尾，半框 9.8×7cm。金閶函三堂藏版。鈐"曉鈴臧書"朱文印. --綫裝　　　　己/1415

第六才子書西廂記：八卷，附一卷/（元）王德信，（元）關漢卿撰；（清）金聖歎評. --刻本. --味蘭軒主人，清道光二十九年（1849）. --6 冊（1 函）：圖 21 幅. --（聖歎外書之一種）. --附才子西廂醉心篇/（清）陳維崧訂。書名頁題"西廂詮注"，版心題"第六才子書"。上下兩欄，上欄半葉 18 行，行 5 字，下欄半葉 9 行，行 19 字，白口，左右雙邊，單黑魚尾，半框 12.2×7.9cm。味蘭軒藏版。鈐"曉鈴臧書"朱文印. --綫裝　　　　己/1413

增像第六才子書：五卷，首一卷/（元）王實甫；（元）關漢卿作；（清）金聖歎評. --石印本. --清末（1851—1911）. --6 冊（1 函）：圖 32 幅. --書簽題"繪圖第六才子書"。半葉 17 行，行 41 字，白口，四周雙邊，單黑魚尾，半框 10.8×7.8cm。鈐"曉鈴臧書"朱文印. --綫裝
　　　　己/1416

貫華堂第六才子書西廂記：八卷/（元）王德信，（元）關漢卿撰；（清）金人瑞批點. --刻本. --貫華堂，清（1644—1911）. --6 冊（1 函）：圖 1 幅. --書名頁題"貫華堂第六才子書"。王德信即王實甫，金人瑞即金聖歎。半葉 8 行，行 19 字，白口，四周單邊，單黑魚尾，版心下刻"貫華堂"，半框 18.9×12.9cm。鈐"同壽"朱文印、"仁和金氏珍藏"白文印、"曉鈴臧書"朱文印. --綫裝　　　　己/1407

貫華堂第六才子書西廂記：八卷，附一卷/（元）王德信，（元）關漢卿作；（清）金人瑞評點. --刻本. --清（1644—1911）. --4 冊：圖 16 幅. --附才子西廂醉心篇：一卷/（清）陳維崧訂。書名頁題"繡像第六才子書"，版心題"第六才子書"。半葉 9 行，行 19 字，白口，左右雙邊，單黑魚尾，半框 18.9×12.9cm。世德堂藏版。鈐"曉鈴臧書"朱文印. --綫裝
　　　　己/1419

貫華堂第六才子書：八卷/（元）王實甫，

（元）關漢卿作；（清）金聖歎評.--刻本.--益和堂,清（1644—1911）.--3 冊（1 函）：圖 16 幅.--書簽題"文緒堂繡像六才子書",書名頁題"繪像真本第六才子書".半葉 10 行,行 25 字,白口,四周單邊,無直格,單黑魚尾,半框 18.2×11cm.鈐"曉鈴藏書"朱文印.--綫裝

己/1411

貫華堂批本西廂記：八折/（元）王德信,（元）關漢卿作；（清）金人瑞評.--抄本.--清（1644—1911）.--1 冊（1 函）.--半葉 10 行,行 24 字,無邊框.有吳曉鈴題記.鈐"北平木齋圖書館藏書"朱文印、"曉鈴藏書"朱文印.--綫裝

己/1418

箋注繪像第六才子西廂解釋：八卷,首一卷/（元）王實甫作；（清）金人瑞評；（清）吳吳山三婦評箋.--刻本.--郁郁堂,清康熙（1662—1722）.--8 冊（1 函）：圖 21 幅.--目錄題"吳山三婦評箋注釋聖歎第六才子書",版心題"第六才子書釋解".附圍棋闖局：一卷/（元）王生撰.園林午夢：一卷.摘句骰譜：一卷/（明）湯顯祖輯.上下兩欄,上欄半葉 20 行,行 15 字,下欄半葉 10 行,行 16 字,小字雙行字同,白口,四周單邊,無直格,單黑魚尾,版心下刻"郁郁堂",半框 20.9×14.2cm.--綫裝

己/1402

增補箋注繪像第六才子西廂記釋解：八卷,附三卷/（元）王德信,（元）關漢卿作；（清）金人瑞,（清）吳吳山三婦評.--刻本.--清（1644—1911）.--6 冊（1 函）：圖 21 幅.--附第六才子西廂摘句骰譜：一卷/（明）湯顯祖輯；圍棋闖局：一卷/（元）晚進王生撰；園林午夢：一卷.書名頁題"合訂西廂記文機活趣全解".目錄題名"吳吳山三婦評箋注釋聖歎第六才子書".上下兩欄,上欄半葉 20 行,行 9 字,下欄半葉 10 行,行 20 字,白口,左右雙邊,單黑魚尾,半框 13.8×9.8cm.牌記題"增補第六才子書釋解".興文堂藏版.鈐"曉鈴藏

書"朱文印.--綫裝

己/1414

此宜閣增訂金批西廂：四卷,首一卷,末一卷/（元）王實甫作；（清）金聖歎批.--刻本,朱墨套印.--清（1644—1911）.--6 冊（1 函）.--（聖歎外書之一種）.--半葉 8 行,行 17 字,朱筆眉批,行 6 字,白口,左右雙邊,單黑魚尾,半框 13.5×10.8cm.此宜閣藏版.--綫裝

己/1410

西廂記：十六出,首一卷/（元）王實甫填詞；（清）金聖歎評；（清）吳蘭修校.--刻本.--長白秀琨,清道光二年（1822）.--4 冊（1 函）.--書名頁題"第六才子書".卷端題"桐華閣校本",桐華閣主即吳蘭修.半葉 10 行,行 21 字,白口,四周雙邊,雙對黑魚尾,半框 17.6×13.8cm.鈐"吳"朱文印、"曉鈴藏書"朱文印.--綫裝

己/1403

西廂記：五卷二十折,首一卷,末一卷/（元）王實甫,（元）關漢卿撰；（清）毛甡論定並參釋.--影印本.--清末（1851—1911）.--2 冊（1 夾）：圖 31 幅.--附會真記：一卷/（唐）元稹撰.插圖據香雪居刻本影印.半葉 13 行,行 22 字,粗黑口,左右雙邊,單黑魚尾,半框 17.5×13.6cm.--綫裝

己/1399

朱景昭批評西廂記：十六套/（元）王實甫原作；（清）朱璐批評.--抄本.--清（1644—1911）.--2 冊（1 函）.--朱璐序文題"讀西廂記法".有佚名題識.佚名朱筆圈點.鈐"言言齋善本圖書"朱文印、"吳興周越然藏書之印"朱文印、"曾留吳興周氏言言齋"白文印、"曉鈴藏書"朱文印.--綫裝

己/1393

西廂記總令：二十六出/（元）王實甫作.--抄本.--清（1644—1911）.--2 冊（1 函）.--半葉 9 行,行 38 字,無邊框.鈐"曉鈴藏書"朱文印.--綫裝

己/1401

西廂五劇注/（元）王實甫著；王季思校注. --鉛印本. --龍泉［浙江］：龍吟書局，民國三十三年（1944）. --1 冊. --半葉 17 行，行 40 字，無邊框。有贈言"子振先生教正，王季思敬贈，三十六. 八. 十一日"、"此書有二冊，謹以其一奉贈曉鈴兄，弟德均，九. 一日". --平裝

己/2081

歌譯西廂記：五本/（日本）鹽谷溫歌譯．**附歌譯西廂記擬定本註釋**/（日本）鹽谷溫註釋．**西廂記解說**. --影印本. --日本奈良：養德社，日本昭和三十三年（1958）. --3 冊（1 函）：有插圖、2 張照片. --分兩截，上爲西廂記，半葉 14 行，行 10 字；下爲歌譯西廂記，半葉 14 行，行 21 字，白口，四周雙邊，半框 17.2 × 11.3cm。書盒有贈言"吳曉鈴先生惠存，鹽谷溫拜呈"。鈐"曉鈴藏書"朱文印. --綫裝

己/2086

楚昭公疎者下船雜劇：四折/（元）鄭廷玉撰；（日本）鹽谷溫譯. --鉛印本. --東京：目黑書店，昭和十四年（1939）. --1 冊：圖 2 幅. --书皮題"國譯元曲選楚昭公"。上下兩欄，上欄半葉 16 行，行 12 字，下欄 16 行，行 20 字，白口，無邊框。鈐"曉鈴藏書"朱文印. --綫裝

己/1672

唐明皇秋夜梧桐雨雜劇：四折/（元）白仁甫撰；（日本）鹽谷溫點. --鉛印本. --東京：弘道館，日本昭和三年（1928）. --1 冊：圖 2 幅. --书皮題"元曲新鈔梧桐雨"。半葉 12 行，行 22 字，有眉批，行 8 字，白口，四周雙邊，半框 18.8 × 12.2cm。鈐"曉鈴藏書"朱文印. --綫裝

己/1671

明

楊東萊先生批評西游記：六卷二十四出/（元）吳昌齡撰. --鉛印暨影印本. --東京：吉原良三，日本昭和三年（1928）. --1 冊：圖 48 幅. --書簽題"雜劇西游記"。據考證吳昌齡爲

偽託，作者楊景賢，名暹，後改名訥，號汝齋。據萬曆間刊本校印。半葉 13 行，行 28 字，無邊框。鈐"吳郎之書"朱文印. --綫裝

己/1523

新編金童玉女嬌紅記，一名"嬌紅記"：二卷/（元）宋梅洞著；（明）劉東生改編. --影印本. --東京：九皋會，日本昭和三年（1928）. --2 冊（1 函）：圖 86 幅. --據宣德刊本影印。半葉 13 行，行 24 字，粗黑口，四周雙邊，雙對黑魚尾，半框 12.8 × 9.5cm。有吳曉鈴朱筆批校。鈐"固始許霽祥藏書"朱文印、"曉鈴藏書"朱文印. --綫裝

己/1524

明周憲王樂府：三種/（明）朱有燉撰. --石印本. --上海：蟫隱廬，民國十六年（1927）. --2 冊（1 函）. --據明刊本影印。半葉 11 行，行 20 字，粗黑口，四周雙邊，雙對黑魚尾，半框 18.2 × 11.5cm。鈐"曉鈴"朱文印、"小鈴"朱文印、"小樓一夜聽春雨"白文印. --綫裝

子目：

新編洛陽風月牡丹仙

新編天香圃牡丹品

新編十美人慶賞牡丹圖　　　　　己/636

周憲王樂府三種/（明）朱有燉作. --影印本. --日本京都：株式會社同朋舍，昭和五十五年（1980）. --1 冊（1 夾）. --（京都大學漢籍善本叢書第一期：二十卷/京都大學圖書館編；十五）. --據明宣德年間刻本影印. --精裝

子目同上　　　　　己/1532

四聲猿：四種/（明）天池生著；（明）澂道人評. --抄本. --清（1644—1911）. --2 冊（1 函）. --半葉 10 行，行 20 字，有眉批，行 4 字，無邊框。鈐"書富百域"白文印、"楚州汪氏儉盒珍藏書畫吉金"朱文印、"曉鈴藏書"朱文印. --綫裝

子目：

狂鼓吏漁陽三弄：一折

玉禪師翠鄉一夢：二折

雌木蘭替父從軍：二折
女狀元辭凰得鳳：五折　　己/670

四聲猿/（明）徐渭編；夢鳳樓，暖紅室校訂．--刻本．--暖紅室，民國六年（1917）．--1 冊：圖 4 幅．--（雜劇傳奇彙刻/劉世珩輯；九）．--半葉 9 行，行 20 字，白口，四周單邊，單黑魚尾，版心下刻"暖紅室"，半框 20.4×12.8cm。鈐"曉鈴臧書"朱文印．--綫裝
子目同上　　己/1556

歌代歗雜劇：四齣/（明）徐文長撰；（明）袁石公訂．--石印本．--南京：國學圖書館，民國二十年（1931）．--1 冊：圖 4 幅．--舊題，徐文長撰，作者待考，徐文長即明徐渭，袁石公即明袁宏道。半葉 6 行，行 15 字，白口，四周單邊，半框 15.4×10.3cm。鈐"曉鈴臧書"朱文印．--綫裝　　己/1685

觀燈記：一卷；**青虬記**：一卷/（明）林章撰．--複印本．--［19?? 年］．--1 冊：有圖．--（林初文全集；文第十一）．--據日本內閣文庫藏本複印．--平裝　　己/1589—1

北紅拂：四齣/（明）即空觀主人撰．--石印本．--民國（1912—1949）．--1 冊：圖 8 幅．--即空觀主人即明淩濛初。半葉 8 行，行 18 字，白口，四周單邊，單白魚尾，半框 14.2×9.3cm。吳曉鈴墨筆題記。鈐"祖同豪氣小未除"朱文印、"吳曉鈴"朱文印．--綫裝　　己/1670

蘇門嘯：十二種/（明）傅一臣編．--影印本．--民國（1912—1949）．--6 冊（1 夾）：圖 12 幅．--雁道人仙上即明錢應全，西泠野史無技甫即明傅一臣。半葉 9 行，行 20 字，有眉批，行 3 字，白口，四周單邊，半框 17.4×12.2cm。據敲月齋刻本影印．--綫裝
子目：
買笑局金：四折/（明）雁道人仙上評閱；（明）西泠野史無技甫填詞
賣情扎囤：七折/（明）雁道人仙上評閱；（明）西泠野史無技甫填詞
沒頭疑案：六折/（明）雁道人仙上評閱；（明）西泠野史無技甫填詞
截舌公招：六折/（明）雁道人仙上評閱；（明）西泠野史無技甫填詞
智賺還珠：六折/（明）雁道人仙上評閱；（明）西泠野史無技甫填詞
錯調合璧：五折/（明）雁道人仙上評閱；（明）西泠野史無技甫填詞
賢翁激婿：八折/（明）雁道人仙上評閱；（明）西泠野史無技甫填詞
義妾存姑：六折/（明）雁道人仙上評閱；（明）西泠野史無技甫填詞
人鬼夫妻：七折/（明）雁道人仙上評閱；（明）西泠野史無技甫填詞
死生仇報：八折/（明）雁道人仙上評閱；（明）西泠野史無技甫填詞
蟾蜍佳偶：七折/（明）雁道人仙上評閱；（明）西泠野史無技甫填詞
鈿盒奇姻：七折/（明）雁道人仙上評閱；（明）西泠野史無技甫填詞　　己/1515

陌花軒雜劇：十齣/黃方胤著．--刻本，藍印．--民國（1912—1949）．--1 冊．--半葉 9 行，行 19 字，有眉批，行 4 字，白口，左右雙邊，單黑魚尾，半框 18.7×13cm。鈐"萬章藏書"朱文印、"曉鈴臧書"朱文印．--綫裝　　己/648

清

臨春閣：四齣/（清）灌隱主人著；夢鳳樓，暖紅室校訂．--刻本．--暖紅室，民國（1912—1949）．--1 冊：圖 4 幅．--（雜劇傳奇彙刻/劉世珩輯；二十四）．--附臨春閣曲譜：四齣/吳梅正律；劉富樑訂譜；枕雷道士鑒定；童嬛，柳嬿侍拍．--（雙忽雷閣彙訂全本曲譜；二十三）．--灌隱主人即明末清初吳偉業。半葉 9 行，行 20 字，白口，四周單邊，單黑魚尾，版心下刻"暖紅室"，半框 20.7×12.7cm。鈐"曉鈴臧書"

朱文印. --綫裝　　　　　　　　　己/1570

通天臺:二齣/(清)灌隱主人著;夢鳳樓,暖紅室校訂. --刻本. --暖紅室,民國(1912—1949). --1 冊:圖 2 幅. --(雜劇傳奇彙刻/劉世珩輯;二十三). --附通天臺曲譜:二齣/吳梅正律;劉富樑訂譜;枕雷道士鑒定;童嬛,柳嬿侍拍. --(雙忽雷閣彙訂全本曲譜;二十二). --灌隱主人即明末清初吳偉業。半葉 9 行,行 20 字,有眉批,行 6 字,白口,四周單邊,單黑魚尾,版心下刻"暖紅室",半框 20.7 × 13.1cm。鈐"曉鈴臧書"朱文印. --綫裝　　　己/1569

三幻集. --抄本. --北京:吳氏,[19?? 年]. --1 冊(1 函). --半葉 10 行,行 20 字,小字雙行字同,白口,四周單邊,雙對黑魚尾,版心下印"綏中吳氏綠雲山館鈔藏",半框 18.1 × 12.3cm。吳曉鈴跋。鈐"綠雲山館"朱文印、"吳郎之書"朱文印. --綫裝
　子目:
　豆柵開戲:六出/(清)佚名撰
　萬古情:六出/(清)佚名撰
　萬家春/(清)佚名撰　　　　己/1521

西堂樂府:六種/(清)尤侗撰. --刻本. --清康熙(1662—1722). --2 冊(1 函). --存 5 種,缺鈞天樂。半葉 10 行,行 21 字,有眉批,行 4 字,白口,四周單邊,半框 19.9 × 14cm。吳曉鈴題識。鈐"滄州孫氏積善堂藏書"白文印、"小旋風柴進里人"朱文印、"吳曉鈴"白文印、"曉鈴藏書"朱文印. --綫裝
　子目:
　讀離騷:四折
　吊琵琶:四折
　桃花源:四折
　黑白衛:四折
　李白登科記:四折
　清平調:一折　　　　　　(己)/604

龍舟會雜劇:四折/(清)王夫之撰. --刻本. --清(1644—1911). --1 冊(1 函). --書名頁題"龍舟會"。半葉 10 行,行 22 字,小字雙行字同,粗黑口,左右雙邊,雙對黑魚尾,18.9 × 12.7cm。鈐"曉鈴臧書"朱文印. --綫裝
　　　　　　　　　　　　己/651

坦庵詞曲:六種九卷/(清)徐石麒撰. --刻本. --南湖:享書堂,清初(1644—1722). --2 冊(1 函). --半葉 9 行,行 20 字,小字雙行字同,白口,四周單邊,半框 18.3 × 13.6cm。鈐"月坦藏書"朱文印、"曉鈴臧書"朱文印. --綫裝
　子目:
　坦庵詩餘甕吟:四卷
　坦庵樂府黍香集:三卷
　坦庵買花錢雜劇:四折
　坦庵大轉輪雜劇:四折
　坦庵拈花笑雜劇:一折
　坦庵浮西施雜劇:一折　　(己)/654

書齋四種藥:四卷/(清)陳陛謨著. --鉛印本. --國民印刷公司,民國(1912—1949). --1 冊. --半葉 6 行,行大字 26 字,小字 28 字,白口,四周雙邊,單黑魚尾,半框 15.4 × 11.1cm。鈐"曉鈴臧書"朱文印. --綫裝
　子目:
　春日明目丹
　夏日清涼散
　秋日發汗散
　冬日補中湯　　　　　　己/1691

玉湖樓第三種傳奇明翠湖亭:四種/(清)裘璉撰. --刻本. --絳雲居,清康熙(1662—1722). --1 冊. --又名"四韻事"。半葉 10 行,行 22 字,白口,四周單邊,單黑魚尾,半框 19.9 × 14.5cm。絳雲居藏版。鈐"張焯堂長嵐印"白文印、"雲霞閣藏書印"白文印、"張生鎬印"白文印、"趙氏樂天廎珍藏"朱文印、"曉鈴臧書"朱文印. --綫裝
　子目:
　昆明池:二折

集翠裘：二折
鑑湖隱：四折
旗亭館：三折　　　　　　　　　　　　（己）/659

萬壽無疆升平樂府：十二齣/（清）裘璉撰．--抄本．--清（1644—1911）．--1 冊（1 函）．--半葉 9 行，行 24 字，無邊框．佚名朱筆圈點．鈐"曉鈴藏書"朱文印．--綫裝　　　　　　己/666

筆歌：二卷，卷首一卷/（清）張潮著；同學諸子評．--複印本．--[19?? 年]．--2 冊．--據浙江圖書館藏寫本複印．--綫裝　　　　己/1592

鞭督郵雜劇：二齣；**傲妻兒雜劇**：四齣/（清）桂巖嘯客編；（清）鏡河釣叟評．--抄本．--北京：綏中吳氏，[19?? 年]．--1 冊（1 函）．--桂巖嘯客即清邊汝元．半葉 12 行，行 25 字，白口，四周單邊，單黑魚尾，版心下印"綏中吳氏綠雲山館"，半框 20.3 × 15.8cm．鈐"曉鈴藏書"朱文印．--綫裝　　　　　　　　　　　己/579

吟風閣：四卷/（清）楊潮觀撰．--刻本．--清乾隆三十九年（1774）．--4 冊（1 函）．--半葉 9 行，行 19 字，粗黑口，四周雙邊，單黑魚尾，半框 17.4 × 12.6cm．恰好處藏版．--綫裝
子目：
新豐店馬周獨酌
大江西小姑送風
李衛公替龍行雨
黃石婆授計逃關
快活山樵歌九轉
窮阮籍醉罵財神
溫太真晉陽分別
邯鄲郡錯嫁才人
賀蘭山謫仙贈帶
開黃榜朱衣點頭
夜香臺持齋訓子
汲長孺矯詔發倉
魯仲連單鞭蹈海
荷花蕩將種逃生

灌口二郎初顯聖
魏徵破笏再朝天
動文昌狀元配瞽
感天后神女露筋
華表柱延陵掛劍
東萊郡暮夜卻金
下江南曹彬誓眾
韓文公雪擁藍關
荀灌娘圍城救父
信陵君義葬金釵
偷桃捉住東方朔
換扇巧逢春夢婆
西塞山漁翁封拜
諸葛亮夜祭瀘江
凝碧池忠魂再表
大蔥嶺隻履西歸
寇萊公思親罷宴
翠微亭卸甲閒遊　　　　　（己）/59

漁邨記：十三折/（清）河干妙有山人漫筆；（清）青田湘巖居士評點．--刻本．--石門山房，清咸豐五年（1855）．--2 冊．--附南山法曲：一卷/（清）青田湘巖填詞．湘巖居士即清韓錫胙．半葉 9 行，行 22 字，有眉欄，行 6 字，白口，左右雙邊，版心下刻"妙有山房"，半框 18.9 × 13.1cm．牌記題"咸豐乙卯年春日石門山房印行"．鈐"曉鈴藏書"朱文印、"萬年青室"朱文印、"雅廬珍藏書畫金石印"朱文印．--綫裝　　　　　己/63

西江祝嘏：四種/（清）蔣士銓編．--刻本．--清中後期（1796—1911）．--4 冊（1 函）．--半葉 10 行，行 19 字，小字雙行字同，白口，左右雙邊，單黑魚尾，半框 17.3 × 13.5cm．鈐"曉鈴藏書"朱文印．--綫裝
子目：
康衢樂：四出
忉利天：四出
長生籙：四出
升平瑞：四出　　　　　　　　　　己/638

浙江迎鑾樂府：九齣/（清）王文治撰. --刻本. --清道光（1821—1850）. --1 冊. --半葉 8 行,行 18 字,白口,四周雙邊,雙對黑魚尾,半框 15×11cm。鈐"曉鈴臧書"朱文印. --綫裝

子目：

三農得澍：一齣

龍井茶歌：一齣

詳徵冰繭：一齣

海宇歌：一齣

燃燈法界：一齣

葛嶺丹爐：一齣

仙醖延齡：一齣

瑞獻天臺：一齣

瀛波清晏：一齣 （己）/653

寫心劇：十八種/（清）種緣子撰. --刻本. --吳江：徐氏夢生堂,清乾隆五十四年（1789）. --4 冊（1 函）：圖 12 幅. --存十二種。種緣子即清徐爔。半葉 8 行,行 18 字,小字雙行字同,白口,左右雙邊,單黑魚尾,半框 16×11.2cm。鈐"周越然"朱文印、"越然"朱文印、"周二"朱文印、"曉鈴臧書"朱文印. --綫裝

子目：

遊湖：一卷

述夢：一卷

遊梅遇仙：一卷

癡祝：一卷

青樓濟困：一卷

哭弟：一卷

湖山小隱：一卷

悼花：一卷

酬魂：一卷

醒鏡：一卷

祭牙：一卷 （己）/664

後四聲猿/（清）老菭填詞. --抄本,藍格. --怡蘭堂,清（1644—1911）. --1 冊（1 函）. --老菭即清桂馥。半葉 10 行,行 21 字,白口,四周單邊,版心下題"怡蘭堂抄本",半框 20.3×14.6cm。鈐"唐鴻孝"白文印、"百川讀過"白

文印、"曉鈴臧書"朱文印. --綫裝

子目：

放楊枝：北調一套/（清）老菭填詞；（清）憐芳校刊

題園壁：南調一套/（清）老菭填詞；（清）憐芳校刊

謁府帥：北調一套/（清）老菭填詞；（清）憐芳校刊

投園中：南調一套/（清）老菭填詞；（清）憐芳校刊 己/596

後四聲猿/（清）桂馥撰. --鉛印本. --上海：聚珍仿宋印書局,民國七年（1918）. --1 冊. --半葉 8 行,行 21 字,黑口,四周單邊,雙順黑魚尾,半框 16.5×11.3cm。鈐"曉鈴臧書"朱文印. --綫裝

子目同上 己/1674

後四聲猿散套/（清）桂未谷先生著. --複印本. --[19?? 年]. --1 冊. --桂未谷先生、老菭即清桂馥。據 1955 年影印本複印。鈐"南華山人"朱文印、"晉寧縣人民政府移交方氏學山樓藏書"朱文印. --散裝

子目同上 己/1516

嘯夢軒新演楊狀元進諫謫滇南雜劇：四齣/（清）劉聲填詞；（清）方廷熹批評. --刻本. --嘯夢軒,清乾隆（1736—1795）. --1 冊（1 函）. --半葉 9 行,行 18 字,粗黑口,四周雙邊,雙對黑魚尾,半框 19×13cm。鈐"曉鈴臧書"朱文印. --綫裝：吳曉鈴贈書 （己）/645

六觀樓北曲六種：六卷/（清）許鴻磐著. --刻本. --許鴻磐六觀樓,清道光二十六年（1846）. --6 冊（1 函）. --半葉 7 行,行 16 字,小字雙行字同,白口,四周雙邊,無直格,單黑魚尾,半框 13.9×10.5cm。鈐"曉鈴臧書"朱文印. --綫裝

子目：

西遼記北曲：一卷四折

雁帛書北曲：一卷四折
女雲臺北曲：一卷四折
孝女存孤北曲：一卷四折
儒吏完城北曲：一卷四折
三釵夢北曲：一卷四折　　　　　　　己/643

青溪笑：二卷十六齣/（清）蓉鷗漫叟填詞. --刻本. --清嘉慶（1796—1820）. --2 冊（1 函）. --半葉 9 行，行 20 字，白口，左右雙邊，無直格，單黑魚尾，半框 16.9×11.6cm。鈐"言言齋善本圖書"朱文印、"曾留吳興周氏言言齋"白文印、"曉鈴藏書"朱文印. --綫裝

子目：

上卷

贖雛鬟司業義捐金
棄微官監州貪倚玉
桃葉渡吳姬泛月
海棠軒楚客吟秋
謝秋影樓上品詩箋
王翹雲閣中擲金釧
解語花浣紗自歎
侯月娟贈蝶私盟

下卷：

紗帽巷報信傷春
牡蠣園尋秋說魙
排家宴四美祝花朝
勸公車群賢爭雪夜
鴛群閣雙鯰盟心
田雞營六姬識俊
莫愁湖江采蘋命字
鷲峰寺唐素君皈禪　　　　　　　己/665

康衢新樂府：十齣/（清）呂星垣填詞. --刻本. --乘楂亭，清嘉慶二十四年（1819）. --1 冊（1 函）. --半葉 10 行，行 21 字，小字雙行字同，白口，左右雙邊，無直格，單黑魚尾，半框 18.5×13.6cm。乘楂亭藏版。鈐"曉鈴藏書"朱文印. --綫裝　　　　　　　己/652

花間九奏：九種/（清）花韻庵主人著. --刻本. --花韻庵，清（1644—1911）. --1 冊（1 函）. --又名"花間樂府"。花韻庵主人即清石韞玉。半葉 9 行，行 20 字，粗黑口，左右雙邊，單黑魚尾，半框 17.6×12.8cm。鈐"言言齋善本圖書"朱文印、"周由厪"白文印、"吳興周越然藏書之印"朱文印、"曾留吳興周氏言言齋"白文印、"周越然"朱文印、"越然"朱文印、"言言齋"白文印、"言言齋"朱文印、"越然珍藏"朱文印、"越然長壽"朱文印、"周越然印"白文印、"曉鈴藏書"朱文印. --綫裝

子目：

伏生授經：一折
羅敷采桑：一折
桃葉渡江：一折
桃源漁父：一折
梅妃作賦：一折
樂天開閣：一折
賈島祭詩：一折
琴操參禪：一折
對山救友：一折　　　　　　　己/646

［恒娘傳雜劇］. --抄本. --清（1644—1911）. --1 冊（1 函）. --原書無題名，劇情當取材於《聊齋志異》之《恒娘傳》，此從吳曉鈴著錄。半葉 9 行，行 25 字，無邊框。鈐"吳"朱文印、"綠雲山館"朱文印. --綫裝　　　　　　　己/640

缾笙館修簫譜：四種/（清）舒位撰. --影印本. --民國（1912—1949）. --2 冊：圖 4 幅. --據清道光十三年（1833）錢塘汪氏振綺堂刻本影印。半葉 7 行，行 17 字，白口，四周單邊，半框 18.2×11.8cm。鈐"曉鈴藏書"朱文印. --綫裝

子目：

卓女當壚：一折
樊姬擁髻：一折
酉陽修月：一折
博望訪星：一折　　　　　　　己/25

孔荃溪二種曲/（清）孔昭虔撰. --抄本. --清（1644—1911）. --1 冊（1 函）. --荃溪即清孔昭

虔。半葉 9 行,行 20 字,無邊框。吳曉鈴題
跋。鈐"王泊生"朱文印、"泊生藏書之章"白
文印、"閑吟冷醉"朱文印、"曉鈴藏書"朱文
印.--綫裝

子目:
蕩婦思秋:四折/(清)孔昭虔填詞
葬花:一折/(清)荃溪填詞　　　己/647

避債臺:四折/(清)大翻山人填詞;(清)琴
想居士題評.--刻本.--清(1644—1911).--1 冊
(1 函).--半葉 9 行,行 20 字,有眉批,行 4 字,
白口,四周雙邊,無直格,單黑魚尾,半框 14.2
×10.5cm。佚名墨筆圈點。鈐"曉鈴藏書"朱
文印.--綫裝　　　己/671

逍遙巾:四齣/(清)掃雲道人填詞;(清)聽
雲居士,(清)茗山老人評點;(清)次皋山人加
評.--石印本.--南京:襄社,民國二十五年
(1936).--1 冊.--掃雲道人即清湯貽汾,次皋
山人即清黃憲臣。據盧前藏本影印。半葉 10
行,行 17 字,有眉批,行 4 字,黑口,四周單邊,
單黑魚尾,半框 13.5×10.2cm。吳曉鈴墨筆
題記。鈐"曉鈴藏書"朱文印.--綫裝
　　　　己/1673

補天石傳奇:八種/(清)鍊情子填詞;(清)
吹鐵簫人正譜.--刻本.--靜遠草堂,清道光十
年(1830).--6 冊(1 夾):圖 42 幅.--鍊情子即
清周樂清。半葉 6 行,行 16 字,小字雙行字
同,有眉批,行 4 字,白口,四周雙邊,單黑魚
尾,半框 18.7×13.3cm。靜遠草堂藏版。鈐
"曉鈴藏書"朱文印.--綫裝

子目:
(太子丹恥雪西秦)宴金臺:六齣
(丞相亮祚綿東漢)定中原:四齣
(明月胡笳歸漢府)河梁歸:四齣
(春風圖畫返明妃)琵琶語:六齣
(屈大夫魂返汨羅江)紉蘭佩:六齣
(岳元戎凱宴黃龍府)碎金牌:六齣
(賢使君重返如意子)絋如鼓:四齣

(真情種遠覓返魂香)波弋香:四齣
　　　　　己/644

秋聲譜:三種/(清)嚴廷中填詞.--刻本.--清
咸豐四年(1854).--1 冊(1 函).--半葉 11 行,
行 19 字,白口,左右雙邊,單黑魚尾,半框
16.6×13.1cm。鈐"曉鈴藏書"朱文印.--綫裝
子目:
武則天風流案卷,一名,判豔
沈媚娘秋窗情話,一名,譜秋
洛神殿無雙豔福:四出　　　己/641

孟蘭夢:一折/(清)嚴保庸著.--石印本.--江
蘇:江蘇省立國學圖書館,民國二十四年
(1935).--1 冊(1 函).--半葉 8 行,行 20 字,
白口,四周雙邊,版心下印"江蘇省立國學圖
書館",半框 13.5×10.1cm。牌記題"乙亥夏
四月盦山精舍印"。有吳曉鈴題記。鈐"盦山
精舍"朱文印、"曉鈴藏書"朱文印.--綫裝
　　　　　己/674

桂香雲影樂府:八齣/(清)秋綠詞人填譜.--
刻本.--清(1644—1911).--1 冊(1 函).--半葉
8 行,行 18 字,白口,左右雙邊,單黑魚尾,半
框 17.1×12.1cm。鈐"與君約略說杭州"朱文
印、"曉鈴藏書"朱文印.--綫裝　　　己/663

扶鸞戲/(清)鄭獻甫撰.--抄本.--北京:吳曉
鈴,[19?? 年].--1 冊(1 函).--半葉 10 行,行
25 字,無邊框。鈐"曉鈴藏書"朱文印.--綫裝
　　　　　己/575

支機石傳奇/(清)蔡榮蓮填詞;(清)尹恭保
正拍.--刻本.--蔡希邠,清光緒十七年
(1891).--1 冊(1 函).--半葉 9 行,行 20 字,
白口,四周雙邊,單黑魚尾,半框 18.4×
13.7cm。牌記題"光緒辛卯孟秋刊"。鈐"曉
鈴藏書"朱文印.--綫裝　　　己/584

酬紅記:十齣/(清)野航填詞;(清)小鶴正

譜. --刻本. --金陵:劉文奎,清嘉慶(1796—1820). --2 冊(1 函). --(野航十三種). --野航即清趙對澂。半葉 8 行,行 19 字,白口,左右雙邊,黑單魚尾,半框 15.2×11.1cm。鈐"言言齋"朱文印、"吳興周越然藏書之印"朱文印、"曉鈴臧書"朱文印. --綫裝　　　己/649

桃花聖解盦樂府:二種/(清)李慈銘撰. --刻本. --崇實齋,清咸豐(1851—1861). --1 冊(1 函):圖 2 幅. --半葉 9 行,行 22 字,粗黑口,四周雙邊,雙對黑魚尾,半框 13.7×9.2cm。鈐"翠微樓藏"白文印、"曉鈴臧書"朱文印. --綫裝

子目:

舟觀

秋夢　　　　　　　　　　　　　己/662

壺庵五種曲/(清)壺庵著. --鉛印本. --陳巨,清光緒至民國初(1875—1921). --1 冊:肖像 1 幅. --壺庵即清胡薇元。半葉 10 行,行 23 字,白口,四周雙邊,單黑魚尾,半框 19.5×12.6cm。鈐"曉鈴臧書"朱文印. --綫裝

子目:

鵲華秋:四齣

青霞夢:四齣

樊川夢:四齣

翻書圖:一齣

壺中樂:一齣　　　　　　　　己/1669

太守桑傳奇/(清)吳寶鎔填譜;(清)李瀚昌校刊. --刻本. --澧陽,清光緒二十二年(1896). --1 冊(1 函). --半葉 9 行,行 21 字,白口,左右雙邊,單黑魚尾,半框 18.7×12.4cm。牌記題"光緒丙申季秋刊於澧陽"。鈐"曉鈴臧書"朱文印. --綫裝　　　己/591

瞿園雜劇:五種/(清)瞿園著. --鉛印本. --清光緒三十四年(1908). --1 冊(合函). --半葉 13 行,行 27 字,小字雙行字同,白口,四周雙邊,無直格,單黑魚尾,半框 15.9×11.3cm。

鈐"曉鈴臧書"朱文印. --綫裝

子目

仙人感:一齣

滕花秋夢:一齣

孽海花:一齣

暗藏鶯:一齣

買詹郎:一齣　　　　　　　　己/656—1

第二部　　　　　　　　　　己/656—2

本草記:四齣/(清)佚名撰. --抄本. --北京:吳曉鈴,1951 年. --1 冊(1 函). --半葉 9 行,行 22 字,白口,四周單邊,雙對黑魚尾,半框 18.1×12.3cm。鈐"曉鈴臧書"朱文印。有吳曉鈴跋. --綫裝　　　己/1886

鐵籠山/(清)佚名撰. --抄本. --清(1644—1911). --1 冊. --半葉 6 行,行 17 字,有工尺譜,無邊框。鈐"曉鈴臧書"朱文印. --綫裝

己/421

鍾馗嫁妹:一出/(清)佚名撰. --抄本,朱墨二色. --民國(1912—1949). --1 冊. --半葉 4 行,行 12 字,無邊框。鈐"曉鈴臧書"朱文印. --綫裝　　　己/877

環影:一折/(清)佚名撰. --抄本. --清(1644—1911). --1 冊(1 函). --半葉 8 行,行 16 字,無邊框。鈐"永叔"白文印、"臣摣"朱文印、"曉鈴臧書"朱文印. --綫裝　　　己/667

民國

新西藏傳奇:四齣/楊子元著. --鉛印本. --民國(1912—1949). --1 冊. --半葉 6 行,行大字 19 字,小字 33 字,白口,四周菊花花邊,半框 18.3×12.8cm。鈐"曉鈴臧書"朱文印. --綫裝

己/1675

疚齋雜劇:四折/疚齋撰. --鉛印本. --民國(1912—1949). --1 冊:圖 4 幅. --(小三吾亭外

集).--疚齋即冒廣生。半葉 10 行,行 24 字,白口,四周單邊,雙順黑魚尾,半框 18.8 × 12.5cm。鈐"曉鈴藏書"朱文印.--綫裝

　子目:

　疚齋南海神雜劇:一折

　疚齋雲韠娘雜劇:一折

　疚齋廿五絃雜劇:一折

　疚齋鄭妥娘雜劇:一折　　　己/1666

南華夢雜劇/半粟填詞初稿;蟫盧訂定製譜.--抄本,精抄.--清末至民國(1851—1949).--1 冊(合函).--半葉行、字數不等,有眉批,行 5 字,有工尺譜,細黑口,左右雙邊,單黑魚尾,版心下書"南華夢",半框 18.9 × 14cm。鈐"曉鈴藏書"朱文印.--綫裝

　　　　　　　　　己/869

落溷記雜劇:一齣/吳梅撰.--鉛印本.--敬蒼水館,民國(1912—1949).--1 冊.--(奢摩他室曲叢;三).--書名頁題"落溷記"。半葉 11 行,行 19 字,有眉批,行 4 字,粗黑口,四周雙邊,無直格,單黑魚尾,半框 15.1 × 11.6cm。鈐"曉鈴藏書"朱文印.--綫裝　　己/658

霜厓三劇;霜厓三劇歌譜/吳梅作.--刻本.--吳梅,民國二十二年(1933).--2 冊(1 函).--半葉 10 行,行 20 字,小字雙行字同,粗黑口,左右雙邊,雙對黑魚尾,半框 17.7 × 11.3cm。鈐"曉鈴藏書"朱文印.--綫裝

　霜厓三劇子目:

　　湘真閣:一齣

　　無價寶:一齣

　　惆悵爨:五折

　霜厓三劇歌譜子目:

　　湘真閣譜:一齣

　　無價寶譜:一齣

　　惆悵爨譜:五折　　　己/1542

孟諧傳奇:六齣/莫等閒齋主人撰.--鉛印

本.--上海:中華書局,民國五年(1916).--1 冊.--莫等閒齋主人,即陳尺山。半葉 10 行,行 24 字,無邊框。鈐"曉鈴藏書"朱文印.--平裝　　　　　　　　　己/1665

鉏園記演劇:舊曲六闋,新劇四曲/壬癸主人按板.**增補鉏園記餘意演劇**/蕭有作附著.--刻本.--民國七年(1918).--1 冊.--鉏園記作者姓蕭,湖南邵陽人,蕭有作宗兄,名不詳。半葉 10 行,行 21 字,白口,四周雙邊,雙對黑魚尾,半框 20.8 × 13.2cm。鈐"曉鈴藏書"朱文印.--綫裝　　　　　　　　　己/1002

西廂:十六齣/郭沫若編.--鉛印本.--上海:泰東圖書局,1930 年.--1 冊.--半葉 10 行,行 24 字,無邊框。書名頁墨書"郭紀"。--平裝　　　　　　　　　己/2080

苦水作劇:三種,附錄一種/顧隨著.--鉛印本.--民國二十五年(1936).--1 冊.--半葉 8 行,行大字 21 字,小字 25 字,白口,四周單邊,半框 13.4 × 8.9cm。有顧隨親書所作詞,吳曉鈴墨筆題記。鈐"曉鈴藏書"朱文印.--綫裝

　子目:

　　垂老禪僧再出家:四折

　　祝英台身化蝶:四折

　　馬郎婦坐化金沙灘:四折

　　飛將軍百戰不封侯:四折　　己/1677—1

　第二部　　　　　　　己/1677—2

陟山觀海遊春記:上卷四折,下卷四折/顧隨撰.--鉛印本.--民國三十四年(1945).--1 冊.--(苦水作劇;第二集).--半葉 9 行,行大字 28 字,小字 37 字,無邊框。鈐"曉鈴藏書"朱文印.--平裝　　　　　　　　　己/1687

四聲雷/顧佛影著.--鉛印本.--成都:中西書局,民國三十二年(1943).--1 冊.--半葉 4 行,行大字 27 字,小字 37 字,無邊框。鈐"曉鈴藏

"書"朱文印. --平裝

子目：

　還朝別雜劇：一折

　酖忠記雜劇：一折

　新牛女雜劇：一折

　二十鞭雜劇：一折　　　　　　　　己/1690

祝梁怨雜劇：四折,附南北曲散套/常任俠著. --曬藍本. --民國二十四年(1935). --1 冊(1 函). --半葉 10 行,行 22 字,白口,四周單邊,半框 11×8.8cm. 牌記題"乙亥九月付印,限定本二百部"。鈐"曉鈴藏書"朱文印. --綫裝
　　　　　　　　　　　　　　　　　己/673

盧冀野丙寅所爲五種曲：五種/盧前撰. --鉛印本. --民國十七年(1928). --1 冊(1 函). --封面題"木棉集"。半葉 11 行,行 34 字,無邊框。鈐"曉鈴藏書"朱文印. --綫裝

子目：

　琵琶賺雜劇：一折

　茱萸會雜劇：一折

　無爲州：一折

　仇宛娘：一折

　玉抱肚：一折　　　　　　　　　己/672

飲虹五種/盧前撰. --刻本. --渭南嚴氏孝義家塾,民國二十年(1931). --1 冊. --(渭南嚴氏孝義家塾叢書). --半葉 10 行,行 24 字,黑口,左右雙邊,單黑魚尾,半框 20.6×13.6cm,鈐"曉鈴藏書"朱文印. --綫裝

子目：

　琵琶賺雜劇：一折

　茱萸會雜劇：一折

　無爲州雜劇：一折

　仇宛娘雜劇：一折

　燕子僧雜劇：一折　　　　　　　己/1680

飲虹五種/盧前撰. --鉛印本. --民國(1912—1949). --1 冊. --書名頁題"盧冀野丙寅所爲五種曲"。半葉 8 行,行 24 字,白口,四周雙邊,

半框 9.7×7.6cm。有盧前贈言"萊姍大弟存會：何時一尊酒,與子細論文。冀野贈"。鈐"曉鈴藏書"朱文印. --綫裝

　子目同上　　　　　　　　　　己/1684

亞肋叔歌/滿准撰. --鉛印本. --1934 年. --1 冊(1 函). --半葉 11 行,行 25 字,無邊框. --綫裝
　　　　　　　　　　　　　　　　己/1903

齊人記：四齣/熊樹棠撰. --複印本. --吳曉鈴,1982 年. --1 冊. --吳曉鈴墨筆題記。鈐"吳"朱文印、"曉鈴藏書"朱文印. --平裝
　　　　　　　　　　　　　　　　己/1682

靈潮軒雜劇三種/程曦撰. --鉛印本. --香港：靈潮軒,1966 年. --1 冊. --綫裝

子目：

　莫珍華化石望夫山雜劇：四折

　彥原仁醒窟燕園夢雜劇：四折

　濟危困舟橫妬婦津雜劇：四折　　己/1689

逃亡：一齣/顧珠填詞製譜. --抄本. --北京：吳曉鈴,1975 年. --1 冊. --附工尺譜。吳曉鈴跋。鈐"吳"朱文印、"曉鈴藏書"朱文印. --綫裝
　　　　　　　　　　　　　　　　己/1679

傳奇

永樂大典戲文三種/(明)秦鳴雷重錄;(明)王大任,(明)王希烈分校;(明)敖河,(明)孫世良圈點. --鉛印本. --北平：古今小品書籍印行會,民國二十年(1931). --1 冊(1 函). --半葉 16 行,行 28 字,粗黑口,四周雙邊,三對黑魚尾,半框 19.1×12.4cm。有牌記"民國廿年四月古今小品書籍印行會排印"。鈐"曉鈴藏書"朱文印. --綫裝

子目：

　小孫屠/(元)古杭書會編撰

　張協狀元/(元)佚名撰

宦門子弟錯立身/（元）古杭才子新撰

己/1541

墨憨齋新曲十種:二十卷/（明）馮夢龍輯. --刻本. --明末（1621—1644）刻;清乾隆五十七年（1792）重修. --10 冊（1 函）. --存 5 種。版心題"墨憨齋定本"。半葉 8 行,行 21 字,小字雙行字同,白口,左右雙邊,半框 19.8 × 14.3cm。有鄭騫、吳曉鈴跋。鈐"曙雯樓藏"朱文印、"鄭騫"白文印、"慕歌家世"朱文印、"望綠蔭齋"朱文印、"綠雲山館"朱文印、"吳郎之章"朱文印、"曉鈴藏書"朱文印. --綫裝

子目:

墨憨齋新灌園傳奇:二卷三十六折/（明）張鳳翼撰;（明）馮夢龍更定

墨憨齋重定女丈夫傳奇:二卷三十六折/（明）張鳳翼,（明）劉晉充撰;（明）馮夢龍更定

墨憨齋重定夢磊傳奇:二卷三十四折/（明）史槃撰;（明）馮夢龍更定

墨憨齋新定灑雪堂傳奇:二卷四十折/（明）梅孝己撰;（明）馮夢龍更定

墨憨齋重定西樓楚江情傳奇:二卷三十六折/（明）袁于令撰;（明）馮夢龍更定

（己）/50

六十種曲/（明）毛晉編. --刻本. --虞山毛氏汲古閣,明末（1621—1644）. --64 冊（8 函）. --半葉 9 行,行 19 字,細黑口,左右雙邊,半框 20.1×13.3cm。實獲齋藏版. --綫裝

子目:

第一套

琵琶記:二卷/（元）高明撰

荊釵記:二卷/（明）朱權撰

香囊記:二卷/（明）邵璨撰

浣紗記:二卷/（明）梁辰魚撰

尋親記:二卷/（明）闕名撰

千金記:二卷/（明）沈采撰

精忠記:二卷/（明）姚茂良撰

鳴鳳記:二卷/（明）王世貞撰

八義記:二卷/（明）徐元撰

三元記:二卷/（明）沈受先撰

第二套

西廂記（南）:二卷/（明）李日華撰

幽閨記:二卷/（元）施惠撰

明珠記:二卷/（明）陸采撰

玉簪記:二卷/（明）高濂撰

紅拂記:二卷/（明）張鳳翼撰

還魂記:二卷/（明）湯顯祖撰. --一名牡丹亭

紫釵記:二卷/（明）湯顯祖撰

邯鄲記:二卷/（明）湯顯祖撰

南柯記:二卷/（明）湯顯祖撰

西廂記（北）:二卷/（元）王實甫撰

第三套

春蕪記:一卷/（明）汪錂撰

琴心記:一卷/（明）孫梅錫撰

玉鏡臺記:一卷/（明）朱鼎撰

懷香記一卷/（明）陸采撰

彩毫記:一卷/（明）屠隆撰

運甓記:二卷/（明）吾丘瑞撰

鸞鎞記:二卷/（明）葉憲祖撰

玉合記:二卷/（明）梅鼎祚撰

金蓮記:二卷/（明）陳汝元撰

四喜記:二卷/（明）謝讜撰

第四套

繡襦記:二卷/（明）徐霖撰

青衫記:二卷/（明）顧大典撰

紅梨記:二卷/（明）徐復祚撰

焚香記:二卷/（明）王玉峰撰

霞箋記:二卷/（明）佚名撰

西樓記:二卷/（明）袁于令撰

投梭記:二卷/（明）徐復祚撰

玉環記:二卷/（明）楊柔勝撰

金雀記:二卷/（明）佚名撰

贈書記:二卷/（明）佚名撰

第五套

錦箋記:二卷/（明）周履靖撰

蕉帕記:二卷/（明）單本撰

紫簫記:二卷/（明）湯顯祖撰

水滸記:二卷/(明)許自昌撰

玉玦記:二卷/(明)鄭若庸撰

灌園記:二卷/(明)張鳳翼撰

種玉記:二卷/(明)汪廷訥撰

雙烈記:二卷/(明)張四維撰

獅吼記:二卷/(明)汪廷訥撰

義俠記:二卷/(明)沈璟撰

第六套

白兔記:二卷/(明)佚名撰

殺狗記:二卷/(明)徐㖠撰

曇花記:二卷/(明)屠隆撰

龍膏記:二卷/(明)楊珽撰

飛丸記:二卷/(明)佚名撰

東郭記:二卷/(明)孫鍾齡撰

節俠記:二卷/(明)許三階撰

雙珠記:二卷/(明)沈鯨撰

四賢記:二卷/(明)佚名撰

還魂記:二卷/(明)湯顯祖撰;(明)碩園
刪定.--一名"牡丹亭"　　　　　(己)/633

六十種曲/(明)毛晉輯.--鉛印本.--上海:開
明書店,民國二十四年(1935).--60 冊(6
函).--半葉 12 行,行 30 字,小字單行,行 38
字,粗黑口,四周單邊,版心下印"六十種曲,
開明書店",半框 15.2×10.3cm。吳曉鈴墨筆
批校。鈐"曉鈴藏書於綠雲山館"白文印.--綫
裝

子目:

子集

雙珠記:四十六齣/(明)沈鯨著

尋親記:三十四齣/(明)無名氏著

東郭記:四十四齣/(明)孫仁孺著

金雀記:三十齣/(明)無名氏著

焚香記:四十齣/(明)王玉峰著

丑集

荊釵記:四十八齣/(明)朱權著

霞箋記:三十齣/(明)無名氏著

精忠記:三十五齣/(明)姚茂良著

浣紗記:四十五齣/(明)梁辰魚著

琵琶記:四十二齣/(元)高明著

寅集

西廂記:三十六齣/(明)李日華著

幽閨記:四十齣/(元)施惠著

明珠記:四十三齣/(明)陸采著

玉簪記:三十三齣/(明)高濂著

紅拂記:三十四齣/(明)張鳳翼著

卯集

還魂記:五十五齣/(明)湯顯祖著

紫釵記:五十三齣/(明)湯顯祖著

邯鄲記:三十齣/(明)湯顯祖著

南柯記:四十四齣/(明)湯顯祖著

西廂記:二十齣/(元)王實甫著

辰集

春蕪記:二十九齣/(明)汪錂著

琴心記:四十四齣/(明)孫梅錫著

玉鏡臺記:四十齣/(明)朱鼎著

懷香記:四十齣/(明)陸采著

彩毫記:四十二齣/(明)屠隆著

巳集

運甓記:四十齣/(明)無名氏著

鸞鎞記:二十七齣/(明)葉憲祖著

玉合記:四十齣/(明)梅鼎祚著

金蓮記:三十六齣/(明)陳汝元著

四喜記:四十二齣/(明)謝讜著

午集

三元記:三十六齣/(明)沈受先著

投梭記:三十二齣/(明)徐復祚著

鳴鳳記:四十一齣/(明)王世貞著

飛丸記:三十三齣/(明)無名氏著

紅梨記:三十齣/(明)徐復祚著

未集

八義記:四十一齣/(明)徐元著

西樓記:四十齣/(明)袁于令著

還魂記:四十三齣/(明)湯顯祖著

繡襦記:四十一齣/(明)徐霖著

青衫記:三十齣/(明)顧大典著

申集

錦箋記:四十齣/(明)周履靖著

蕉帕記:三十六齣/(明)單本著

紫簫記:三十四齣/(明)湯顯祖著

水滸記：三十二齣／（明）許自昌著

玉玦記：三十六齣／（明）鄭若庸著

酉集

灌園記：三十齣／（明）張鳳翼著

種玉記：三十齣／（明）汪廷訥著

雙烈記：四十四齣／（明）張四維著

獅吼記：三十齣／（明）汪廷訥著

義俠記：三十六齣／（明）沈璟著

戌集

千金記：五十齣／（明）陸采著

殺狗記：三十六齣／（明）徐畛著；（明）龍子猶訂定

玉環記：三十四齣／（明）無名氏著

龍膏記：三十齣／（明）楊珽著

贈書記：三十二齣／（明）無名氏著

亥集

曇花記：五十五齣／（明）屠隆著

白兔記：三十二齣／（明）無名氏著

香囊記：四十二齣／（明）邵燦著

四賢記：三十八齣／（明）無名氏著

節俠記：三十二齣／（明）無名氏著

己／1596

西廂記；荊釵記；牡丹亭還魂記.--抄本.--清末（1851—1911）.--4 冊.--此本當是三種不同的抄本，但均已殘破不全，西廂記存"上路"至"團圓"，荊釵記存"撈救"至"釵圓"，牡丹亭還魂記存下卷"冥誓"至"圓駕"。半葉 6 行，行 18 字，有工尺譜，無邊框.--毛裝

己／886

傳奇三種／［傳真社選輯］.--影印本.--上海：傳真社，民國二十一年（1932）.--6 冊（1 函）：有冠圖.--詞隱先生即明沈璟。闇甫即明范世彥。牌記題"傳真社假上海王氏藏本影印"、"傳真社假海寧陳氏藏本影印"。鈐"傳真"朱文印、"曉鈴藏書"朱文印.--綫裝

子目：

修文記：二卷四十八出／（明）屠隆著

新刻博笑記：二卷二十出／（明）詞隱先生編

次

新鐫魏監磨忠記：二卷三十六出／（明）闇甫編次；（明）范翔校正　　　己／1513

長樂鄭氏彙印傳奇第一集／鄭振鐸選編.--影印本.--長樂鄭氏，民國二十三年（1934）.--12 冊（2 函）：有冠圖.--有鄭振鐸朱筆贈言。鈐"鄭振鐸印"朱文印.--綫裝

子目：

新刻出像音註商輅三元記：二卷三十八折／（明）沈受先撰.--據明富春堂刊本影印

新刊音註出像韓朋十義記：二卷三十七折／（明）羅祐音註.--據明富春堂刊本影印

新刊重訂出相附釋標注裴度香山還帶記：二卷四十一出／（明）沈采撰.--據明萬曆刊本影印

摘星樓傳奇：二卷二十六折／（明）佚名撰.--據舊鈔本影印

鸚鵡洲：二卷三十出／（明）任誕軒編.--據明萬曆刊本影印

喜逢春：二卷三十四出／（明）清嘯生纂括；（明）藻香子校閱.--據明崇禎刊本影印

己／1528

元

琵琶記：三卷四十三齣，釋義一卷／（元）高明撰.--刻本.--明（1368—1644）.--2 冊（1 函）：有插圖.--半葉 10 行，行 22 字，有眉欄，行 5 字，白口，四周單邊，半框 21.4 × 13.9cm.--綫裝　　　　（己）／573

批評釋義音字琵琶記：二卷四十二齣／［（元）高明撰］；（明）陳繼儒評；夢鳳樓，暖紅室校訂.--刻本.--暖紅室，民國初年（1912—1919）.--2 冊：插圖多幅.--（彙刻傳奇／劉世珩輯；三）.--版心題"琵琶記"。半葉 9 行，行 20 字，有眉批，行 5 字，白口，四周單邊，單黑魚尾，版心下刻"暖紅室"，半框 20.5 × 12.8cm。吳曉鈴墨筆題記。鈐"曉鈴藏書"朱文印.--綫

裝　　　　　　　　　　己/1547

新刊巾箱蔡伯喈琵琶記:二卷四十三齣/(元)高明編集;(明)斯干軒校正.--影印本.--民國(1912—1949).--2 冊(1 函):插圖 20幅.--據明刊本影印。半葉 10 行,行 18 字,小字雙行字同,白口,左右雙邊,單黑魚尾,半框12.5×10.3cm。鈐"曉鈴藏書"朱文印.--綫裝
己/595

新刻魏仲雪先生批點琵琶記:二卷四十二齣/(元)高明撰;(明)魏浣初批評;(明)李裔藩注.--刻本.--明末(1621—1644).--1 冊(1函):圖 3 幅.--存上卷 21 齣,有殘葉。仿書林余少江刻本。半葉 10 行,行 27 字,有眉欄,行3 字,白口,四周單邊,半框 19.5×11.8cm。鈐"曉鈴藏書"朱文印.--綫裝　　　　(己)/40

繪風亭評第七才子書琵琶記:六卷/(元)高明撰;(清)毛聲山批.--刻本.--映秀堂,清雍正(1723—1735).--8 冊(1 函):圖 20 幅.--附才子琵琶寫情篇/(清)陳方平彙輯;第七才子書琵琶記釋義:一卷。卷 2 起題名:映秀堂繪像第七才子書,第 2、3、5、6 卷卷端、卷末爲補配。半葉 8 行,行 19 字,小字雙行字同,白口,左右雙邊,單黑魚尾,半框 18.3×12.9cm。鈐"曉鈴藏書"朱文印.--綫裝　　　　(己)/27

槐蔭堂繪像第七才子書琵琶記:六卷四十二齣/(元)高明撰.--刻本.--程士任成裕堂,清雍正十三年(1735).--6 冊:插圖 22 幅.--半葉 8行,行 16 字,白口,四周雙邊,單黑魚尾,半框10×6.9cm。鈐"曉鈴藏書"朱文印.--綫裝
己/949

暖紅室橅明刊琵琶記原圖/傅春姍橅.--刻本.--暖紅室,民國(1912—1949).--1 冊.--白口,四周單邊,半框 20.6×14.2cm。卷末題"宣統庚戌年春儷蒽夫人春姍橅".--綫裝
己/1549

幽閨怨佳人拜月亭記:四卷四十折,附錄一卷/(元)施惠撰.--影印本.--北京:武進涉園,民國十六年(1927).--2 冊(1 函):圖 20 幅.--版心題"幽閨記"。半葉 8 行,行 18 字,有眉批,行 4 字,白口,四周單邊,半框 20.4×14.4cm。牌記題"歲在丁卯孟春武進涉園影印"。鈐"曉鈴藏書"朱文印.--綫裝
己/1546

注釋拜月亭記:二卷四十齣,音釋一卷/[(元)施惠撰];(明)羅懋登注釋;夢鳳樓,暖紅室刊校.--刻本.--暖紅室,民國(1912—1949).--2 冊:插圖多幅.--(彙刻傳奇/劉世珩輯).--版心題"拜月亭記"。據明德壽堂本重刻。半葉 9 行,行 20 字,白口,四周單邊,單黑魚尾,版心下刻"暖紅室",半框 20.2×12.9cm。吳曉鈴墨筆題記。鈐"恂儒"朱文印、"吳曉鈴印"白文印.--綫裝　　　己/1550

明

荊釵記:二卷四十八齣/(明)朱權撰.--刻本.--常熟:毛氏汲古閣,明末(1621—1644).--2 冊(1 函).--(六十種曲/[明]毛晉輯).--書名頁題"繡刻荊釵記定本"。半葉 9 行,行 19字,細黑口,左右雙邊,半框 20.1×13.2cm。鈐"曉鈴藏書"朱文印.--綫裝　　　　(己)/364

荊釵記:二卷四十八齣/(明)[朱權撰];夢鳳樓,暖紅室校刊.--刻本.--暖紅室,民國(1912—1949).--2 冊:插圖多幅.--(彙刻傳奇/劉世珩輯;三).--半葉 9 行,行 20 字,白口,四周單邊,單黑魚尾,版心下刻"暖紅室",半框 20.1×13.2cm。鈐"曉鈴藏書"朱文印.--綫裝　　　　己/1551

古本荊釵記:二卷四十八齣/(明)朱權撰;(明)屠隆批評.--刻本.--明(1368—1644).--1冊(1 函):圖 22 幅.--存下卷 24 齣,有殘葉。半葉 10 行,行 20 字,白口,左右雙邊,單黑魚

119

尾,半框 20.6×13.5cm。鈐"曉鈴藏書"朱文印.--綫裝 （己）/41

新刊重訂出相附釋標注節義荆釵記:四卷四十六出/（明）陽川子釋;（明）星源游子重訂;（明）李思德校書.--影印本.--日本京都:株式會社同朋舍,昭和五十五年（1980）.--1 冊（1 夾）:圖25幅.--(京都大學漢籍善本叢書第一期:二十卷/京都大學圖書館編;十四).--版權頁題"荆釵記"。據萬曆十三年（1585）刻本的抄本影印.--精裝 己/1531

白兔記:二卷三十二齣/（明）佚名撰.--刻本.--常熟:毛氏汲古閣,明末（1621—1644）.--2 冊（1 函）.--(六十種曲/[明]毛晉輯).--書名頁題"繡刻白兔記定本",有叢書名"繡刻演劇十本"。半葉9行,行19字,細黑口,左右雙邊,半框20.1×13.3cm。鈐"吳郎之書"朱文印.--綫裝 （己）/390

白兔記:二卷三十三齣/夢鳳樓,暖紅室刊校.--刻本,藍印.--暖紅室,清末（1851—1911）.--2 冊:圖8 幅.--(彙刻傳奇/劉世珩輯;八).--半葉9行,行20字,白口,四周單邊,單黑魚尾,版心下刻"暖紅室",半框20.2×12.8cm。鈐"曉鈴藏書"朱文印.--綫裝 己/1558

殺狗記:二卷三十六齣/（明）徐畛撰;（明）馮夢龍訂定.--刻本.--常熟:毛氏汲古閣,明末（1621—1644）.--2 冊（1 函）.--(六十種曲/[明]毛晉輯).--書名頁題"繡刻殺狗記定本"。半葉9行,行19字,細黑口,左右雙邊,半框19.9×13.3cm。鈐"吳郎之書"朱文印.--綫裝 （己）/389

殺狗記:二卷三十六齣/[（明）徐畛撰];（明）龍子猶訂定;夢鳳樓,暖紅室校訂.--刻本.--暖紅室,民國（1912—1949）.--2 冊:插圖多幅.--(雜劇傳奇彙刻/劉世珩輯;七).--半葉

9 行,行20字,白口,四周單邊,單黑魚尾,版心下刻"暖紅室",半框20.3×12.9cm。鈐"曉鈴藏書"朱文印.--綫裝 己/1552

雙忠記傳奇:二卷三十出/（明）姚茂良撰.--抄本,綠絲欄.--許飲流,民國十六年（1927）.--1 冊.--據明刻本抄錄。半葉10 行,行22字,白口,四周單邊,單黑魚尾,半框15.7×11.2cm。許飲流跋。鈐"飲流"朱文印、"曉鈴藏書"朱文印.--綫裝 己/95

精忠記:二卷三十五齣/（明）姚茂良撰.--刻本.--常熟:毛氏汲古閣,明末（1621—1644）.--1 冊（1 函）.--(六十種曲/[明]毛晉輯).--缺上卷。半葉9行,行19字,細黑口,左右雙邊,半框20×13.1cm。鈐"曉鈴藏書"朱文印.--綫裝 （己）/362

投筆記傳奇:二卷三十六出/（明）邱濬撰.--抄本,朱絲欄.--許飲流,民國十三年（1924）.--1 冊.--《遠山堂曲品》題撰者爲華山居士,其人待考。半葉10 行,行23字,白口,四周單邊,單黑魚尾,半框15.9×11.2cm。許飲流跋。鈐"飲流"朱文印、"曉鈴藏書"朱文印.--綫裝 己/78

南西廂記:二卷三十八出/（明）李日華作;夢鳳樓,暖紅室校訂.--刻本.--暖紅室,民國八年（1919）.--1 冊.--(彙刻演劇西廂記附錄:十三種/劉世珩輯;十二).--版心題"李實甫南西廂記"。半葉9行,行20字,有眉批,行5字,白口,四周單邊,單黑魚尾,版心下刻"暖紅室",半框20.2×12.8cm.--綫裝 己/1539

南西廂記:二卷三十七出/（明）陸采撰;夢鳳樓,暖紅室校訂.--刻本.--暖紅室,民國（1912—1949）.--1 冊.--(彙刻傳奇西廂記附錄/劉世珩輯;第十三種).--版心題名"陸天池南西廂記"。半葉9行,行20字,欄上鑴評,行5字,白口,四周單邊,單黑魚尾,版心下印"暖

紅室",半框 20.4 × 12.9cm。鈐"曉鈴藏書"朱文印. --綫裝　　　　　　　　己/115

明珠記：二卷四十三齣/（明）陸采撰. --刻本. --常熟：毛氏汲古閣,明末（1621—1644）. 2 冊（1 函）. --（六十種曲/［明］毛晉輯）. --半葉 9 行,行 19 字,細黑口,左右雙邊,半框 20.1 × 13.2cm。鈐"曉鈴藏書"朱文印. --綫裝　　　　　（己）/358

懷香記：二卷四十齣/（明）陸采撰. --刻本. --常熟：毛氏汲古閣,明末（1621—1644）. --2 冊（1 函）. --（六十種曲/［明］毛晉輯）. --書名頁題"繡刻懷香記定本"。半葉 9 行,行 19 字,細黑口,左右雙邊,半框 20 × 13cm。蔡如英題款。鈐"曉鈴藏書"朱文印. --綫裝
（己）/342

第二部　1 冊（1 函）,存上卷,鈐"曉鈴藏書"朱文印　　　　　　　　（己）/341

雙珠記：二卷四十六齣/（明）沈鯨撰. --刻本. --常熟：毛氏汲古閣,明末（1621—1644）. --2 冊（1 函）. --（六十種曲/［明］毛晉輯）. --書名頁題"繡刻雙珠記定本"。半葉 9 行,行 19 字,細黑口,左右雙邊,半框 19.8 × 13.3cm。鈐"曉鈴藏書"朱文印. --綫裝　　（己）/381

第二部　1 冊（1 函）,缺下卷　（己）/380

繡襦記：二卷四十齣/（明）徐霖撰. --刻本. 常熟：毛氏汲古閣,明末（1621—1644）. --2 冊（1 函）. --（六十種曲/［明］毛晉輯）. --書名頁題"繡刻繡襦記定本"。半葉 9 行,行 19 字,細黑口,左右雙邊,半框 19.9 × 13.3cm。前附叢書名"繡刻演劇十本"。鈐"吳郎之書"朱文印. --綫裝　　　　　　　（己）/396

繡襦記：二卷四十一齣/（明）徐霖著. --刻本. --清中後期（1796—1911）. --2 冊. --一說為薛近兗作。半葉 9 行,行 18 字,白口,左右雙邊,單黑魚尾,半框 10.2 × 7.8cm。鈐"曉鈴藏書"朱文印. --綫裝　　　　　　　己/930

第二部　鈐"關氏琤藏"朱文印、"曉鈴藏書"朱文印　　　　　　　　己/931

繡襦記：四卷四十一出/（明）［徐霖作］. --影印本. --［北京］：武進涉園,民國十五年（1926）. --2 冊（1 函）：圖 14 幅. --半葉 8 行,行 18 字,有眉批,行 4 字,白口,四周單邊,半框 20.1 × 14.3cm。牌記題"歲次丙寅季秋武進涉園影印"。鈐"曉鈴藏書"朱文印. --綫裝
己/1543

四喜記：二卷四十二齣/（明）謝讜撰. --刻本. --常熟：毛氏汲古閣,明末（1621—1644）. --2 冊（1 函）. --（六十種曲/［明］毛晉輯）. --書名頁題"繡刻四喜記定本"。半葉 9 行,行 19 字,細黑口,左右雙邊,半框 20 × 13.2cm。蔡如英題款。鈐"曉鈴藏書"朱文印. --綫裝
（己）/375

新刻出像音注趙氏孤兒記：二卷四十三折/（明）佚名撰. --影印本. --日本京都：株式會社同朋舍,日本昭和五十四年（1979）. --1 冊（1 夾）：圖 7 幅. --（京都大學漢籍善本叢書第一期：二十卷/京都大學圖書館編；十六）. --版權頁題"趙氏孤兒"。據金陵書坊富春堂刻本影印. --精裝　　　　　　　己/1533

新刻出相音註勸善目連救母行孝戲文：三卷一百零二折/（明）鄭之珍編. --刻本. --聚星堂,清（1644—1911）. --4 冊（1 函）：插圖 36 幅. --書名頁題"出像音註目連救母勸善記"。仿金陵富春堂刻本。半葉 10 行,行 24 字,白口,四周單邊,單黑魚尾,半框 18.3 × 12.5cm。鈐"曉鈴藏書"朱文印. --綫裝　　　　己/942

鳴鳳記：二卷四十一齣/（明）王世貞撰. --刻本. --常熟：毛氏汲古閣,明末（1621—1644）. --2 冊（1 函）. --（六十種曲/［明］毛晉輯）. --書名頁題"繡刻鳴鳳記定本"。品天成《曲品》入

無名氏。半葉9行,行19字,細黑口,左右雙邊,半框19.9×13.3cm。鈐"吳郎之書"朱文印.--綫裝　　　　　　　　　　　　（己）/361

紅拂記:二卷三十四齣,附音釋二卷/（明）[張鳳翼作];（明）陳繼儒批評;夢鳳樓,暖紅室校訂.--刻本.--暖紅室,民國（1912—1949）.--3冊:圖10幅.--（雜劇傳奇彙刻/劉世珩輯:十）.--半葉9行,行20字,有眉批,行5字,白口,四周單邊,單黑魚尾,版心下刻"暖紅室",半框20.3×12.7cm。鈐"曉鈴藏書"朱文印.--綫裝　　　　　己/1557

祝髮記傳奇:二卷二十八折/（明）張鳳翼撰.--抄本,朱絲欄.--許飲流,民國十一年（1922）.--1冊.--據明富春堂刻本轉抄。半葉8行,行18字,白口,四周雙邊,單黑魚尾,版心下印"雲文齋",半框13.3×10.5cm。許飲流跋。鈐"飲流"朱文印、"曉鈴藏書"朱文印.--綫裝　　　　　　　　　　己/88

墨憨齋新灌園傳奇:二卷三十六折/（明）張鳳翼撰;（明）馮夢龍更定.--刻本.--明末（1621—1644）.--2冊（1函）.--（墨憨齋定本十種傳奇:二十卷/[明]馮夢龍編）.--版心題"十種傳奇"。半葉8行,行21字,小字雙行字同,白口,左右雙邊,半框19.9×14.3cm。鈐"曉鈴藏書"朱文印.--綫裝　　　　（己）/53

齊世子灌園記:三卷三十齣/（西漢）司馬子長析傳;（明）張伯起彙編.--複印本.--[19??年].--1冊.--據明萬曆三十三年（1605）吳興茅彥征氏重刻本複印。半葉7行,行15字,小字雙行字同,白口,四周單邊,半框12.7×8.5cm。--散裝　　　　　　　　己/1582

琴心記:二卷四十齣/（明）孫柚撰.--刻本.--常熟:毛氏汲古閣,明末（1621—1644）.--2冊（1函）.--（六十種曲/[明]毛晉輯）.--書名頁題"繡刻琴心記定本"。半葉9行,行19字,

細黑口,左右雙邊,半框20.1×13.3cm。鈐"吳郎之書"朱文印.--綫裝　　　　　（己）/346
　　第二部　　　　　　　　　　　　（己）/347
　　第三部　1冊（1函）,存上卷　　（己）/345

墨憨齋詳定酒家傭傳奇:二卷三十七折/（明）陸弼,（明）欽虹江撰;（明）馮夢龍重訂.--刻本.--明末（1621—1644）.--2冊（1函）.--（墨憨齋定本十種傳奇:二十卷/[明]馮夢龍編）.--半葉8行,行21字,小字雙行字同,白口,左右雙邊,半框19.7×14.1cm。鈐"望綠蔭齋"朱文印、"慕歌家世"朱文印.--綫裝　　　　　　　　　　　　（己）/51

玉簪記:二卷三十一齣/（明）高濂撰.--刻本.--常熟:毛氏汲古閣,明末（1621—1644）.1冊（1函）.--（六十種曲/[明]毛晉輯）.--書名頁題"重刻附釋標註玉簪記"。半葉9行,行19字,細黑口,左右雙邊,半框20×13.2cm。集古堂藏版。鈐"曉鈴藏書"朱文印.--綫裝
　　　　　　　　　　　　　　　（己）/356
　　第二部　存下卷　　　　　　　（己）/355

曇花記:二卷五十五齣/（明）屠隆撰.--刻本.--常熟:毛氏汲古閣,明末（1621—1644）.--2冊（1函）.--（六十種曲/[明]毛晉輯）.--書名頁題"繡刻曇花記定本"。半葉9行,行19字,細黑口,左右雙邊,半框19.8×13.2cm。鈐"曉鈴藏書"朱文印.--綫裝　　　（己）/388

曇花記傳奇:二卷/（明）屠隆撰.--刻本.--明（1368—1644）.--2冊（1函）:插圖29幅.--殘本。全劇當有52出,存第16—25、28—36出,第26、37出末缺葉,第27出前缺2葉。第16出首葉誤裝於上卷尾。半葉9行,行19字,白口,四周單邊,單黑魚尾,半框20.8×14.3cm。佚名朱筆圈點。鈐"曉鈴藏書"朱文印.--綫裝
　　　　　　　　　　　　　　　己/566

鸚鵡洲傳奇:二卷三十二出/（明）陳與郊

撰.--抄本, 綠絲欄.--許飲流, 民國十六年 (1927).--1 冊.--半葉 10 行, 行 24 字, 白口, 四周單邊, 單黑魚尾, 半框 15.8×11.2cm。許 飲流跋. 鈐"飲流"朱文印、"曉鈴藏書"朱文 印.--綫裝　　　　　　　　　　　己/77

靈寶刀傳奇: 二卷三十五出/(明) 陳與郊 撰.--抄本, 綠絲欄.--許飲流, 民國十六年 (1927).--1 冊.--據明精刻本抄錄。半葉 10 行, 行 24 字, 白口, 四周單邊, 單黑魚尾, 半框 15.8×11.2cm。許飲流跋. 鈐"飲流"朱文 印、"曉鈴藏書"朱文印.--綫裝　　己/91

重校韓夫人題紅記: 二卷三十六出/(明) 王 驥德著.--抄本.--清 (1644—1911).--2 冊 (1 函): 插圖 7 幅.--缺上卷 26—36 葉, 下卷 22、 23 葉。敘題"題紅記"。半葉 10 行, 行 20 字, 小字雙行字同, 無邊框。鈐"曉鈴藏書"朱文 印.--綫裝　　　　　　　　　　　己/583

譚友夏批點想當然傳奇: 二卷三十八齣/ (明) 欬思居士編次;(明) 譚元春批點.--影印 本.--民國九年 (1920).--4 冊 (1 函): 插圖 16 幅.--書名頁題"繪圖想當然傳奇", 序題"批點 想當然", 版心題"想當然"。欬思居士即明王 光魯, 曾託名盧楠, 著《想當然傳奇》。半葉 9 行, 行 20 字, 白口, 四周單邊, 版心下刻"蘭室 新書", 半框 14×9.9cm。鈐"曉鈴藏書"朱文 印.--綫裝　　　　　　　　　　　己/616

想當然傳奇: 二卷三十八出/(明) 王光魯 撰.--抄本, 綠絲欄.--許飲流, 民國十六年 (1927).--1 冊.--卷端題"明濬縣盧柟次梗 撰"。許飲流跋稱"或謂是劇實出王漢恭手", 據今人考証, 作者正是王光魯, 字漢恭, 號欬思 居士。據明刻本抄錄, 略有改訂。半葉 10 行, 行 24 字, 白口, 四周單邊, 單黑魚尾, 半框 15.7×11.2cm。鈐"飲流"朱文印、"曉鈴藏 書"朱文印.--綫裝　　　　　　　己/92

釵釧記傳奇: 二卷三十一折/(明)[月榭主 人作].--抄本.--古吳蓮勻廬, 民國 (1912— 1949).--1 冊.--月榭主人姓名不詳, 一說王玉 峰作。半葉 10 行, 行 24 字, 白口, 四周單邊, 版心下題"古吳蓮勻廬抄存本", 半框 15.8× 10.6cm。鈐"曉鈴藏書"朱文印.--綫裝
己/107

玉合記: 二卷四十齣/(明) 梅鼎祚撰.--刻 本.--常熟: 毛氏汲古閣, 明末 (1621—1644).-- 2 冊 (1 函).--(六十種曲/[明] 毛晉輯).--書 名頁題"繡刻玉合記定本"。半葉 9 行, 行 19 字, 細黑口, 左右雙邊, 半框 20.3×13.3cm。 鈐"曉鈴藏書"朱文印、"吳郎之書"朱文印.-- 綫裝　　　　　　　　　　　(己)/377
第二部　蔡如英題款, 鈐"曉鈴藏書"朱文 印　　　　　　　　　　　　　(己)/357

錦箋記: 二卷四十四齣/(明) 周履靖撰.--刻 本.--常熟: 毛氏汲古閣, 明末 (1621—1644).-- 2 冊 (1 函).--(六十種曲/[明] 毛晉輯).--書 名頁題"繡刻錦箋記定本"。半葉 9 行, 行 19 字, 細黑口, 左右雙邊, 半框 19.6×13.3cm。 鈐"曉鈴藏書"朱文印.--綫裝　　(己)/366
第二部　2 冊 (合訂 1 冊, 1 函)
(己)/395

玉茗堂四種傳奇/(明) 湯顯祖撰;(明) 臧懋 循訂.--刻本.--臧懋循, 明萬曆四十六年 (1618).--16 冊 (2 函): 有圖.--半葉 9 行, 行 19 字, 有眉欄, 行 5 字, 白口, 左右雙邊, 單綫 魚尾, 半框 22.2×14.1cm。有鄭騫題識.--綫 裝
子目:
還魂記: 二卷
邯鄲記: 二卷
南柯記: 二卷
紫釵記: 二卷　　　　　　　　(己)/528

玉茗堂四種/(明) 湯顯祖撰.--刻本.--聚德

堂,清嘉慶(1796—1820).--8 冊(1 函).--半葉 9 行,行 18 字,白口,四周單邊,單黑魚尾,半框 9.6×7.3cm。前配雲疇氏手抄《夢華廬賦》及《玉芙蓉詩》。佚名批校、圈點。鈐"曉鈴藏書"朱文印.--綫裝

子目:

牡丹亭還魂記:五十五齣

南柯記傳奇:三十五齣

邯鄲夢傳奇:三十齣

紫釵記:五十三齣　　　　　　　己/926

紫簫記:二卷三十四齣/(明)湯顯祖撰.--刻本.--常熟:毛氏汲古閣,明末(1621—1644).--2 冊(1 函).--(六十種曲/[明]毛晉輯).--書名頁題"繡刻紫簫記定本"。半葉 9 行,行 19 字,細黑口,左右雙邊,半框 19.8×13.1cm。有灌隱(鄭騫)贈言。鈐"慕歌家世"朱文印、"望綠蔭齋"朱文印、"吳郎之書"朱文印.--綫裝　　　　　　　(己)/393

紫釵記:二卷五十三齣/(明)湯顯祖撰.--刻本.--常熟:毛氏汲古閣,明末(1621—1644).--2 冊(1 函).--(六十種曲/[明]毛晉輯).--書名頁題"繡刻紫釵記定本"。半葉 9 行,行 19 字,細黑口,左右雙邊,半框 19.8×13.1cm。鈐"曉鈴藏書"朱文印.--綫裝　　　　(己)/353

第二部　1 冊(1 函),存上卷　(己)/352

紫釵記傳奇:二卷三十六出/(明)湯顯祖撰;(明)臧晉叔改訂.--抄本,朱絲欄.--許飲流,民國十一年(1922).--1 冊.--半葉 8 行,行 20 字,白口,四周雙邊,單黑魚尾,版心下印"雲文齋",半框 13.2×10.4cm。許飲流跋。鈐"飲流"朱文印、"曉鈴藏書"朱文印.--綫裝　　己/87

還魂記:二卷四十三齣/(明)湯顯祖撰;(明)碩園刪定.--刻本.--常熟:毛氏汲古閣,明末(1621—1644).--2 冊(合訂 1 冊,1 函).--(六十種曲/[明]毛晉輯).--有抄配。書名頁

題"碩園刪定牡丹亭"。半葉 9 行,行 19 字,細黑口,左右雙邊,半框 19.9×13.1cm。鈐"德風珍藏圖書之印"朱文印、"曉鈴藏書"朱文印.--綫裝　　　　　　　(己)/394

第二部　2 冊(1 函)　　　　(己)/365

第三部　4 冊,書名頁題"繡刻還魂記定本"　　　　　　　(己)/354

玉茗堂還魂記:二卷五十五齣/(明)[湯顯祖撰];(明)王思任評校;夢鳳樓,暖紅室校訂.--刻本.--暖紅室,清末(1851—1911).--2 冊:插圖多幅.--(雜劇傳奇彙刻/劉世珩輯;十二).--半葉 9 行,行 20 字,有眉批,行 5 字,白口,四周單邊,單黑魚尾,版心下刻"暖紅室",半框 20.4×12.8cm。鈐"曉鈴藏書"朱文印.--綫裝　　　己/1553

玉茗堂還魂記:二卷五十五出/(明)湯顯祖作;(明)譴庵居士評;夢鳳樓,暖紅室校訂.--抄本.--民國(1912—1949).--2 冊.--(彙刻傳奇第十二種).--存下卷第三十至五十五出。全名"牡丹亭還魂記"。本書影抄清輝閣原本。半葉 9 行,行 20 字,有眉欄,行 5 字,白口,四周單邊,單黑魚尾,半框 23.6×12.8cm。鈐"曉鈴藏書"朱文印.--綫裝　　己/42

牡丹亭還魂記:二卷五十五出/(明)湯顯祖編.--抄本.--清(1644—1911).--1 冊.--書皮題"舊鈔還魂記"。半葉 10 行,行 20 字,無邊框。文桂署簽。鈐"萬育"朱文印、"汪洋之印"白文印、"貴陽趙氏壽堂軒藏"朱文印、"新城陳氏收藏圖書之印"白文印、"金文湘"白文印、"曉鈴藏書"朱文印.--綫裝　　己/106

才子牡丹亭:五十四出/(明)湯顯祖撰;(清)笠閣漁翁批.--刻本.--清(1644—1911).--4 冊.--笠閣漁翁即清康熙雍正間戲曲家吳震生。兩截板,下欄半葉 9 行,行 17 字,上欄半叶 24 行,行 32 字,白口,四周單邊,半框 23.4×15.1cm。鈐"鄂怡山館"朱文印、

"周越然"朱文印、"曉鈴藏書"朱文印. --綫裝
己/30

吳吳山三婦合評牡丹亭還魂記：二卷,首一卷/(明)湯顯祖撰；(清)陳同評點；(清)談則,(清)錢宜參評. --刻本. --清初(1644—1722). --4 冊(1 函)：圖 20 幅. --半葉 10 行,行 20 字,有眉欄,行 7 字,粗黑口,四周單邊,單黑魚尾,半框 21.3 × 14.8cm。懷德堂藏版。鈐"曉鈴藏書"朱文印. --綫裝　　己/26

格正還魂記詞調：二卷/(明)鈕少雅格正；(明)胡介祉校核；夢鳳樓,暖紅室校訂. --刻本. --暖紅室,民國八年(1919). --2 冊. --(雜劇傳奇彙刻/劉世珩輯；十二附). --半葉 9 行,行 20 字,小字雙行字同,白口,四周單邊,單黑魚尾,版心下刻"暖紅室",半框 20.3 × 13.1cm。鈐"曉鈴藏書"朱文印. --綫裝　　己/1554

邯鄲記：二卷三十二齣/(明)湯顯祖撰. --刻本. --常熟：毛氏汲古閣,明末(1621—1644). --1 冊(1 函). --(六十種曲/[明]毛晉輯). --缺下卷。半葉 9 行,行 19 字,細黑口,左右雙邊,半框 20.1 × 13.3cm。鈐"曉鈴藏書"朱文印. --綫裝　　(己)/351

改本邯鄲夢傳奇：二卷二十八出/(明)湯顯祖撰；(明)臧晉叔改訂. --抄本,朱絲欄. --許飲流,民國十二年(1923). --1 冊. --半葉 8 行,行 20 字,白口,四周雙邊,單黑魚尾,版心下印"雲文齋",半框 13.2 × 11.5cm。許飲流跋。鈐"飲流"朱文印、"曉鈴藏書"朱文印. --綫裝　　己/86

南柯夢傳奇：二卷四十四齣/(明)湯顯祖編次. --刻本. --明天啓(1621—1627). --4 冊(1 函). --(玉茗堂全集/[明]湯顯祖撰). --半葉 7 行,行 18 字,小字雙行字同,白口,四周單邊,半框 22.4 × 13.2cm。鈐"陽湖莊氏藏書"白文印、"曉鈴藏書"朱文印. --綫裝　　(己)/36

南柯記：二卷四十四齣/(明)湯顯祖撰. --刻本. --常熟：毛氏汲古閣,明末(1621—1644). --2 冊(1 函). --(六十種曲/[明]毛晉輯). --書名頁題"繡刻南柯記定本"。半葉 9 行,行 19 字,細黑口,左右雙邊,半框 19.9 × 13.2cm。鈐"吳郎之書"朱文印. --綫裝　　(己)/350

玉茗堂南柯記：二卷四十四齣/(明)[湯顯祖撰]；(明)柳浪館批評；夢鳳樓,暖紅室校訂. --刻本. --暖紅室,民國六年(1917). --2 冊：插圖多幅. --(雜劇傳奇彙刻/劉世珩輯；十五). --柳浪館即明袁宏道室名。半葉 9 行,行 20 字,有眉批,行 5 字,白口,四周單邊,單黑魚尾,版心下刻"暖紅室",半框 20.6 × 12.8cm。鈐"曉鈴藏書"朱文印. --綫裝
己/1555

鹽梅記：二卷三十四齣/[(明)青山高士撰]. --複印本. --[19?? 年]. --1 冊：插圖. --平裝　　己/1589—2

桃符記傳奇：二卷二十七折/(明)沈璟撰. --抄本,朱絲欄. --古吳：蓮勺廬,民國(1912—1949). --1 冊. --半葉 10 行,行 24 字,白口,四周單邊,竹簡欄,版心下印"古吳蓮勺廬抄存本",半框 15.2 × 10.6cm。鈐"曉鈴藏書"朱文印. --綫裝　　己/96

重校埋劍記：二卷三十六齣/(明)沈璟著. --石印本. --北京：國立北平圖書館,民國十九年(1930). --2 冊. --據馬廉不登大雅文庫藏本影印。半葉 10 行,行 20 字,小字雙行字同,有眉欄,行 4 字,白口,四周單邊,半框 17.5 × 11.8cm。鈐"曉鈴藏書"朱文印. --綫裝
己/1626

重校雙魚記：二卷三十折/(明)沈璟撰. --抄本,綠絲欄. --許飲流,民國十五年(1926). --1 冊. --半葉 10 行,行 24 字,白口,四周單邊,單黑魚尾,半框 15.8 × 11.3cm。有許飲流跋,作

者據此著錄。吳曉鈴校并跋。鈐"飲流"朱文印、"曉鈴藏書"朱文印. --綫裝　　　己/73

一種情傳奇：二卷三十一出/（明）沈璟撰. --抄本，綠絲欄. --許飲流，民國初年（1912—1919）. --1 冊. --又名"墜釵記"。半葉 10 行，行 22 字，白口，四周單邊，單黑魚尾，半框 15.7×11.2cm。鈐"曉鈴藏書"朱文印. --綫裝　　　己/70

玉茗堂批評紅梅記：二卷三十四齣/（明）周朝俊撰；（明）湯顯祖評. --刻本. --明（1368—1644）. --2 冊（1 函）：圖 2 幅. --半葉 10 行，行 21 字，白口，四周單邊，半框 20.3×14cm。有張璧、段栻題記。鈐"無染所藏"白文印、"曉鈴藏書"朱文印. --綫裝　　　（己）/556

節俠記：二卷三十一齣/（明）佚名撰；（明）許自昌改訂. --刻本. --常熟：毛氏汲古閣，明末（1621—1644）. --2 冊（1 函）. --（六十種曲/［明］毛晉輯）. --書名頁題"繡刻節俠記定本"。半葉 9 行，行 19 字，細黑口，左右雙邊，半框 19.9×13.3cm。鈐"吳郎之書"朱文印. --綫裝　　　（己）/382

新鍥徽本圖像音釋崔探花合襟桃花記：二卷/［（明）金懷玉撰］. --抄本. --綏中吳氏，現代（1949—）. --1 冊（1 函）. --存下卷。撰者據《曲海總目提要》著錄。半葉 10 行，行 26 字，小字雙行字同，白口，四周單邊，雙對黑魚尾，版心下印"綏中吳氏綠雲山館鈔藏"，半框 18×12.3cm。鈐"吳"朱文印、"曉鈴藏書"朱文印. --綫裝　　　己/1512

旗亭記傳奇：二卷四十出/（明）鄭之文撰. --抄本，綠絲欄. --許飲流，民國（1912—1949）. --1 冊. --半葉 10 行，行約 21 字，白口，四周單邊，單黑魚尾，半框 15.8×11.1cm。鈐"曉鈴藏書"朱文印. --綫裝　　　己/76

投梭記：二卷三十齣/（明）徐復祚撰. --刻本. --常熟：毛氏汲古閣，明末（1621—1644）. --2 冊（1 函）. --（六十種曲/［明］毛晉輯）. --書名頁題"繡刻投梭記定本"。半葉 9 行，行 19 字，細黑口，左右雙邊，半框 20×13.4cm。鈐"曉鈴藏書"朱文印. --綫裝　　　（己）/372
第二部　1 冊（1 函），存上卷　　　（己）/371

紅梨記：二卷三十齣/（明）徐復祚著. --刻本. --清中後期（1796—1911）. --1 冊. --半葉 9 行，行 18 字，白口，左右雙邊，單黑魚尾，半框 10.4×7.8cm。書皮題"紅梨曲，藍蓽精舍"。鈐"律師袁其鑅 3.8515"藍印、"曉鈴藏書"朱文印. --綫裝　　　己/929

校正原本紅梨記：四卷三十出/（明）陽初子填詞. 附紅梨花雜劇：四出/（元）張壽卿著. --影印本. --［北京］：武進涉園，民國十五年（1926）. --2 冊：圖 12 幅. --陽初子即明徐復祚。半葉 8 行，行 18 字，有眉批，行 6 字，白口，四周單邊，半框 20.3×14.6cm。鈐"曉鈴藏書"朱文印. --綫裝　　　己/1540

八義記：二卷四十一齣/（明）徐元撰. --刻本. --常熟：毛氏汲古閣，明末（1621—1644）. --2 冊（1 函）. --（六十種曲/（明）毛晉輯）. --書名頁題"繡刻八義記定本"。半葉 9 行，行 19 字，細黑口，左右雙邊，半框 20×13cm。鈐"吳郎之書"朱文印. --綫裝　　　（己）/359
第二部　鈐"馬素軒"朱文印、"曉鈴藏書"朱文印　　　（己）/360

八義記傳奇：二卷四十一齣/（明）徐元撰. --抄本. --清（1644—1911）. --2 冊. --存第 1—29 齣，29 齣缺末葉。本書即"趙氏孤兒"的改編本。半葉 6 行，行 31 字，無邊框。鈐"曉鈴藏書"朱文印. --綫裝　　　己/14

鸞鎞記：二卷三十齣/（明）葉憲祖撰. --刻本. --常熟：毛氏汲古閣，明末（1621—1644）. --

2 冊（1 函）.--（六十種曲/［明］毛晉輯）.--缺下卷。書名頁題"繡刻鸞鎞記定本"。半葉 9 行,行 19 字,細黑口,左右雙邊,半框 20 × 13.3cm。鈐"曉鈴藏書"朱文印.--綫裝
（己）/378

獅吼記:二卷三十齣/（明）汪廷訥撰.--刻本.--常熟:毛氏汲古閣,明末（1621—1644）.--2 冊（1 函）.--（六十種曲/［明］毛晉輯）.--書名頁題"繡刻獅吼記定本"。半葉 9 行,行 19 字,細黑口,左右雙邊,半框 19.7 × 13.3cm。鈐"曉鈴藏書"朱文印.--綫裝
（己）/391

金蓮記:二卷三十六齣/（明）陳汝元撰.--刻本.--常熟:毛氏汲古閣,明末（1621—1644）.--2 冊（合訂 1 冊,1 函）.--（六十種曲/［明］毛晉輯）.--書名頁題"繡刻金蓮記定本"。半葉 9 行,行 19 字,細黑口,左右雙邊,半框 19.9 × 13.3cm。鈐"曉鈴藏書"朱文印. 綫裝
（己）/397

尋親記:二卷三十五齣/（明）佚名撰.--刻本.--常熟:毛氏汲古閣,明末（1621—1644）.--1 冊（1 函）.--（六十種曲/［明］毛晉輯）.--存下卷。半葉 9 行,行 19 字,細黑口,左右雙邊,半框 20 × 13.1cm。鈐"曉鈴藏書"朱文印.--綫裝
（己）/363

金印合縱記,一名黑貂裘:二卷三十四齣/（明）高一葦訂證;夢鳳樓,暖紅室校刊.--刻本.--暖紅室,民國（1912—1949）.--2 冊:冠圖 6 幅.--（彙刻傳奇/劉世珩輯;七）.--版心題"合縱記"。半葉 9 行,行 20 字,白口,四周單邊,單黑魚尾,版心下刻"暖紅室",半框 20.1 × 12.7cm。鈐"曉鈴藏書"朱文印.--綫裝
己/1559

胭脂記傳奇:二卷二十八出/（明）無名氏撰;飲流齋訂正.--抄本,朱絲欄.--許飲流,民國十三年（1924）.--1 冊.---說明童養中作。

飲流齋即許飲流。半葉 9 行,行約 23 字,白口,四周雙邊,版心上印"幣制局用紙",半框 16.9 × 11.5cm。許飲流跋。鈐"飲流"朱文印、"曉鈴藏書"朱文印.--綫裝
己/75

玉鏡臺記:二卷四十齣/（明）朱鼎撰.--刻本.--常熟:毛氏汲古閣,明末（1621—1644）.--2 冊（1 函）.--（六十種曲/［明］毛晉輯）.--書名頁題"繡刻玉鏡臺記定本"。半葉 9 行,行 19 字,細黑口,左右雙邊,半框 19.8 × 13cm。蔡如英題款。鈐"曉鈴藏書"朱文印.--綫裝
（己）/344

第二部　　　　　　　　（己）/343

墨憨齋重定三會親風流夢:二卷三十七折/（明）湯顯祖撰;（明）馮夢龍更定.--刻本.--明末（1621—1644）.--2 冊（1 函）.--（墨憨齋定本十種傳奇:二十卷/［明］馮夢龍編）.--半葉 8 行,行 21 字,小字雙行字同,白口,左右雙邊,半框 20.2 × 14.5cm。鈐"曉鈴藏書"朱文印.--綫裝
（己）/55

墨憨齋訂定萬事足傳奇:二卷三十六折/（明）馮夢龍撰.--刻本.--明末（1621—1644）.--2 冊（1 函）.--（墨憨齋定本十種傳奇:二十卷/［明］馮夢龍編）.--半葉 8 行,行 21 字,小字雙行字同,白口,左右雙邊,半框 20.1 × 13.4cm。鈐"朱英"朱文印、"曉鈴藏書"朱文印.--綫裝
（己）/52

水滸記:二卷三十二齣/（明）許自昌撰.--刻本.--常熟:毛氏汲古閣,明末（1621—1644）.--1 冊（1 函）.--（六十種曲/［明］毛晉輯）.--缺上卷。半葉 9 行,行 19 字,細黑口,左右雙邊,半框 19.8 × 13.1cm。鈐"曉鈴藏書"朱文印.--綫裝
（己）/392

水滸記:二卷三十二齣/［（明）許自昌作］;陸君略校閱;田慰農繕寫.--石印本.--上海:上海藜光社,民國元年（1912）.--1 冊.--書名頁

及書皮題"水滸傳傳奇"。作者據本書佚名手記著錄。半葉 12 行,行 28 字,白口,四周雙邊,單黑魚尾,半框 16.3×11.6cm。佚名朱筆圈點。鈐"曉鈴藏書"朱文印.--綫裝

己/1537

橘浦記:二卷三十二出/(明)勾吳梅花墅編.--影印本.--日本,日本昭和四年(1929).--2 冊(1 函):圖 20 幅.--勾吳梅花墅即明許自昌。據明萬曆年間刊本影印。半葉 10 行,行 21 字,白口,四周單邊,半框 12×8.2cm。原書框廓內縱六寸九分,橫四寸三分半。吳曉鈴墨筆題記。鈐"固始許霽祥藏書"朱文印、"曉鈴藏書"朱文印.--綫裝

己/1525

雲台記傳奇:二卷四十四出/(明)薄俊卿撰.--抄本,綠絲欄.--許飲流,民國十六年(1927).--1 冊.--半葉 10 行,行 24 字,白口,四周單邊,單黑魚尾,半框 15.7×11.1cm。許飲流跋。鈐"飲流"朱文印、"曉鈴藏書"朱文印.--綫裝

己/72

鐫刻新編全相霞箋記:二卷二十七齣/(明)秦淮墨客校正;夢鳳樓,暖紅室校刊.--刻本.--暖紅室,民國(1912—1949).--2 冊:圖 6 幅.--(彙刻傳奇/劉世珩輯;九).--版心題"霞箋記"。秦淮墨客即明紀振倫。半葉 9 行,行 20 字,白口,四周單邊,單黑魚尾,版心下刻"暖紅室",半框 20.2×12.8cm。鈐"曉鈴藏書"朱文印.--綫裝

己/1560

新刊校正全相音釋折桂記:二卷三十一出/(明)秦淮墨客校正.--影印本.--日本京都:株式會社同朋舍,日本昭和五十六年(1981).--1 冊(1 夾):圖 12 幅.--(京都大學漢籍善本叢書第一期:二十卷/京都大學圖書館編;十七).--版權頁題"折桂記",牌記題"出相點板梁狀元折桂記"。撰者據《曲海總目提要》著錄,秦淮墨客即明紀振倫。據明唐氏廣慶堂刻本影印.--精裝

己/1534

玉環記:二卷三十四齣/(明)佚名撰.--刻本.--常熟:毛氏汲古閣,明末(1621—1644).--2 冊(1 函).--(六十種曲/[明]毛晉輯).--書名頁題"繡刻玉環記定本"。半葉 9 行,行 19 字,細黑口,左右雙邊,半框 20.1×13.3cm。鈐"曉鈴藏書"朱文印.--綫裝 (己)/369

第二部 (己)/370

第三部 1 冊(1 函),存下卷 (己)/368

春蕪記:二卷二十九齣/(明)汪錂撰.--刻本.--常熟:毛氏汲古閣,明末(1621—1644).--1 冊(1 函).--(六十種曲/[明]毛晉輯).--存下卷。半葉 9 行,行 19 字,細黑口,左右雙邊,半框 19.9×13.2cm。鈐"曉鈴藏書"朱文印.--綫裝 (己)/348

龍膏記:二卷三十齣/(明)楊珽撰.--刻本.--常熟:毛氏汲古閣,明末(1621—1644).--2 冊(1 函).--(六十種曲/[明]毛晉輯).--書名頁題"繡刻龍膏記定本"。半葉 9 行,行 19 字,細黑口,左右雙邊,半框 18.9×13.2cm。鈐"吳郎之書"朱文印.--綫裝 (己)/386

第二部 (己)/387

繡圖金盒龍膏記:二卷三十齣/(明)楊珽撰;(明)周慕喬精繪.--石印本.--清末至民國(1851—1949).--1 冊(1 函):插圖 20 幅.--存上卷 15 齣,一齣配一圖,下卷 16—19 齣圖文俱全,第 20 齣有圖無文,序跋全無。版心題名爲"金盒記",吳曉鈴題簽爲"龍膏記傳奇"。題名據書簽著錄。著者據《中國戲曲曲藝詞典》著錄。半葉 17 行,行 40 字,白口,四周雙邊,單黑魚尾,半框 18.6×11.5cm。鈐"鳴晦廬珍藏金石書畫記"朱文印、"鳴晦祕寶"朱文印、"望綠蔭齋"朱文印、"米"朱文印、"米樂斯"白文印、"季慈"朱文印、"王立承"白文印、"拜石軒藏"朱文印、"曉鈴藏書"朱文印.--綫裝

己/590

運甓記:二卷四十齣/(明)[吾丘端撰].--

刻本. --常熟: 毛氏汲古閣, 明末 (1621—1644). --2 冊 (1 函). --(六十種曲/[明] 毛晉輯). --書名頁題 "繡刻運甓記定本"。半葉 9 行, 行 19 字, 細黑口, 左右雙邊, 半框 20 × 13.1cm。昌群跋。鈐 "曉鈴藏書" 朱文印. --綫裝　　　　　　　　(己)/339

　　第二部　1 冊 (1 函), 存下卷　　(己)/340

東郭記: 二卷四十四齣/(明) 孫鍾齡撰. --刻本. --常熟: 毛氏汲古閣, 明末 (1621—1644). --2 冊 (1 函). --(六十種曲/[明] 毛晉輯). --書名頁題 "繡刻東郭記定本"。半葉 9 行, 行 19 字, 細黑口, 左右雙邊, 半框 19.9 × 13.2cm。鈐 "曉鈴藏書" 朱文印. --綫裝　　　(己)/383

東郭記: 二卷四十四齣/(明) 夢漚居士填詞;(明) 覺海釣徒正譜. --刻本. --古邵州: 經綸堂, 清同治十一年 (1872). --2 冊 (1 函). --夢漚居士即明孫鍾齡, 字仁孺。半葉 9 行, 行 20 字, 白口, 左右雙邊, 單黑魚尾, 半框 14.6 × 10.5cm。牌記題 "同治壬申新鐫"、"古邵州經綸堂"。鈐 "書業德記發兌" 朱文印、"曉鈴藏書" 朱文印. --綫裝　　　　　　己/943

醉鄉記傳奇: 二卷四十四齣/(明) 白雪樓主人撰. --刻本. --王克家, 明崇禎 (1628—1644). --2 冊. --有抄配。白雪樓主人即明孫鍾齡。半葉 10 行, 行 20 字, 白口, 四周單邊, 半框 20.7 × 14.6cm。鈐 "夢澤鑑賞" 朱文印、"津門王鳳岡風篁館收藏印" 朱文印、"曉鈴藏書" 朱文印. --綫裝　　　　　　　　(己)/557

花筵賺傳奇: 二卷二十六出/(明) 吳儂荀鴨填詞;(明) 西湖一葦訂正. --抄本, 朱絲欄. --許飲流, 民國十年 (1921). --1 冊. --吳儂荀鴨即明末范文若, 西湖一葦即明錢塘高一葦。半葉 9 行, 行 24 字, 白口, 四周雙邊, 單黑魚尾, 半框 19.7 × 15.5cm。許飲流跋。鈐 "蒭鄉飲流客" 白文印、"曉鈴藏書" 朱文印. --綫裝　　　　　　己/69

詠懷堂新編十錯認春燈謎記: 二卷四十齣/(明) 百子山樵撰. --刻本. --明末 (1573—1644). --1 冊 (1 函): 插圖 6 幅. --(繡像傳奇十種/[明] 梅鼎祚等撰). --存上卷 20 齣。百子山樵即明末清初阮大鋮。半葉 9 行, 行 20 字, 小字雙行字同, 白口, 四周單邊, 黑單魚尾, 半框 20.3 × 14cm. --綫裝　　　　　(己)/603

新編十錯認春燈謎記: 二卷四十齣/(明) 百子山樵撰;夢鳳樓, 暖紅室刊校. --刻本. --暖紅室, 民國 (1912—1949). --2 冊: 圖 8 幅. --(彙刻傳奇/劉世珩輯;十六). --版心題 "春燈謎"。百子山樵即明末清初阮大鋮。據詠懷堂本重刻。半葉 9 行, 行 20 字, 白口, 四周單邊, 單黑魚尾, 版心下刻 "暖紅室", 半框 20.2 × 13cm。鈐 "曉鈴藏書" 朱文印. --綫裝　　　　己/1561

批點燕子箋: 二卷四十二齣/(明) 百子山樵撰;夢鳳樓, 暖紅室刊校. --刻本. --暖紅室, 清宣統二年 (1910). --2 冊: 圖 18 幅. --(彙刻傳奇/劉世珩輯;十七). --版心題 "燕子箋"。百子山樵即明末清初阮大鋮。據懷遠堂批點燕子箋記重刻。半葉 9 行, 行 20 字, 有眉批, 行 5 字, 白口, 四周單邊, 單黑魚尾, 版心下刻 "暖紅室", 半框 19.6 × 12.7cm。鈐 "曉鈴藏書" 朱文印. --綫裝　　　　己/1562

燕子箋曲譜: 四十二出/(明) 阮大鋮撰;枕雷道士校定;大雷童嬛瑨如, 小雷柳嬛琬如侍拍. --刻本. --劉氏賜書臺, 民國 (1912—1949). --2 冊 (1 函). --(雙忽雷閣彙訂曲譜;第十六種). --題名據書名頁、版心著錄, 卷端題 "燕子箋"。枕雷道士即劉世珩。半葉 10 行, 行 18 字, 有工尺譜, 白口, 四周單邊, 粗框, 半框 20.3 × 12.9cm。鈐 "曉鈴藏書" 朱文印. --綫裝　　　　己/875

雙金榜傳奇: 二卷四十六齣/(明) 阮大鋮撰. --抄本, 朱絲欄. --許飲流. --許飲流, 民國十一年 (1922). --1 冊. --半葉 9 行, 行 22 字, 白口,四周雙邊,版心上印"幣制局用紙",半框16.8×11.4cm。許飲流跋。鈐"飲流"朱文印、"曉鈴臧書"朱文印. --綫裝　　　　己/71

綠牡丹:二卷三十齣/(明)粲花主人編;(明)牡丹花史評;夢鳳樓,暖紅室校訂. --刻本. --暖紅室,民國四年(1915). --2冊:圖12幅. --(雜劇傳奇彙刻/劉世珩輯;二十). --粲花主人即明吳炳。半葉9行,行20字,有眉批,行5字,白口,四周單邊,單黑魚尾,版心下刻"暖紅室",半框19.8×13cm。鈐"曉鈴臧書"朱文印. --綫裝　　　　己/1567

西園記:二卷三十三齣/(明)粲花主人編;(明)西園公子評;夢鳳樓,暖紅室校訂. --刻本,藍印. --暖紅室,民國(1912—1949). --2冊:圖14幅. --(彙刻傳奇/劉世珩輯;十八). --粲花主人即明吳炳,西園公子即明彭堯諭。半葉9行,行20字,有眉批,行5字,白口,四周單邊,單黑魚尾,版心下刻"暖紅室",半框20.3×13.2cm。鈐"曉鈴臧書"朱文印. --綫裝　　　　己/1566

療妒羹記:二卷三十二齣/(明)粲花主人編;(明)鶴鷦子評;夢鳳樓,暖紅室校訂. --刻本. --暖紅室,民國三年(1914). --2冊:圖14幅. --(雜劇傳奇彙刻/劉世珩輯;二十一). --版心題"療妒羹"。粲花主人即明吳炳。半葉9行,行20字,有眉批,行5字,白口,四周單邊,單黑魚尾,版心下刻"暖紅室",半框20.5×12.7cm。鈐"曉鈴臧書"朱文印. --綫裝　　　　己/1568

縮春園傳奇:二卷四十四出/(明)沈崃撰. --抄本,綠絲欄. --許飲流,民國(1912—1949). --1冊. --半葉10行,行24字,白口,四周單邊,單黑魚尾,半框15.8×11.1cm。鈐"曉鈴臧書"朱文印. --綫裝　　　　己/89

張玉娘閨房三清鸚鵡墓貞文記:二卷三十五

130

齣/(明)孟稱舜著. --刻本. --明崇禎十六年(1643). --2冊(1函). --半葉9行,行20字,白口,四周單邊,半框20×14.2cm。鈐"曉鈴臧書"朱文印. --綫裝　　　(己)/562

新鐫節義鴛鴦塚嬌紅記:二卷五十出/(明)孟稱舜著;(明)陳洪綬點評;(明)劉啟胤訂正. --刻本. --明(1368—1644). --2冊(1函). --殘本。第8出以後略完整,第6出存尾2葉,第7出缺3葉。第55葉誤裝於25葉前。半葉9行,行20字,有眉批,行4字,白口,四周單邊,半框20.6×13.9cm。鈐"曉鈴臧書"朱文印. --綫裝　　　　己/569

元宵鬧傳奇:二卷二十七出/(明)李素甫撰. --抄本,綠絲欄. --許飲流,民國(1912—1949). --1冊. --半葉10行,行24字,白口,四周單邊,單黑魚尾,半框15.8×11.2cm。鈐"曉鈴臧書"朱文印. --綫裝　　　　己/97

鴛鴦絛傳奇:二卷三十八齣/(明)海來道人著;(明)醉竹居士評. --影印本. --[北京]:武進涉園,民國十五年(1926). --1冊(1函):圖12幅. --海來道人,即明末清初路迪。據明崇禎八年(1635)刊本影印。半葉9行,行20字,有眉批,行3字,白口,四周單邊,半框20.9×14.1cm。有牌記"歲在丙寅孟秋武進涉園影印". --綫裝　　　　己/1545

荷花蕩:二卷二十八齣/(明)擷芳主人編;夢鳳樓,暖紅室校訂. --刻本. --暖紅室,民國(1912—1949). --2冊:圖6幅. --(雜劇傳奇彙刻/劉世珩輯;二十五). --擷芳主人即明末清初馬佶人。半葉9行,行20字,白口,四周單邊,單黑魚尾,版心下刻"暖紅室",半框20.3×12.8cm。鈐"曉鈴臧書"朱文印. --綫裝　　　　己/1572

鳳求凰傳奇:二卷三十出/(明)澹慧居士撰. --抄本,綠絲欄. --許飲流,民國十六年

（1927）.--1 冊.--澹慧居士即明陳玉蟾。許飲流據明玉夏齋刻本抄。半葉 10 行，行 24 字，白口，四周單邊，單黑魚尾，半框 15.8 ×11.2cm。許飲流跋。鈐"飲流"朱文印、"曉鈴藏書"朱文印.--綫裝　　　　　　己/82

天馬媒：二卷三十五齣/（清）劉方著；夢鳳樓，暖紅室校刊.--刻本.--暖紅室，民國五年（1916）.--2 冊：圖 10 幅.--（彙刻傳奇/劉世珩輯；二十七）.--半葉 9 行，行 20 字，白口，四周單邊，單黑魚尾，版心下刻"暖紅室"，半框 20.5×13.2cm。鈐"曉鈴藏書"朱文印.--綫裝　　　己/1573

四賢記：二卷三十八齣/（明）佚名撰.--刻本.--常熟：毛氏汲古閣，明末（1621—1644）.2 冊（1 函）.--（六十種曲/[明]毛晉輯）.--書名頁題"繡刻四賢記定本"。半葉 9 行，行 19 字，細黑口，左右雙邊，半框 20.1 × 13.2cm。鈐"吳郎之書"朱文印.--綫裝　　（己）/379

飛丸記：二卷三十二齣/（明）佚名撰.--刻本.--常熟：毛氏汲古閣，明末（1621—1644）.2 冊（1 函）.--（六十種曲/[明]毛晉輯）.--書名頁題"繡刻飛丸記定本"。半葉 9 行，行 19 字，細黑口，左右雙邊，半框 20×13.3cm。鈐"吳郎之書"朱文印.--綫裝　　（己）/384

金貂記傳奇：二卷三十四出/（明）闕名撰；許飲流校訂.--抄本，朱絲欄.--許飲流，民國十五年（1926）.--1 冊.--據明富春堂原本抄錄。半葉 10 行，行 21 字，白口，四周雙邊，單黑魚尾，版心上印"幣制局用紙"，半框 16.8 ×11.4cm。許飲流跋。鈐"飲流"朱文印、"曉鈴藏書"朱文印.--綫裝　　　　　　己/94

金貂記：八齣.--抄本.--京師：南府，清中期（1736—1826）.--1 冊.--半葉 8 行，行 20 字，

無邊框。鈐"舊外二學"墨印、"曉鈴藏書"朱文印.--綫裝　　　　　　　　　己/324

贈書記：二卷三十二齣/（明）佚名撰.--刻本.--常熟：毛氏汲古閣，明末（1621—1644）.--1 冊.--（六十種曲/[明]毛晉輯）.--存上卷。書名頁題"繡刻贈書記定本"。半葉 9 行，行 19 字，細黑口，左右雙邊，半框 20.1 × 13.4cm。鈐"曉鈴藏書"朱文印.--綫裝

　　　　　　（己）/367

倒浣紗傳奇：二卷二十八出/（明）闕名撰.--抄本，綠絲欄.--許飲流，民國十六年（1927）.--1 冊.--半葉 10 行，行 23 字，白口，四周單邊，單黑魚尾，半框 15.8×11.2cm。許飲流識跋。鈐"飲流"朱文印、"曉鈴藏書"朱文印.--綫裝　　　　　　己/105

金花記傳奇：二卷二十九折/（明）佚名撰.--抄本.--古吳蓮勺廬，民國（1912—1949）.--1 冊.--半葉 10 行，行 25 字，白口，四周單邊，竹簡欄，版心下印"古吳蓮勺廬抄存本"，半框 15.8×10.6cm。鈐"曉鈴藏書"朱文印.--綫裝　　　　　　己/108

南樓記/（明）失名氏作.--抄本.--[19??年].--1 冊.--存魂遊、感泣、盟願 3 出。作者姓名不詳。所用稿紙爲"中國社會科學院文學研究所稿紙"，半葉 10 行，行 20 字.--毛裝　　　　　　己/68

清

異方便淨土傳燈歸元鏡三祖實錄：二卷/（清）釋智達拈頌；（清）釋德日閱錄.--影印本.--上海：商務印書館，民國十七年（1928）.--2 冊（1 函）：圖 20 幅.--版心題"歸元鏡"，書簽題"淨土傳燈歸元鏡"。半葉 10 行，行 20 字，小字雙行字同，細黑口，四周單邊，半框

15.5×12.5cm。鈐"曉鈴藏書"朱文印. --綫裝
己/1519

異方便淨土傳燈歸元鏡三祖實錄[曲譜]:
二卷/(清)釋智達拈頌;(清)釋德日閱錄;曹溰製譜. --石印本,藍絲欄. --太原:張樹幟,民國二十四年(1935). --4冊(1函). --卷端題名"異方便淨土傳燈歸元鏡三祖實錄",書簽題"淨土傳燈歸元鏡曲譜"。半葉4行,行16字,有眉批,白口,四周單邊,半框17.1×11.9cm。佚名朱筆圈點. --綫裝　己/1800

西樓記:二卷四十齣/(清)袁于令撰. --刻本. --常熟:毛氏汲古閣,明末(1621—1644). --2冊(1函). --(六十種曲/[明]毛晉輯). --書名頁題"繡刻西樓記定本"。半葉9行,行19字,細黑口,左右雙邊,半框20.3×13.3cm。鈐"吳郎之書"朱文印. --綫裝　(己)/373
第二部　(己)/374

西樓記:四卷四十齣/(清)袁于令撰. --刻本. --清中後期(1796—1911). --2冊(1函). --序缺首葉。半葉9行,行18字,白口,左右雙邊,單黑魚尾,半框10.6×7.7cm。牌記題"庚戌夏日"、"寧我齋"。鈐"曉鈴藏書"朱文印. --綫裝　己/948

赤松遊傳奇:二卷四十六出/(清)華表人著. --抄本,朱絲欄. --清(1644—1911). --1冊. --存上卷第1—16出,下卷第46出。華表人即丁耀亢,爲明末清初人。半葉9行,行22字,白口,四周雙邊,單黑魚尾,半框18.6×11.9cm。鈐"吳"朱文印、"曉鈴藏書"朱文印. --綫裝　己/102

表忠記傳奇:二卷三十六齣/(清)丁耀亢著. --刻本. --清順治(1644—1661). --1冊(1函). --存下卷。半葉9行,行20字,白口,四周單邊,半框19.5×13.7cm。鈐"曉鈴藏書"朱文印. --綫裝　(己)/602

擬進呈楊忠湣潛蚪蛇膽表忠記:二卷三十六齣/(清)丁耀亢撰. --刻本. --武昌:崇文書局,清同治十一年(1872). --2冊(1夾):插圖1幅. --書簽和書名頁題"表忠記傳奇",目錄題"重刊楊忠湣潛蚪蛇膽表忠記",版心題"楊忠湣公表忠記"。半葉10行,行22字,白口,四周雙邊,單黑魚尾,半框18.1×12.8cm。牌記題"同治壬申冬月重鐫"。鈐"曉鈴藏書"朱文印. --綫裝　己/607

西湖扇:十六出/(清)紫陽道人著. --抄本. --清(1644—1911). --2冊. --紫陽道人即清丁耀亢。半葉9行,行20字,無邊框。鈐"無心出岫"朱文印、"小峨眉人"白文印、"某華香透讀書窗"白文印、"曉鈴藏書"朱文印. --綫裝　己/109

西湖扇傳奇:二卷三十二齣/(清)紫陽道人著. --刻本. --清(1644—1911). --1冊(1函). --首尾有部分抄配。紫陽道人即清丁耀亢。半葉9行,行20字,白口,四周單邊,半框19.8×14.1cm。鈐"曉鈴藏書"朱文印. --綫裝　己/601

紅羅鏡:六折/(清)傅山著;(清)傅履巽輯. --鉛印本. --山西:張赤幟,民國二十三年(1934). --1冊. --附齊人乞食、八仙慶壽、張赤幟釋晉陽川方言。半葉10行,行24字,白口,四周雙邊,單黑魚尾,半框19×12.5cm。鈐"曉鈴藏書"朱文印. --綫裝　己/1628

一笠庵四種曲/(清)蘇門嘯侶撰. --抄本. --通縣:李孝慈,民國二十二年(1933). --4冊(1函). --鳴晦廬(李孝慈)據許守凡所藏墨憨齋改本抄錄。"蘇門嘯侶",即明末清初李玉,其書舍名爲"一笠庵"。半葉8行,行21字,小字雙行字同,白口,四周單邊,半框19.9×14cm。吳曉鈴跋。鈐"曉鈴藏書"朱文印. --綫裝

子目:

一笠庵新編一捧雪:二卷三十折/(清)蘇門嘯侶筆

　墨憨齋訂定人獸關傳奇:二卷三十三折/(清)蘇門一笠庵新編;(清)龍子猶定

　墨憨齋重訂永團圓傳奇:二卷三十二折/(清)吳門一笠庵籾稿;(清)龍子猶定

　一笠庵新編占花魁傳奇:二卷二十八折/(清)蘇門嘯侶筆.--綏中吳氏綠雲山館抄

己/98

一捧雪傳奇:二卷三十回/(清)李玉撰.--抄本.--清(1644—1911).--2冊(1函).--半葉7行,行18字,有工尺譜,無邊框。佚名朱筆圈點。鈐"曉鈴藏書"朱文印.--綫裝　　　己/12

墨憨齋訂定人獸關傳奇:二卷三十三折/(清)李玉撰;(清)馮夢龍定.--刻本.--墨憨齋,明末清初(1573—1722).--2冊(1函).--(墨憨齋傳奇十種/[明]馮夢龍編).--半葉8行,行21字,小字雙行字同,白口,左右雙邊,半框19.7×14.1cm。王季烈跋。鈐"王季烈字君九"朱文印、"曉鈴藏書"朱文印.--綫裝
(己)/54

占花魁傳奇:二卷二十八折/(清)李玉撰.--抄本,綠絲欄.--許飲流,民國十五年(1926).--1冊.--半葉10行,行約22字,白口,四周單邊,單黑魚尾,半框15.8×11.1cm。許飲流跋。鈐"飲流"朱文印、"曉鈴藏書"朱文印.--綫裝　　　己/79

太平錢傳奇:二卷二十九出/(清)李玉撰.--抄本,朱絲欄.--許飲流,民國十一年(1922).--1冊.--半葉9行,行18至21字,白口,四周雙邊,單黑魚尾,半框14.8×10.8cm。許飲流跋。鈐"飲流"朱文印、"曉鈴藏書"朱文印.--綫裝　　　己/85

眉山秀:二卷二十四出/(清)[李玉撰].--抄本.--清(1644—1911).--1冊.--責任說明據

《中國戲曲曲藝辭典》著錄。半葉10行,行15字,無邊框。佚名朱墨筆批點,書皮題"怡慶堂"。鈐"曉鈴藏書"朱文印.--毛裝
己/103

麒麟閣傳奇:二卷二十八出/(清)李玉作.--抄本,朱絲欄.--民國(1912—1949).--1冊.--上卷第3出後未標出數,下卷第6出後未標出數。半葉8行,行25字,小字31字,白口,四周雙邊,單黑魚尾,版心下印"雲文齋",半框13.5×10.3cm。鈐"曉鈴藏書"朱文印.--綫裝
己/113

意中人:三十二齣/(清)[李玉]撰.--抄本.--清(1644—1911).--2冊.--責任說明據《中國叢書綜錄》著錄。半葉10行,行25字,白口,四周單邊,單黑魚尾,半框20.8×14.9cm。鈐"曉鈴藏書"朱文印.--綫裝
己/16

女才子記傳奇:二十八齣/(清)蘇門嘯侶撰.--鉛印本.--上海:中華書局,民國六年(1917).--1冊(1函).--蘇門嘯侶即清李玉。半葉11行,行40字,無邊框。鈐"曉鈴藏書"朱文印.--平裝　　　己/1871

吳梅村劇作三種/(清)吳偉業作.--刻本.--清初(1644—1722).--6冊(1函).--書名頁題"婁東吳梅村先生原本"。半葉9行,行19字,白口,左右雙邊,單黑魚尾,半框18.8×13cm。振古齋藏板.--綫裝
子目:
秣陵春:二卷四十一齣
臨春閣:四齣
通天臺:二齣　　　　　　　　(己)/60

秣陵春,一名雙影記:二卷四十一齣/(清)灌隱主人編次;(清)寓園居士參定;夢鳳樓,暖紅室校訂.--刻本.--暖紅室,民國(1912—1949).--2冊:圖11幅.--(雜劇傳奇彙刻/劉

世珩輯;二十五).--灌隱主人即明末清初吳偉業,寓園居士即清董錦章。半葉 9 行,行 20 字,白口,四周單邊,單黑魚尾,版心下刻"暖紅室",半框 19.4×12.9cm。鈐"曉鈴藏書"朱文印.--綫裝　　　　　　　　己/1571

笠翁傳奇十種/(清)李漁撰.--刻本.--翼聖堂,清康熙(1662—1722).--20 冊(5 函):冠圖 66 幅.--有殘葉。半葉 9 行,行 20 字,有眉批,行 3 字,白口,四周單邊,半框 19.7×13.6cm。有吳曉鈴跋,記述購書經過。鈐"吳曉鈴"朱文印.--綫裝
　子目:
　憐香伴傳奇:二卷/(清)李漁編次;(清)玄洲逸叟批評
　風箏誤傳奇:二卷/(清)李漁編次;(清)樸齋主人批評
　意中緣傳奇:二卷/(清)李漁編次;(清)禾中女史批評
　蜃中樓傳奇:二卷/(清)李漁編次;(清)疊庵居士批評
　鳳求鳳傳奇:二卷/(清)李漁編次;(清)冷西梅客批評
　奈何天傳奇:二卷/(清)李漁編次;(清)紫珍道人批評
　比目魚傳奇:二卷/(清)李漁編次;(清)秦淮醉侯批評
　玉搔頭傳奇:二卷/(清)李漁編次;(清)睡鄉祭酒批評
　巧團圓傳奇:二卷/(清)李漁編次;(清)莫愁釣客,(清)睡鄉祭酒合評
　慎鸞交傳奇:二卷/(清)李漁編次;(清)匡廬居士,(清)雲間木叟合評　　(己)/2

笠翁十種曲/(清)李漁撰.--刻本.--清(1644—1911).--20 冊(2 函):有冠圖.--有殘葉。半葉 11 行,行 22 字,小字雙行字同,有眉欄,行 3 字,白口,四周單邊,半框 22.1×14.6cm。鈐"大文堂自在江浙蘇閩揀選古今書籍發兌"朱文印、"吳曉鈴"朱文印.--綫裝

子目同上　　　　　　　　　　　(己)/1

慎鸞交傳奇:二卷三十五齣/(清)湖上笠翁編次;(清)匡廬居士,(清)雲間木叟合評.--刻本.--翼聖堂,清康熙(1662—1722).--2 冊(1 函):圖 12 幅.--(笠翁傳奇十種/[清]李漁編次).--湖上笠翁即清李漁,匡廬居士即清郭傳芳,雲間木叟不詳。半葉 9 行,行 20 字,小字雙行字同,白口,四周單邊,半框 19.4×13cm。鄭騫署簽.--綫裝　　　　(己)/3

比目魚傳奇:二卷三十二齣/(清)湖上笠翁編次;(清)秦淮醉侯批評.--刻本.--翼聖堂,清康熙(1662—1722).--2 冊(1 函):圖 6 幅.--(笠翁傳奇十種/[清]李漁編次).--湖上笠翁即清李漁,秦淮醉侯不詳。原函套題"翼聖堂本比目魚"。半葉 9 行,行 20 字,小字雙行字同,白口,四周單邊,半框 19.5×13cm.--綫裝　　　　　　　　　　　(己)/4

奈何天傳奇:二卷三十齣/(清)湖上笠翁編次;(清)紫珍道人批評.--刻本.--翼聖堂,清康熙(1662—1722).--2 冊(1 函):圖 6 幅.--(笠翁傳奇十種/[清]李漁編次).--湖上笠翁即清李漁,紫珍道人不詳。半葉 9 行,行 20 字,白口,四周單邊,半框 19.5×13cm。鈐"曉鈴藏書"朱文印.--綫裝　　　　　　　(己)/6

憐香伴傳奇:二卷三十六齣/(清)湖上笠翁編次;(清)玄洲逸叟批評.--刻本.--翼聖堂,清康熙(1662—1722).--2 冊(1 函):圖 6 幅.--(笠翁傳奇十種/[清]李漁編次).--封面題"翼聖堂本憐香伴"。湖上笠翁即清李漁,玄洲逸叟即虞巍。半葉 9 行,行 20 字,白口,四周單邊,半框 20×13cm。鈐"本衙藏板"朱文印、鈐"曉鈴藏書"朱文印.--綫裝　　　(己)/7

巧團圓傳奇,一名,夢中樓:二卷三十三齣/(清)湖上笠翁編次;(清)莫愁釣客,(清)睡鄉祭酒合評.--刻本.--翼聖堂,清康熙(1662—

1722）.--2 冊（1 函）:圖 6 幅.--（笠翁傳奇十種/［清］李漁編次）.--有殘葉。湖上笠翁即李漁。半葉 9 行,行 20 字,白口,四周單邊,半框 19.4×13.6cm.--綫裝　　　　　　　　　　（己）/9

鳳求鳳傳奇,一名,鴛鴦賺:二卷三十齣/（清）湖上笠翁編次;（清）泠西梅客批評.--刻本.--翼聖堂,清康熙（1662—1722）.--2 冊（1 函）:圖 6 幅.--（笠翁傳奇十種/［清］李漁編次）.--湖上笠翁即李漁。半葉 9 行,行 20 字,白口,四周單邊,半框 19.6×13.7cm.--綫裝
（己）/10

玉搔頭傳奇:二卷三十齣/（清）湖上笠翁編次;（清）睡鄉祭酒批評.--刻本.--翼聖堂,清康熙（1662—1722）.--2 冊（1 函）:圖 6 幅.--（笠翁傳奇十種/［清］李漁編次）.--湖上笠翁即李漁。半葉 9 行,行 20 字,白口,四周單邊,半框 20.3×13.6cm.--綫裝　　　　（己）/11

蜃中樓傳奇:二卷三十齣/（清）湖上笠翁編次;（清）罍菴居士批評.--刻本.--翼聖堂,清康熙（1662—1722）.--2 冊（1 函）:圖 6 幅.--（笠翁傳奇十種/［清］李漁編次）.--湖上笠翁即清李漁,罍菴居士不詳。半葉 9 行,行 20 字,白口,四周單邊,半框 20×13cm。慕歌居士（鄭騫）題簽.--綫裝　　　　　　（己）/8

蜃中樓:三卷三十齣/（清）［李漁撰］.--抄本.--清（1644—1911）.--1 冊.--殘存,存第 19—26 齣。半葉 9 行,行 20 字,無邊框。佚名圈點.--綫裝　　　　　　　　　己/330

蜃中樓題綱.--抄本.--昇平署,清末（1851—1911）.--1 冊.--存第 19—24 出提綱。半葉 5 行,行字數不等,無邊框.--綫裝　　己/329

十醋記,一名,滿床笏:二卷三十六齣/（清）范希哲撰.--刻本.--清（1644—1911）.--4 冊（1 函）.--半葉 8 行,行 20 字,白口,四周雙邊,單

黑魚尾,半框 20×12.3cm。徐守白、吳曉鈴題記。鈐"家在西昌弟一村"白文印、"守白"白文印、"吳曉鈴"朱文印、"曉鈴臧書"朱文印.--綫裝　　　　　　　　　己/554

雙錘記,一名,合歡錘:二卷三十六齣/（清）范希哲撰.--刻本.--清初（1644—1722）.--1 冊（1 函）.--（傳奇十一種:十九卷/（清）范希哲撰）.--缺第 1、2、32—36 齣,第 3、4 齣有殘葉。半葉 8 行,行 20 字,小字雙行字同,白口,四周單邊,單黑魚尾,半框 19.2×12cm。鈐"周越然"朱文印、"曉鈴臧書"朱文印.--綫裝
（己）/553

魚籃記,一名,雙錯耷:二卷三十六齣/（清）魚籃道人撰.--刻本.--清初（1644—1722）.--4 冊（1 函）.--半葉 8 行,行 20 字,白口,四周單邊,單黑魚尾,半框 19.8×12.3cm.--綫裝
（己）/555

豔雲亭傳奇:二卷三十三齣,提綱二卷/（清）朱佐朝撰.--抄本.--清（1644—1911）.--6 冊.--半葉 6 行,行 22 字,無邊框。函套書簽題"尚勗藏"。鈐"曉鈴臧書"朱文印.--綫裝
己/19

豔雲亭傳奇:二卷三十出/（清）朱佐朝撰.--抄本,綠絲欄.--許飲流,民國十三年（1924）.--1 冊.--半葉 10 行,行 22 字,白口,四周單邊,單黑魚尾,半框 16.1×11.2cm。許飲流跋。鈐"飲流"朱文印、"曉鈴臧書"朱文印.--綫裝
己/74

血影石傳奇:二卷/（清）朱佐朝撰.--影印本.--北京:文學古籍刊行社,1957 年.--1 冊（1 函）.--（古本戲曲叢刊三集）.--據綏中吳氏藏鈔本影印,113 葉後半葉至卷末原缺。鈐"吳"朱文印、"曉鈴臧書"朱文印.--綫裝
己/1511

萬壽冠傳奇：二卷二十六齣/（清）［朱佐朝撰］；（清）環翠山房集. --複印本. --［19??年］. --1 冊. --（環翠十五種曲；一）. --底本殘，存 1—6 齣，第 7 齣殘。書名頁題名"萬壽冠"。環翠山房即清王高詞室名。《環翠山房十五種曲》原本藏法國巴黎國家圖書館. --散裝
　　　　　　　　　　　　　　　己/1590

吉祥兆：二卷二十九齣/（清）張大復撰. --抄本. --清（1644—1911）. --2 冊. --責任說明據《中國叢書綜錄》著錄。半葉 10 行，行 23 字，白口，四周單邊，單黑魚尾，半框 20.7 × 14.9cm。鈐"曉鈴臧書"朱文印. --綫裝
　　　　　　　　　　　　　　　己/17

快活三傳奇：二卷二十九折/（清）張大復撰. --抄本，朱絲欄. --古吳蓮勻廬，民國（1912—1949）. --1 冊. --半葉 10 行，行 24 字，欄上鐫評，行 4 字，白口，四周單邊，竹簡欄，版心下印"古吳蓮勻廬鈔存本"，半框 15.8 × 11.6cm。鈐"曉鈴臧書"朱文印. --綫裝
　　　　　　　　　　　　　　　己/84

秦月樓：二卷二十八出/（明）朱素臣編次；（清）湖上笠翁評閱. --影印本. --［北京］：武進涉園，民國十五年（1926）. --2 冊（1 函）：圖 7 幅. --（笙庵傳奇；十五）. --湖上笠翁即清李漁。半葉 9 行，行 20 字，有眉批，行 3 字，白口，四周單邊，半框 20.8 × 14.1cm。牌記題"歲次丙寅仲秋武進涉園影印"。鈐"曉鈴臧書"朱文印. --綫裝
　　　　　　　　　　　　　　　己/1544

朝陽鳳傳奇：二卷二十八齣/（清）朱素臣撰. --抄本，綠絲欄. --許飲流，民國十五年（1926）. --1 冊. --朱素臣即朱曜，以字行。半葉 10 行，行 22 字，白口，四周單邊，單黑魚尾，半框 16.1 × 11.1cm。許飲流跋，佚名朱筆圈點。鈐"飲流"朱文印、"曉鈴臧書"朱文印. --綫裝
　　　　　　　　　　　　　　　己/90

未央天傳奇：二卷二十八齣/（清）朱素臣撰. --抄本，綠絲欄. --許飲流，民國十六年（1927）. --1 冊. --又名"九更天"。朱素臣即朱曜，以字行。半葉 10 行，行 22 字，白口，四周單邊，單黑魚尾，半框 15.8 × 11.2cm。許飲流跋。鈐"飲流"朱文印、"曉鈴臧書"朱文印. --綫裝
　　　　　　　　　　　　　　　己/80

聚寶盆傳奇：二卷三十齣/（清）朱素臣撰；許飲流訂正. --抄本，烏絲欄. --許飲流，民國十三年（1924）. --1 冊. --據梨園家藏本抄錄，許飲流增補。半葉 10 行，行 23 字，白口，四周單邊，單黑魚尾，半框 15.9 × 11.2cm。許飲流跋。鈐"飲流"朱文印、"曉鈴臧書"朱文印. --綫裝
　　　　　　　　　　　　　　　己/93

玉鴛鴦：八齣，末段八齣/（清）佚名撰. --抄本. --京師：南府，清中期（1796—1826）. --2 冊. --半葉 8 行，行 20 字，無邊框。鈐"舊外二學"墨印、"曉鈴臧書"朱文印. --毛裝
　　　　　　　　　　　　　　　己/315

人中龍傳奇：二卷二十八折/（清）盛際時撰. --抄本，朱絲欄. --古吳蓮勻廬，民國（1912—1949）. --1 冊. --半葉 10 行，行 24 字，欄上鐫評，行 4 字，白口，四周單邊，竹簡欄，版心下印"古吳蓮勻廬鈔存本"，半框 15.8 × 10.6cm。鈐"曉鈴臧書"朱文印. --綫裝
　　　　　　　　　　　　　　　己/83

稱人心：二卷二十四齣/（清）陳二白撰. --抄本. --清（1644—1911）. --2 冊. --責任說明據《中國叢書綜錄》著錄。半葉 10 行，行 20 字，白口，四周單邊，單黑魚尾，半框 20.7 × 14.9cm。鈐"曉鈴臧書"朱文印. --綫裝
　　　　　　　　　　　　　　　己/18

迎天榜傳奇：二卷三十四齣/（清）愈園主人編次. --刻本. --清康熙（1662—1722）. --2 冊（1 函）. --卷上第 34 上半葉、47、48 葉係抄配。愈

園主人即清黃祖顓。半葉 9 行,行 19 字,白口,左右雙邊,單黑魚尾,半框 19.7 × 13cm。吳梅題識。鈐"瞿安"朱文印、"古魯藏書"朱文印、"曉鈴藏書"朱文印. --綫裝

(己)/621

曲波園傳奇二種/(清)若耶野老撰. --刻本. --徐氏曲波園,清初(1644—1722). --4 冊(1 函):插圖 12 幅. --若耶野老即清徐沁。半葉 9 行,行 20 字,白口,四周單邊,半框 19.3 × 13.6cm. --綫裝

子目:

香草吟傳奇:二卷三十二齣

載花舲傳奇:二卷三十二齣　　　(己)/574

擁雙豔三種:六卷/(清)萬樹撰. --刻本. --萬氏粲花別墅,清康熙二十五年(1686). --6 冊(1 函). --半葉 9 行,行 22 字,有眉批,行 5 字,白口,四周單邊,單黑魚尾,版心下刻"粲花別墅",半框 18.5 × 12.5cm。鈐"萬山樓藏書"印(陰陽合璧). --綫裝

子目:

念八翻傳奇:二卷二十八齣/(清)萬樹撰;(清)呂洪烈評

空青石傳奇:二卷二十九齣/(清)萬樹撰;(清)吳棠楨評

風流棒傳奇:二卷二十六齣/(清)萬樹撰;(清)吳秉鈞評　　　(己)/5

揚州夢:二卷三十二齣;**雙報應**:二卷三十齣/(清)抱犢山農填詞. --刻本. --清雍正(1723—1735). --2 冊(1 函). --序題"揚州夢傳奇"。卷端題"抱犢山農填詞,葭秋堂舊刻",書名頁題"抱犢山房填詞"。抱犢山農、抱犢山房即清稽永仁。半葉 9 行,行 19 字,粗黑口,左右雙邊,單黑魚尾,半框 18 × 14.1cm。鈐有"曉鈴藏書"朱文印. --綫裝　　　己/28

揚州夢:二卷三十二出/(清)抱犢山農填詞. --刻本. --清(1644—1911). --4 冊(1 函). --

抱犢山農即清稽永仁。半葉 9 行,行 19 字,粗黑口,左右雙邊,單黑魚尾,半框 18.3 × 14cm。鈐"曉鈴藏書"朱文印. --綫裝　　　己/617

江花夢:二卷二十八齣/(清)雷岸居士填詞;(清)蓬蓬道人校訂. --刻本. --清乾隆(1736—1795). --2 冊. --雷岸居士即清人龍燮。半葉 8 行,行 20 字,白口,左右雙邊,單黑魚尾,半框 19.5 × 14.5cm。鈐"曉鈴藏書"朱文印. --綫裝　　　己/407

耆英會記:二卷三十齣/(清)畫川逸叟撰. --刻本. --寶應:喬氏來鶴堂,清康熙(1662—1722);寶應:喬瑜,清光緒二十七年(1901)重修. --2 冊(1 夾). --畫川逸叟即清喬萊。半葉 10 行,行 19 字,粗黑口,左右雙邊,雙順黑魚尾,半框 18.3 × 13.5cm。牌記題"辛未冬邑人朱孫輝題喬氏來鶴堂藏板"。吳曉鈴跋. --綫裝　　　(己)/606

長生殿:二卷五十齣,附錄一卷/(清)舒鳧論文;(清)洪昇填詞;(清)徐麟樂句;夢鳳樓,暖紅室校訂. --刻本. --暖紅室,民國(1912—1949). --3 冊:圖 25 幅. --(雜劇傳奇彙刻/劉世珩輯;二十八). --半葉 9 行,行 20 字,有眉批,行 5 字,白口,四周單邊,單黑魚尾,版心下刻"暖紅室",半框 20.5 × 13.2cm。鈐"曉鈴藏書"朱文印. --綫裝　　　己/1563

雙星圖:二卷三十齣/(清)無聲謳者編. --刻本. --樂餘園,清(1644—1911). --2 冊(1 函). --無聲謳者即清鄒山。半葉 9 行,行 21 字,白口,左右雙邊,單黑魚尾,版心下刻"樂餘園",半框 19.2 × 12.4cm。鈐"曉鈴藏書"朱文印. --綫裝　　　己/613

桃花扇:二卷四十齣/(清)雲亭山人編;夢鳳樓,暖紅室刊校. --刻本. --暖紅室,民國三年(1914). --2 冊:圖 14 幅. --(彙刻傳奇/劉世珩輯;三十). --雲亭山人即清孔尚任。半葉 9

行,行 20 字,有眉批,行 5 字,白口,四周單邊,單黑魚尾,版心下刻"暖紅室",半框 20.1 × 12.8cm。吳曉鈴墨筆手記並點校。鈐"曉鈴藏書"朱文印. --綫裝　　　　己/1565

洛神廟傳奇:二卷/(清)青要山樵編;(清)煙波釣徒批點. --刻本. --清康熙(1662—1722). --1 冊(1 函). --存下卷。青要山樵即清呂履恒。半葉 9 行,行 20 字,有眉欄,行 3 字,白口,四周單邊,無直格,單黑魚尾,半框 19.4×13.5cm。鈐"曉鈴藏書"朱文印. --綫裝　　　　(己)/587

陰陽判傳奇:二卷二十八出/(清)醉竹主人述略;(清)他山老人填詞. --抄本,綠絲欄. --許飲流,民國十六年(1927). --1 冊. --醉竹主人即清初朱彝尊,他山老人即清初查慎行。半葉 10 行,行 24 字,白口,四周單邊,單黑魚尾,半框 15.8×11.2cm。許飲流識跋。鈐"飲流"朱文印、"曉鈴藏書"朱文印. --綫裝　　己/104

四友堂里言:十二折/(清)黃鉽撰;(清)陳燦等評點. --抄本. --藍格. --解放後(1949—). --2 冊(1 函). --附《初夏閨詞》、《四時閨詞》、《初姤》、《再姤》。半葉 11 行,行 24 字,小字雙行字同,有眉批,行 5 字,粗黑口,四周單邊,單黑魚尾,半框 22.4×14.8cm。鈐"曉鈴藏書"朱文印. --綫裝　　　　己/618

小忽雷:二卷四十齣;**大忽雷**:二齣/(清)岸堂主人鑒定;(清)夢鶴居士編詞;夢鳳樓,暖紅室校訂. --刻本. --暖紅室,民國(1912—1949). --2 冊:圖 16 幅. --(雜劇傳奇彙刻/劉世珩輯;二十九)。岸堂主人即清孔尚任,夢鶴居士即清顧彩。半葉 9 行,行 20 字,有眉批,行 5 字,白口,四周單邊,單黑魚尾,版心下刻"暖紅室",半框 20.8×12.8cm。鈐"曉鈴藏書"朱文印. --綫裝　　　　己/1564

虎口餘生傳奇:四卷四十四齣/(清)遺民外

史著. --刻本. --清(1644—1911). --4 冊(1 函). --卷 1 末葉抄配,卷 3 末缺半葉。遺民外史即清曹寅。半葉 8 行,行 16 字,白口,四周單邊,單黑魚尾,半框 9.7×6.8cm。有吳曉鈴題記、校注。鈐"曉鈴藏書"朱文印. --綫裝　　　　己/944

虎口餘生傳奇/(清)遺民外史撰. --抄本. --清(1644—1911). --1 冊(1 函). --殘本,存前 24 出。卷端題"全本虎口餘生"。遺民外史即清曹寅。行數、字數不等。佚名朱筆圈點。封面手題"虎口餘生傳奇,舊抄殘本,直翁藏閱"。鈐"昭聲"朱文印、"直翁"朱文印、"吳"朱文印、"曉鈴藏書"朱文印. --綫裝　　　　己/578

元寶媒傳奇:二卷二十八齣/(清)可笑人填詞. --刻本. --清康熙(1662—1722). --2 冊(1 函):插圖 2 幅. --書名頁及版心題"元寶媒"。可笑人即清周稚廉。半葉 9 行,行 20 字,白口,四周單邊,半框 19.1×13.5cm. --綫裝　　　　(己)/614

雙忠廟傳奇:二卷二十九齣/(清)可笑人填詞. --刻本. --清初(1644—1722). --1 冊:圖 2 幅. --序缺葉。可笑人即清周稚廉。半葉 9 行,行 20 字,白口,四周單邊,半框 19.6×13.7cm。鈐"衡"白文印、"詩船"朱文印、"曉鈴藏書"朱文印. --綫裝　　己/406

揚州夢傳奇:二卷二十四出/(清)紅蘭主人撰. --抄本,朱絲欄. --許飲流,民國十四年(1925). --1 冊. --紅蘭主人即清初岳端。許飲流據武英殿刻本抄。半葉 10 行,行 23 字,白口,四周單邊,單黑魚尾,半框 15.9×11.2cm。有許飲流跋,1963 年夏吳曉鈴跋。鈐"飲流"朱文印、"吳曉鈴"朱文印、"曉鈴藏書"朱文印. --綫裝　　　　己/81

廣寒香傳奇:二卷三十二齣/(清)汪光被

编;（清）寒水生評. --刻本. --文治堂,清康熙
（1662—1722）. --4 冊（1 函）. --蒼山子即清初
汪光被。半葉 9 行,行 20 字,白口,左右雙邊,
半框 18.2×12.8cm. --綫裝　　　　（己）/615

兩種情傳奇,一名,分煤恨:二卷三十二齣/
（清）許逸撰. --抄本,朱絲欄. --清（1644—
1911）. --1 冊. --殘本,存上卷十六齣。半葉 10
行,行 20 字,白口,四周雙邊,單黑魚尾,半框
21.8×15.9cm。有吳曉鈴跋,記述此劇的版
本、流傳情況及作者介紹。鈐"吳"朱文印、
"曉鈴藏書"朱文印. --綫裝　　　　己/20

[千里駒傳奇]:三十二出/（清）佚名撰. --
抄本. --清末民國（1851—1949）. --2 冊. --殘
本,存第 19—32 出。題名據原書簽著錄。半
葉 9 行,行 21 字,无邊框。鈐"曉鈴藏書"朱
文印. --綫裝　　　　己/44

拜針樓:八折/（清）王墅填詞;（清）研露齋
主 人 批 點. --刻 本. --貴 德 堂,清（1644—
1911）. --2 冊（1 函）. --版心題"北疇填詞拜針
樓"。研露齋主人即清楊天祚。半葉 8 行,行
16 字,有上下眉批,上眉欄行 5 字,下眉欄行 4
字,版心下刻"貴德堂",半框 18×12.2cm。鈐
"二味齋主藏曲印"朱文印、"曉鈴藏書"朱文
印. --綫裝　　　　己/580

錫六環:二十六折/（清）孫埏撰. --抄本. --孫
學蘇,清光緒四年（1878）. --1 冊（1 函）. --半
葉 12 行,行 20 字,無邊框。有吳曉鈴手記。
佚名朱墨圈點。鈐"吳曉鈴"白文印、"曉鈴藏
書"朱文印、"吳"朱文印. --綫裝　　　　己/619

錫六環,一名彌勒記:二卷二十四回/（清）
孫埏撰. --刻本. --清光緒（1875—1908）. --1
冊:圖 2 幅. --半葉 9 行,行 20 字,粗黑口,四周
雙邊,單黑魚尾,半框 15.2×10.5cm。奉化湖
瀾書塾藏板。吳曉鈴墨筆題記。鈐"周越然"

白文印、"曉鈴藏書"朱文印. --綫裝

　　　　己/1580

潛莊刪訂增補紫玉記:二卷四十齣/（清）玉
塵 山 人 撰. --刻 本. --清 乾 隆 初 年（1736—
1756）. --4 冊（1 函）. --玉塵山人即清蔡應龍。
半葉 10 行,行 20 字,白口,四周單邊,單黑魚
尾,半框 19.8×13.9cm. --綫裝　　　　（己）/612

天上有傳奇:二卷三十六出/（清）黃璞撰. --
抄本,朱絲欄. --清末（1851—1911）. --3 冊. --
據道光十五年（1835）萃古堂刻本抄錄。1979
年 5 月 21 日吳曉鈴手記,介紹該書得自何處
及其內容故事等。半葉 9 行,行 21 字,小字單
行 26 字,白口,四周雙邊,單黑魚尾,版心上印
"零金玉屑",半框 15.3×10.3cm。鈐"吳"朱
文印、"曉鈴藏書"朱文印. --綫裝　　　　己/114

惺齋新曲六種/（清）夏綸撰. --刻本. --錢塘
夏氏世光堂,清乾隆十八年（1753）. --24 冊（4
函）:像 1 幅. --附龔淇《撚髭圖記》。半葉 10
行,行 22 字,小字雙行字同,有眉欄,行 6 字,
白口,四周單邊,單黑魚尾,半框 20.1×
14.7cm。鈐"曉鈴藏書"朱文印. --綫裝
　　子目:
　　無瑕璧傳奇:二卷
　　杏花村傳奇:二卷
　　瑞筠圖傳奇:二卷
　　廣寒梯傳奇:二卷
　　南陽樂傳奇:二卷
　　花萼吟傳奇:二卷　　　　（己）/552

三段無瑕璧:串關八齣/（清）佚名撰. --抄
本. --京師:南府,清中期（1736—1826）. --1
冊. --半葉 9 行,行 20 字,無邊框。佚名圈點。
鈐"舊大班"朱文印. --毛裝　　　　己/327

五段無瑕璧題綱/（清）佚名撰. --抄本. --昇
平署,清末（1851—1911）. --1 冊. --半葉 5 行,
行字數不等,無邊框. --綫裝　　　　己/328

玉燕堂四種曲：八卷/（清）張堅撰. --刻本. --清乾隆（1736—1795）. --10 冊（2 函）. --張漱石即清張堅。半葉 10 行,行 20 字,有眉批,行 6 字,白口,四周單邊,單黑魚尾,半框 20.1×13.7cm。鈐"曉鈴臧書"朱文印. --綫裝

子目：

夢中緣：二卷四十六齣/（清）張漱石填詞；（清）楊古林評點

梅花簪：二卷四十齣/（清）張漱石填詞；（清）柴次山評點

懷沙記：二卷三十二齣/（清）張漱石填詞；（清）沈學子評點

玉獅墜：二卷三十齣/（清）張漱石填詞；（清）張龍輔評點　　　　　　（己）/550

梅花簪：提綱/（清）佚名撰. --抄本. --昇平署,清末（1851—1911）. --1 冊. --原書共有 40 出,存第 17—24 出的提綱。撰者疑爲張堅。封面題"提綱"。半葉 5 行,行字數不等,無邊框. --毛裝　　　　　己/311

梅花簪：四十出/（清）佚名撰. --抄本. --昇平署,清末（1851—1911）. --2 冊. --殘本,存 16 出：第 9—24 出。撰者疑爲張堅。半葉 8 行,行 20 字,無邊框. --毛裝　　己/312、己 313

玉尺樓傳奇：二卷四十齣/（清）朱夰著. --刻本. --清乾隆（1736—1795）. --4 冊（1 函）. --半葉 10 行,行 21 字,白口,左右雙邊,單黑魚尾,半框 18.6×14.2cm。鈐"守白"朱文印、"曉鈴臧書"朱文印. --綫裝　　　　　（己）/539

雙仙記傳奇：三十六齣/（清）研露樓主人,（清）郁州山人分填. --刻本. --香雪山房,清乾隆三十二年（1767）. --2 冊. --研露樓主人即清崔應階,郁州山人即清吳來旬。半葉 10 行,行 20 字,白口,左右雙邊,單黑魚尾,半框 20×14.7cm。香雪山房藏版。鈐"曉鈴臧書"朱文印. --綫裝　　　　　（己）/531

芝龕記：六卷六十齣/（清）繁露樓居士填詞. --刻本. --清乾隆十六年（1751）. --4 冊（1 函）. --繁露樓居士即清董榕。半葉 10 行,行 19 字,小字雙行字同,粗黑口,四周單邊,單黑魚尾,半框 18×13.7cm。本衙藏版。鈐"曉鈴臧書"朱文印. --綫裝　　　　　（己）/545

鑑中天傳奇：二卷三十六齣/［（清）章傳蓮］撰. --刻本. --清（1644—1911）. --1 冊（1 函）. --殘存下卷 19—36 折,19 折前、35 折末缺。半葉 9 行,行 20 字,白口,左右雙邊,單黑魚尾,半框 14.6×11.1cm。鈐"曉鈴臧書"朱文印. --綫裝　　　　　己/605

月中人拈花記：四卷三十六折,首一卷/（清）月鑑主人填詞；（清）雪尊山人參印；（清）臥雪居士評句. --刻本. --清乾隆（1736—1795）. --8 冊（1 夾）：圖 8 幅. --附月鑑主人《璿璣迴文雲錦》三十六圖. --月鑑主人即章傳蓮。半葉 9 行,行 20 字,有眉批,行 5 字,白口,左右雙邊,無直格,半框 14.1×11.3cm。樂真別墅藏版。鈐"皖歙蘇守中莊書"朱文印、"曉鈴臧書"朱文印. --綫裝　　己/551

雷峰塔傳奇：四卷三十四齣/（清）岫雲詞逸改本；（清）海棠巢客點枝. --刻本. --玉錦樓,清乾隆五十五年（1790）. --4 冊（1 函）. --自序署名"新安方成培仰松甫"。半葉 7 行,行 15 字,白口,左右雙邊,單黑魚尾,半框 10.1×7.2cm。牌記題"乾隆庚戌新鐫"、"玉錦樓發兌"。鈐"曉鈴臧書"朱文印. --綫裝

己/946

回春夢：二卷二十四出/（清）顧森編；（清）王元常評. --刻本. --三鱔堂,清道光三十年（1850）. --2 冊（1 函）. --書尾殘破。書簽題"回春夢傳奇"。半葉 9 行,行 20 字,有眉批,行 4 字,粗黑口,四周雙邊,單黑魚尾,半框 18.5×13.8cm。鈐"曉鈴臧書"朱文印. --綫裝

己/589

旗亭記：二卷三十六齣/（清）蘭皋生撰；（清）盧見曾改訂.--刻本.--清乾隆（1736—1795）.--4冊（1函）.--蘭皋生，即清金兆燕。半葉10行，行21字，有眉批，行5字，白口，四周單邊，單黑魚尾，半框18.4×14.1cm。鈐"守白"朱文印、"曉鈴藏書"朱文印.--綫裝
　　　　　　　　　　　　（己）/544

魚水緣傳奇：二卷三十二齣/（清）澹廬居士填詞；（清）竹軒主人評點.--刻本.--博文堂，清乾隆二十六年（1761）.--2冊：圖16幅.--竹軒主人即清李淳淩，澹廬居士即清周書。半葉8行，行20字，有眉欄，行6字，白口，四周雙邊，單黑魚尾，半框19.4×11.4cm。牌記題"乾隆辛巳秋鑴，博文堂梓行"。鈐"曉鈴藏書"朱文印.--綫裝
　　　　　　　　　　　　己/443

雨花臺傳奇：二卷/（清）徐昆撰；（清）崔桂林評點.--刻本.--劉育槐，清乾隆（1736—1795）.--4冊（1函）.--版心題"雨花臺"。半葉10行，行20字，有眉欄，行6字，粗黑口，四周單邊，單黑魚尾，半框20×14cm。鈐"曉鈴藏書"朱文印.--綫裝
　　　　　　　　　　　　（己）/547

碧天霞傳奇：二卷四十齣/（清）徐昆撰；（清）常庚辛評點.--刻本.--清乾隆（1736—1795）.--4冊（1函）.--半葉10行，行20字，有眉欄，行6字，粗黑口，四周單邊，單黑魚尾，半框20×14.1cm。鈐"曉鈴藏書"朱文印.--綫裝
　　　　　　　　　　　　（己）/546

六如亭：二卷三十六出/（清）羅浮花農填詞；（清）雲門山樵評點；（清）吹鐵簫人正譜.--刻本.--杭州，清道光七年（1827）.--4冊（1函）.--羅浮花農即清張九樾。吹鐵簫人即清譚光祐。半葉10行，行21字，有眉批，行5字，白口，左右雙邊，無直格，單黑魚尾，半框18.1×13.1cm。鈐"曉鈴藏書"朱文印.--綫裝
　　　　　　　　　　　　己/582

石榴記傳奇：四卷三十二出/（清）黃振填詞.--刻本.--擁書樓，清嘉慶四年（1799）.--4冊：圖16幅.--據紫灣村舍家刻本覆刻。半葉9行，行19字，欄上鑴評，行5字，白口，四周雙邊，單黑魚尾，版心下刻"紫灣村舍"，半框16×11.4cm。擁書樓藏版。鈐"曉鈴藏書"朱文印.--綫裝
　　　　　　　　　　　　己/442

譜定紅香傳：十出/（清）雲臥山人著.--抄本.--清（1644—1911）.--2冊.--存第1—6出。雲臥山人姓名不詳，爲如皋徐湘甫之友。吳曉鈴跋，記載此書的來源及作者、版本的考訂.--綫裝
　　　　　　　　　　　　己/45

紅雪樓十二種填詞/（清）蔣士銓撰.--刻本.--江西鉛山：紅雪樓，清中期（1796—1850）.--8冊.--存9種。半葉9行，行22字，白口，四周單邊，單黑魚尾，半框17.6×13.2cm.--綫裝
　　子目：
　　采石磯傳奇：八齣
　　第二碑，又名，後一片石：六齣
　　四絃秋，又名，青衫淚：四齣
　　冬青樹：二卷三十八齣
　　香祖樓，一名，轉情關：二卷三十二齣
　　臨川夢：二卷二十齣
　　雪中人：十六齣
　　桂林霜，一名，賜衣記：二卷二十四齣
　　一片石：四齣　　　　（己）/549

清容外集：九種/（清）蔣士銓編次.--刻本.--清乾隆（1736—1795）.--10冊（1函）.--半葉9行，行22字，白口，四周單邊，單黑魚尾，半框17.6×13.2cm。紅雪樓藏版。鈐"鉛山蔣氏"白文印、"曉鈴藏書"朱文印.--綫裝
　　子目：
　　采石磯傳奇：八齣
　　第二碑，又名，後一片石：六齣
　　四絃秋，又名，青衫淚：四齣
　　冬青樹：二卷三十八齣

香祖樓,一名,轉情關:二卷三十二齣
臨川夢:二卷二十齣
雪中人:十六齣
桂林霜,一名,賜衣記:二卷二十四齣
一片石:四齣　　　　　　　　　己/571

藏園九種曲/(清)蔣士銓撰. --刻本. --清
(1644—1911). --8 冊(1 函). --半葉 9 行,行
22 字,白口,四周單邊,單黑魚尾,半框 17.6 ×
13.2cm。漁古堂藏版. --綫裝
子目:
空谷香:二卷三十齣
第二碑,又名,後一片石:六齣
四絃秋,又名青衫淚:四齣
冬青樹:二卷三十八齣
香祖樓,一名,轉情關:二卷三十二齣
臨川夢:二卷二十齣
雪中人:十六齣
桂林霜:二卷二十四齣
一片石:四齣　　　　　　　(己)/564

鉛山逸曲三種/(清)蔣士銓填詞;(清)江春
正譜;(清)羅聘校閱. --抄本. --清(1644—
1911). --1 冊(1 函). --半葉 9 行,行字數不等,
白口,四周雙邊,單黑魚尾,竹節欄,版心下印
"祥和號",半框 18 × 11.8cm。鈐"曉鈴藏書"
朱文印. --綫裝
子目:
廬山會傳奇:一齣
採樵圖傳奇:十二齣
采石磯傳奇:八齣　　　　　　己/668

紅雪樓遺稿/(清)蔣士銓原著;盧冀野校
訂. --鉛印本. --上海:中華書局,民國二十五年
(1936). --1 冊. --盧冀野即盧前。半葉 6 行,
行 25 字,白口,四周單邊,半框 13.9 × 11cm。
鈐"曉鈴藏書"朱文印. --綫裝
子目:
廬山會:一齣/(清)蔣士銓填詞;(清)江春
譜;(清)羅聘校閱

採樵圖:十二齣/(清)蔣士銓填詞;(清)江
春譜;(清)羅聘校閱
采石磯:八齣/(清)蔣士銓填詞;(清)江春
譜;(清)羅聘校閱　　　　　　己/1688

秋水堂雙翠圓傳奇:二卷三十八齣/(清)夏
秉衡填詞. --刻本. --秋水堂,清乾隆三十二年
(1767). --4 冊(1 函):插圖 8 幅. --半葉 9 行,
行 16 字,白口,四周雙邊,單黑魚尾,無直格,
版心下鐫"秋水堂",半框 10.5 ×8cm. --綫裝
　　　　　　　　　　　　己/945

富貴神仙:二卷二十八齣/(清)影園灌者填
詞;(清)玉斧山樵校閱. --刻本. --清(1644—
1911). --2 冊(1 函). --影園灌者,即鄭含成。
半葉 10 行,行 21 字,白口,四周單邊,半框 17
×12.4cm。鈐"曉鈴藏書"朱文印. --綫裝
　　　　　　　　　　　　己/537
第二部　存上卷,鈐"東台董國華"白文印、
"董國華"朱文印、"曉鈴藏書"朱文印
　　　　　　　　　　　　己/1514

義貞記:二卷三十二齣/(清)郁州山人撰. --
刻本. --耡月山房,清乾隆五十八年(1793). --2
冊(1 函). --上卷第 1—11 葉殘,有抄配。郁
州山人即清吳來旬。半葉 10 行,行 20 字,小
字雙行字同,白口,四周單邊,單黑魚尾,版心
下刻"耡月山房",半框 17.2 ×12.9cm. --綫裝
　　　　　　　　　　　(己)/543

晉春秋傳奇:二卷/(清)看雲主人撰;(清)
宛委山人校訂. --刻本. --清(1644—1911). --2
冊(1 函). --看雲主人即清蔡廷弼,宛委山人
即清徐戒謀。半葉 10 行,行 22 字,有眉批,行
3 字,白口,左右雙邊,單黑魚尾,半框 20.3 ×
14.3cm。太虛齋藏版。鈐"曉鈴藏書"朱文
印. --綫裝　　　　　　　　(己)/588

黃鶴樓填詞:二卷二十六齣/(清)梅花詞客
撰. --刻本. --蔭槐堂,清乾隆六十年(1795). --

2 冊（1 函）.--版心題"黃鶴樓"。梅花詞客即清周暟。半葉 10 行,行 18 字,白口,四周單邊,單黑魚尾,半框 17.7×12cm。鈐"吳郎之書"朱文印、"曉鈴藏書"朱文印.--綫裝

（己）/534

滕王閣填詞:四卷三十四齣/（清）梅花詞客撰.--刻本.--蔭槐堂,清乾隆六十年（1795）.--4 冊（1 函）.--梅花詞客即清周暟。半葉 10 行,行 18 字,白口,四周單邊,單黑魚尾,半框 17.5×12.2cm。蔭槐堂藏版。鈐"曉鈴藏書"朱文印.--綫裝

（己）/541

新琵琶:二卷三十二齣/（清）張錦填詞;（清）成錫田評定.--刻本.--清嘉慶四年（1799）.--4 冊（1 函）.--半葉 9 行,行 20 字,有眉批,行 4 字,白口,四周雙邊,單黑魚尾,半框 18.1×13.1cm。貯書樓藏版。鈐"曉鈴藏書"朱文印.--綫裝

己/538

鏡光緣傳奇:二卷十六齣/（清）楓江徐榆村填詞.--抄本.--清（1644—1911）.--2 冊.--徐榆村即清徐爔,號鏡緣子。半葉 8 行,行 18 字,無邊框。鈐"曉鈴藏書"朱文印.--綫裝

己/475

百花夢:二卷三十二齣/（清）張新梅撰;（清）高山桃評.--刻本.--清嘉慶八年（1803）.--2 冊（1 函）.--半葉 10 行,行 20 字,有眉批,行 3 字,白口,左右雙邊,單黑魚尾,半框 13×9.6cm。鈐"曉鈴藏書"朱文印.--綫裝

己/535

乞食圖:二卷三十二齣/（清）林棲居士填詞;同學諸子評點.--刻本.--清（1644—1911）.--2 冊（1 函）.--（竹初樂府）.--林棲居士即清錢維喬。半葉 10 行,行 23 字,白口,左右雙邊,單黑魚尾,半框 17.3×13.7cm。小林棲藏板。鈐"曉鈴藏書"朱文印.--綫裝

己/536

鸚鵡媒:二卷四十一齣/（清）林棲居士填詞;（清）同學諸子評點.--刻本.--清（1644—1911）.--2 冊（1 函）.--（竹初樂府第二種）.--林棲居士即清錢維喬。半葉 10 行,行 23 字,白口,左右雙邊,單黑魚尾,半框 17.7×13.5cm。小林棲藏版.--綫裝

己/533

紫霞巾傳奇:二卷三十折/（清）榕西逸客編;（清）東村氏評閱.--刻本.--清嘉慶六年（1801）.--2 冊（1 函）.--東村氏姓陳,乾嘉時人。半葉 7 行,行 24 字,有眉批,行 4 字,白口,四周雙邊,無直格,單黑魚尾,半框 18×12.5cm。吳曉鈴題記。鈐"曉鈴藏書"朱文印.--綫裝

己/530

紅樓夢散套:十六套,附曲譜/（清）荊石山民填詞;（清）黃兆魁訂譜.--刻本.--蟾波閣,清嘉慶二十年（1815）.--4 冊（1 函）:插圖 32 幅.--半葉 8 行,行 19 字,小字雙行字同,白口,左右雙邊,版心下刻"蟾波閣",半框 17.5×12.6cm。鈐"生歡喜心"白文印、"香風樓"朱文印、"舊墨出園"朱文印、"須曼華館"白文印、"忠厚存心"朱文印、"春歸紅袖招"白文印、"須曼華館"朱文印、"曉鈴藏書"朱文印.--綫裝

己/639

玉獅堂傳奇:十種,附悲鳳曲一卷/（清）陳烺著.--刻本.--武林,清光緒十一年（1885）刻,清光緒十七年（1891）增刻,民國十八年（1929）補刻.--10 冊（1 函）.--題名據封面著錄,書名頁及書簽題"玉獅堂十種曲"。半葉 9 行,行 22 字,白口,四周雙邊,單黑魚尾,半框 18.3×13.4cm。牌記題"光緒十一年六月刊於武林"。鈐"吳曉鈴"白文印.--綫裝

子目:
仙緣記傳奇:二卷十六出
蜀錦袍傳奇:二卷十六出
燕子樓傳奇:二卷十六出
海蚧記傳奇:二卷十六出
梅喜緣傳奇:二卷十六出

同亭宴傳奇：八出

廻流記傳奇：八出

海雪唫傳奇：八出

負薪記傳奇：八出

錯姻緣傳奇：八出　　　　　　　　己／581

鶴歸來傳奇：二卷三十五出，首一卷／（清）瞿頡填詞；（清）周昂評點. --刻本. --武漢：湖北官書處，清末（1851—1911）. --2 冊：圖 1 幅. --半葉 9 行，行 24 字，欄上鐫評，行 6 字，粗黑口，左右雙邊，單黑魚尾，半框 18 × 13.2cm。鈐有"曉鈴臧書"朱文印. --綫裝　　　　己／31

絲竹芙蓉亭：二十齣／（清）黎簡撰. --複印本. --[19?? 年]. --1 冊. --缺第 1、2 齣。據抄本複印. --平裝　　　　　　　　己／1594

繁華夢傳奇：二卷二十五出／（清）王筠撰. --刻本. --長安：張鳳孫，清乾隆四十三年（1778）. --2 冊（1 函）. --上下兩欄，上欄行 6 字，下欄半葉 8 行，行 20 字，白口，四周雙邊，單黑魚尾，半框 19.1 × 11.3cm。槐慶堂臧版。鈐"曉鈴臧書"朱文印. --綫裝　　　己／532

烏闌誓傳奇：二卷三十六齣，卷首一卷；**釣渭閒雜膾**：五種／（清）潘炤撰. --刻本. --小百尺樓，清嘉慶二十年（1815）. --6 冊（1 函）：插圖 8 幅. --釣渭閒雜膾包括海喇行、涑水鈔、從心錄、小滄桑、西泠舊事百詠 5 種。附潘炤《長恨歌》（用白香山韻）。半葉 9 行，行 16 字，白口，四周雙邊，單黑魚尾，版心下鐫"小尺百樓"，半框 10.1 × 7.9cm。函套內寫"松筠"二字。鈐"墊五手購"朱文印、"敬業堂臧書"白文印、"曉鈴臧書"朱文印. --綫裝　　　己／939

鴛鴦鏡傳奇：二十齣／（清）傅玉書填詞. --刻本. --傅達源，清光緒二十一年（1895）. --2 冊（1 函）. --書名頁題"鴛鴦鏡"。半葉 10 行，行 20 字，白口，四周雙邊，單黑魚尾，半框 18.7 ×

13.5cm。鈐"曉鈴臧書"朱文印. --綫裝

己／609

紅樓夢傳奇：二卷五十六齣／（清）紅豆村樵填詞；（清）邗亭居士按拍. --刻本. --綠雲紅雨樓，清嘉慶四年（1799）. --5 冊（1 函）：插圖 2 幅. --紅豆邨樵即清仲振奎。半葉 10 行，行 24 字，白口，左右雙邊，單黑魚尾，半框 14 × 10.3cm。鈐"春丙"朱文印、"芝川圖書"白印、"曉鈴臧書"朱文印. --綫裝　　　己／936

憐春閣：八出／（清）吳州紅豆村樵填詞. --抄本. --綏中吳氏，[19?? 年]. --1 冊. --紅豆村樵即清仲振奎，又稱仲雲澗。半葉 12 行，行 26 字，白口，四周單邊，單黑魚尾，版心下印"綏中吳氏綠雲山館"，半框 20.4 × 15.8cm。鈐"曉鈴臧書"朱文印. --綫裝　　　己／446

雙星會傳奇：十二齣／（清）司馬章填詞；（清）任康評點. --抄本，朱絲欄. --清（1644—1911）. --1 冊. --半葉 10 行，行 25 字，有眉批，行 5 字，白口，四周單邊，單紅魚尾，版心下印"德信永監製"，半框 20.3 × 13.2cm. --平裝

己／1538

雙星會傳奇：十二出／（清）司馬章填詞；（清）任康評點. --抄本，藍絲欄. --北京：程振海，1963 年. --1 冊. --據乾隆五十七年種石山房刻本抄錄。吳曉鈴跋。鈐"曉鈴臧書"朱文印、"吳"朱文印. --綫裝　　　己／1619

花間樂傳奇：二十齣／（清）龐淦評；（清）司馬章編. --抄本，藍絲欄. --北京：程振海，1963 年. --1 冊. --據乾隆五十七年種石山房刻本抄錄。鈐"曉鈴臧書"朱文印. --綫裝

己／1620

花間樂傳奇：二十出／（清）龐淦評；（清）司馬章編. --抄本，紅格. --民國（1912—1949）. --1 冊. --鋼筆抄本。半葉 10 行，行 25 字，欄上

鐫評,行4字,白口,四周單邊,單黑魚尾,版心下印"德信永監製",半框20.3×12.9cm. --毛裝　　　　　　　　　　　　　己/100

砥石齋二種曲/（清）汪柱撰. --刻本. --松月軒,清（1644—1911）. --5冊（1函）. --半葉8行,行18字,白口,左右雙邊,單黑魚尾,無直格,半框12.8×9.1cm. 有吳曉鈴題記. 鈐"忘書久似憶良明"白文印、"曉鈴臧書"朱文印. --綫裝

子目：

詩扇記傳奇:二卷三十二齣

夢裏緣傳奇:二卷三十二齣/（清）洞圓主人填詞. --洞圓主人,汪柱號　　　　　己/938

蘭桂仙傳奇:二卷二十出,首一卷/（清）沈起鳳正譜;（清）左潢填詞;（清）程秉銓評點. --刻本. --清嘉慶七年（1802）. --2冊（1函）:插圖8幅. --半葉9行,行22字,有眉批,行5字,白口,左右雙邊,單黑魚尾,半框17.8×13cm. 藤花書舫臧版. 鈐"曉鈴臧書"朱文印. --綫裝　　　　　己/570

桂花塔:二卷十齣,首一卷/（清）筠亭山人論文;（清）古塘樵子填詞;（清）清河居士正譜. --刻本. --清嘉慶十八年（1813）. --2冊（1函）:插圖1幅. --前後各殘半葉. 古塘樵子即清左潢. 半葉9行,行22字,有眉批,行4字,白口,左右雙邊,單黑魚尾,半框16.8×12.8cm。鈐"曉鈴臧書"朱文印. --綫裝　　　　　己/563

歲星記傳奇:二卷二十四齣/（清）畫舫中人撰. --刻本. --清嘉慶（1796—1820）. --1冊:圖1幅. --缺下卷. 嘉慶九年（1804）自序署名畫舫中人,即李斗,著有《揚州畫舫錄》. 半葉8行,行19字,欄上鐫評,行4字,白口,左右雙邊,單黑魚尾,半框17.7×11.4cm. 鈐"曉鈴臧書"朱文印. --綫裝　　　　　己/404

三俠劍傳奇/（清）佚名撰. --抄本. --清（1644—1911）. --1冊. --馬融（怡厂）題簽. 半葉9行,行33字,無邊框. 鈐"孫人和所臧書印"朱文印、"曉鈴臧書"朱文印. --綫裝　　　　　己/99

百寶箱:二卷三十二齣/（清）梅窗主人撰. --石印本. --袖海山房,清光緒二十年（1894）. --4冊（1函）:圖10幅. --巾箱本. 書簽題"繪圖百寶箱". 半葉9行,行20字,白口,四周雙邊,單黑魚尾,半框11.8×7.8cm。鈐"曉鈴臧書"朱文印. --綫裝　　　　　己/558

如意緣傳奇:二卷二十齣/（清）信天齋臞道人編次. --抄本. --清乾隆（1736—1795）. --2冊（1函）. --半葉10行,行24字,有眉批,行4字,無邊框. 佚名朱筆圈點. 鈐"曉鈴臧書"朱文印. --綫裝　　　　　（己）/540

三笑姻緣:二卷/（清）佚名撰. --抄本. --呂氏,清咸豐四年（1854）. --2冊. --半葉7行,行約24字,無邊框. 鈐"曉鈴臧書"朱文印. 書末有殘頁. 有吳曉鈴題記. --綫裝　　　己/62

畫圖緣傳奇:二卷二十六出/（清）誰庵手編. --曬藍本. --[19?? 年]. --2冊（1函）. --據清乾隆三十六年（1771）刻本（甯拙齋臧版）複製. 半葉10行,行20字,白口,四周雙邊,單黑魚尾,半框21.2×14.2cm. 鈐"曉鈴臧書"朱文印. --毛裝　　　　　己/572

鳳棲亭傳奇:二十四齣/（清）休休居士編. --刻本. --清（1644—1911）. --4冊（1函）. --目錄題"愛竹山房鳳棲亭傳奇". 半葉10行,行20字,白口,四周雙邊,無直格,單黑魚尾,半框17.4×11.2cm. 鈐"曉鈴臧書"朱文印. --綫裝　　　　　己/542

雙鴛祠傳奇:八齣/（清）群玉山農填詞. --抄本. --北京:程振海,約1963年. --1冊（1函）:

肖像 1 幅. --群玉山農即清仲振履。半葉 11 行,行 24 字,有眉批,行 6 字,黑口,四周單邊,單黑魚尾,半框 22.4 × 14.8cm。鈐"曉鈴臧書"朱文印. --綫裝　　　　　己/1634

敬壽碑:十二齣/(清)羅梅江撰. --抄本. --北京:吳曉鈴,1951 年. --1 冊(1 函). --據抄本《紅雨綠雪樓三種曲》抄,紅雨綠雪樓即清羅梅江室名。吳曉鈴跋。鈐"曉鈴臧書"朱文印. --綫裝　　　　　己/1637

逍遙亭傳奇:十八齣/(清)羅梅江撰. --抄本,綠絲欄. --北京:吳曉鈴,1976 年. --1 冊(1 函). --存第 1、18 齣及第 2 齣半齣,原未抄全。吳曉鈴跋。鈐"吳"朱文印、"曉鈴臧書"朱文印. --綫裝　　　　　己/1633

點金丹:二卷二十四齣/(清)西泠詞客撰. --刻本. --清(1644—1911). --4 冊(1 函). --半葉 9 行,行 20 字,白口,左右雙邊,無直格,單黑魚尾,半框 14.4 × 9.8cm。鈐"曉鈴臧書"朱文印. --綫裝　　　　　己/548

瀟湘怨:三十六出/(清)萬玉卿填詞;(清)李葵評點. --刻本. --清嘉慶五年(1800). --4 冊(1 函). --版心上題"紅樓夢傳奇"。半葉 8 行,行 16 字,小字雙行字同,白口,四周單邊,單黑魚尾,半框 9.9 × 7.3cm。鈐"曉鈴臧書"朱文印. --綫裝　　　　　己/925

六喻箴傳奇:二卷十五出/(清)四中山客撰. --抄本,紅格. --民國(1912—1949). --2 冊. --鋼筆抄本,墨水先後用藍、紅、綠、紫等色。上下冊書高不同,下冊 27 × 19.8cm。上冊半葉 10 行,行 25 字,白口,四周單邊,單黑魚尾,版心下印"德信永監製",半框 20.3 × 13.2cm;下冊半葉 10 行,行 25 字,白口,四周單邊,單黑魚尾,版心下印"國立北京大學稿紙",半框 20.1 × 17.3cm. --毛裝　　　　　己/101

十媚圖全本:二十八齣/(清)佚名撰. --抄本. --清(1644—1911). --2 冊. --半葉 10 行,行 20 字,無邊框。佚名圈點、校批。鈐"文章"朱文印、"曉鈴臧書"朱文印. --綫裝　　　　　己/15

賢賢堂玉節記傳奇:二卷五十二齣/(清)張衢填詞. --刻本. --清咸豐元年(1851). --4 冊(1 函). --書名頁題"玉節記傳奇"。半葉 10 行,行 22 字,白口,四周雙邊,半框 19 × 13cm。鈐"曉鈴臧書"朱文印. --綫裝　　　　　己/565

錯中錯:二卷三十六齣/(清)瀛海勉癡子編. --刻本. --懷清堂,清道光九年(1829). --4 冊. --半葉 10 行,行 22 字,欄上鎸評,行 7 字,白口,四周雙邊,單黑魚尾,半框 20 × 12.9cm。牌記題"道光己丑年仲春月鎸"。懷清堂藏版。瀛海勉癡子即紀樹森。鈐"曉鈴臧書"朱文印. --綫裝　　　　　己/957

紅樓夢傳奇:八卷/(清)陳鍾麟填詞;(清)俞思謙評點. --刻本. --長沙,清道光二十六年(1846). --4 冊(1 函). --半葉 10 行,行 21 字,欄上鎸評,行 4 字,白口,四周雙邊,單黑魚尾,半框 13.8 × 10.4cm。牌記題"道光二十六年桂秋月重刊於長沙旅舍"。函套內面有吳曉鈴題記。鈐"陳氏家藏"朱文印、"枰心"白文印、"曉鈴臧書"朱文印. --綫裝　　　　　己/935

洞庭緣傳奇:十六齣/(清)陸繼輅填詞. --刻本. --鴛湖,清光緒六年(1880). --1 冊(1 函). --半葉 9 行,行 21 字,粗黑口,四周單邊,半框 17.6 × 13.8cm。牌記題"光緒六年歲在庚辰仲春三月刊於鴛湖"。佚名朱筆圈點。鈐"曉鈴臧書"朱文印. --綫裝　　　　　己/597

韞山六種曲/(清)朱鳳森撰. --刻本. --晴雪山房,清嘉慶十九至二十五年(1814—1820). --6 冊(1 函). --半葉 7 行,行 18 字,白口,四周雙邊,單黑魚尾,半框 13.6 × 10.1cm。吳曉鈴批。鈐"曉鈴臧書"朱文印. --綫裝子目：

才人福傳奇：十六出/（清）朱鳳森填詞

十二釵傳奇：二十出/（清）朱鳳森填詞

輞川圖傳奇：八出/（清）朱鳳森填詞

平黔記：四出/（清）朱鳳森填詞

金石錄傳奇：八出/（清）朱鳳森填詞

守濬記/（清）許鴻磐填譜

附刻：

守濬日記/（清）朱鳳森撰

韞山學吟/（清）朱鳳森撰　　　己/642

禱河冰譜：十二齣/（清）羅小隱填詞；（清）汪少海正拍. --刻本. --清道光（1821—1850）. --1 冊. --序言缺葉。汪少海，名仲洋。半葉 8 行，行 18 字，有工尺譜，白口，四周雙邊，單黑魚尾，半框 16.6 × 12.1cm。鈐“曉鈴藏書”朱文印. --綫裝　　　己/405

茗雪山房二種曲/（清）彭劍南撰. --刻本. --彭氏茗雪山房，清道光六年（1826）. --4 冊. --半葉 9 行，行 22 字，白口，左右雙邊，單黑魚尾，半框 17.3 × 12.8cm。茗雪山房藏版。鈐“曉鈴藏書”朱文印. --綫裝

子目：

香畹樓：二卷三十二齣/（清）彭劍南填詞；（清）宋鑛正譜

梅影庵傳奇：二卷二十八齣/（清）彭劍南填詞；（清）孫如金正譜

附：冒姬董小宛傳/（清）張明弼撰

影梅庵憶語/（清）冒襄撰　　　己/22

梅花夢傳奇：二卷/（清）陳森製. --影印本. --詩盦，民國十年（1921）. --1 冊. --據稿本影印。半葉 9 行，行 21 字，無邊框。鈐“曉鈴藏書”朱文印、“吳”朱文印. --綫裝

己 1681、己/620

兩世因：十八齣/（清）洗心道人撰. --抄本，紅格. --清末（1851—1911）. --1 冊. --洗心道人姓王，名不詳，析津人，光緒二年作幕於嶺南礒

務局中。前有《吉祥花石獅巷原文》。半葉 9 行，行 20 字，白口，四周雙邊，單黑魚尾，版心上印“玉曆至寶鈔”，半框 17.2 × 10.3cm。書皮易棠跋。鈐“曉鈴藏書”朱文印. --毛裝

己/962

合浦珠傳奇：二卷十六出/（清）桂庵居士論文；（清）芙蓉山樵填詞；（清）清蓮道人正拍. --刻本. --清道光十六年（1836）. --2 冊（1 函）. --書簽、書名頁題“合浦珠”。半葉 7 行，行 17 字，粗黑口，左右雙邊，雙對黑魚尾，半框 13.4 × 9.4cm。鈐“曉鈴藏書”朱文印. --綫裝

己/567

東廂記：四卷十六齣，卷首一卷/（清）湯世瀅填詞；（清）胡來照評點. --鉛印本. --上海：申報館，清光緒（1875—1908）. --4 冊. --半葉 12 行，行 24 字，白口，四周雙邊，單黑魚尾，半框 12.3 × 9.5cm。鈐“曉鈴藏書”朱文印. --綫裝

己/934

味塵軒四種曲/（清）李文瀚作. --刻本. --清道光二十二年至二十七年（1842—1847）. --8 冊（1 夾）. --半葉 9 行，行 20 字，欄上鑴評，行 4 字，粗黑口，四周雙邊，單黑魚尾，半框 18.4 × 13.3cm。吳曉鈴圈點. --綫裝

子目：

紫荊花傳奇：二卷三十二出/（清）清安泰正譜；（清）李文瀚填詞；（清）賀仲瑊評校

鳳飛樓傳奇：二卷二十出，首一卷/（清）陳僅正譜；（清）李文瀚填詞；（清）錫淳批評

銀漢槎傳奇：二卷十八出，首一卷/（清）賀仲璈正譜；（清）李文瀚填詞；（清）周勝虎評校

胭脂烏傳奇：二卷十六出，首一卷/（清）周賡盛正譜；（清）李文瀚填詞；（清）張籛評點

己/46

倚晴樓七種曲/（清）黃燮清著. --刻本. --馮肇曾，清光緒七年（1881）. --6 冊. --半葉 9 行，行 22 字，欄上鑴評，行 4 字，白口，左右雙邊，

單黑魚尾,半框 16.9 × 12.5cm。鈐"曉鈴臧書"朱文印. --綫裝

子目:

茂陵絃:二卷二十四出/(清)瞿世瑛評文;(清)黃燮清填詞;(清)李光溥訂譜

帝女花:二卷二十出/(清)查仲誥正譜;(清)黃燮清填詞;(清)孫福海重校

脊令原:二卷二十出/(清)陳碩士鑒定;(清)黃燮清填詞

鴛鴦鏡:十出/(清)陳碩士鑒定;(清)查仲誥正譜;(清)黃燮清填詞

淩波影:四出/(清)黃燮清填詞

桃谿雪:二卷二十出/(清)李光溥評文;(清)黃燮清填詞;(清)瞿傳鼎,(清)余炘正譜

居官鑑:二卷二十六出/(清)黃燮清填詞

己/35

桃谿雪:二卷二十出/(清)吳廷康采輯;(清)陳其泰校刊;(清)黃燮清填詞;(清)錢傳鼎正譜;(清)李光溥評文;(清)陳盛治彙刊. --刻本. --雲鶴仙館,清咸豐二年(1852). --1 冊. --殘本,存下卷第 11—20 出。半葉 9 行,行 22 字,欄上鐫評,行 4 字,白口,左右雙邊,單黑魚尾,版心下印"雲鶴仙館",半框 16.7 × 12.4cm。扉頁□峰贈言"廿七年四月,贈曉鈴侄"。鈐"曉鈴臧書"朱文印. --綫裝

己/302

玉臺秋:二卷十六出/(清)楊晉藩審定;(清)楊葆光評點;(清)黃燮清填詞. --刻本. --瓊笏仙館,清光緒七年(1881). --1 冊(1 函). --半葉 9 行,行 21 字,白口,左右雙邊,單黑魚尾,半框 16.4 × 11.9cm。鈐"曉鈴臧書"朱文印. --綫裝

己/568

玉臺秋:二卷/(清)楊晉藩審定;(清)程雲驥參校;(清)黃燮清填詞;(清)吳廷康校訂;(清)楊葆光評點. --抄本. --北京:吳氏,[19??年]. --1 冊(1 函). --半葉 10 行,行 21 字,小字

雙行字同,有眉批,行 4 字,白口,四周單邊,雙對黑魚尾,版心下印"綏中吳氏綠雲山館鈔藏",半框 18.1 × 12.2cm。鈐"曉鈴臧書"朱文印. --綫裝

附:

侍疾圖書後/(清)張開福作

桐城吳君夫人權厝銘/(清)錢泰吉作

茹叟漫述/(清)吳廷康撰

浙江補用縣丞吳秀峰遺像記/(清)楊晉藩撰

列女傳

己/1520

梅花夢:二卷三十四折/(清)張道填詞. --刻本. --長沙:張預,清光緒二十年(1894). --2 冊(1 函). --半葉 9 行,行 22 字,小字雙行字同,白口,左右雙邊,單黑魚尾,半框 17.3 × 13.2cm。有吳曉鈴題記。鈐"曉鈴臧書"朱文印. --綫裝

己/600

酬紅記:八齣/(清)野航填詞;(清)小鶴正譜. --石印本. --上海:掃葉山房,民國三年(1914). --1 冊. --小鶴即清王誠。半葉 8 行,行 19 字,白口,四周單邊,單黑魚尾,半框 15.6 × 10.8cm。吳曉鈴過錄袁誠格題詞。鈐"曉鈴臧書"朱文印. --綫裝

己/1686

青燈淚:二卷三十六出,首一卷/(清)蔣恩濚著. --活字本,木活字. --清同治九年(1870). --2 冊(1 函). --序言和函套題"青燈淚傳奇"。半葉 9 行,行 17 字,白口,四周雙邊,雙對黑魚尾,半框 19.1 × 12.9cm。鈐"豐城歐陽氏臧書"朱文印、"阮齋所得書畫金石"朱文印、"衣平袁氏收藏"朱文印. --綫裝

己/58

如夢緣傳奇:二卷三十出,首一卷/(清)陸和鈞填詞. --抄本. --清末(1851—1911). --3 冊. --存 23 出:第 1—7,15—30。附連鎖本傳/(清)蒲松齡撰。半葉 8 行,行 20 字,无邊框。鈐"曉鈴臧書"朱文印. --綫裝

己/57

玉梅亭傳奇：二卷三十五出/（明）佚名著；飲流齋重訂. --抄本，朱絲欄. --許飲流，民國十二年（1923）. --1 冊. --許飲流跋稱作者不詳，疑爲明人；吳曉鈴跋稱"西諦師藏鈔本，署南蘭臥月樓主"。王季烈（君九）螾一廬藏本。半葉 9 行，行 19 字，白口，四周雙邊，單黑魚尾，半框 14.8×10.8cm。鈐"飲流"朱文印、"曉鈴臧書"朱文印. --綫裝　　　　　己/112

海僑春傳奇：二卷十二齣/［賀良樸撰］. --鉛印本. --清末（1875—1911）. --1 冊. --半葉 12 行，行 30 字，小字 33 字，無邊框。鈐"曉鈴臧書"朱文印. --平裝　　　　　己/973

玉蜻蜓傳奇：二卷三十四折/（清）佚名撰. --抄本，朱絲欄. --清末民國（1851—1949）. --1 冊. --半葉 8 行，行 25 字，白口，左右雙邊，版心下印"大理院公用紙"，半框 17.3×12.1cm。鈐"曉鈴臧書"朱文印. --綫裝　　　　　己/111

葫蘆幻：二十出/（清）佚名撰. --抄本. --民國（1912—1949）. --2 冊（1 函）. --卷端題"第二本葫蘆幻"。半葉 9 行，行 21 字，粗黑口，四周單邊，單黑魚尾，半框 20.8×14.9cm。鈐"曉鈴臧書"朱文印. --綫裝　　　　　己/47

金蘭誼：二卷二十八出/（清）佚名撰. --抄本. --清（1644—1911）. --2 冊（1 函）. --半葉 9 行，行 21 字，粗黑口，四周單邊，單黑魚尾，半框 20.7×15cm。鈐"曉鈴臧書"朱文印. --綫裝　　　　　己/48

通仙枕：十段八齣/（清）佚名撰. --抄本. --京師：南府，清中期（1736—1826）. --2 冊. --半葉 8 行，行 20 字，無邊框。鈐"舊外二學"墨印. --綫裝　　　　　己/325

通仙枕：十一段八齣/（清）佚名撰. --抄本. --京師：南府，清中期（1736—1826）. --2 冊. --半葉 8 行，行 20 字，無邊框。鈐"舊外二學"墨印. --綫裝　　　　　己/326

百子圖傳奇：三十出/（清）佚名撰. --抄本. --清（1644—1911）. --2 冊（1 函）. --半葉 11 行，行 35—37 字，無邊框。扉頁有金盃英題名。鈐"金盃英"朱文印、"國寶源流"朱文印、"曉鈴臧書"朱文印. --綫裝　　　　　己/56

金合春秋：八齣/（清）佚名撰. --抄本. --京師：南府，清中期（1736—1826）. --1 冊. --半葉 8 行，行 21 字，無邊框。佚名圈點，吳曉鈴跋"此劇在《平齡傳》及《鋒劍春秋》之前". --毛裝　　　　　己/318

平齡傳：三段八齣，末段八齣/（清）佚名撰. --抄本. --京師：南府，清中期（1736—1826）. --2 冊. --半葉 8 行，行 20 字，無邊框。佚名圈點。書皮鈐"舊大班"墨印. --毛裝　　　　　己/319

明傳：八本六十四齣/（清）佚名撰. --抄本. --京師：南府，清中期（1736—1826）. --8 冊. --半葉 8 行，行 21 字，無邊框。鈐"舊外二學"墨印、"曉鈴臧書"朱文印. --綫裝　　　　　己/320

明准飛燕：四本三十二齣/（清）佚名撰. --抄本. --京師：南府，清中期（1736—1826）. --4 冊. --半葉 8 行，行 20 字，無邊框。佚名圈點。鈐"舊外二學"墨印. --綫裝　　　　　己/321

通天犀：四出/（清）佚名撰. --抄本. --京師：南府，清中期（1796—1826）. --1 冊. --又名"血濺萬花樓"。封面題"總本"。半葉 8 行，行 20 字，無邊框。鈐"舊外三學"墨印、"外三學記"墨印. --毛裝　　　　　己/305

末段犀鏡圓：八出/（清）佚名撰. --抄本. --京師：南府，清中期（1796—1826）. --1 冊. --題名據書簽著錄。半葉 8 行，行 22 字，無邊框。鈐"舊外二學"墨印. --毛裝　　　　　己/306

鬧花燈：八出/（清）佚名撰.--抄本.--京師：南府,清中期（1796—1826）.--1 冊.--本書爲"隋唐"的一段。封面題"總本"。半葉 8 行,行 20 字,無邊框。鈐"舊外三學"墨印、"外三學記"墨印.--毛裝　　　　己/307

四段下南唐：八出/（清）佚名撰.--抄本.--京師：南府,清中期（1796—1826）.--1 冊.--題名據原書簽著錄。半葉 8 行,行 11 字,無邊框。鈐"舊外二學"墨印.--毛裝　　　己/308

鴛鴦樓總綱：十齣/（清）佚名撰.--抄本.--清道光二十年(1840).--1 冊(合裝 1 函).--半葉 8 行,行 30 字,無邊框。鈐"曉鈴臧書"朱文印.--毛裝　　　　　　　　　　己/399

驪山傳：八出；**梓潼傳**：八出/（清）馨圃老人撰.--刻本.--清光緒（1875—1908）.--1 冊.--馨圃老人即清俞樾。半葉 10 行,行 21 字,白口,左右雙邊,單黑魚尾,半框 16.6 × 12cm。鈐"曉鈴臧書"朱文印.--綫裝　　己/301

碧聲吟館叢書/（清）許善長著.--刻本.--碧聲吟館,清光緒三年至十六年（1877—1890）.--11 冊(2 函).--缺趙慶熺《香消酒醒曲》一卷、《香消酒醒詞》一卷。半葉 9 行,行 22 字,欄上鐫評,行 4 字,白口,左右雙邊,單黑魚尾,半框 16.5 × 12.4cm。南昌文德堂藏版。鈐"曉鈴臧書"朱文印.--綫裝

子目：

瘞雲巖傳奇：二卷十二出/（清）許善長撰；（清）停雲逸客評點

茯苓仙：十四出

靈媧石：十出,附二出

神山引：八出

胭脂獄：十六出

風雲會傳奇：二卷二十四出/（清）許善長填詞；（清）梅谿逸叟訂譜

附：碧聲吟館談塵：四卷

硯辨：一卷/（清）孫森撰

碧聲吟館倡酬續錄：一卷/（清）許善長纂　　己/29

繪圖新西廂：十六出/（清）西湖長撰述.--石印本.--上海：改良小說社,清宣統二年（1910年）.--2 冊(1 函)：圖 16 幅.--（說部叢書）.--據《聊齋・臙脂傳》改編。半葉 12 行,行 29 字,有眉批,行 4 字,黑口,四周雙邊,單黑魚尾,半框 14.3 × 10.2cm。鈐"曉鈴臧書"朱文印.--平裝　　　　己/1862

暗香樓三種曲/（清）鄭由熙著.--刻本.--暗香樓,清光緒十六年（1890）.--3 冊.--歟嵐道人即清鄭由熙。半葉 9 行,行 22 字,欄上鐫評,行 4 字,白口,左右雙邊,單黑魚尾,半框 15.7 × 12.3cm。牌記題"光緒庚寅秋七月刊於暗香樓"。吳曉鈴跋。鈐"曉鈴臧書"朱文印.--綫裝

子目：

霧中人：十六出/（清）嶺海志道人評訂；（清）歟嵐道人填詞；（清）梁安湖上醉漁正譜

木樨香：十出/（清）歟嵐道人填詞；（清）梁安湖上醉漁評訂

雁鳴霜：八出/（清）梁安湖上醉漁正譜；（清）歟嵐道人填詞；（清）新建心香居士評訂　　　　　　　　　己/34

紅羊劫傳奇：二卷十二齣/（清）劫餘道人撰.--影印本.--民國（1912—1949）.--1 冊.--據咸豐間稿本影印。劫餘道人即朱紹頤。半葉 8 行,行 30 字,小字雙行約 40 字,無邊框.--綫裝　　　　　　　　　　　己/928

生佛碑傳奇：十二齣/（清）陳學震填詞；（清）史雲煥點校.--刻本.--清同治八年（1869）.--2 冊(1 函).--半葉 9 行,行 21 字,小字雙行字同,白口,左右雙邊,單黑魚尾,半框 15.8 × 12.4cm。鈐"曉鈴臧書"朱文印.--綫裝　　　　　　　　　　　己/599

雙旌忠節記：二卷三十二齣,首一齣,續一齣/(清)楊陳填詞;(清)高承慶正譜.--刻本.--清同治(1862—1874).--1 冊.--半葉 9 行,行 21 字,白口,左右雙邊,單黑魚尾,半框 16.3×12.5cm。版存淮安舊城西長街蒲葭巷二帝祠內。鈐"曉鈴藏書"朱文印.--綫裝

己/403

返魂香傳奇：四卷四十齣/(清)香雪道人填詞.--鉛印本.--上海:申報館,清光緒三年(1877).--4 冊(1 函).--半葉 11 行,行 24 字,白口,四周雙邊,單黑魚尾,半框 12.3×9.4cm。牌記題"光緒丁丑仲夏申報館刊"。鈐"曉鈴藏書"朱文印.--綫裝　　己/937

後緹縈南曲：十出/(清)汪宗沂填曲;(清)夏嘉穀評點.--刻本.--夏嘉穀,清光緒十一年(1885).--1 冊.--半葉 10 行,行 24 字,欄上鐫評,行 4 字,白口,左右雙邊,單黑魚尾,半框 14.2×11.6cm。牌記題"光緒乙酉仲春泰州夏氏刊板"。鈐"曉鈴藏書"朱文印.--綫裝

己/300

芙蓉碣傳奇：二卷十四齣/(清)張雲驤填詞;(清)王以慜評點;(清)吳孝緒按拍.--刻本.--清光緒九年(1883).--2 冊(1 函).--半葉 9 行,行 18 字,欄上鐫評,行 4 字,粗黑口,左右雙邊,半框 13.6×9.6cm。有吳曉鈴手記。書簽"蕤兒敬題"。鈐"臣是煙溆舊釣徒"朱文印、"曉鈴藏書"朱文印.--綫裝　　己/941

儒酸福傳奇：二卷十四齣/(清)魏熙元填詞;(清)汪漁武正譜;(清)倪星垣評文.--刻本.--玉玲瓏館,清光緒十年(1884).--1 冊(1 函).--半葉 9 行,行 20 字,有眉批,行 4 字,白口,左右雙邊,單黑魚尾,版心下刻"玉玲瓏館",半框 15.9×12.3cm。牌記題"光緒十年歲在甲申仲春上丁開雕"。鈐"曉鈴藏書"朱文印.--綫裝　　己/598

[楊氏坦園南北曲六種]/(清)楊恩壽撰.--刻本.--長沙:楊氏坦園,清光緒(1875—1908).--4 冊.--題名係自擬。半葉 9 行,行 20 字,欄上鐫評,行 4 字,白口,四周雙邊,單黑魚尾,半框 16.1×12.7cm。長沙楊氏坦園藏版。鈐"吳"朱文印、"曉鈴藏書"朱文印.--綫裝

子目:

桃花源：六齣/(清)楊彤壽正譜;(清)楊恩壽填詞;(清)吳錦章論文

姽嫿封：六齣/(清)楊彤壽按拍;(清)楊恩壽填詞;(清)魏式曾點評

桂枝香：八齣/(清)吹篴竹笙人正譜;(清)楊恩壽填詞;(清)慧道人題評

麻驛灘：十八齣/(清)楊彤壽正譜;(清)楊恩壽填詞;(清)曾傳均評文

再來人：十六齣/(清)楊彤壽正譜;(清)楊恩壽填詞;(清)毛松年評文

理靈坡：二十二齣/(清)楊彤壽按拍;(清)楊恩壽填詞;(清)王先謙評文　　己/21

乘龍佳話：八齣/(清)高昌寒食生撰.--石印本.--清光緒十七年(1891).--1 冊(1 函):插圖 8 幅.--高昌寒食生即清何桂笙。半葉 18 行,行 42 字,白口,左右雙邊,單黑魚尾,半框 18.7×11.5cm。鈐"曉鈴藏書"朱文印、"吳"朱文印.--綫裝　　己/610

小蓬萊閣傳奇十種/(清)劉清韻填詞.--石印本.--上海:藻文書局,清光緒二十六年(1900).--6 冊(1 函).--題名據封面著錄。正文、目錄、版心、書名頁題"小蓬萊傳奇"。半葉 12 行,行 34 字,白口,四周單邊,單黑魚尾,版心題"庚子仲春上海藻文石印",半框 12×9.1cm。吳曉鈴跋,考證劉清韻生於道光二十一年。鈐"曉鈴藏書"朱文印.--綫裝

子目:

黃碧簽：十二齣

丹青副：十二齣

炎涼券：八齣

鴛鴦夢：十二齣

氤氳釧：十齣

英雄配：十二齣

天風引：十齣

飛虹嘯：十齣

鏡中圓：五齣

千秋淚：四齣　　　　　　　　　　己/940

誦荻齋曲：二種/（清）徐鄂撰．--石印本．--上海：大同書局，清光緒十二至十三年（1886—1887）．--4 冊（1 函）：插圖 20 幅．--半葉 9 行，行 22 字，欄上鐫評，行 4 字，白口，四周雙邊，單黑魚尾，無直格，版心下印"誦荻齋曲"，半框 13.3×9.1cm。牌記題"光緒十二年丙戌十二月四日成"、"大同書局石印"。鈐"曉鈴藏書"朱文印．--綫裝

子目：

梨花雪：十四折，首折一折，尾折一折/（清）徐鄂填詞；（清）秦本楨評校

白頭新：六折/（清）徐鄂填詞；（清）楊彦深評點　　　　　　　　　　　　己/947

俠女記傳奇：十二齣/[（清）龍繼棟撰]．--刻本．--清同治十年（1871）．--2 冊．--半葉 9 行，行 21 字，白口，四周雙邊，單黑魚尾，半框 11.6×8.1cm。鈐"曉鈴藏書"朱文印．--綫裝　　　　　　　　　　　　　　己/927

俠女記傳奇：十二齣/[（清）龍繼棟撰]．--鉛印本．--北平：青梅書店，民國二十二年（1933）．--1 冊（1 函）．--半葉 15 行，行 40 字，無邊框．--鈐"曉鈴藏書"朱文印．--平裝　　　　　　　　　　　　　　己/1872

警黃鐘傳奇：十齣，附錄二齣/（清）祈黃樓主人著．--鉛印本．--上海：新小說社，清光緒三十二年（1906）．--祈黃樓主人即洪炳文．--1 冊．--平裝　　　　　　　　　　　己/971

思子軒傳奇：十齣/（清）珠巖老人著．--石印本．--民國十一年（1922）．--1 冊．--珠巖老人即

清高樹。半葉 9 行，行 20 字，小字 26 字，白口，四周單邊，單黑魚尾，半框 19.1×12.3cm。鈐"高燁之印"朱文印、"曉鈴藏書"朱文印．--綫裝　　　　　　　　　　　　　己/299

梅花夢傳奇：二卷十六齣/（清）桃潭歌者填詞；（清）夢梅外史正譜；（清）鳳仙博士評文．--刻本．--成都：龔氏，清光緒十年（1884）．--2 冊（1 函）．--書名頁題"梅花夢"。桃潭歌者即汪荻庵。半葉 9 行，行 20 字，白口，四周雙邊，單黑魚尾，半框 13.8×9.3cm。牌記題"光緒甲申四月成都龔氏開雕"。佚名朱筆圈點。鈐"曉鈴藏書"朱文印．--綫裝　　　　　　　　　　　　　己/611

海天嘯傳奇：八齣/（清）劉鈺著．--鉛印本．--上海：小說林總發行所，清光緒三十二年（1906）．--1 冊．--半葉 11 行，行 29 字，小字 38 字，無邊框。鈐"曉鈴藏書"朱文印．--平裝　　　　　　　　　　　　　己/968

合浦珠傳奇：十二齣/畏廬老人填詞．--鉛印本．--上海：商務印書館，民國六年（1917）．--1 冊．--畏廬老人即林紓。半葉 9 行，行 16 字，無邊框。鈐"曉鈴藏書"朱文印．--平裝　　　　　　　　　　　　　己/1875

天妃廟傳奇：十齣/畏廬老人著．--鉛印本，再版．--上海：商務印書館，民國十七年（1928）．--1 冊．--畏廬老人即林紓。半葉 9 行，行 16 字，無邊框。鈐"曉鈴藏書"朱文印．--平裝　　　　　　　　　　　己/1880

武陵春傳奇：八齣/（清）陳時泌著．--鉛印本．--清光緒二十七年（1901）．--1 冊（合函）．--半葉 6 行，行 22 字，白口，四周雙邊，單黑魚尾，半框 16.8×10.1cm。鈐"曉鈴藏書"朱文印．--綫裝　　　　　　　　　　　　　己/592

非熊夢傳奇：八齣/（清）陳時泌著．--鉛印

本.--清光緒三十年（1904）.--1 冊（1 函）.--半葉 6 行，行 22 字，白口，四周雙邊，單黑魚尾，半框 16.8 × 10.1cm。鈐"曉鈴藏書"朱文印.--綫裝　　　　己/593

桃花源傳奇：一卷；**懶閒天籟**：一卷/（清）劉龍恤填詞；門人校刊.--刻本，重刻.--民國八年（1919）.--1 冊.--（劉氏叢書鈔）.--版存合川會善堂慈善會。半葉 10 行，行 24 字，小字雙行字同，粗黑口，左右雙邊，單黑魚尾，半框 20.2 × 12.9cm。鈐"曉鈴藏書"朱文印.--綫裝　　　　己/1579

青樓烈傳奇，一名黑海蓮：二卷十二齣/（清）勺園填詞.--稿本，朱絲欄.--清末（1851—1911）.--2 冊（1 函）.--半葉 6 行，行 19 字，有眉批，行 7 字，白口，四周雙邊，版心上印"優拔貢朝考卷格"，版心下印"榮寶齋"，半框 21.7 × 11.8cm。佚名墨筆圈點。鈐"曉鈴藏書"朱文印.--綫裝　　　　己/1638

[孟良搬兵]：八出.**[廷讓起兵]**：八出.**[李陵碑]**：八出/（清）佚名撰.--刻本.--清（1644—1911）.--3 冊.--原書題名不詳，係根據内容，參考《中國戲曲曲藝詞典》著錄。半葉 8 行，行 20 字，無邊框。佚名圈點.--毛裝　　　　己/303

禪仙逸史：二十齣/（清）佚名撰.--抄本.--清（1644—1911）.--2 冊.--半葉 10 行，行 23 字，無邊框。佚名批點。鈐"曉鈴藏書"朱文印.--綫裝　　　　己/24

雙義緣傳奇：六十三出/（清）佚名撰.--稿本.--清（1644—1911）.--6 冊.--封面題"雙義緣腳本，覆庵"。此書爲伶人腳本。半葉 9 行，行 20 字，無邊框。鈐"曉鈴藏書"朱文印.--毛裝　　　　己/110

海仙緣傳奇：二十四齣/（清）佚名撰.--抄

本.--清（1644—1911）.--3 冊.--缺 1—6 齣。半葉 8 行，行 20 字，無邊框。鈐"曉鈴藏書"朱文印.--綫裝　　　　己/478

[黃金綬傳奇].--抄本.--清（1644—1911）.--1 冊.--殘本，存私餞、議説、忿諫、忠抗、陷釋、宵併等出，有殘葉。題名據原書簽著錄。半葉 9 行，行 18 字，白口，四周雙邊，單黑魚尾，半框 19.4 × 14.3cm.--綫裝　　　　己/43

玉獅記：二十四齣.--抄本.--昇平署，清末（1851—1911）.--1 冊.--存第 17—24 出，竄改爲 1—8 出。半葉 8 行，行 20 字，無邊框.--綫裝　　　　己/323

平蠻圖：八本一百二十八出/（清）佚名撰.--抄本.--清（1644—1911）.--16 冊（1 函）.--半葉 9 行，行 24 字，无邊框。朱筆圈點。鈐"曉鈴藏書"朱文印.--綫裝　　　　己/49

[第一出登壇拜印]：八出/（清）佚名撰.--抄本.--昇平署，清末（1851—1911）.--1 冊.--題名不詳。内容爲樊梨花平定哈密國叛亂。半葉 8 行，行 20 字，無邊框。佚名圈點.--毛裝　　　　己/309

盤龍嶺：四出/（清）佚名撰.--抄本.--清（1644—1911）.--1 冊.--題名據原書簽著錄。書簽題"總本"、"謄過新本"。半葉 8 行，行 20 字，無邊框。封面鈐"舊外三學"墨印、"外三學記"墨記.--毛裝　　　　己/310

[入享來王]/（清）佚名撰.--抄本.--清末（1851—1911）.--1 冊.--殘本，存 1—6 出。題名不詳，第二出名"入享來王"，用以代替書名。半葉 8 行，行 20 字，無邊框。佚名圈點.--綫裝　　　　己/335

[東海孝婦傳奇]：十六出.--抄本.--清（1644—1911）.--1 冊（1 函）.--題名據劇情自

擬。半葉 9 行,行 25 字,無邊框。佚名圈點批校。鈐"曉鈴藏書"朱文印. --綫裝　　　　己/585

民國

秦淮月傳奇:五齣/栩癡填詞. --鉛印本. --清末民初(1851—1919). --1 冊. --據例言:"此書分爲四卷,每卷五出。"此爲卷之一。作者又自稱栩道人,姓名不詳。半葉 11 行,行 28 字,無邊框。鈐"曉鈴藏書"朱文印. --平裝　　　　己/974

中華第一女傑軒亭冤傳奇:八齣/湘靈子著. --石印本. --民國元年(1912). --1 冊:圖 6 幅. --書皮題"鑑湖女俠傳奇"。半葉 16 行,行 34 字,白口,四周單邊,半框 15.9×10.1cm. --平裝　　　　己/1683

霜天碧:六齣/丁傳靖撰. --鉛印本. --清末至民國(1875—1949). --1 冊(1 函). --(闇公雜著). --半葉 9 行,行 20 字,粗黑口,左右雙邊,單黑魚尾,半框 14.4×11.1cm。有吳曉鈴題跋。鈐"曉鈴藏書"朱文印. --綫裝　　　　己/661

滄桑豔:二十齣/丁傳靖填詞. --鉛印本. --古樂小說社,民國三年(1914). --1 冊:銅版畫 1 幅. --附圖爲王素所繪《陳圓圓玉樓雅奏圖》,絹本橫幅。半葉 10 行,行大字 24 字,小字 32 字,無邊框。鈐"曉鈴藏書"朱文印. --綫裝　　　　己/1879

滄桑豔:二卷/丁傳靖填詞;遊毅之論文;石凌漢正拍. --石印本. --上海:掃葉山房,民國三年(1914). --2 冊(1 函). --附"陳圓圓事輯"、"圓圓傳輯補"。版心題"豹隱廬雜著"。半葉 9 行,行 21 字,白口,左右雙邊,單黑魚尾,半框 16.8×11.8cm。鈐"曉鈴藏書"朱文印. --綫裝　　　　己/1831

雪曇夢:三十二齣/曾樸編. --鉛印本. --上海:真善美書店,民國二十年(1931). --1 冊. --(曾樸所敘;第一時期;戲劇之部). --書脊題"曾樸所敘:雪曇夢院本",書口題"雪曇幻夢詞"。半葉 12 行,行 30 字,無邊框. --平裝　　　　己/1870

茹經勸善小說:一卷/唐蔚芝編著. **人獸鑑傳奇譜**:八出/王君九編著. --石印本. --上海:正俗曲社,民國三十八年(1949). --1 冊. --半葉 12 行,行 28 字,白口,四周單邊,半框 13.7×11cm。鈐"曉鈴藏書"朱文印. --平裝　　　　己/970

碧山樓傳奇:十二折/夏仁虎製曲. --鉛印本. --民國十五年(1926). --1 冊. --半葉 11 行,行 24 字,小字單行 37 字,白口,四周雙邊,單黑魚尾,半框 18.4×12.4cm。鈐"曉鈴藏書"朱文印. --綫裝　　　　己/1581

幻緣記傳奇:二卷十六齣/碧嶠散人撰. --鉛印本. --民國二十八年(1939). --1 冊. --碧嶠散人即由雲龍。半葉 13 行,行 40 字,黑口,四周雙邊,半框 20.5×12.4cm。吳曉鈴墨筆題記。鈐"曉鈴藏書"朱文印. --綫裝　　　　己/1678

桃花夢傳奇:四卷十六齣,題詞一卷/陳蝶仙填詞;華癡石評文;黃曉秋點拍. --鉛印本. --杭州:大觀報館,清光緒二十六年(1900). --4 冊. --陳蝶仙即陳栩。華癡石即華諟。半葉 9 行,行 22 字,白口,四周雙邊,單黑魚尾,半框 11.4×7.6cm。書皮題"多情和尚觀",書後皮題"乙酉十二月初九日以三百元買於成都新南門故紙堆". --綫裝　　　　己/932

紅樓真夢傳奇:八折/孑厂填曲;蟫廬製譜. --石印本. --民國三十一年(1942). --1 冊(1 函). --半葉 10 行,行 20 字,有眉批,行 3 字,有工尺譜,細黑口,左右雙邊,單黑魚尾,半框 14.9×10.8cm. --綫裝　　　　己/1832

珠韉記傳奇：八折/嘯盦製曲．--鉛印本．--[19?? 年]．--1 冊（1 函）．--半葉 20 行，行 54 字，無邊框。鈐"曉鈴藏書"朱文印．--平裝

己/1636

風洞山傳奇：二十四齣/呆道人著．--鉛印本．--上海：小說林總發行所，清光緒三十二年（1906）．--1 冊．--呆道人即吳梅。半葉 11 行，行 29 字，小字 38 字，無邊框．--平裝

己/969

衝冠怒傳奇殘稿：十二齣/章鴻賓遺．--鉛印本．--章鴻遠，民國九年（1920）．--1 冊（1 函）．--半葉 13 行，行 26 字，白口，四周雙邊，單黑魚尾，半框 20.1 × 13.3cm。鈐"曉鈴藏書"朱文印．--綫裝

己/1635

霓裳艷傳奇：二卷二十齣/曲隱道人填詞；借園居士評點．--刻本．--民國十一年（1922）．--2 冊（1 函）．--曲隱道人即許之衡。半葉 9 行，行 20 字，白口，四周單邊，單黑魚尾，半框 16.3 × 11.9cm。有牌記"壬戌冬月刊成，翻刻必究"。鈐"曉鈴藏書"朱文印．--綫裝

己/1518

玉庵恨傳奇：二十齣/劫餘生編．--鉛印本，再版．--成都：劫餘生，民國二十八年（1939）．--1 冊（1 函）．--扉頁題字"季陸校長吾兄教政，弟李季偉敬贈"，鈐"李季偉贈書章"，據此劫餘生當即李季偉。半葉 12 行，行 38 字，白口，四周單邊，半框 16.1 × 10cm。鈐"非曰能之"朱文印、"詅癡符主"朱文印、"長樂未央"朱文印、"季偉氏之鉥"白文印、"曉鈴藏書"朱文印．--綫裝

己/1889

楚鳳烈傳奇：十六齣/盧前撰．--影印本．--民國（1912—1949）．--1 冊．--據民國二十八年樸園刊本影印。半葉 10 行，行 22 字，白口，四周雙邊，單黑魚尾，版心下題"樸園"，半框 12.1

× 8.3cm。鈐"曉鈴藏書"朱文印．--綫裝

己/933

十年記：十齣/莊一拂著；朱堯文正譜；葛緝甫校錄．--石印本．--民國二十五年（1936）．--1 冊．--半葉 6 行，行 28 字，有工尺譜，無邊框。鈐"吳"朱文印、"曉鈴藏書"朱文印．--綫裝

己/1676—1

第二部　　　　　　己/1676—2

折子戲

[渡江]/（清）佚名撰．--抄本．--清（1644—1911）．--1 冊．--前後皆有缺葉。題名不詳，據吳氏贈書目錄著錄，內容包括"渡江"、"三醉"、"小逼"、"借扇"、"議劍"、"問情"等。半葉 4 行，行 16 字，有工尺譜，無邊框．--毛裝

己/272

十面[等]．--抄本．--清（1644—1911）．--1 冊．--內有《十面》、《訪譜》、《九蓮燈》、《蓮花塘》、《喜朝五位》、《青門》六種戲曲選段，夾《頭本淮安府》等戲曲散葉若干張。半葉 5 行，行 16 字，有工尺譜，無邊框。封面題"竹泉"二字．--綫裝

己/334

幻化：一出：全串貫．--抄本．--百本張，清末（1851—1911）．--1 冊．--半葉 5 行，行 20 字，無邊框。佚名朱墨筆圈點。鈐"別還價百本張"墨印、"住新街口菜園六條胡同百本張"朱文印、"吳"朱文印、"曉鈴藏書"朱文印．--毛裝

己/882

哭長城：大字工尺譜．--抄本．--清（1644—1911）．--1 冊．--半葉 8 行，行 5 字，有工尺譜，無邊框。鈐"曉鈴藏書"朱文印．--綫裝

己/431

青塚記·大紅袍·了夢：工尺字韻譜．--抄本．--清（1644—1911）．--1 冊．--《了夢》是《臨

川夢》的一出。半葉 6 行,行 18 字,有工尺譜,無邊框。鈐"曉鈴藏書"朱文印. --綫裝

己/430

送客·趕車:大字工尺譜/(清)蔣士銓填詞;(清)王夢樓審音. --抄本. --清(1644—1911). --1 冊. --半葉 10 行,行 6 字,有工尺譜,無邊框。鈐"曉鈴藏書"朱文印. --綫裝

己/432

絮閣:一出:全串貫. --抄本. --百本張,清末(1851—1911). --3 冊. --半葉 5 行,行 20 字,無邊框。佚名朱墨筆圈點。鈐"別還價百本張"墨印、"住新街口菜園六條胡同百本張"朱文印、"曉鈴藏書"朱文印. --毛裝

己/878

瑤臺:總本. --抄本. --清(1644—1911). --1 冊. --半葉 4 行,行 14 字,有工尺譜,無邊框. --綫裝

己/331

遊湖借傘:總本. --抄本. --清(1644—1911). --1 冊. --白蛇傳故事。半葉 6 行,行 20 字,有工尺譜,無邊框。佚名圈點。鈐"吳郎之書"朱文印. --綫裝

己/332

掃秦:一出:全串貫. --抄本. --百本張,清末(1851—1911). --2 冊. --半葉 5 行,行 20 字,無邊框。佚名朱墨筆圈點。鈐"別還價百本張"墨印、"吳"朱文印、"曉鈴藏書"朱文印. --毛裝

己/879

遙祭:一出. --抄本. --百本張,清末(1851—1911). --1 冊. --半葉 5 行,行 20 字,無邊框。佚名朱墨筆圈點。鈐"別還價百本張"墨印、"住新街口菜園六條胡同百本張"朱文印、"吳"、"曉鈴藏書"朱文印. --毛裝

己/883

琴調:一出:全串貫. --抄本. --百本張,清末(1851—1911). --1 冊. --半葉 5 行,行 20 字,

無邊框。佚名朱墨筆圈點。鈐"別還價百本張"墨印、"吳"朱文印、"曉鈴藏書"朱文印. --毛裝

己/881

祭姬:一出:全串貫. --抄本. --百本張,清末(1851—1911). --1 冊. --半葉 5 行,行 10 字,無邊框。佚名朱墨筆圈點。鈐"別還價百本張"墨印、"住新街口菜園六條胡同百本張"朱文印、"曉鈴藏書"朱文印. --毛裝 己/880

請神:一出. --抄本. --百本張,清末(1851—1911). --1 冊. --半葉 5 行,行 20 字,無邊框。佚名朱墨筆圈點。鈐"別還價百本張"墨印、"吳"朱文印、"曉鈴藏書"朱文印. --毛裝

己/885

承應戲

昆弋月令承應戲

昇平署月令承應戲:四十八種/國立北平故宮博物院文獻館編. --鉛印本. --北京:國立北平故宮博物院,民國二十五年(1936). --1 冊. --半葉 13 行,行 30 字,粗黑口,四周單邊,單黑魚尾,版心下印"國立北平故宮博物院文獻館編印",半框 15.2×10.7cm。鈐"曉鈴藏書"朱文印. --綫裝 己/1578

喜朝五位:一出;**歲發四時**:一出/(清)佚名撰. --抄本. --昇平署,清(1644—1911). --1 冊. --書皮題"鼓板"。半葉 8 行,行 13 字,小字 29 字,無邊框. --毛裝 己/259

椒柏屠蘇:一出/(清)佚名撰. --抄本. --昇平署,清(1644—1911). --1 冊. --有殘葉。本書為元旦承應戲。半葉 9 行,行 20 字,無邊框。鈐"曉鈴藏書"朱文印. --綫裝 己/222

早春朝賀:一出;**對雪題詩**:一出/(清)佚名

撰.--抄本.--昇平署,清（1644—1911）.--1
冊.--卷端題"立春承應,早春朝賀"、"總本"。
半葉7行,行20字,無邊框。鈐"曉鈴臧書"
朱文印.--綫裝　　　　　　　　己/289

東皇佈令:一出;斂福錫民:一出/（清）佚名
撰.--抄本.--昇平署,清（1644—1911）.--1
冊.--書皮題"鼓板"。半葉8行,行14字,小
字18字,無邊框.--毛裝　　　　己/256

東皇佈令:一出/（清）佚名撰.--抄本.--北
京:吳曉鈴,[19?? 年].--1冊.--卷端書名上
題"上元"。半葉12行,行26字,白口,四周
單邊,單黑魚尾,版心下印"綏中吳氏綠雲山
館",半框20.4×15.8cm。鈐"曉鈴臧書"朱
文印.--綫裝　　　　　　　己/245

斂福錫民:一出/（清）佚名撰.--抄本.--北
京:吳曉鈴,[19?? 年].--1冊.--半葉12行,
行26字,白口,四周單邊,單黑魚尾,版心下印
"綏中吳氏綠雲山館",半框20.4×15.8cm。
鈐"曉鈴臧書"朱文印.--綫裝　　己/246

燕九承應:一出;群仙赴會:一出/（清）[張
照 等 作].--抄 本.--昇平署,清（1644—
1911）.--1冊.--書皮題"燕九承應聖母巡行,
群仙赴會"。責任者據原書簽著錄。半葉8
行,行14字,小字21字,無邊框.--毛裝
　　　　　　　　　己/129

千春燕喜:一出/（清）[張照等作].--抄
本.--昇平署,清（1644—1911）.--1冊.--卷端
題"花朝承應,千春燕喜,鼓板"。責任者據原
書簽著錄。半葉8行,行15字,小字22字,無
邊框.--毛裝　　　　　　己/132

千春燕喜:一出;百花獻壽:一出/（清）佚名
撰.--抄本.--昇平署,清（1644—1911）.--1
冊.--卷端題"花朝"。書皮題"花朝承應"、
"串關"、"此出無排場樣子"。半葉7行,行20

字,無邊框。鈐"曉鈴臧書"朱文印.--綫裝
　　　　　　　　　己/292

追敘綿山:一出;高懷沂水:一出/（清）[張
照 等 作].--抄本.--昇平署,清（1644—
1911）.--1冊.--書皮題"寒食承應"。責任說
明據原書簽著錄。半葉8行,行22字,無邊
框。佚名朱筆圈點.--毛裝　　己/211

追敘綿山:一出/（清）佚名撰.--抄本.--北
京:吳曉鈴,[19?? 年].--1冊.--卷端題"寒食
承應"。半葉12行,行26字,白口,四周單邊,
單黑魚尾,版心下印"綏中吳氏綠雲山館",半
框20.4×15.8cm。鈐"曉鈴臧書"朱文印.--
綫裝　　　　　　　　　己/247

高懷沂水:一出/（清）佚名撰.--抄本.--北
京:吳曉鈴,[19?? 年].--1冊.--卷端題"寒食
承應之二"。半葉12行,行25字,小字28字,
白口,四周單邊,單黑魚尾,版心下印"綏中吳
氏綠雲山館",半框20.4×15.8cm。鈐"曉鈴
臧書"朱文印.--綫裝　　　己/248

鹿苑結緣:一出;龍華法會:一出/（清）[張
照 等 作].--抄本.--昇平署,清（1644—
1911）.--1冊.--書皮題"浴佛承應"。責任者
據原書簽著錄。半葉7行,行20字,無邊
框.--毛裝　　　　　　　己/133

鹿苑結緣:一出/（清）佚名撰.--抄本.--北
京:吳曉鈴,[19?? 年].--1冊.--卷端題"浴佛
承應"。半葉12行,行25字,小字28字,白
口,四周單邊,單黑魚尾,版心下印"綏中吳氏
綠雲山館",半框20.4×15.8cm。鈐"曉鈴臧
書"朱文印.--綫裝　　　　己/249

龍華法會:一出/（清）佚名撰.--抄本.--北
京:吳曉鈴,[19?? 年].--1冊.--卷端題"浴佛
承應(二)"。半葉12行,行28字,白口,四周
單邊,單黑魚尾,版心下印"綏中吳氏綠雲山

館”,半框 20.4×15.8cm。鈐“曉鈴臧書”朱文印.--綫裝
己/250

七襄報章:一出;**仕女乞巧**:一出/(清)[張照等作].--抄本.--昇平署,清(1644—1911).--1 冊.--題名、責任者俱按原書簽著錄。半葉 8 行,行 17 字,無邊框.--毛裝
己/134

七襄報章:一出;**仕女乞巧**:一出/(清)佚名撰.--抄本.--昇平署,清咸豐四年(1854).--1 冊.--書皮題“七夕承應”、“咸豐四年七月初七日上改”。半葉 6 行,行 20 字,無邊框.--毛裝
己/136

七襄報章:題綱;**仕女乞巧**:題綱/(清)佚名撰.--抄本.--昇平署,清同治十二年(1873).--1 冊.--書皮題“七夕承應”、“同治五年六月初十日准,共一刻六”、“同治十二年二月新派提綱一本,此本莫用存底”。半葉 5 行,行字數不等,無邊框.--毛裝
己/135

七襄報章:一出/(清)佚名撰.--抄本.--北京:吳曉鈴,[19?? 年].--1 冊.--半葉 12 行,行 26 至 27 字,白口,四周單邊,單黑魚尾,版心下印“綏中吳氏綠雲山館”,半框 20.4×15.8cm。鈐“曉鈴臧書”朱文印.--綫裝
己/251

仕女乞巧:一出/(清)佚名撰.--抄本.--北京:吳曉鈴,[19?? 年].--1 冊.--半葉 12 行,行 29 字,白口,四周單邊,單黑魚尾,版心下印“綏中吳氏綠雲山館”,半框 20.4×15.8cm。鈐“曉鈴臧書”朱文印.--綫裝
己/236

佛旨度魔:一出;**魔王答佛**:一出/(清)佚名撰.--抄本.--昇平署,清(1644—1911).--1 冊.--有殘葉。卷端題“中元承應”。書皮題“串關”。半葉 7 行,行 18 字,小字 21 字,無邊

框。佚名圈點。鈐“曉鈴臧書”朱文印.--綫裝
己/291

佛旨度魔:一出;**魔王答佛**:一出/(清)[張照等撰].--抄本.--昇平署,清(1644—1911).--1 冊.--責任者據原書簽著錄。書皮題“鼓板”。半葉 8 行,行 15 字,小字 18 字,無邊框.--毛裝
己/137

佛旨度魔:一出二場;**佛旨度魔**:一出三場/(清)佚名撰.--抄本.--昇平署,清(1644—1911).--1 冊.--書皮題“排場”、“光緒拾捌年八月初九重訂”。半葉 8 行,行 16 字,無邊框.--綫裝
己/218

佛旨度魔:一出/(清)佚名撰.--抄本.--昇平署,清(1644—1911).--1 冊.--有殘葉。卷端題“中元”。半葉 8 行,行 19 至 20 字,無邊框。鈐“曉鈴臧書”朱文印.--綫裝
己/290

迓福迎祥:一出/(清)[張照等撰].--抄本.--昇平署,清(1644—1911).--1 冊.--責任者據原書簽著錄。半葉 8 行,行 14 字,小字 19 字,無邊框.--毛裝
己/138

丹桂飄香:一出;**霓裳獻舞**:一出/(清)[張照等作].--抄本.--昇平署,清(1644—1911).--1 冊.--責任說明據原書簽著錄。半葉 8 行,行 14 字,小字 20 字,無邊框.--毛裝
己/193

登高覽勝:一出;**題糕閣筆**:一出/(清)[張照等作].--抄本.--昇平署,清(1644—1911).--1 冊.--責任說明據原書簽著錄。書皮題“重陽承應”、“串關”。半葉 7 行,行 20 字,無邊框.--毛裝
己/184

登高覽勝:一出/(清)佚名撰.--抄本.--北京:吳曉鈴,[19?? 年].--1 冊.--卷端題“重陽承應”。半葉 12 行,行 23 字,小字 29 字,白

口,四周單邊,單黑魚尾,版心下印"綏中吳氏綠雲山館",半框 20.4×15.8cm。鈐"曉鈴藏書"朱文印.--綫裝　　　　　己/239

題糕閣筆:一出/(清)佚名撰.--抄本.--北京:吳曉鈴,[19?? 年].--1 冊.--卷端題"重陽承應二"。半葉 12 行,行 25 字,小字 28 字,白口,四周單邊,單黑魚尾,版心下印"綏中吳氏綠雲山館",半框 20.4×15.8cm。鈐"曉鈴藏書"朱文印.--綫裝　　　　　己/238

九華品菊:一出;**眾美飛霞**:一出/(清)[張照 等 作].--抄 本.--昇 平 署,清（1644—1911）.--1 冊.--責任說明據原書簽著錄。書皮題"鼓板"。半葉 10 行,行 17 字,小字 19 字,無邊框.--毛裝　　　　　己/185

九華品菊:一卷/(清)佚名撰.--抄本.--北京:吳曉鈴,[19?? 年].--1 冊.--半葉 12 行,行 25 字,小字 29 字,白口,四周單邊,單黑魚尾,版心下印"綏中吳氏綠雲山館",半框 20.4×15.8cm。鈐"曉鈴藏書"朱文印.--綫裝　　　　　己/241

眾美飛霞:一卷/(清)佚名撰.--抄本.--北京:吳曉鈴,[19?? 年].--1 冊.--半葉 12 行,行 24 字,小字 28 字,白口,四周單邊,單黑魚尾,版心下印"綏中吳氏綠雲山館",半框 20.4×15.8cm。鈐"曉鈴藏書"朱文印.--綫裝　　　　　己/240

花甲天開:一出;**鴻禧日永**:一出/(清)[張照 等 作].--抄 本.--昇 平 署,清（1644—1911）.--1 冊.--責任說明據原書簽著錄。書皮題"鼓板",朱筆書"二年"。半葉 8 行,行 15 字,小字 20 字,無邊框.--毛裝　　　　　己/181

花甲天開:題綱;**鴻禧日永**:題綱/(清)佚名撰.--抄本.--昇平署,清同治十年（1871）.--1 冊.--書皮題"提綱"、"鼓:劉進喜"、"同治十

年八月二十六日准,無排場。"半葉 4 行,行字數不等,無邊框.--毛裝　　　　　己/182

太僕陳儀:一出;**金吾勘箭**:一出/(清)[張照 等 作].--抄 本.--昇 平 署,清（1644—1911）.--1 冊.--責任說明據原書簽著錄。書皮題"鼓板"、"長至承應"。半葉 8 行,行 12 字,小字 22 字,無邊框.--毛裝　　　　　己/183

太和報最:一出;**司命錫禧**:一出/(清)佚名撰.--抄本.--昇 平 署,清（1644—1911）.--1 冊.--書皮題"祀灶承應"。半葉 8 行,行 18 字,無邊框.--毛裝　　　　　己/277

太和報最:一出;**司命錫禧**:一出/(清)佚名撰.--抄本.--昇 平 署,清（1644—1911）.--1 冊.--卷端題"祀灶承應"。書皮題"總本"、"另有一本"。半葉 7 行,行 20 字,無邊框。佚名圈點.--毛裝　　　　　己/282

太和報最:一出/(清)佚名撰.--抄本.--昇平署,清(1644—1911).--1 冊.--半葉 8 行,行 20 字,無邊框。佚名圈點。鈐"曉鈴藏書"朱文印.--綫裝　　　　　己/287

太和報最:一出/(清)佚名撰.--抄本.--昇平署,清(1644—1911).--1 冊.--卷端題"祀竈承應太和報最"。書皮題"鼓板"。半葉 8 行,行 17 字,小字 22 字,無邊框.--毛裝　　　　　己/141

司命錫禧:一出/(清)佚名撰.--抄本.--昇平署,清(1644—1911).--1 冊.--半葉 8 行,行 20 字,無邊框。佚名圈點。鈐"曉鈴藏書"朱文印.--綫裝　　　　　己/284

金庭奏事:一出;**錫福通明**:一出/(清)佚名撰.--抄本.--昇 平 署,清（1644—1911）.--1 冊.--書皮題"鼓板"。半葉 8 行,行 15 字,小字 23 字,無邊框.--毛裝　　　　　己/156

如願迎新:一出/(清)佚名撰.--抄本.--南府,清道光二年(1822).--1冊.--有殘葉。書皮題"串關"、"道光二年十二月核准串關"、"撤曲子準本"。半葉10行,行16字,小字23字,無邊框。鈐"曉鈴臧書"朱文印.--綫裝

己/223

如願迎新:一出/(清)佚名撰.--抄本.--昇平署,清(1644—1911).--1冊.--書皮題"除夕承應如願迎新"、"串關"、"此本不准,另有一本"。半葉8行,行20字,無邊框.--毛裝

己/273

如願迎新:一出/(清)[張照等撰].--抄本.--清(1644—1911).--1冊.--卷端題"除夕承應如願迎新"。責任說明據原書簽著錄。書皮題"鼓板"。半葉8行,行15字,小字25字,無邊框.--毛裝　己/144

藏鈎家慶:一出;瑞應三星:一出/(清)[張照等撰].--抄本.--昇平署,清(1644—1911).--1冊.--責任說明據原書簽著錄。此爲除夕承應。半葉7行,行22字,小字27字,無邊框.--毛裝　己/142

賈島祭詩:一出/(清)佚名撰.--抄本.--昇平署,清(1644—1911).--1冊.--有殘葉。卷端題"除夕詠古"、"十八年五月上要過,改準"。半葉8行,行20字,無邊框。鈐"曉鈴臧書"朱文印.--綫裝　己/293

賈島祭詩:一出/(清)佚名撰.--抄本.--昇平署,清(1644—1911).--1冊.--書皮題"鼓板"。半葉8行,行13字,小字21字,無邊框.--毛裝
己/252

昇平除歲:一出;彩炬祈年:一出/(清)[張照等撰].--抄本.--昇平署,清(1644—1911).--1冊.--題名據書皮著錄。責任說明據原書簽著錄。書皮題"鼓板"。此爲除夕承應

應。半葉8行,行21字,無邊框.--毛裝
己/143

昆弋承應宴戲

膺受多福:一出;萬福攸同:一出/(清)[張照等作].--抄本.--昇平署,清(1644—1911).--1冊.--書皮題"膺受多福"、"鼓板"。責任說明據原書簽著錄。半葉8行,行14字,小字18字,無邊框。佚名朱筆批點.--毛裝
己/206

膺受多福:一出/(清)佚名撰.--抄本.--昇平署,清光緒四年(1878).--1冊.--書皮題"曲譜"、"光緒四年十一月二十一日,安來順"。半葉4行,行15字,有工尺譜,無邊框。佚名圈點。鈐"曉鈴臧書"朱文印.--毛裝
己/275

紫姑占福:一出/(清)佚名撰.--抄本.--昇平署,清(1644—1911).--1冊.--卷端題"上元",書皮題"鼓板"。半葉10行,行19字,小字25字,無邊框.--毛裝
己/257

紫姑占福:一出/(清)佚名撰.--抄本.--北京:吳曉鈴,[19?? 年].--1冊.--半葉12行,行25至26字,白口,四周單邊,單黑魚尾,版心下印"綏中吳氏綠雲山館",半框20.4 × 15.8cm。鈐"曉鈴臧書"朱文印.--綫裝
己/244

景星協慶:一出;燈月交輝:一出/(清)佚名撰.--抄本.--昇平署,清(1644—1911).--1冊.--書皮題"上元前承應"、"此出無排場樣字"、"串關"、"另有一本"。半葉6行,行19字,無邊框.--毛裝　己/280

景星協慶:一出;燈月交輝:一出/(清)佚名撰.--抄本.--昇平署,清(1644—1911).--1冊.--書皮題"上元前承應"、"鼓板"。半葉7

行,行 15 字,小字 20 字,無邊框. --毛裝

己/258

景星協慶:一出/(清)佚名撰. --抄本. --北京:吳曉鈴,[19?? 年]. --1 冊. --卷端題"上元前承應"。半葉 12 行,行 26 字,白口,四周單邊,單黑魚尾,版心下印"綏中吳氏綠雲山館",半框 20.4×15.8cm。鈐"曉鈴藏書"朱文印. --綫裝

己/242

燈月交輝:一出/(清)佚名撰. --抄本. --北京:吳曉鈴,[19?? 年]. --1 冊. --半葉 12 行,行 25 至 26 字,白口,四周單邊,單黑魚尾,版心下印"綏中吳氏綠雲山館",半框 20.4×15.8cm。鈐"曉鈴藏書"朱文印. --綫裝

己/243

萬花向榮:一出;**御苑獻瑞**:一出/(清)佚名撰. --抄本. --昇平署,清(1644—1911). --1 冊. --書皮題"總本","此本莫用,另有一本","此書無排場樣字"。半葉 6 行,行 16 字,小字 18 字,無邊框. --毛裝

己/162

萬花向榮:一出;**御苑獻瑞**:一出/(清)[張照等作]. --抄本. --昇平署,清(1644—1911). --1 冊. --責任說明據原書籤著錄。書皮有"宴戲承應"、"總本"。半葉 8 行,行 14 字,小字 17 字,無邊框. --毛裝

己/161

萬花獻瑞:一出/(清)佚名撰. --抄本. --昇平署,清(1644—1911). --1 冊. --書皮題"總本","用字條二個,左邊萬花獻瑞,右邊一統長清"等。半葉 8 行,行 15 字,小字 18 字,無邊框。有紅筆夾注。鈐"曉鈴藏書"朱文印. --綫裝

己/219—1

萬花獻瑞:一出/(清)佚名撰. --抄本. --昇平署,清(1644—1911). --1 冊. --書皮題"總本","想著將排場更在新本上"、"此本暫用,另有一本"等。半葉 9 行,行 14 字,小字 18 字,無

邊框。鈐"曉鈴藏書"朱文印. --綫裝

己/219—2

萬花獻瑞:一出/(清)佚名撰. --抄本. --昇平署,清(1644—1911). --1 冊. --書皮題"萬壽長春"、"鼓板"。半葉 8 行,行 13 字,小字 20 字,無邊框. --毛裝

己/261

萬花向榮:一出/(清)佚名撰. --抄本. --昇平署,清(1644—1911). --1 冊. --半葉 4 行,行 18 字,小字 21 字,有工尺譜,無邊框。佚名圈點。鈐"曉鈴藏書"朱文印. --綫裝

己/286

御苑獻瑞:一出/(清)佚名撰. --抄本. --昇平署,清(1644—1911). --1 冊. --半葉 4 行,行 21 字,無邊框。佚名圈點。鈐"曉鈴藏書"朱文印. --綫裝

己/283

海不揚波:一出;**太平王會**:一出/(清)佚名撰. --抄本. --京師:南府,清(1644—1911). --1 冊. --書皮題"上元後承應"、"串關"。半葉 7 行,行 20 字,無邊框。鈐"舊大班"墨印. --毛裝

己/128

海不揚波:一出;**太平王會**:一出/(清)張照等著. --抄本. --昇平署,清光緒(1875—1908). --1 冊. --書皮題"上元後承應"、"光緒十年正月十七日撤去告座,有謝宴"。半葉 8 行,行 15 字,小字 24 字,無邊框. --毛裝

己/127

青牛獨駕:一出;**環中九九**:一出/(清)[張照等作]. --抄本. --昇平署,清末(1851—1911). --1 冊. --卷端題"萬壽承應青牛獨駕"。書皮題"萬壽午宴承應"、"總本"。責任說明據原書籤著錄。半葉 6 行,行 17 字,無邊框. --毛裝

己/146

青牛獨駕:一出;**環中九九**:一出/(清)[張照等作]. --抄本. --昇平署,清末(1851—

1911).--1冊.--卷端題"萬壽承應青牛獨駕"、"萬壽承應環中九九"。書皮題"鼓板"。半葉8行,行13字,小字18字,無邊框.--毛裝
己/147

青牛獨駕:一出/(清)佚名撰.--抄本.--北京:吳曉鈴,[19?? 年].--1冊.--卷端題"咸豐元年八月十五日准,萬壽午宴承應"。半葉12行,行26字,白口,四周單邊,單黑魚尾,版心下印"綏中吳氏綠雲山館",半框20.4 × 15.8cm。鈐"曉鈴藏書"朱文印.--綫裝
己/232

環中九九:一出/(清)佚名撰.--抄本.--北京:吳曉鈴,[19?? 年].--1冊.--卷端題"咸豐萬壽午宴承應之二"。半葉12行,行27字,白口,四周單邊,單黑魚尾,版心下印"綏中吳氏綠雲山館",半框20.4 × 15.8cm。鈐"曉鈴藏書"朱文印.--綫裝
己/224

慈容衍慶:一出;**蝠獻瓶開**:一出/(清)[張照等作].--抄本.--昇平署,清(1644—1911).--1冊.--責任說明據原書簽著錄。書皮題"午宴承應"、"鼓板"。半葉8行,行14字,小字20字,無邊框.--毛裝
己/153

慈容衍慶:一出;**蝠獻瓶開**:一出/(清)佚名撰.--抄本.--昇平署,清末(1851—1911).--1冊.--書簽題"佛爺入宴承應"、"總本"、"上要過"。半葉8行,行19字,無邊框。鈐"曉鈴藏書"朱文印.--毛裝
己/276

[天香慶節]:十六出/(清)佚名撰.--抄本.--昇平署,清(1644—1911).--7冊.--題名據首都圖書館藏昇平署抄本《天香慶節》著錄。半葉8或10行,行14至17字,小字約22字,無邊框.--毛裝
己/187—己/192

[天香慶節]:串頭/(清)佚名撰.--抄本.--昇平署,清(1644—1911).--1冊.--題名據首

都圖書館藏昇平署抄本《天香慶節》著錄。原書簽題"串頭",存第1—8出的串頭。半葉4行,行20字,無邊框.--毛裝
己/186

天香慶節:四卷/(清)佚名撰.--抄本.--昇平署,清(1644—1911).--4冊.--又名"中秋承應"。半葉5行,行15字,無邊框。鈐"閻萬章"朱文印、"萬章藏書"朱文印、"曉鈴藏書"朱文印.--毛裝
己/314

頭本天香慶節:金烏.--抄本.--清(1644—1911).--1冊.--半葉5行,行16字,無邊框。佚名圈點.--綫裝
己/333

昆弋開場承應戲

萬福雲集:三出/(清)佚名撰.--抄本.--昇平署,清(1644—1911).--1冊.--殘本,存一出:中出。半葉9行,行12字,小字19字,無邊框.--毛裝
己/255

福壽雙喜:一出/(清)[張照等作].--抄本.--昇平署,清(1644—1911).--1冊.--責任說明據原書簽著錄。書皮題"鼓板"。半葉8行,行14字,小字21字,無邊框.--毛裝
己/208

三元百福:一出/(清)[張照等作].--抄本.--昇平署,清(1644—1911).--1冊.--責任說明據原書簽著錄。書皮題"鼓板"。半葉8行,行15字,小字約20字,無邊框.--毛裝
己/154

三元百福:一出/(清)佚名撰.--抄本.--北京:吳曉鈴,[19?? 年].--1冊.--半葉12行,行26字,白口,四周單邊,單黑魚尾,版心下印"綏中吳氏綠雲山館",半框20.4 × 15.8cm。鈐"曉鈴藏書"朱文印.--綫裝
己/231

五福五代:一出/(清)佚名撰.--抄本.--昇平

署,清(1644—1911).--1 冊.--卷末缺葉。半葉 8 行,行 16 字,小字 20 字,無邊框.--毛裝
己/205

五福五代慶雲仍:一出/(清)[張照作].--抄本.--昇平署,清(1644—1911).--1 冊.--書皮題"總本"。半葉 8 行,行 16 字,小字 21 字,無邊框.--毛裝
己/163

五福五代慶雲仍:一出/(清)[張照作].--抄本.--昇平署,清(1644—1911).--1 冊.--責任說明據原書簽著錄。書皮題"總本"、"中和樂下錢糧處有"等字。半葉 4 行,行 14 字,無邊框。鈐"多陞圖書"朱文印.--毛裝
己/164

一門五福:一出/(清)佚名撰.--抄本.--昇平署,清(1644—1911).--1 冊.--書皮題"鼓板"、"沈立威"。半葉 8 行,行 14 字,小字 25 字,無邊框.--毛裝
己/266

百福駢臻:一出/(清)佚名撰.--抄本.--昇平署,清(1644—1911).--1 冊.--書皮題"總本"、"九月二十七日改准"、"有排場一本"、"現用准底本"等。半葉 10 行,行 12 字,小字 19 字,無邊框.--毛裝
己/271

喜洽祥和:一出/(清)佚名撰.--抄本.--昇平署,清(1644—1911).--1 冊.--半葉 8 行,行 14 字,小字 19 字,無邊框.--毛裝
己/217

慈雲錫類:一出;**吉曜充庭**:一出/(清)佚名撰.--抄本.--昇平署,清(1644—1911).--1 冊.--書皮題"皇孫誕生准底"、"串關"。卷端題"皇子誕生承應"。半葉 7 行,行 20 字,無邊框.--毛裝
己/199

慈雲錫類:一出;**吉曜充庭**:一出/(清)[張照等作].--抄本.--昇平署,清(1644—1911).--1 冊.--書皮題"誕生承應"、"鼓板"。

責任說明據原書簽著錄。半葉 8 行,行 14 字,小字 21 字,無邊框.--毛裝
己/198

慈雲錫類:一出;**吉曜充庭**:一出/(清)佚名撰.--抄本.--昇平署,清同治十二年(1873).--1 冊.--書皮題"皇子誕生承應"、"總本"、"同治十二年四月准"。半葉 8 行,行 13 字,小字 17 字,無邊框.--毛裝
己/197

慶昌期吉曜承歡:一出/(清)[張照等作].--抄本.--昇平署,清(1644—1911).--1 冊.--書皮題"吉曜承歡"、"鼓板"。責任說明據原書簽著錄。半葉 8 行,行 13 字,小字 20 字,無邊框.--毛裝
己/196

大士顯靈:一出;**群仙呈技**:一出/(清)佚名撰.--抄本.--昇平署,清(1644—1911).--1 冊.--書皮題"洗三承應"、"串關"。半葉 7 行,行 20 字,無邊框.--毛裝
己/201

大士顯靈:一出;**群仙呈技**:一出/(清)佚名撰.--抄本.--昇平署,清(1644—1911).--1 冊.--書皮題"洗三承應"、"鼓板"。半葉 8 行,行 13 字,小字 22 字,無邊框.--毛裝
己/202

大士顯靈:一出;**群仙呈技**:一出/(清)[張照等作].--抄本.--昇平署,清同治十二年(1873).--1 冊.--書皮題"皇子洗三承應"、"總本"、"同治十二年四月准"。責任說明據原書簽著錄。半葉 8 行,行 15 字,小字 23 字,無邊框.--毛裝
己/200

山川鍾秀:一出;**福壽呈祥**:一出/(清)佚名撰.--抄本.--昇平署,清(1644—1911).--1 冊.--書皮題"皇子彌月"、"鼓板"。半葉 8 行,行 13 字,小字 19 字,無邊框.--毛裝
己/204

山川鍾秀:一出;**福壽呈祥**:一出/(清)[張

照等作〕.--抄本.--昇平署,清同治十二年
(1873).--1 冊.--卷端題"皇子彌月承應"、書
皮題"總本"、"同治十二年四月准"。責任說
明據原書簽著錄。半葉 8 行,行 18 字,小字
24 字,無邊框.--毛裝　　　　　　　　己/203

　昇平集慶:一出/(清)佚名撰.--抄本.--昇平
署,清(1644—1911).--1 冊.--書皮原題"昇平
集慶","昇平"二字劃掉,改爲"萬福"。書皮
題"鼓板"。半葉 8 行,行 15 字,小字 20 字,無
邊框.--毛裝　　　　　　　　　　　己/260

　祝福呈祥:一出/(清)佚名撰.--抄本.--昇平
署,清(1644—1911).--1 冊.--書皮題"此舊本
存底,另有一本"、"現用底本"、"無排場"、
"九月廿九日改准"等。半葉 9 行,行 13 字,
小字約 22 字,無邊框.--毛裝　　　　己/270

　平安如意:一出/(清)〔張照等作〕.--抄
本.--昇平署,清(1644—1911).--1 冊.--責任
說明據原書簽著錄。半葉 8 行,行 16 字,小字
22 字,無邊框.--毛裝　　　　　　　己/195

　祝長清平安如意:一出/(清)〔張照等
作〕.--抄本.--昇平署,清(1644—1911).--1
冊.--責任說明據原書簽著錄。書皮題"串
關"。半葉 8 行,行 22 字,無邊框。佚名朱筆
圈點.--毛裝　　　　　　　　　　　己/173

　祝長青平安如意:一出/(清)佚名撰.--抄
本.--北京:吳曉鈴,〔19?? 年〕.--1 冊.--卷端
題"皇帝萬壽承應"。半葉 12 行,行 27 字,白
口,四周單邊,單黑魚尾,版心下印"綏中吳氏
綠雲山館",半框 20.4×15.8cm。鈐"曉鈴藏
書"朱文印.--綫裝　　　　　　　　　己/233

　萬福移徙:一出;群星拱護:一出/(清)〔張
照 等 作〕.--抄 本.--昇 平 署,清(1644—
1911).--1 冊.--責任說明據原書簽著錄。書
皮題"鼓板"。半葉 8 行,行 15 字,小字 19 字,

無邊框.--毛裝　　　　　　　　　　己/165

　壽祝萬年:一出/(清)〔張照等作〕.--抄
本.--昇平署,清(1644—1911).--1 冊.--責任
說明據原書簽著錄。半葉 8 行,行 10 字,小字
16 字,無邊框.--毛裝　　　　　　　己/176

　長生祝壽:一出/(清)佚名撰.--抄本.--昇平
署,清(1644—1911).--1 冊.--書皮題"鼓板"。
半葉 8 行,行 14 字,小字 20 字,無邊框.--毛裝
　　　　　　　　　　　　　　　　　己/253

　祥芝應瑞:四出/(清)佚名撰.--抄本.--昇平
署,清(1644—1911).--1 冊.--書皮題"一二三
四出,鼓板"。半葉 8 行,行 14 字,小字 20 至
22 字,無邊框.--毛裝　　　　　　　己/216

　祥芝應瑞:四出/(清)佚名撰.--抄本.--昇平
署,清末(1851—1911).--1 冊.--殘本,存第
2—4 出。此本爲"串頭"(排場)。書皮題"光
緒五年七月准"。半葉 5 行,行 17 字,無邊
框.--毛裝　　　　　　　　　　　　己/140

　添籌稱慶:一出/(清)佚名撰.--抄本.--昇平
署,清(1644—1911).--1 冊.--半葉 8 行,行 14
字,小字 18 字,無邊框.--毛裝　　　己/214

　螽斯衍慶:一出/(清)〔張照等作〕.--抄
本.--昇平署,清(1644—1911).--1 冊.--責任
說明據原書簽著錄。書皮題"鼓板"。半葉 8
行,行 15 字,小字 21 字,無邊框.--毛裝
　　　　　　　　　　　　　　　　　己/151

　日月迎祥:一出;人天普慶:一出/(清)〔張
照 等 作〕.--抄 本.--昇 平 署,清(1644—
1911).--1 冊.--責任說明據原書簽著錄。書
皮題"皇太后五旬萬壽承應"、"鼓板"。半葉
8 行,行 14 字,小字 21 字,無邊框.--毛裝
　　　　　　　　　　　　　　　　　己/169

日月迎祥：一出/（清）佚名撰.--抄本.--北京：吳曉鈴，[19?? 年].--1 冊.--卷端題"皇太后五旬萬壽承應"。半葉 12 行，行 28 字，白口，四周單邊，單黑魚尾，版心下印"綏中吳氏綠雲山館"，半框 20.4 × 15.8cm。鈐"曉鈴臧書"朱文印.--綫裝　　　　　己/235

人天普慶：一出/（清）佚名撰.--抄本.--北京：吳曉鈴，[19?? 年].--1 冊.--卷端題"皇太后五旬萬壽承應之二"。半葉 12 行，行 24 字，白口，四周單邊，單黑魚尾，版心下印"綏中吳氏綠雲山館"，半框 20.4 × 15.8cm。鈐"曉鈴臧書"朱文印.--綫裝　　　　　己/234

福祿壽燈壽祝萬年：一出/（清）佚名撰.--抄本.--昇平署，清（1644—1911）.--1 冊.--書皮題"萬壽用"、"十月用"、"鼓板曲子"。半葉 8 行，行 17 字，無邊框.--毛裝　　　己/254

福祿壽燈壽祝萬年：一出/（清）佚名撰.--抄本.--昇平署，清（1644—1911）.--1 冊.--卷端題爲"萬壽唱"。半葉 6 行，行 16 字，無邊框.--毛裝　　　　　己/281

萬年如意燈：一出/（清）佚名撰.--抄本.--昇平署，清（1644—1911）.--1 冊.--書皮題"曲譜"、"年年正月十九日用貞吉祥"。半葉 4 行，行約 10 字，有工尺譜，無邊框。佚名圈點。鈐"曉鈴臧書"朱文印.--毛裝　　己/274

萬年如意燈：一出/（清）佚名撰.--抄本.--昇平署，清（1644—1911）.--半葉 8 行，行 20 字，無邊框。佚名圈點。鈐"曉鈴臧書"朱文印.--綫裝　　　　　己/285

萬年如意燈：一出/（清）佚名撰.--抄本.--昇平署，清咸豐八年（1858）.--1 冊.--書皮題"鼓板"、"咸豐八年十一月初八日唱對，孝立"。半葉 8 行，行 15 字，無邊框.--毛裝

　　　　　己/263

萬年甲子：一出/（清）佚名撰.--抄本.--昇平署，清（1644—1911）.--1 冊.--書皮題"鼓板"。半葉 8 行，行 13 字，小字 20 字，無邊框.--毛裝

　　　　　己/269

萬國嵩聲：八齣/（清）佚名撰.--抄本.--清（1644—1911）.--2 冊.--半葉 6 行，行 13 字，小字雙行字同，白口，四周單邊，半框 18.2 × 13.5cm。周肇祥校并跋，介紹該劇本的內容及版本情況。鈐"周養安小市得"朱文印、"百福莊嚴之室"白文印、"曉鈴臧書"朱文印.--綫裝　　　　　己/23

太極祥開：一出/（清）[張照等作].--抄本.--昇平署，清（1644—1911）.--1 冊.--責任說明據原書簽著錄。半葉 10 行，行 20 字，無邊框.--毛裝　　　　　己/155

萬壽祥開：十二出/（清）[張照等作].--抄本.--昇平署，清（1644—1911）.--1 冊.--書首有缺葉。責任說明據原書簽著錄。半葉 9 行，行 13 字，小字 21 字，無邊框.--毛裝

　　　　　己/149

萬壽祥開：十二出/（清）佚名撰.--抄本.--昇平署，清（1644—1911）.--1 冊.--存第 1 出、第 12 出，有排場。半葉 8 行，行 17 字，無邊框.--毛裝　　　　　己/179

萬壽祥開：提綱/（清）佚名撰.--抄本.--昇平署，清同治七年（1868）.--1 冊.--書皮題"同治七年九月二十五日准"、"用萬壽無疆區"、"錢糧處有"、"提綱"。半葉 5 行，行字數不等，無邊框.--毛裝　　　　　己/150

萬壽長生：四出/（清）[張照等作].--抄本.--昇平署，清（1644—1911）.--1 冊.--責任說明據原書簽著錄。書皮題"鼓板"。半葉 8 行，行 14 字，小字 21 字，無邊框.--毛裝

　　　　　己/170

四海昇平：一出/（清）［張照等作］.--抄本.--昇平署，清（1644—1911）.--1 冊.--責任說明據原書簽著錄。半葉 8 行，行 14 字，小字 22 字，無邊框.--毛裝　　　　己/175

四海昇平：題綱/（清）佚名撰.--抄本.--昇平署，清咸豐十一年（1861）.--1 冊.--書皮題"題綱"、"皷方"、"咸豐十一年四月初五准"、"此本不准，另有一本"。半葉 4 行，小字雙行，字數不等，無邊框.--毛裝　　　己/278

北闕光明：一出；**河清海宴**：一出/（清）［張照等作］.--抄本.--昇平署，清（1644—1911）.--1 冊.--責任說明據原書簽著錄。書皮題"總本"。半葉 6 行，行 16 字，小字 23 字，無邊框.--毛裝　　　己/209

北闕光明：一出/（清）佚名撰.--抄本.--北京：吳曉鈴，［19?? 年］.--1 冊.--卷端題"皇太后聖號承應"。半葉 12 行，行 26 字，白口，四周單邊，單黑魚尾，版心下印"綏中吳氏綠雲山館"，半框 20.4×15.8cm。鈐"曉鈴藏書"朱文印.--綫裝　　　己/228

河清海宴：八出/（清）［張照等作］.--抄本.--昇平署，清（1644—1911）.--2 冊.--責任說明據原書簽著錄。半葉 8 行，行 21 字，無邊框.--毛裝　　　己/123

河清海宴：一出/（清）佚名撰.--抄本.--北京：吳曉鈴，［19?? 年］.--1 冊.--卷端題"皇太后聖號承應之二"。半葉 12 行，行 26 字，白口，四周單邊，單黑魚尾，版心下印"綏中吳氏綠雲山館"，半框 20.4×15.8cm。鈐"曉鈴藏書"朱文印.--綫裝　　　己/227

山川鍾秀：一出；**福壽呈祥**：一出/（清）佚名撰.--抄本.--昇平署，清（1644—1911）.--1 冊.--書皮題"皇子彌月"、"曲譜"。半葉 4 行，行 12 字，無邊框.--毛裝　　　己/160

春臺叶慶：四出/（清）［張照等作］.--抄本.--昇平署，清（1644—1911）.--1 冊.--責任者據原書簽著錄。半葉 8 行，行 14 字，小字 18 字，無邊框.--毛裝　　　己/130

春臺叶慶：四出/（清）［張照等作］.--抄本.--昇平署，清（1644—1911）.--1 冊.--半葉 4 行，行 16 字，無邊框.--毛裝　　　己/131

慶綿延螽斯麟趾：一出/（清）［張照等作］.--抄本.--昇平署，清（1644—1911）.--1 冊.--責任說明據原書簽著錄。半葉 8 行，行 21 字，無邊框。佚名圈點.--毛裝　　　己/295

福祿天長：一出/（清）［張照等作］.--抄本.--昇平署，清（1644—1911）.--1 冊.--責任說明據原書簽著錄。半葉 8 行，行 16 字，小字 22 字，無邊框.--毛裝　　　己/178

福壽延年：六出/（清）佚名撰.--抄本.--昇平署，清（1644—1911）.--1 冊.--書皮題"一二出，鼓板"，"三四出鼓板"，"六月十七日分"。半葉 8 行，行 14 至 15 字，小字 21 至 23 字，無邊框.--毛裝　　　己/215、己/168、己/174

昇平雅頌：六出/（清）佚名撰.--抄本.--昇平署，清（1644—1911）.--4 冊.--書皮題"鼓板"、"兆奎"、"沈大"。半葉 8 行，行 16 字，小字 23 字，無邊框.--毛裝　　　己/194

箕疇五福：十二齣/（清）佚名撰.--抄本.--昇平署，清（1644—1911）.--1 冊.--書皮題名"祝福十二出"。半葉 8 行，行 20 字，無邊框。鈐"曉鈴藏書"朱文印.--綫裝　　　己/13

虞庭集福：八出/（清）佚名撰.--抄本.--昇平署，清（1644—1911）.--1 冊.--書皮題"串頭"。半葉 5 行，行 20 字，無邊框.--毛裝　　　己/157

虞庭集福：二卷十九出／（清）佚名撰．--抄本．--清光緒（1875—1908）．--1 冊．--殘本，存上卷第三出、下卷第十至十九出。光緒五年將下卷第二十出改爲上卷第三出，原“上卷第三出不用”。半葉 8 行，行約 20 字，無邊框．--毛裝　　　　己/159

虞庭集福：十出／（清）佚名撰．--抄本．--昇平署，清（1644—1911）．--1 冊．--題名據書皮著錄。書皮題“鼓板”。半葉 8 行，行 13 字，小字 22 字，無邊框．--毛裝　　　己/267

虞庭集福：提綱／（清）佚名撰．--抄本．--昇平署，清（1644—1911）．--1 冊．--書皮題“提綱”，有前十出每出演出時間。半葉 5 行，行字數不等，無邊框。有朱筆改訂．--毛裝　　　己/158

羅漢過海：一出／（清）［張照等作］．--抄本．--昇平署，清（1644—1911）．--1 冊．--卷末有缺葉。責任說明據原書簽著錄。有曲譜。半葉 8 行，行約 17 字，無邊框．--毛裝

己/296

羅漢度海：一出／（清）佚名撰．--抄本．--昇平署，清（1644—1911）．--1 冊．--半葉 6 行，行 19 字，無邊框。鈐“曉鈴藏書”朱文印．--綫裝

己/145

地湧金蓮：一出／（清）［張照等作］．--抄本．--昇平署，清（1644—1911）．--1 冊．--責任說明據原書簽著錄。書皮題“鼓板本”。半葉 8 行，行 19 字，小字 24 字，無邊框．--毛裝

己/172

地湧金蓮：一出／（清）佚名撰．--抄本．--北京：吳曉鈴，［19?? 年］．--1 冊．--卷端題“萬壽承應”。半葉 12 行，行 28 字，白口，四周單邊，單黑魚尾，版心下印“綏中吳氏綠雲山館”，半框 20.4×15.8cm。鈐“曉鈴藏書”朱文印．--綫裝　　　己/229

羅漢渡海·寶塔淩空·地湧金蓮·福祿天長：題綱／（清）佚名撰．--抄本．--昇平署，清同治十三年（1874）．--1 冊．--扉頁題“同治十三年七月二十九日准”、“提綱”。半葉 5 行，行字數不等，無邊框．--毛裝　　　己/148

行圍得瑞獻獸稱觴：一出／（清）［張照等作］．--抄本．--昇平署，清（1644—1911）．--1 冊．--責任說明據原書簽著錄。半葉 8 行，行大字約 14 字，小字 18 字，無邊框．--綫裝

己/124

瑤林香世界：一出／（清）［張照等作］．--抄本．--昇平署，清（1644—1911）．--1 冊．--責任說明據原書簽著錄。半葉 8 行，行 20 字，無邊框．--毛裝　　　己/180

瑤林香世界：一出／（清）佚名撰．--抄本．--北京：吳曉鈴，［19?? 年］．--1 冊．--半葉 12 行，行 25 字，小字 29 字，白口，四周單邊，單黑魚尾，版心下印“綏中吳氏綠雲山館”，半框 20.4×15.8cm。鈐“曉鈴藏書”朱文印．--綫裝
己/237

清平見喜：一出；和合呈祥：一出／（清）佚名撰．--抄本．--昇平署，清（1644—1911）．--1 冊．--半葉 8 行，行 21 字，無邊框．--毛裝

己/279

清平見喜：一出；和合呈祥：一出／（清）佚名撰．--抄本．--昇平署，清（1644—1911）．--1 冊．--書皮題“此書莫用，單有大本可用”。半葉 8 行，行 21 字，無邊框．--毛裝　　　己/171

清平見喜：一出／（清）佚名撰．--抄本．--北京：吳曉鈴，［19?? 年］．--1 冊．--半葉 12 行，行 26 至 27 字，白口，四周單邊，單黑魚尾，版心下印“綏中吳氏綠雲山館”，半框 20.4×15.8cm。鈐“曉鈴藏書”朱文印．--綫裝

己/226

和合呈祥：一出/（清）佚名撰. --抄本. --北京：吳曉鈴，［19?? 年］. --1 冊. --半葉 12 行，行 26 字，白口，四周單邊，單黑魚尾，版心下印"綏中吳氏綠雲山館"，半框 20.4 × 15.8cm。鈐"曉鈴藏書"朱文印. --綫裝　　　　己/225

星雲景慶：一出/（清）佚名撰. --抄本. --昇平署，清（1644—1911）. --1 冊. --書皮題"改景星慶祝、星雲景慶，鼓板"。半葉 8 行，行 17 字，小字 21 字，無邊框. --毛裝　　　　己/213

承乾介壽：六出/（清）［張照等作］. --抄本. --昇平署，清（1644—1911）. --1 冊. --書皮題名處有破損，有殘葉。責任說明據原書簽著錄。半葉 8 行，行 22 字，無邊框. --毛裝　　　　己/297

迎年獻歲：一出/（清）佚名撰. --抄本. --昇平署，清（1644—1911）. --1 冊. --有殘葉。書皮題"總本"。半葉 8 行，行 12 字，小字 21 字，無邊框。鈐"曉鈴藏書"朱文印. --綫裝　　　　己/220

瀛洲佳話：一出；**綵線添衣**：一出/（清）佚名撰. --抄本. --昇平署，清（1644—1911）. --1 冊. --書皮題"冬至承應"。半葉 8 行，行 13 字，小字 20 字，無邊框。鈐"曉鈴藏書"朱文印. --綫裝　　　　己/221

德門歡讌：一出/（清）佚名撰. --抄本. --昇平署，清（1644—1911）. --1 冊. --卷端題"除夕承應"。半葉 7 行，行 20 字，無邊框。佚名圈點。鈐"曉鈴藏書"朱文印. --綫裝　　　　己/288

天官賜福：一出/（清）佚名撰. --抄本. --昇平署，清（1644—1911）. --1 冊. --題名據書皮著錄。書皮題"全串"。半葉 6 行，行 16 字，無邊框。鈐"曉鈴藏書"朱文印. --毛裝　　　　己/210

天官賜福：一出/（清）佚名撰. --抄本. --昇平署，清（1644—1911）. --1 冊. --半葉 8 行，行 13 字，小字 19 字，無邊框. --毛裝　　　　己/268

萬年長春富貴燈：一出/（清）佚名撰. --抄本. --昇平署，清（1644—1911）. --1 冊. --此劇實即《昇平雅頌》之一折，選出重編。半葉 8 行，行 13 字，小字 20 字，無邊框. --毛裝　　　　己/262

洞仙慶賀：題綱/（清）佚名撰. --抄本. --昇平署，清同治十年（1871）. --1 冊. --書皮題"題綱"、"同治十年八月二十日准"。半葉 5 行，行字數不等，無邊框. --毛裝　　　　己/167

洞仙慶賀：八出/（清）［張照等作］. --抄本. --昇平署，清（1644—1911）. --1 冊. --責任說明據原書簽著錄。書皮題"八出總本"、"代曲譜"，"此書未打譜"。半葉 5 行，行 14 字，小字 22 字，無邊框. --毛裝　　　　己/166

洞仙慶賀：八出/（清）佚名著. --抄本. --昇平署，清（1644—1911）. --1 冊. --殘本，存第 1—4 出。半葉 8 行，行 19 字，小字 27 字，無邊框. --毛裝　　　　己/125

洞仙慶賀：八出/（清）佚名撰. --抄本. --昇平署，清（1644—1911）. --1 冊. --殘本，存第 5、7 出。書皮題"鼓板"。半葉 8 行，行 13 字，小字 21 字，無邊框. --毛裝　　　　己/177

寶塔淩空：一出/（清）［張照等作］. --抄本. --昇平署，清（1644—1911）. --1 冊. --責任說明據原書簽著錄。半葉 8 行，行 20 字，小字 23 字，無邊框. --毛裝　　　　己/152

寶塔淩空：一出/（清）佚名撰. --抄本. --北京：吳曉鈴，［19?? 年］. --1 冊. --卷端題"萬壽承應"。半葉 12 行，行 24 字，小字 28 字，白口，四周單邊，單黑魚尾，版心下印"綏中吳氏

綠雲山館",半框 20.4 × 15.8cm。鈐"曉鈴藏書"朱文印. --綫裝　　　　己/230

妙華葉算:一出;**泰策延釐**:一出/（清）佚名撰. --抄本. --清末（1851—1911）. --1 冊. --半葉 6 行,行 18 字,白口,四周雙邊,半框 16.8 × 10.1cm。鈐"曉鈴藏書"朱文印. --綫裝
　　　　己/336

碧天霄霞:六齣/（清）佚名撰. --複印本. -- [19?? 年]. --1 冊. --據美國普林斯頓大學葛思德東方書庫藏本複印. --平裝　　己/1593

[琴高入甕]/（清）佚名著. --抄本. --昇平署,清（1644—1911）. --1 冊. --殘本,存第 6 出"琴高入甕"、8 出"瑤階祝壽"。題名不詳,以第 6 出題目代替。半葉 8 行,行 15 字,小字 21 字,無邊框. --毛裝　　己/126

[南極呈祥東王獻瑞]:二出/（清）佚名撰. --抄本,黃絲欄. --清嘉慶二十三年（1818）. --1 冊. --題名不詳,第一出"南極呈祥,東王獻瑞",第二出"霤開卐字,目燦天花"。書皮籤題"名人墨寶"。翡船題"佛即是心心即是佛",抄寫年代據翡船題字時間著錄。卷末題"康熙八年正月十五日御抄"。半葉 9 行,行 20 字,半框 17.8 × 12.2cm。鈐"曉鈴藏書"等朱文印. --冊頁裝　　己/294

日月合璧:一出/（清）佚名撰. --抄本. --昇平署,清（1644—1911）. --1 冊. --書皮題"鼓板"。半葉 8 行,行 13 字,小字 22 字,無邊框. --毛裝
　　　　己/265

日月合璧:一出/（清）佚名撰. --抄本. --昇平署,清（1644—1911）. --1 冊. --書皮題"總本曲譜"、"昆,打譜點板。元年正月廿六日,折角用"。半葉 5 行,行 16 字,小字 22 字,有工尺譜,無邊框. --毛裝　　己/264

連臺本戲

鼎峙春秋:十卷/（清）[胤祿著]. --抄本. --昇平署,清（1644—1911）. --3 冊. --殘本,存第 5 本上卷 1—4 出,下卷 2—8 出,第 4 本下卷 1—6 出。責任者據《中國戲曲書刊目錄》著錄。半葉 8 行,行 20 字,無邊框。鈐"曉鈴藏書"朱文印. --毛裝　　己/139

昇平寶筏:二十一本一百七十四齣/（清）張照等撰. --抄本. --昇平署,清後期（1821—1911）. --22 冊（4 函）. --半葉 5 行,行 18 字,無邊框. --綫裝　　（己）/559

昇平寶筏:二百四十齣/（清）張照等撰. --抄本. --清（1644—1911）. --2 冊. --殘本,存聖嬰皈依、假父稱雄等三十二齣。半葉 10 行,行約 24 字,無邊框。佚名圈點。有吳曉鈴評語及與《西遊傳奇》的對照。鈐"曉鈴藏書"朱文印. --毛裝　　己/316　　己/317

勸善金科:十本二十卷二百四十齣,首一卷/（清）張照等撰. --刻本,五色套印. --京師:武英殿,清乾隆（1736—1795）. --20 冊（4 函）. --半葉 8 行,行 22 字,小字雙行字同,白口,四周雙邊,無直格,單黑魚尾,半框 20.8 × 14.9cm。鈐"曉鈴藏書"朱文印. --綫裝　　（己）/561

鐵旗陣:三十九段二百四十六出/（清）佚名撰. --抄本. --京師:南府,清中期（1796—1826）. --12 冊. --殘本,存 12 段:即第 12、13、16、17、20、21、26—28、37—39 段的串關,第 12、27、39 段書末缺葉。封面題"串關"。半葉 8 行,行 20 字,無邊框。鈐"舊大班"墨印. --毛裝　　己/304

昭代簫韶:十本二十卷二百四十齣,首一卷/（清）王廷章編輯. --刻本,朱墨套印. --京師:內府,清嘉慶十八年（1813）. --29 冊（5 函）. --缺第 10 本卷上 1—12 齣,重第 4 本卷上 1—10

齣。半葉 8 行,行 22 字,白口,四周雙邊,無直格,單黑魚尾,半框 21.2×14.8cm。鈐"曉鈴藏書"朱文印.--綫裝　　　　　　　(己)/560

京劇

庶幾堂今樂:二十八卷,弁言一卷/(清)余治撰;(清)望炊樓主人編次.--刻本.--鄭官應待鶴齋等,清光緒六年(1880).--10 冊(1 函).--初集目錄署寄雲山人編次,寄雲山人即清余治;二集署望炊樓主人編次,望炊樓主人即清謝家福。半葉 10 行,行 22 字,白口,四周雙邊,單黑魚尾,半框 16×10.4cm。佚名圈點。鈐"蓮谿餘事"白文印、"曉鈴藏書"朱文印.--綫裝

　初集子目:
　　後勸農:一卷
　　活佛圖:一卷
　　同胞案:一卷
　　義民記:一卷
　　海烈婦記:一卷
　　岳侯訓子:一卷
　　英雄譜:一卷
　　風流鑑:一卷
　　延壽籙:一卷
　　育怪圖:一卷
　　屠牛報:一卷
　　老年福:一卷
　　文星現:一卷
　　掃螺記:一卷
　　前出劫圖:一卷
　　後出劫圖:一卷
　二集子目:
　　義犬記:一卷
　　回頭岸:一卷
　　推磨記:一卷
　　公平判:一卷
　　陰陽獄:一卷
　　硃砂痣:一卷
　　同科報:一卷

　　福善圖:一卷
　　酒樓記:一卷
　　綠林鐸:一卷
　　劫海圖:一卷
　　燒香案:一卷　　　　　　　　己/955

梨園集成:四十六種/(清)李世忠輯.--刻本.--李世忠,清光緒六年(1880).--19 冊(4 函).--原 20 冊,缺第 15 冊,缺曲文 3 種。題名據封面著錄。目錄題"新著選刊曲本"。卷端題"懷邑王賀成校刊"。半葉 10 行,行 21 字,白口,四周單邊,單黑魚尾,半框 17.1×12.4cm。版存安省倒扒獅竹友齋刷印.--綫裝

　子目:
　　新著孫猴子鬧天宮全曲:一卷
　　新著自焚摘星樓全本:一卷
　　新著百子圖全曲:一卷
　　新著大香山全本:一卷
　　新著火牛陣:一卷五回/(清)鑑己山人著
　　新著雙義節全本:一卷二十一回
　　新著燒棉山全曲:一卷
　　新著湘江會曲文全本:一卷
　　新著魚藏劍全本:一卷
　　新著剮蟒台:一卷
　　新著長板坡全本:一卷
　　新著戰皖城全曲:一卷
　　新著祭風臺全本:一卷
　　新著反西涼全曲:一卷
　　新刻取南郡全本:一卷
　　新刻濮陽城全部:一卷
　　新著罵曹全曲:一卷
　　新著喬府求計全曲:一卷.--目錄作"魯肅求計"
　　新著麟骨床全本:一卷十八回
　　新刻因果報全部:一卷三段
　　新著蝴蝶媒全曲:一卷
　　新著臨江關全本:一卷
　　新著秦瓊戰山曲文全本:一卷
　　新著南陽關全曲:一卷
　　新著摩天嶺全曲:一卷

新著藥王傳全曲:一卷

新著蘆花河全曲:一卷

新著桃花洞全曲:一卷

新著薛仁貴回窑全曲:一卷

新著薛蛟觀畫全本:一卷

新著天開榜全文:一卷

沙陀頒兵. --缺正文

風雲會. --缺正文

斬黃袍. --缺正文

新著碧塵珠全本:六回

新著雙龍會全本:一卷

新著求壽全曲:一卷

新著紅陽塔全曲:一卷

新著楊四郎探母全曲:一卷

新著鬧江州全本:一卷

新著五國城全曲:一卷

新著紅書劍全本:一卷

新著姜秋蓮撿蘆柴曲文全本:一卷

新著觀燈全曲:一卷

新著雙合印全曲:一卷

新著走雪全曲:一卷　　　　　　己/953

戲曲十六種/(清)佚名編. --抄本. --郭春福等,清末(1851—1911). --6 冊(1 函). --有郭春福、郭常清、魏潤泉、楊寬福等人署名,當是抄錄者。所抄均爲片斷唱白。半葉 4 行,行 10 字,無邊框。鈐"曉鈴藏書"朱文印. --綫裝

子目:

小東營

封相

富貴長春. --魏潤泉抄

零排子. --郭常清抄

溪黃莊

東昌府. --郭春福抄

趙家樓. --楊寬福抄

草橋關. --郭春福抄

青峰寨. --郭春福抄

嘉興府

丁甲山

醉打山門

龍潭鎮. --郭春福抄

牛頭山

挑滑車. --魏潤泉抄

回營打圍. --魏潤泉抄　　　　己/952

辰州府五關收銀錢隨記:皮黃角本八種. --抄本. --清光緒二十九年(1903). --1 冊. --書皮題"癸卯年四月二十五日起"。半葉 13 行,行 22 字,白口,四周單邊,版心下印"校經廬鈔本",半框 14.2×9.8cm. --綫裝

子目:

提放曹:公堂、行路、宿店

趲三關

法場換子

舉鼎觀畫

托兆碰碑

洪洋洞盜骨

探母回令

夫妻餞別　　　　　　　　　　己/965

[舊抄皮黃總本九種]/(清)佚名輯. --抄本. --清(1644—1911). --1 冊(1 函). --存第 57—100 葉。題名據蜀莊題簽著錄。半葉 12 行,行 33 字,無邊框。鈐"曉鈴藏書"朱文印. --綫裝

子目:

戰東川

結草報恩:圍獵、索逋、葬父、誅惡、遺囑、結草

猛平關總本:起兵、會戰

九世圖總本:遇妖、法救

鎖陽城總本

石敢當

小堯天總本:議戴、精忠、釋權

孤鸞陣一段

延安關總本:議國、路遇、救將　　　己/212

改制皮黃新詞:四卷/(清)遊戲主人改;(清)嘯月樵客評. --抄本,紅格. --清末(1875—1911). --4 冊. --據清光緒二十五年

（1899）刊本抄。半葉 8 行，行 20 字，欄上鐫評，行 8 字，白口，四周雙邊，單黑魚尾，版心下刻"荆華室"，半框 17.6×12.3cm。鈐"曉鈴藏書"朱文印. --綫裝　　　　　　　己/956

［皮簧角本七種］. --抄本，朱絲欄. --民國（1912—1949）. --1 冊. --題名自擬。半葉 14 行，行 39 字，白口，四周雙邊，版心上題"交通部京綏鐵路局"，半框 23.9×17.4cm. --綫裝

子目：

開山府

黃金臺

洪洋洞盜骨

轅門斬子

斬黃袍

逍遙津

托兆碰碑　　　　　　　　　　　己/988—1

京都三慶班京調腳本/佚名編. --石印本. --上海，民國（1912—1949）. --8 冊：插圖 37 幅. --存乙、丙、戊、己、庚、辛、癸 7 集，及缺編號者 1 集。半葉 14 行，行 30 字，白口，四周雙邊，單黑魚尾，半框 9.9×6cm。鈐"曉鈴藏書"朱文印. --綫裝

子目：

校正焚綿山京調全本. --乙集

校正京調回龍閣全本. --乙集

校正父子會京調全本. --乙集

校正京調白良關全本. --乙集

校正華容道京調全本. --乙集

校正慶頂珠京調全本. --丙集

校正代焚信京調全本. --丙集

校正紀信救主京調全本. --丙集

校正京調龍虎關全本. --丙集

校正取滎陽京調全本. --丙集

校正雅觀樓京調全本. --戊集

校正京調晉陽宮全本. --戊集

校正京調小磨房. --戊集

校正京調磨房產子. --戊集

校正金光陣京調全本. --戊集

校正轅門斬子京調全本. --己集. --版心題名"白虎堂"

校正群英會京調全本. --己集

校正三擊掌京調全本. --己集

校正宇宙鋒京調全本. --己集

校正孝感天京調全本. --己集

校正汾河灣京調全本. --辛集

校正翠屏山京調. --辛集

校正殺淫僧京調. --辛集

校正京調雙投山. --辛集

校正京調擋掠全本. --辛集. --版心題名"江東橋"

校正南陽關京調全本. --庚集

校正殺四門京調. --庚集

校正京調丑表功全本. --庚集. --"功"誤作"宮"

校正雙帶箭京調. --庚集

校正京調斷密澗. --庚集

校正京調濮陽城全本

校正京調長阪坡全本

校正打嚴嵩京調全本. --癸集

校正大回朝京調全本. --癸集

校正梅龍鎮京調全本. --癸集

校正祭塔京調全本. --癸集

校雙斷橋京調全本. --癸集　　　己/983

改良京都三慶班二黃：十種/聞聲館主，知音館主編. --石印本. --上海，民國（1912—1949）. --11 冊：插圖 11 幅. --半葉 14 行，行 30 字，白口，四周雙邊，單黑魚尾，半框 9.2×6.2cm. --毛裝

子目：

校正京調金水橋全本

校正京調四郎回令後本. --版心題爲"探母回令"

校正京調賣胭脂全本

校正代焚信京調全本

校正文昭關京調全本

校正慶頂珠京調全本

校正紀信救主京調全本. --版心題名"紀信

替主"

　　校正京調打龍袍全本

　　校正京調宮門帶全本

　　校正京調牧羊卷全本. --複本 1 冊

　　　　　　　　　　　　　　　已／982

　　京都義順和班京調. --石印本. --上海：上海
書局,民國 (1912—1949). --5 冊：插圖 7 幅. --
存義、信、溫、良、恭五集。半葉 13 行,行 32
字,白口,四周雙邊,單黑魚尾,半框 9.1 ×
6.2cm. --綫裝

　　子目：

　　新抄雙冠誥. --義集. --插圖 1 幅

　　新抄秦瓊觀陣. --義集. --插圖 1 幅

　　新抄探窰. --義集. --版心及插圖題名"探寒
窰". --插圖 1 幅

　　新刻鳳儀亭梆子准詞. --義集. --"天明亮梆
子腔詞"

　　新刻女起解. --信集. --"五月仙梆子腔詞"

　　新刻忠報國. --信集. --"梆子腔"

　　新刻後蘆花記. --信集. --"梆子腔詞"

　　新抄賀后罵殿. --信集. --"梆子腔"

　　新刻打金枝天二簧准詞. --溫集. --插圖 1 幅

　　新抄戰太平梆子腔. --溫集

　　新刻血手印. --溫集

　　新抄漢陽院. --溫集. --"小元紅七金子梆子
腔詞"

　　新抄倒廳門. --良集. --"金香玉梆子腔詞"

　　新刻殺廟. --良集. --又題"韓琪殺廟"

　　新抄香心梆子腔准詞. --良集. --"二寶紅梆
子腔詞"

　　新刻哭頭. --良集

　　新刻慶頂珠. --恭集. --插圖 1 幅

　　新刻郭華賣胭脂. --恭集. --插圖 1 幅

　　新出鍘美案. --恭集. --插圖 1 幅

　　新刻殺府逃國. --恭集. --"梆子腔"

　　　　　　　　　　　　　　　已／984

　　抄本劇本. --抄本,朱絲欄. --民國 (1912—
1949). --1 冊 (1 函). --題名據書皮著錄。半

葉 8 行,行 17 字,白口,四周雙邊,單黑魚尾,
半框 18.8 × 15.3cm。扉頁題"民國十四年重
訂,紫籐閣主氏"。鈐"曉鈴臧書"朱文印. --綫
裝

　　子目：

　　四郎探母　　回令　　探母 (四夫人)

　　探母 (蕭太后)　　汾河灣　　三擊掌

　　赶三關　　武家坡　　回龍鴿 (代戰公主)

　　御碑亭　　起解　　玉堂春

　　南天門　　彩樓配　　慶頂珠

　　蘆花河　　落花園　　桑園會

　　探窰　　紅霓關　　浣紗記

　　法門寺　　鍘美案　　岳家莊

　　穆桂英　　斬子　　金水橋

　　打金枝　　牧虎關　　一口劍

　　美龍鎮　　六月雪　　別皇宮

　　反延安　　祭江　　祭塔

　　審頭刺湯　　朱砂痣　　寶蓮燈

　　搜孤救孤　　二進宮　　三娘教子

　　桑園寄子　　探陰山　　孝義節

　　五花洞　　美人計　　牧羊卷

　　回龍鴿 (王寶川)　　大保國　　　已／1885

　　修訂平劇選：十二集／國立編譯館修訂. --鉛
印本,滬 1 版. --上海：正中書局,民國三十五
年 (1946). --10 冊. --存 10 集：第 1—10 集。
半葉 16 行,行字數不等,無邊框. --平裝

　　子目：

　　第一集

　　　打漁殺家／吳伯威修訂

　　　三娘教子／李效廠修訂

　　　打嚴嵩／吳伯威修訂

　　　刺虎／程虛伯修訂

　　第二集

　　　捉放曹／吳伯威修訂

　　　岳家莊／李效廠修訂

　　　寶蓮燈／吳伯威修訂

　　　奇雙會／程虛伯修訂

　　第三集

　　　一捧雪／李效廠修訂

南陽關/吳伯威修訂
桑園寄子/李效厂修訂
林沖夜奔/吳伯威修訂
第四集
硃痕記/李效厂修訂
打鼓罵曹/吳伯威修訂
走雪山/吳伯威修訂
甯武關/程虛伯修訂
第五集
探寒窑/李效厂修訂
御碑亭/吳伯威修訂
定軍山/吳伯威修訂
玉堂春/吳伯威修訂
第六集
硃砂痣/李效厂修訂
汾河灣/吳伯威修訂
田單救主/李效厂修訂
戰宛城/林伯年修訂
第七集
賣馬/李效厂修訂
戰太平/吳伯威修訂
雙獅圖/林伯年修訂
木蘭從軍/林伯年修訂
第八集
空城計/林伯年修訂
宇宙鋒/姜作棟修訂
遊武廟/李效厂修訂
喬醋/程虛伯修訂
第九集
上天臺/李效厂修訂
忠孝全/林伯年修訂
桑園會/李效厂修訂
天水關/姜作棟修訂
第十集
鎮澶州/林伯年修訂
定計化緣/陳徵信修訂
薦諸葛/李效厂修訂
思凡/程虛伯修訂　　己/1882

驪姬禍:一百六十一場. --鉛印本. --北京:永明印書局,民國(1912—1949). --1 冊. --半葉10行,行35字,無邊框. --平裝　　己/967

摘纓會;太平橋. --鉛印本. --北平:北平通俗讀物編刊社,民國(1912—1949). --1 冊(1函). --半葉18行,行42字,無邊框. --綫裝
己/1904—7

好逑金鑒劇文:八場/梁巨川改編. --鉛印本. --北京:京話日報社,民國五年(1916). --1冊(1函). --梁巨川即梁濟。半葉15行,行29字,粗黑口,四周雙邊,單黑魚尾,半框14.4×11cm。鈐"曉鈴臧書"朱文印. --綫裝
己/1858

第二部　有1952年董敬三、1966年吳曉鈴題記。鈐"董敬三章"朱文印、"曉鈴臧書"朱文印　　己/980

吳越春秋:頭本二十四場,二本二十九場/斗山山人編. --鉛印本. --北平:北華印書局,民國十一年(1922). --2 冊. --卷首題"又名西施滅吳,又名獻西施"。半葉10行,行35字,無邊框. --平裝　　己/1867

吳越春秋:二部五十四場. --鉛印本. --北京:戴正一,民國二十一年(1932). --1 冊. --封面題名爲"西施全集"。半葉16行,行36字,無邊框。鈐"曉鈴臧書"朱文印. --綫裝
己/1000

澠池會,一名,完璧歸趙. --鉛印本. --北平:北平通俗讀物編刊社,民國(1912—1949). --1冊. --半葉18行,行43字,無邊框. --綫裝
己/1904—14

將相和. --鉛印本. --北平:北平通俗讀物編刊社,民國(1912—1949). --1 冊. --半葉18行,行43字,無邊框. --綫裝　　己/1904—15

唐雎使秦. --鉛印本. --北平:三戶書社,民國

二十二年（1933）. --1 冊. --一名"不辱君命"，又名"士之怒"。半葉 18 行，行 42 字，無邊框. --平裝　　　　己/1876—1

宇宙鋒/中國戲曲音樂院研究所編. --鉛印本. --上海：世界書局，民國二十四年（1935）. --1 冊（合裝 1 函）. --（民眾小說戲曲讀本）. --半葉 13 行，行 20 字，無邊框. --平裝
己/1047—3

取滎陽. --鉛印本. --北平：北平通俗讀物編刊社，民國（1912—1949）. --1 冊（1 函）. --半葉 18 行，行 45 字，無邊框. --綫裝
己/1904—9

守蒲關. --鉛印本. --民國（1912—1949）. --1 冊（1 函）. --存第 1 本。半葉 18 行，行 42 字，無邊框. --綫裝　　　　己/1904—11

昭君和番：二本十一場. --鉛印本. --北平：三戶書社，民國（1912—1949）. --2 冊（1 函）. --半葉 18 行，行 42 字，無邊框. --綫裝
己/1904—12

戰遼西. --鉛印本. --北平：三戶書社，民國（1912—1949）. --1 冊（1 函）. --半葉 18 行，行 43 字，無邊框. --綫裝　　　　己/1904—19

玉門關. --鉛印本. --北平：三戶書社，民國（1912—1949）. --1 冊（1 函）. --半葉 18 行，行 42 字，無邊框. --綫裝　　　　己/1904—16

戰宛城/中國戲曲音樂院研究所編. --鉛印本. --上海：世界書局，民國二十四年（1935）. --1 冊（合裝 1 函）. --（民眾小說戲曲讀本）. --半葉 13 行，行 20 字，無邊框. --平裝
己/1047—4

大屠宮：二本十五場. --鉛印本. --北平：三戶書社，民國（1912—1949）. --2 冊. --半葉 18

行，行 42 字，無邊框. --綫裝　　　　己/1904—10

贈別挑袍，一名，挂印封金；伐東吳，一名，大報仇. --鉛印本. --北平：三戶書社，民國（1912—1949）. --1 冊（1 函）. --半葉 18 行，行 42 字，無邊框. --綫裝　　　　己/1904—6

舌戰群儒，一名，孔明過江. --鉛印本. --北平：北平通俗讀物編刊社，民國（1912—1949）. --1 冊（1 函）. --半葉 18 行，行 41 字，無邊框. --綫裝　　　　己/1904—4

全部赤壁鏖兵：八本/盧勝奎編劇. --石印本. --北京：蕭長華，1975 年. --1 冊（1 函）. --附横槊賦詩（電影劇本）。半葉 12 行，行 29 字，白口，四周雙邊，單黑魚尾，半框 17.5 × 11.7cm。鈐"曉鈴臧書"朱文印. --綫裝
己/1890

罵王朗. --鉛印本. --北平：北平通俗讀物編刊社，民國（1912—1949）. --1 冊（1 函）. --存前 4 葉。半葉 15 行，行 32 字，無邊框. --綫裝
己/1904—26

哭祖廟，又名，哭宮殺家哭祖廟：五場/王泊生撰. --鉛印本. --北平：三戶書社，民國二十二年（1933）. --1 冊. --半葉 18 行，行 42 字，無邊框. --平裝　　　　己/1876—5

洛神/梅蘭芳編演. --抄本，紅格. --民國（1912—1949）. --1 冊. --存第二、三、六場三場。半葉 9 行，行 20 字，白口，四周雙邊，單黑魚尾，版心下印"公興紙店"，半框 19.8 × 12.8cm。書皮署"綴玉軒"。鈐"梅瀾"朱文印、"曉鈴臧書"朱文印. --綫裝　　　　己/996

荀灌娘：二本. --鉛印本. --北平：北平通俗讀物編刊社，民國（1912—1949）. --2 冊（1 函）. --半葉 18 行，行 43 字，無邊框. --綫裝
己/1904—21

木蘭從軍：二本/梅蘭芳編排. --鉛印本. --北平：三戶書社,民國二十二年(1933). --2 冊. --半葉 18 行,行 42 字,無邊框. --平裝

己/1876—6

鳳凰山,一名,薛禮救駕. --鉛印本. --北平：三戶書社,民國(1912—1949). --1 冊(1 函). --半葉 18 行,行 43 字,無邊框. --綫裝

己/1904—24

樊江關/(清)佚名撰. --抄本. --清(1644—1911). --1 冊. --半葉 6 行,行 18 字,無邊框。佚名圈點. --毛裝

己/995

長生殿時劇：八齣/(清)四樂齋主人撰. --鉛印本. --亦囂囂齋主人,清光緒二十三年(1897). --1 冊. --俗名"定中原"。半葉 9 行,行 24 字,白口,四周雙邊,單黑魚尾,半框 19.1 × 12.7cm。牌記題"光緒丁酉三月排印"。佚名校改。鈐"曉鈴臧書"朱文印. --綫裝

己/963

玉簫再世：二十五場/斗山山人編輯. --鉛印本. --北平：北華印書局,1922 年. --1 冊(1 函). --半葉 10 行,行 35 字,無邊框. --平裝

己/1863

醉寫：一出. --抄本. --百本張. --清末(1851—1911). --1 冊. --半葉 5 行,行 20 字,無邊框。佚名朱墨筆圈點。鈐"別還價百本張"墨印、"吳"朱文印、"曉鈴臧書"朱文印. --毛裝

己/884

[紫釵記]/(明)湯顯祖撰. --抄本. --清(1644—1911). --1 冊(1 函). --題名據劇情自擬。半葉 6 行,行字數不等。鈐"曉鈴臧書"朱文印. --綫裝

己/586

別窰總講/(清)佚名撰. --抄本. --郭菊逸,民國(1912—1949). --1 冊. --書皮題"十一月廿

五日菊逸抄"。書後爲郭菊簔啓(給表叔)。半葉 11 行,行 30 字,無邊框。鈐"曉鈴臧書"朱文印. --毛裝

己/960

石派通天河：三卷. --抄本. --清(1644—1911). --1 冊. --半葉 7 行,行 24 字,無邊框。鈐"吳"朱文印、"曉鈴臧書"朱文印. --毛裝

己/1018

普天樂：八本/(清)佚名撰. --抄本. --世德堂姚記,清光緒十三年(1887). --8 冊. --書皮上除署有"世德堂姚"或"世德堂姚記"外,另署有宋道人、吳山人二抄手名。半葉 14 行,行 25 字,無邊框。鈐"曉鈴臧書"朱文印. --毛裝

己/986

探寒窰/中國戲曲音樂院研究所編. --鉛印本. --上海：世界書局,民國二十四年(1935). --1 冊(合裝 1 函). --(民衆小說戲曲讀本). --半葉 13 行,行 20 字,無邊框. --平裝

己/1047—2

托兆碰碑. --鉛印本. --北平：三戶書社,民國(1912—1949). --1 冊(1 函). --書皮題"碰碑"。半葉 15 行,行 35 字,無邊框. --綫裝

己/1904—23

四郎探母曲譜：六場/陳彥衡著. --石印本. --上海：潛樂社,民國二十五年(1936). --1 冊(1 函). --(燕臺菊萃;第一輯). --題名據凌霄漢閣主序著錄,書簽題"全本探母回令"。半葉 4 行,行 20 字,有眉批,行 6 字,有工尺譜,無邊框. --綫裝

己/1888

二進宮. --鉛印本. --北平：三戶書社,民國(1912—1949). --1 冊(1 函). --半葉 15 行,行 42 字,無邊框. --綫裝

己/1904—5

翠屏山/中國戲曲音樂院研究所編. --鉛印本. --北平：世界書局,民國二十六年(1937). --

半葉 13 行, 行 20 字, 無邊框. --1 冊. --平裝

己/1878

逼上梁山: 三幕二十六場, 附曲譜四首/楊紹萱編. --油印本. --[1949 年?]. --1 冊. --封二有 1949 年 12 月吳曉鈴手記. --毛裝　　己/990

焚地圖. --鉛印本. --北平: 三戶書社, 民國 (1912—1949). --1 冊(1 函). --半葉 18 行, 行 42 字, 無邊框. --綫裝　　己/1904—22

[程萬里薛妍貞夫妻離合]: 二十三場. --石印本. --民國(1912—1949). --1 冊. --缺第一、二場。題名原缺, 今據劇情自擬。半葉 11 行, 行 20 字, 無邊框。鈐"曉鈴臧書"朱文印. --綫裝　　己/988—2

岳母刺字. --鉛印本. --北平: 三戶書社, 民國二十二年(1933). --1 冊. --半葉 18 行, 行 42 字, 無邊框. --平裝　　己/1876—3

岳家莊: 四場. --鉛印本. --北平: 三戶書社, 民國二十二年(1933). --1 冊. --半葉 18 行, 行 42 字, 無邊框. --平裝　　己/1876—2

挑華車. --鉛印本. --北平: 北平通俗讀物編刊社, 民國(1912—1949). --1 冊. --殘本, 存 4 葉。卷端題"挑華車, 帶牛皋下書, 一名牛頭山"。半葉 18 行, 行 42 字, 無邊框. --平裝

己/1876—8

收復中原, 一名, 精忠報國. --鉛印本. --北平: 三戶書社, 民國(1912—1949). --1 冊. --半葉 18 行, 行 42 字, 無邊框. --平裝

己/1876—4

八大錘, 又名, 斷臂說書. --鉛印本. --北平: 三戶書社, 民國二十二年(1933). --1 冊. --半葉 18 行, 行 42 字, 無邊框. --平裝

己/1876—7

請宋靈. --鉛印本. --北平: 三戶書社, 民國 (1912—1949). --1 冊(1 函). --半葉 16 行, 行 42 字, 無邊框. --綫裝　　己/1904—8

殺狗勸夫: 二十九場/斗山山人編輯. --鉛印本. --北京: 永明印書局, 民國(1912—1949). --1 冊(1 函). --半葉 10 行, 行 35 字, 無邊框. --平裝　　己/1864

戰太平. --鉛印本. --北平: 三戶書社, 民國 (1912—1949). --1 冊(1 函). --半葉 15 行, 行 33 字, 無邊框. --綫裝　　己/1904—13

三娘教子/中國戲曲音樂院研究所編. --鉛印本. --上海: 世界書局, 民國二十四年 (1935). --1 冊(合裝 1 函). --(民衆小說戲曲讀本). --半葉 13 行, 行 20 字, 無邊框. --平裝

己/1047—5

活捉王魁: 八場. --鉛印本. --北平: 群強報, 民國二十一年(1932). --1 冊(1 函). --一名 "虛榮恨"。半葉 18 行, 行 35 字, 無邊框。鈐 "曉鈴臧書"朱文印. --綫裝
　附錄子目:
　東施效顰: 六場
　紅線盜盒: 十一場
　尼姑思凡: 一場
　醋海波: 八場
　天女散花　　　　　　　　己/1898

大保國. --鉛印本. --北平: 三戶書社, 民國 (1912—1949). --1 冊(1 函). --半葉 18 行, 行 42 字, 無邊框. --綫裝　　己/1904—1

四美圖: 四本. --鉛印本. --北京: 群強報印刷部, 民國二十一年(1932). --1 冊(1 函). --封面題"哀豔佳劇四美圖全部總集"。附童女斬蛇: 十三場。半葉 18 行, 行 36 字, 無邊框。鈐 "曉鈴臧書"朱文印. --綫裝　　己/1856

玉堂春/中國戲曲音樂院研究所編.--鉛印本.--上海:世界書局,民國二十四年(1935).--1冊.--(民眾小說戲曲讀本).--半葉13行,行20字,無邊框.--平裝　　　己/1877

棒打薄情郎/中國戲曲音樂院研究所編.--鉛印本.--上海:世界書局,民國二十四年(1935).--1冊(合裝1函).--(民眾小說戲曲讀本).--半葉13行,行20字,無邊框.--平裝
　　　　　　　　　　　　己/1047—1

謔語奇緣:全串貫.--抄本.--清(1644—1911).--1冊.--存第二本。半葉8行,行23字,無邊框。佚名朱筆批點。鈐"曉鈴藏書"朱文印.--毛裝　　　　　　　己/964

金鎖記:五十七場/斗山山人編.--鉛印本.--北京:濟慈印刷所,民國十一年(1922).--1冊(1函).--半葉10行,行35字,無邊框.--平裝
　　　　　　　　　　　　　己/1865

妙峰山:十八場/斗山山人編.--刻本.--民國十三年(1924).--1冊(1函).--半葉10行,行26字,白口,四周雙邊,單黑魚尾,半框13.4×8cm。鈐"曉鈴藏書"朱文印.--綫裝
　　　　　　　　　　　　　己/1859

孝義傳奇全本:二十九場/斗山山人編.--鉛印本.--北京:慈濟印刷所,民國十一年(1922).--1冊(1函).--半葉10行,行35字,無邊框.--平裝　　　　　　己/1866

山海關.--鉛印本.--北平:北平通俗讀物編刊社,民國(1912—1949).--1冊(1函).--半葉18行,行45字,無邊框.--綫裝
　　　　　　　　　　　　己/1904—20

寧武關.--鉛印本.--北平:北平通俗讀物編刊社,民國(1912—1949).--1冊(1函).--卷端題"錄劇學月刊曹心泉藏本"。半葉15行,

行32字,無邊框.--綫裝　　　己/1904—25

寧武關:別母.--鉛印本.--北平:三戶書社,民國(1912—1949).--1冊(1函).--半葉18行,行42字,無邊框.--綫裝　　　己/1904—27

孤臣泪:二十二場/劉翌叔遺著.--鉛印本.--劉盛亞、劉盛巎,民國(1912—1949).--1冊.--半葉10行,行25字,小字28字,黑口,四周單邊,半框14.8×9.9cm。鈐"曉鈴藏書"朱文印.--綫裝　　　　　　　己/979

明末遺恨,一名,守宮殺監.--鉛印本.--北平:三戶書社,民國(1912—1949).--1冊(1函).--半葉18行,行42字,無邊框.--綫裝
　　　　　　　　　　　　己/1904—18

雲娘:十三場/戴正一校刊.--鉛印本.--北京:群強報印刷部,民國二十一年(1932).--1冊(1函).--半葉16行,行36字,無邊框。鈐"曉鈴藏書"朱文印.--綫裝
　附錄子目:
　錯中錯:二十場
　全本文君當爐:十九場
　石秀探莊
　一念差:五幕/天津南開學校新劇團編
　陰陽河　　　　　　　　　己/1855

施公新傳:十二本/(清)史松泉撰.--抄本.--清末(1875—1911).--11冊.--缺第二本。書名、責任者據作者自序著錄,吳曉鈴題爲"施公新案皮簧總本"。半葉12行,行27字,無邊框。鈐"曉鈴藏書"朱文印.--毛裝　　　己/987

極樂世界傳奇:十三卷八十二齣/(清)觀劇道人原稿;(清)試香女史參評.--鉛印本.--安雅書局,清光緒三十一年(1905).--6冊(1函).--(安雅新小說;第十一).--作者自序又署名"惰園主人",姓名不詳。半葉13行,行28字,欄上鐫評,行5字,白口,四周單邊,單

黑魚尾,版心下印"安雅書局刊印",半框 14 ×
10cm。鈐"曉鈴藏書"朱文印.--綫裝

己/954

全部珊瑚傳:二十場.--鉛印本.--北平:群強
報,民國二十年(1931).--1 冊(1 函).--書皮
題"家庭模範警世佳劇珊瑚傳全集".半葉 16
行,行 35 字,無邊框。鈐"曉鈴藏書"朱文
印.--綫裝 己/1899

因禍得福:四十四場.--鉛印本.--北京:群強
報印刷部,民國(1912—1949).--1 冊(1
函).--卷首題"即《聊齋·仇大娘》".半葉 18
行,行 36 字,無邊框。鈐"曉鈴藏書"朱文
印.--綫裝 己/1857

尤庚娘:二十幕/山陰醉佛編.--稿本,朱絲
欄.--民國六年(1917).--1 冊.--封面題"新劇
本,一名俠烈奇緣,一名社會鏡,一名烈婦
奇"、"丁巳年九月起稿"、"山陰醉佛編".半
葉 9 行,行 20 字,白口,四周雙邊,單黑魚尾,
半框 18 × 12.3cm。鈐"曉鈴藏書"朱文印.--
綫裝 己/961

庚娘傳:十二幕/西安易俗社原本;梁巨川改
編.--鉛印本.--民國八年(1919).--1 冊:照片
1 幅,插圖 12 幅.--梁濟,字巨川。影印手稿
11 頁。半葉 14 行,行 35 字,無邊框。鈐"曉
鈴藏書"朱文印.--平裝 己/966

血手印.--抄本.--民國(1912—1949).--1
冊.--半葉 6 行,行 18 字,無邊框。佚名朱墨
圈點。鈐"曉鈴藏書"朱文印.--綫裝

己/989

漢藥舊戲大觀:十八回/程介三著.--鉛印
本.--天津:程氏醫寓,民國二十一年(1932).--
1 冊:照片 1 幅.--半葉 10 行,行 24 字,白口,
四周雙邊,無直格,半框 18.9 × 11.3cm。鈐
"曉鈴藏書"朱文印.--平裝 己/1861

雌蝶悟,又名,雌雄蝶:十四場/斗山山人
編.--鉛印本.--北京:永明印書局,民國
(1912—1949).--2 冊.--半葉 10 行,行 35 字,
無邊框。鈐"曉鈴藏書"朱文印.--平裝

己/1868—1

第二部 己/1868—2

一笑緣:十六場.--鉛印本.--民國(1912—
1949).--1 冊.--半葉 10 行,行 35 字,無邊框。
鈐"曉鈴藏書"朱文印.--平裝 己/1869

打虎.--鉛印本.--北平:北平通俗讀物編刊
社,民國(1912—1949).--1 冊(1 函).--半葉
18 行,行 42 字,無邊框.--綫裝

己/1904—17

義和團皮簧.--抄本.--民國(1912—
1949).--1 冊.--半葉 6 行,行 21 字,無邊框。
佚名圈點。鈐"琴絲華夢樓"朱文印、"曉鈴藏
書"朱文印.--毛裝 己/997

女中堯舜:三幕/雄辯士撰.--鉛印本.--上
海:春秋小說社,民國十三年(1924).--1 冊.--
半葉 10 行,行 25 字,無邊框。鈐"曉鈴藏書"
朱文印.--平裝 己/1874

清河澱:九場/北京市京劇團撰.--油印本.--
北京:北京市京劇團,1973 年.--1 冊.--封面印
"(第五稿)未定稿不能外傳".--平裝

己/975

地方戲

楚劇:四十集.--鉛印本.--民國(1912—
1949).--40 冊.--每集後廣告題總名爲"袖珍
楚劇大觀".半葉 11 行,行 32 字,無邊框.--
平裝 己/972

吵嫁妝[等楚劇四種].--石印本.--民國
(1912—1949).--1 冊.--半葉 18 行,行 40 字,

白口,四周單邊,半框 10.7×7.9cm. --綫裝

子目:

新刻吵嫁妝全本. --卷端"妝"誤作"莊"

英台開藥方

新抄扯絲縚

新刻告經承. --封面題爲"告經丞"

己/985

翠屏山. --鉛印本. --北平:打磨廠泰山堂,民國(1912—1949). --1 冊(1 函). 封面題"坤角小香水"、"梆子腔". --半葉 16 行,行 42 字,無邊框. --綫裝　　　　己/1904—3

若耶溪:一卷/孫仁玉編輯. --鉛印本. --西安:易俗社,民國三十年(1941). --1 冊. --秦腔劇本。半葉 9 行,行 23 字,無邊框. --綫裝

己/1860—1

班定遠平西域:六幕劇本. 附後漢書班超傳、粵語釋文/(清)曼殊室主人度曲. --鉛印本. --橫濱(日本):新小說社,清光緒三十一年(1905). --1 冊. --(通俗精神教育新劇本之一). --曼殊室主人即梁啓超。此爲最早改良新編粵劇。半葉 11 行,行 29 字,無邊框。鈐"順時納福"朱文印、"文秀"朱文印. --平裝

己/1003

焚宮燒獄,一名,九蓮燈/傅雪漪整理. --油印本. --北京,1986 年. --1 冊. --書名、整理者據封面著錄。封面題"文化部振興昆曲指導委員會第二期昆曲培訓班北京組學習劇目". --平裝　　　　己/1517—1

新小姑賢:一卷/孫仁玉編輯. --鉛印本. --西安:易俗社,民國三十年(1941). --1 冊. --秦腔劇本。半葉 9 行,行 23 字,無邊框. --綫裝

己/1860—2

大回頭:一卷/孫仁玉編輯. --鉛印本. --西安:易俗社,民國三十年(1941). --1 冊. --秦腔

劇本。半葉 9 行,行 23 字,無邊框. --綫裝

己/1860—3

共和之花:八場/叢兆桓、陳婉蓉、張虹君編劇. --油印本. --北京:北方昆曲劇院,1981年. --1 冊. --書名、編印者據封面著錄。封面又題"蔡鍔護國傳奇故事". --平裝

己/1517—2

皮影戲

鎮冤塔:[影戲]/(清)佚名撰. --抄本. --瑞祥堂吳記,清道光十二年至二十七年(1832—1847). --7 冊(1 函). --半葉 8 行,行 17 字,無邊框. --綫裝　　　　己/977

五虎傳:[灤州影戲總講]/(清)佚名撰. --抄本. --志成堂,清同治十三年(1874). --12冊. --半葉 6 行,行 18 字,無邊框。有 1976 年吳曉鈴跋。鈐"吳"朱文印、"曉鈴藏書"朱文印. --綫裝　　　　己/976

小英傑:[影戲]/(清)佚名撰. --抄本. --清(1644—1911). --6 冊. --半葉 8 行,行 16 字,無邊框. --毛裝　　　　己/978

謗可笑:一齣/(清)二淩居士著. --抄本. --清(1644—1911). --1 冊(合裝 1 函). --半葉 9行,行 20 字,無邊框。吳曉鈴批語"此本甚是幽默,頑皮可喜",並在函套上注明購書經過。鈐"曉鈴藏書"朱文印. --毛裝　　　　己/400

興龍傳:十卷/(清)佚名撰. --抄本. --民國二十三年(1934). --10 冊(2 函). --題名據書皮著錄。半葉 7 行,行 15 字,無邊框. --綫裝

己/1884

話劇

全本春阿氏,又名,冤怨緣. --鉛印本. --北京:群強報印刷部,民國二十年(1931). --1 冊(1 函):春阿氏戲裝肖像 1 幅. --封面題"全部春阿氏"。半葉 18 行,行 36 字,無邊框。鈐"曉鈴藏書"朱文印. --綫裝　　　　己/1854

黑籍冤魂圖說:二十三場/新舞臺編. --鉛印本. --文明書局,清宣統三年(1911). --1 冊:肖像 21 幅,劇照 20 幅,插圖若干. --半葉 20 行,行 21 字,白口,四周雙邊,半框 12.4 × 19.4cm。鈐"曉鈴藏書"朱文印. --精裝　　　　己/594

大埠橋新戲:十二齣/倜儻生著. --鉛印本. --貴陽:文通書局,1911 年. --1 冊(1 函). --倜儻生即黃魯連(1879—1946),字奇生(一作齊生),貴州教育家,民主人士。半葉 12 行,行 29 字,黑口,四周雙邊,單黑魚尾,半框 17.3 × 12.3cm。鈐"曉鈴藏書"朱文印. --綫裝　　　　己/1887

丐俠記,一名,黃金與麵包/韓補庵編. --鉛印本. --天津:天津社會教育辦事處,民國(1912—1949). --1 冊(1 函). --半葉 12 行,行 35 字,白口,四周雙邊,單黑魚尾,半框 17.2 × 11.5cm。鈐"曉鈴藏書"朱文印. --綫裝　　　　己/1853

散曲

散曲叢刊:十五種/任訥輯. --鉛印本. --上海:中華書局,民國二十年(1931). --28 冊(2 函). --半葉 13 行,行 20 字,黑口,四周單邊,單黑魚尾,半框 15.3 × 10.6cm。鈐"曉鈴藏書"朱文印. --綫裝

子目:
樂府新編陽春白雪:前集五卷,後集五卷,補集一卷/(元)楊朝英選集
類聚名賢樂府群玉:五卷,附錄一卷/(元)胡存善輯
東籬樂府:一卷/(元)馬致遠撰
夢符散曲:二卷/(元)喬吉撰
小山樂府:六卷/(元)張可久撰
酸甜樂府:二卷/(元)貫雲石,(元)徐再思撰
沜東樂府:二卷,補遺一卷/(明)康海撰
王西樓先生樂府:一卷/(明)王磐撰
唾窗絨:一卷/(明)沈仕撰
海浮山堂詞稿:四卷/(明)馮惟敏撰
秋水庵花影集:四卷/(明)施紹莘撰
清人散曲選刊:六種/任訥輯
　曝書亭集葉兒樂府:一卷/(清)朱彝尊撰
　樊榭山房集北樂府小令:一卷/(清)厲鶚撰
　有正味齋集南北曲:一卷/(清)吳錫麟撰
　江山風月譜散曲:一卷/(清)徐光治撰
　香銷酒醒曲:一卷/(清)趙慶熺撰
　附:迴溪道情:一卷/(清)徐大椿撰
中原音韻作詞十法疏證:一卷/(元)周德清撰
江都任訥中敏疏證散曲概論:二卷/任訥撰
曲諧:四卷/任訥撰　　　　己/1693

飲虹簃所刻曲/盧前輯. --刻本,朱印. --金陵:盧前,民國二十一年(1932). --4 冊(1 函). --殘本,存 4 種。半葉 10 行,行 17 字,白口,左右雙邊,單黑魚尾,半框 13.8 × 10.5cm。鈐"曉鈴藏書"朱文印. --綫裝
存書子目:
雲莊張文忠公休居自適小樂府:一卷/(元)張養浩撰
秋碧樂府:一卷/(明)陳鐸撰
梨雲寄傲:一卷/(明)陳鐸撰
步雪初聲:一卷/(明)張瘦郎撰;(明)袁令昭校　　　　己/1712

飲虹簃所刻曲／盧前輯. --刻本. --金陵：盧前,民國二十五年(1936). --32 冊(4 函)：插圖 2 幅. --半葉 10 行,行 17 字,黑口,四周單邊,單黑魚尾,半框 13.7×10.2cm。鈐"曉鈴藏書"朱文印. --綫裝

子目：

元

　中州樂府音韻類編：一卷／(元)卓從之述

　自然集：一卷／(金)□□撰

　天籟集摭遺：一卷／(元)白樸撰

　雲莊張文忠公休居自適小樂府：一卷／(元)張養浩撰

　雲林樂府：一卷／(元)倪瓚撰

　疏齋小令：一卷／(元)盧摯撰

　馬九皋詞：一卷／(元)馬九皋撰. --吳曉鈴批語

　喬夢符小令：一卷／(元)喬吉撰；(明)李開先編

　張小山小令：二卷／(元)張可久撰；(明)李開先編

　睢景臣詞：一卷／(元)睢景臣撰

　秋澗樂府：一卷／(元)王惲撰

　詩酒餘音：一卷／(元)曾瑞撰

　醉邊餘興：一卷／(元)錢霖撰

　九山樂府：一卷／(元)顧德潤撰

　金縷新聲：一卷／(元)吳仁卿撰

　小隱餘音：一卷／(元)汪元亨撰

明一

　誠齋樂府：二卷／(明)朱有燉撰

　僑庵樂府：一卷／(明)李禎撰

　秋碧樂府：一卷／(明)陳鐸撰

　梨雲寄傲：一卷／(明)陳鐸撰

　葵軒詞餘：一卷／(明)夏暘撰

　鷗園新曲：一卷／(明)夏言撰

　伯虎雜曲：一卷／(明)唐寅撰

　蕭爽齋樂府：二卷／(明)金鑾撰

　芳茹園樂府：一卷／(明)趙南星撰

　晚宜樓雜曲：一卷／(明)毛瑩撰

　獄中草：一卷／(明)夏完淳撰. --有畫像

　天樂正音譜：一卷／(明)□□撰

　名媛詩緯雜集：二卷／(明)王端淑輯

明二

　樂府餘音：一卷／(明)楊廷和撰

　陶情樂府：四卷／(明)楊慎撰

　楊夫人樂府：三卷／(明)黃峨撰

　玲瓏倡和：一卷／(明)楊升庵等撰

　長春競辰樂府：一卷／(明)朱讓栩撰

　常評事寫情集：二卷／(明)常倫撰

　蓮湖樂府：一卷／(明)夏文範撰

　黍離續奏：一卷／(明)沈自晉撰

　越溪新詠：一卷／(明)沈自晉撰

　不殊堂近草：一卷／(明)沈自晉撰

　詞臠：一卷／(明)劉效祖撰

　林石逸興：十卷／(明)薛論道撰. --存第 1、3 卷

　鶴月瑤笙：四卷／(明)周履靖撰

　隅園集：一卷／(明)陳與郊撰

　筆花樓新聲：一卷／(明)顧仲方撰

　射陽先生曲存：一卷／(明)吳承恩撰

　太平清調迦陵音：一卷／(明)葉華編著

　灤函樂府：一卷／(明)葉承宗撰

　鈍吟樂府：一卷／(明)馮班撰

明三：

　苑洛集：一卷／(明)韓邦奇撰

　沜東樂府：二卷／(明)康海撰

　樂府拾遺：一卷／(明)王九思撰

　碧山樂府：二卷／(明)王九思撰

　碧山續稿：一卷／(明)王九思撰

　碧山新稿：一卷／(明)王九思撰

　柏齋先生樂府：一卷／(明)何瑭撰

　南曲次韻：一卷／(明)李開先撰；(明)王九思次韻

　步雪初聲：一卷／(明)張瘦郎撰；(明)袁令昭校

　雙溪樂府：二卷／(明)張錬撰. --吳曉鈴錄于右任題詩

　山居詠：一卷／(明)王徵撰. --有王徵畫像

　山居詠和：一卷／(明)張炳璿撰

己/1694

元四家散曲：一卷,附錄一卷/(元)關漢卿,(元)白樸,(元)馬致遠,(元)鄭光祖撰.--鉛印本.--上海:中原書局,民國十五年(1926).--1冊(合函).--(任氏詞曲叢書;初集).--半葉12行,行27字,小字雙行字同,粗黑口,四周雙邊,無直格,單黑魚尾,版心下印"上海中原書局印行",半框13.5×11.3cm。鈐"曉鈴臧書"朱文印.--綫裝　　　　　　己/702

朝野新聲太平樂府：九卷/(元)楊朝英集.--石印本.--上海:涵芬樓,民國二十九年(1940).--2冊.--據烏程蔣氏密韻樓藏元刊本影印。半葉14行,行23字,黑口,四周單邊,雙對黑魚尾,半框14.5×9.3cm。鈐"綠雲山館藏書"朱文印、"曉鈴臧書"朱文印.--綫裝　　　　　　己/1709

樂府新編陽春白雪：六卷/(元)楊朝英選集.--複印本.--瀋陽:遼寧省圖書館,1981年.--2冊.--半葉10行,行21字,白口,四周雙邊,半框19.4×12.9cm。附發票一張.--綫裝　　　　　　己/1717

梨園按試樂府新聲：三卷/(元)佚名選.--影印本.--上海:商務印書館,民國二十五年(1936).--(四部叢刊三編;集部).--1冊(1函).--據常熟瞿氏鐵琴銅劍樓藏元刊本影印。半葉17行,行30字,白口,左右雙邊,雙對黑魚尾,半框14×9.1cm。鈐"曉鈴臧書"朱文印.--綫裝　　　　　　己/1720

南北小令/(明)張祿輯.--鉛印本.--海寧:陳氏慎初堂,民國十六年(1927).--1冊(1函).--有吳曉鈴題識,稱此即《詞林指醼》甲集。半葉14行,行16字,黑口,四周單邊,單黑魚尾,半框14.2×9.9cm。鈐"曉鈴臧書"朱文印.--綫裝　　　　　　己/1719

吳騷集：四卷/(明)王穉登選;(明)張琦校;阿英校點.--鉛印本.--上海:貝葉山房,民國二

十五年(1936).--1冊.--(中國文學珍本叢書:第一輯第三十一種/施蟄存主編).--據原刊本排印。半葉12行,行30字,白口,四周單邊,半框15.3×9.5cm.--綫裝　　　　　　己/1734

新鐫古今大雅南宮詞紀：六卷/(明)陳所聞選;(明)陳邦泰輯次.--刻本.--陳氏繼志齋,明萬曆三十三年(1605).--8冊(1函).--書名頁題"南九宮譜",版心題"南宮詞紀"。半葉10行,行20字,小字雙行字同,有眉欄,行5字,白口,四周單邊,半框21.7×14.6cm。鈐"曉鈴臧書"朱文印.--綫裝　　　　　　(己)/681
　　第二部　3冊(1函),鈐"左琴右書"朱文印、"薈桂堂"朱文印、"崧麻主人"朱文印、"溥文"朱文印、"曉鈴臧書"朱文印　　　(己)/686

新鐫古今大雅北宮詞紀：六卷/(明)陳所聞粹選;(明)陳邦泰輯次.--刻本.--陳氏繼志齋,明萬曆三十三年(1605).--6冊(1函).--書名頁題"北九宮譜",版心題"北宮詞紀"。半葉10行,行20字,小字雙行字同,有眉欄,行5字,四周單邊,半框21.9×14.3cm。鈐"曉鈴臧書"朱文印.--綫裝　　　　　　(己)/682
　　第二部　8冊(1函)　　　　(己)/685

新鐫古今大雅北宮詞紀：六卷/(明)陳所聞選;(明)陳邦泰輯次.--抄本.--清(1644—1911).--4冊(1夾).--據明萬曆刻本抄。半葉10行,行20字,小字雙行字同,有眉批,行5字,無邊框。鈐"孔岐周記"墨印、"維新堂"墨印、"曉鈴臧書"朱文印、"吳"朱文印.--綫裝　　　　　　(己)/683

北九宮詞紀摘選：二卷八集/(清)王逸亭選.--抄本.--清(1644—1911).--4冊(1函).--據清乾隆刻本抄。半葉8行,行18字,無邊框。鈐"好讀書不求甚解"白文印、"細嚼梅花讀漢書"白文印、"曉鈴臧書"朱文印.--綫裝　　　　　　己/684

摘抄北宮詞紀：不分卷/（清）佚名摘抄.--抄本.--清（1644—1911）.--2 冊（1 函）.--半葉 9 行,行 23 字,無邊框。佚名朱筆圈點。鈐"倚雲橋主"朱文印、"曉鈴臧書"朱文印.--綫裝
己/687

北曲拾遺/（明）無名氏撰.--鉛印本.--上海：商務印書館,民國二十四年（1935）.--1 冊.--半葉 12 行,行 19 字,白口,左右雙邊,單黑魚尾,半框 14.7×9.7cm。鈐"曉鈴臧書"朱文印.--綫裝
己/1718

太霞新奏：十四卷/（明）香月居主人評選.--石印本.--民國（1912—1949）.--6 冊（1 函）：圖 8 幅.--半葉 8 行,行 20 字,欄上鐫評,行 5 字,白口,左右雙邊,單黑魚尾,半框 13.9×9.3cm。鈐"曉鈴臧書"朱文印.--綫裝
己/1716

白雪齋選訂樂府吳騷合編：四卷/（明）騷隱居士選輯；（明）半嶺道人刪訂.--石印本.--上海：商務印書館,民國二十三年（1934）.--4 冊：圖 22 幅.--（四部叢刊續編；集部）.--騷隱居士即明張楚叔,半嶺道人即明張旭初。據固安劉氏臧明崇禎刊本影印。半葉 9 行,行 20 字,白口,四周單邊,單白魚尾,半框 13.8×10cm。鈐"曉鈴臧書"朱文印.--綫裝
己/1695

灤函樂府/（明）葉承宗撰．**太平清調迦陵音**/（明）葉華編著．**晚宜樓雜曲**/（明）毛瑩撰.--刻本.--金陵：盧前飲虹簃,民國（1912—1949）.--1 冊（1 函）.--書簽題"葉華迦陵音,葉奕繩灤函樂府,毛瑩晚宜樓雜曲"。半葉 10 行,行 17 字,白口,左右雙邊,單黑魚尾,半框 13.7×10cm。鈐"吳"朱文印、"曉鈴臧書"朱文印.--平裝
己/1698

明代婦人散曲集：一卷/（清）王端淑選輯；盧冀野校訂.--鉛印本.--上海：中華書局,民國二十六年（1937）.--1 冊（1 函）.--附錄：吳蘋香手書曲稿真跡；婦人曲話/盧冀野輯集。盧冀野即盧前。半葉 12 行,行 19 字,白口,四周單邊,單黑魚尾,半框 14.7×9.9cm。鈐"曉鈴臧書"朱文印.--綫裝
己/1735

樂府小令：八種十二卷/（清）佚名輯.--刻本.--清乾隆（1736—1795）.--6 冊（1 夾）.--半葉 9 行,行 18 字,白口,左右雙邊,單黑魚尾,半框 9.9×7.6cm。佚名墨筆圈點,佚名題記。鈐"疋廬所臧書籍字畫印"朱文印、"陽嘉室臧本"朱文印、"曉鈴臧書"朱文印.--綫裝

子目：
葉兒樂府：一卷/（清）朱彝尊撰
北樂府小令：一卷/（清）厲鶚撰
板橋道情：一卷/（清）鄭燮撰
西堂樂府：一卷/（清）尤侗撰
揚州竹枝詞：一卷/（清）董偉業撰
疑雨集：四卷/（明）王彥泓撰
張小山小令：一卷/（元）張可久撰；（明）李開先編
喬夢符小令：一卷/（元）喬吉撰
己/706

三家曲：三種/（清）朱靜撰.--影印本.--民國（1912—1949）.--1 冊（1 函）.--據清光緒朱靜刻本影印。半葉 7 行,行 17 字,小字雙行字同,白口,四周單邊,半框 13.3×8.7cm。鈐"敬六主人"朱文印、"曉鈴臧書"朱文印.--綫裝

子目：
靡蕪春曉曲：四卷/（清）陳蝶仙撰
花胎曲：三卷/（清）何春旭撰
春剪曲：四卷/（清）華癡石撰
己/716

元明清曲選/葉楚傖主編；錢南揚編注.--鉛印本.--南京：正中書局,民國二十五年（1936）.--1 冊.--（國文精選叢書）.--半葉 13 行,行 39 字,無邊框.--平裝
己/1747

元明曲選/胡懶殘編錄；盧冀野校閱.--鉛印

184

本.--上海：會文堂新記書局，民國十九年（1930）.--1 冊.--盧冀野即盧前。半葉 12 行，行 33 行，無邊框.--平裝　　　　己/1749

曲雅：一卷/盧前錄；**論曲絕句**：一卷/盧前撰.--影印本.--上海：開明書店，民國二十年（1931）.--1 冊.--半葉 10 行，行 18 字，細黑口，四周雙邊，單黑魚尾，半框 14.6×10.4cm。牌記題"民國二十年十月上海開明書店據蜀刻影印"。鈐"慕歌家世"朱文印、"曉鈴藏書"朱文印.--綫裝　　　　己/1752

續曲雅：一卷/盧前錄.--鉛印本.--上海：開明書店，民國二十二年（1933）.--1 冊.--半葉 10 行，行 26 字，細黑口，四周單邊，單黑魚尾，半框 13.1×9.9cm。鈐"慕歌家世"朱文印、"曉鈴藏書"朱文印.--綫裝　　　　己/1753

元曲別裁集：二卷/盧前編；任訥校.--鉛印本.--上海：開明書店，民國十七年（1928）.--1 冊（1 函）.--（飲虹簃所刻曲/盧前編）.--半葉 10 行，行 26 字，白口，四周單邊，單黑魚尾，半框 13.1×9.5cm。鈐"曉鈴藏書"朱文印.--綫裝　　　　己/1703

全元曲：七卷/盧前纂.--鉛印本.--民國三十六年（1947）.--1 冊.--半葉 12 行，行 37 字，無邊框.--平裝　　　　己/1748

萬花集：不分卷/黃綠芳編校.--鉛印本.--上海：中華書局，民國二十九年（1940）.--1 冊（1 函）.--半葉 12 行，行 19 字，黑口，四周單邊，雙對黑魚尾，半框 14.1×9.5cm。鈐"曉鈴藏書"朱文印.--綫裝　　　　己/1738

北小令文字譜/羅慷烈編次.--複印本.--[1949—1999].--1 冊.--活頁裝　　　　己/1728

雲莊張文忠公休居自適小樂府：一卷/（元）張養浩撰.--石印本.--北平：孔德圖書館，民國

十九年（1930）.--1 冊（1 函）.--（孔德圖書館校印叢書第一種）.--孔德圖書館館員傅一清據明刊本精寫影印。半葉 9 行，行 17 字，無邊框。鈐"曉鈴藏書"朱文印.--毛裝　　　　己/1723

張小山小令：二卷/（元）張可久著；（明）李開先編.--抄本.--北平：林敏，民國二十年（1931）.--2 冊（1 函）.--據清雍正三年（1725）錢塘厲氏重刻巾箱本抄錄。半葉 9 行，行 18 字，無直格，無邊框。吳曉鈴題記，朱筆圈點。鈐"曉鈴藏書"朱文印.--綫裝　　　　己/1715

增校喬夢符小令：一卷，補遺一卷/（元）喬吉撰；（明）李開先編.--鉛印本.--上海：中原書局，民國十五年（1926）.--1 冊（合函）.--（任氏詞曲叢書；初集）.--半葉 12 行，行 27 字，小字雙行字同，粗黑口，四周雙邊，無直格，單黑魚尾，版心下印"上海中原書局印行"，半框 13.5×11.3cm.--綫裝　　　　己/703

南峰樂府：一卷/（明）楊循吉撰.--影印本.--北京：文祿堂，民國二十六年（1937）.--1 冊（1 函）.--半葉 9 行，行 18 字，小字雙行字同，白口，左右雙邊，單黑魚尾，半框 18.3×13.1cm。牌記題"丁丑五月文祿堂梓"。鈐"曉鈴藏書"朱文印.--綫裝　　　　己/697

長春競辰樂府：一卷/（明）朱讓栩譔.--影印本.--北碚：私立北泉圖書館印行部，民國（1912—1949）.--1 冊（1 函）.--書皮題名"蜀成王長春競辰樂府"。據民國二十六年金陵盧前飲虹簃刻本影印。半葉 10 行，行 17 字，白口，左右雙邊，單黑魚尾，版心下刻"飲虹簃"，半框 14×10.3cm。有題字"莘田道長訂譌，弟前奉貽，盧冄"。莘田即羅常培。鈐"盧前"朱文印、"曉鈴藏書"朱文印.--綫裝　　　　己/1699

楊升庵夫婦散曲：十卷/任訥編.--鉛印本.--

上海：商務印書館，民國二十三年（1934）.--1
冊.--半葉 12 行，行 19 字，細黑口，左右雙邊，
單黑魚尾，半框 14.7×9.9cm。鈐“吳”朱文
印、“曉鈴臧書”朱文印.--綫裝
　子目：
　陶情樂府：四卷，拾遺一卷/（明）楊慎撰
　江都任訥中敏校訂楊夫人曲：三卷/（明）楊
升庵夫人黃氏撰；任訥編訂　　　己/1745

樓居樂府：二卷/（明）常倫著.--抄本，綠絲
欄.--清（1644—1911）.--1 冊（1 函）.--據明嘉
靖七年（1528）吳門章啓人刻本抄。半葉 10
行，行 20 字，白口，四周單邊，單黑魚尾，半框
15.8×11.2cm。佚名朱筆圈點。鈐“曉鈴臧
書”朱文印.--綫裝　　　　　　　　己/711

雙溪樂府：二卷/（明）張鍊撰.--抄本.--明
（1368—1644）.--2 冊（1 函）.--半葉 10 行，行
22 字，無邊框。有吳曉鈴跋。鈐“吳曉鈴”朱
文印、“曉鈴臧書”朱文印.--綫裝

　　　　　　　　　　　　　　（己）/704

江東白苧：二卷；續江東白苧：二卷/（明）梁
辰魚撰；夢鳳樓，暖紅室校訂.--刻本.--暖紅
室，民國四年（1915）.--2 冊.--（彙刻傳奇/劉
世珩輯；附刊）.--半葉 9 行，行 20 字，白口，四
周單邊，單黑魚尾，版心下刻“暖紅室”，半框
20.2×12.8cm。鈐“曉鈴臧書”朱文印.--綫裝

　　　　　　　　　　　　　　己/1577

林石逸興：十卷/（明）薛論道撰.--抄本.--北
京：吳曉鈴，民國（1912—1949）.--5 冊（1
函）.--半葉 10 行，行 21 字，白口，四周單邊，
雙對黑魚尾，版心下印“綏中吳氏綠雲山館抄
藏”，半框 18×11.8cm。鈐“曉鈴臧書”朱文
印.--綫裝　　　　　　　　　　　己/1721

小令：一卷/（明）丁綵編著.--抄本，藍絲
欄.--解放後（1949—　　）.--1 冊（1 函）.--半葉
11 行，行 20 字，粗黑口，四周單邊，單黑魚尾，

半框 22.4×14.9cm。佚名朱筆批校.--綫裝
　　　　　　　　　　　　　　己/699

隅園集：一卷/（明）陳與郊撰.--刻本.--南
京：盧前飲紅簃，民國三十年（1941）.--1 冊（1
函）.--（飲虹簃所刻曲/盧前編）.--書皮題“陳
與郊隅園集”。半葉 10 行，行 17 字，白口，左
右雙邊，單黑魚尾，版心下印“飲虹簃”，半框
13.8×10cm。有題字“莘田道長訂譌，弟前奉
貽”。莘田即羅常培。鈐“盧前”朱文印、“曉
鈴臧書”朱文印.--綫裝　　　　　己/1702

芳茹園樂府：一卷/（明）清都散客著；（清）
蓬丘道人，（清）新周居士校.--刻本.--清末
（1851—1911）.--1 冊（1 函）.--清都散客即明
趙南星。半葉 9 行，行 18 字，白口，四周單邊，
單黑魚尾，半框 19.8×12.9cm。鈐“吳郎之
書”朱文印.--綫裝　　　　　　　己/695

詩經撮要：一卷.--抄本，藍絲欄.--北京：吳
曉鈴，1966 年.--1 冊（1 函）.--又名毛詩曲、毛
詩樂府。或謂喬鉢撰；或謂唐寅撰，李贄鑒定。
半葉 11 行，行 25 字，黑口，四周單邊，雙黑魚
尾，半框 22.3×14.7cm。吳曉鈴跋.--綫裝

　　　　　　　　　　　　　　己/1733

鞠通樂府：三卷/（明）鞠通生漫筆. 瘦吟樓
詞：一卷/（明）沈時棟填詞；（清）毛奇齡，
（清）尤侗，（清）宗元芩，（清）顧有孝定.--鉛
印本.--吳江：敦厚堂，民國十七年（1928）.--1
冊.--書名頁題“鞠通樂府、瘦吟樓詞合刊”。
鞠通生即明人沈自晉。半葉 11 行，行 25 字，
黑口，左右雙邊，單黑魚尾，半框 19.2×
11.9cm。吳曉鈴題記。鈐“吳”朱文印、“曉鈴
臧書”朱文印.--綫裝　　　　　　己/1726

太平清調迦陵音：一卷/（明）葉華撰.--影印
本.--北京：故宮博物院圖書館，民國十九年
（1930）.--1 冊（1 函）.--據金粟園臧版影印。
半葉 8 行，行 17 字，白口，四周單邊，半框

21.1×12.3cm。鈐"曉鈴藏書"朱文印. --綫裝

己/1722

夏完淳獄中草:一卷/(明)夏完淳撰. --影印本. --北碚:南京書局,民國三十年(1941). --1冊(1函):肖像1幅. --附夏完淳年譜/任中敏撰(鉛印本)。半葉10行,行17字,白口,單黑魚尾,版心下刻"飲虹簃",半框13.8×10.3cm。有題字"莘田道長訂譌,弟前奉貽。"莘田即羅常培. --綫裝

己/1700

霜紅龕集詞曲:不分卷/(清)傅山撰;(清)劉霏雪輯. --刻本. --劉瑞五,清咸豐六年(1886). --1冊(合函). --半葉8行,行22字,白口,四周單邊,單黑魚尾,半框16.8×10.6cm。鈐"曉鈴藏書"朱文印. --綫裝

己/657

新編濃淡詞:十卷/(清)張淡然編輯. --刻本. --清道光十五年(1835). --3冊(1函):插圖10幅. --半葉10行,行22字,小字雙行字同,白口,四周單邊,單黑魚尾,半框14.7×10cm。眉西萬勝場柳汁齋藏版。鈐"如"朱文印、"松"朱文印、"曉鈴藏書"朱文印. --綫裝

己/1014

蕡華屋蛻稿:一卷/(清)吳卿弼撰. --抄本,綠絲欄. --1冊. --書皮題名"盧生隨筆"。附吳福俊《滌庵公事略》,及書信多篇。半葉9行,行20字,白口,左右雙邊,單黑魚尾,半框16.5×11.8cm。佚名朱筆圈點。鈐"房玉光印"白文印. --綫裝

己/1744

蕡華屋蛻稿:二篇/(清)吳卿弼撰. --抄本. --徐佛蘇,民國(1912—1949). --1冊(1函). --半葉12行,行19字,無邊框。佚名朱筆圈點. --平裝

己/708

香銷酒醒詞:一卷;**香銷酒醒曲**:一卷/(清)趙慶熺撰;(清)吳藻編. --刻本,重刻. --西泠:

王崑圃,清同治七年(1868). --1冊(1函). --半葉11行,行19字,白口,左右雙邊,單黑魚尾,半框17.6×11.4cm。牌記題"同治戊辰秋仲西泠王氏重刊"。鈐"吳"朱文印、"曉鈴藏書"朱文印. --綫裝

己/707

香銷酒醒詞:一卷;**香銷酒醒曲**:一卷/(清)趙慶熺撰;(清)吳藻編. --刻本,重刻. --西泠:王崑圃,清同治七年(1868). --1冊(1函). --半葉11行,行19字,白口,左右雙邊,單黑魚尾,半框17.6×11.4cm。牌記題"同治戊辰秋仲西泠王氏重刊"。鈐"曉鈴藏書"朱文印. --綫裝

己/691

香銷酒醒曲:一卷/(清)趙慶熺撰. --刻本. --清同治(1862—1874). --1冊(1函). --半葉11行,行19字,白口,左右雙邊,單黑魚尾,半框17.5×11.4cm. --綫裝

己/696

紅豆箱賸曲:一卷/(清)嚴秋槎填譜. --複印本. --[19??年]. --1冊. --嚴秋槎即清嚴廷中,字秋槎。半葉12行,行19字,無邊框. --綫裝

己/1730

懷白軒南北曲:一卷/(清)陸初望撰. --抄本,朱絲欄. --北京:吳曉鈴,1955年. --1冊(1函). --半葉12行,行25字,白口,四周單邊,單黑魚尾,版心下印"綏中吳氏綠雲山館",半框20.3×15.8cm。鈐"曉鈴藏書"朱文印. --綫裝

己/694

小羅浮館雜曲/(清)趙對澂撰. --抄本. --北京:吳曉鈴,1936年. --1冊. --半葉10行,行20字,白口,四周單邊,雙對黑魚尾,半框18×11.7cm。有吳曉鈴跋。鈐"曉鈴藏書"朱文印. --綫裝

己/1724

勱堂樂府:十一卷,附錄一卷/顧家相撰. --刻本. --五餘讀書廛,民國三年(1914). --1冊(1函). --半葉11行,行25字,小字雙行字同,

粗黑口，左右雙邊，單黑魚尾，半框 15.5 × 10.9cm。牌記題"閼逢攝提格痌月五餘讀書廛刊板"。鈐"曉鈴臧書"朱文印.--綫裝

己/715

勯堂樂府：十二首，附錄一首/顧家相著.--鉛印本.--顧燮光，民國十五年（1926）.--1 冊（1 函）.--半葉 13 行，行 21 字，小字雙行字同，黑口，左右雙邊，單黑魚尾，半框 16.3 × 11.1cm。鈐"吳"朱文印、"曉鈴臧書"朱文印.--綫裝

己/1742

菉猗曲定：二卷/姚華著；盧前校訂.--鉛印本.--貴陽：文通書局，民國三十六年（1947）.--1 冊.--半葉 6 行，行 15 字，白口，四周單邊，無直格，半框 12 × 8.2cm。鈐"曉鈴臧書"朱文印.--綫裝

己/1740

霜厓曲錄：二卷/吳梅撰.--刻本，藍印.--南京：盧前飲虹簃，民國二十五年（1936）.--1 冊（1 函）.--半葉 10 行，行 17 字，小字雙行字同，細黑口，左右雙邊，單黑魚尾，版心下刻"飲虹簃"，半框 13.9 × 10.4cm。有吳梅題識。鈐"吳梅度曲"白文印、"眾異作此"朱文印、"梁鴻志"朱文印、"十園搜藏藍初印本"朱文印、"曉鈴臧書"朱文印.--綫裝

己/689

霜厓曲錄：二卷/吳梅撰；盧前編.--鉛印本.--貴陽：文通書局，民國三十二年（1943）.--1 冊（1 函）：吳梅肖像 1 幅.--半葉 10 行，行 25 字，黑口，左右雙邊，單黑魚尾，半框 15.1 × 11cm。鈐"吳"朱文印、"曉鈴臧書"朱文印.--綫裝

己/1743

霜厓曲錄：二卷/吳梅撰；盧前編.--鉛印本.--上海：商務印書館，民國三十三年（1944）.--1 冊（1 函）.--半葉 11 行，行 19 字，黑口，左右雙邊，單黑魚尾，半框 14.6 × 10cm。牌記題"辛未八月，霜厓曲錄，瞿安自題"。鈐"曉鈴臧書"朱文印.--綫裝

己/1705

小疏小令：二卷/盧前撰；成善楷錄.--刻本.--成都：黃氏茹古堂，民國二十九年（1940）.--1 冊（1 函）.--書皮題名"盧前小疏小令"。半葉 10 行，行 20 字，黑口，四周雙邊，單黑魚尾，半框 17.2 × 12cm。盧前題字："莘田長兄郢政，弟前呈稿。"莘田即羅常培。鈐"盧前"朱文印、"曉鈴臧書"朱文印.--綫裝

己/1701

飲虹樂府：九卷/盧前撰.--刻本.--金陵：盧前飲虹簃，民國三十七年（1948）.--1 冊（1 函）.--後附夏仁虎、宗之潢、霍松林、葉嘉瑩樂府各一首。半葉 10 行，行 17 字，黑口，左右雙邊，單黑魚尾，半框 13.6 × 10.2cm。鈐"曉鈴臧書"朱文印.--綫裝

己/1737

北徵集散曲鈔.--抄本，綠絲欄.--北京：吳曉鈴，[19?? 年].--1 冊（1 函）.--半葉 10 行，行 18 字，白口，四周單邊，單黑魚尾，半框 18.9 × 11.2cm.--毛裝

己/1725

新雜詠詞.--複印本.--[19?? 年].--1 冊.--據抄本複印。半葉 9 行，行 21 字，無邊框.--綫裝

己/1729

[詠美人詩曲]：十四則.--抄本.--北京：吳曉鈴，1963 年.--1 冊（1 函）.--題名自擬。半葉 10 行，行 21 字，白口，四周單邊，雙對黑魚尾，版心下印"綏中吳氏綠雲山館抄藏"，半框 18.1 × 12.5cm。有吳曉鈴跋.--綫裝

己/1736

曲選

雍熙樂府：二十卷/（明）郭勛輯.--刻本.--明嘉靖（1522—1566）.--24 冊（2 函）.--半葉 10 行，行 21 字，白口，四周雙邊，三對黑魚尾，半框 20 × 13.6cm。鈐"曉鈴臧書"朱文印.--綫裝

（己）/680

雍熙樂府：二十卷/（明）郭勛輯.--抄本.--清（1644—1911）.--1 冊（1 函）.--存卷 8 第 42—91 葉。半葉 10 行,行 20 字,白口,四周雙邊,三對黑魚尾,半框 20.3×13.4cm。佚名朱筆圈點。鈐"曉鈴藏書"朱文印.--綫裝

己/688

雍熙樂府：二十卷/（明）郭勛輯.--影印本.--上海：商務印書館,民國二十三年（1934）.--1 冊.--（四部叢刊續編）.--據北平圖書館藏明嘉靖刊本影印。半葉 10 行,行 21 字,白口,四周雙邊,三對黑魚尾,半框 13.7×9.5cm。鈐"曉鈴藏書"朱文印.--綫裝　己/1708

重刊增益詞林摘豔：十卷/（明）張祿輯.--石印本.--惜餘軒主,民國二十二年（1933）.--6 冊（1 函）.--據嘉業堂藏明嘉靖刊本影印。半葉 12 行,行 24 字,白口,四周單邊,單黑魚尾,半框 20.2×13.7cm。鈐"雁聲劉氏所藏"朱文印、"吳"朱文印、"曉鈴藏書"朱文印。附北京修綆堂書店《盛明雜劇》發票,貼印花稅票三張.--綫裝　己/1710

新刊摘匯奇妙戲式全家錦囊：上篇二十卷,後篇十九卷；時興曲四十六首/（明）徐文昭編輯.--複印本.--日本：内垣,1957 年.--1 冊：插圖.--目錄題"新刊耀目冠場擢奇風月錦囊正雜兩科全集"。原件爲西班牙愛斯高里亞聖勞倫佐圖書館藏明嘉靖三十二年（1553）詹氏進賢堂重刻本,内垣可能據攝影或影印本複印。附 James J. Y. Liu 英文介紹及内垣給吳曉鈴的信。吳曉鈴鋼筆題記.--散裝

己/1591

秋夜月.--石印本.--上海：燕石居,民國（1912—1949）.--4 冊：圖 12 幅.--三截板,半葉上欄 9 行,行 10 字,中欄 12 行,行 3 字,下欄 9 行,行 14 字,白口,四周單邊,無直格,半框 20.7×11.3cm。鈐"餐秀簃程氏藏書之章"朱文印.--綫裝

子目：

新鍥天下時尚南北新調：二卷/（明）殷啓聖彙輯

新鍥天下時尚南北徽池雅調：二卷/（明）熊稔寰彙輯　己/1711

詞林逸響：四卷/（明）許宇輯.--刻本.--明天啓三年（1623）.--8 冊（1 函）：圖 12 幅.--半葉 9 行,行 22 字,白口,四周單邊,單綫魚尾,半框 21.8×13.9cm。鈐"曉鈴藏書"朱文印.--綫裝　（己）/690

新鐫出像點板怡春錦曲新詞清賞書集：不分卷/（明）曲癡子輯.--抄本.--清（1644—1911）.--1 冊（1 函）.--此書亦名"纏頭百練"。半葉 9 行,行 25 字,無邊框。鈐"潛慧寓白氏藏書"朱文印、"白潛叔"朱文印、"唐詩元曲人家"白文印、"且以永日"朱文印、"曉鈴藏書"朱文印.--綫裝　己/701

新刻出像點板時尚崑腔雜出醉怡情：八卷/（清）青溪菰蘆釣叟點次.--刻本.--古吳：致和堂,清（1644—1911）.--8 冊：圖 8 幅.--書名頁題名"醉怡情"。半葉 10 行,行 25 字,白口,四周單邊,單黑魚尾,半框 21.4×14cm。牌記題"古吳致和堂梓"。鈐"曉鈴藏書"朱文印.--綫裝　己/338

醉怡情崑腔雜曲/（清）茹蘆釣叟點次.--刻本.--清（1644—1911）.--1 冊.--殘本,存四种。半葉 9 行,行 22 字,粗黑口,四周單邊,單黑魚尾,半框 19.6×12.3cm。鈐"曉鈴藏書"朱文印.--綫裝

存书子目：

金鎖記/（明）葉憲祖撰
躍鯉記/（明）陳羆齋撰
繡襦記/（明）薛近兗撰
浣紗記/（明）梁辰魚撰　己/38

新鐫樂府清音歌林拾翠一集.--刻本,巾箱

189

本. --金陵:奎壁齋,清(1644—1911). --8 冊(1
函):圖 20 幅. --書名頁題"繡像歌林拾翠一
集"。半葉 9 行,行 17 字,小字雙行字同,白
口,左右雙邊,單黑魚尾,半框 11.7×10.6cm。
鈐"畹香"朱文印、"曉鈴藏書"朱文印. --綫裝
　子目:
　　尋親記/(明)[王錂]撰
　　浣紗記/(明)梁辰魚作
　　爛柯山
　　荆釵記/(元)柯丹丘作
　　千金記/(明)沈采作
　　水滸記/(明)許自昌作
　　焚香記/(明)王玉峰作
　　牧羊記
　　紅拂記/(明)張鳳翼作
　　連環記
　　精忠記
　　幽閨記
　　破窰記/(元)王實甫作
　　桃花記
　　琵琶記/(元)高則誠作　　　　己/61

萬錦清音二集/(清)方來館主人點校．**金
石新聲**:二集/(明)陳太虛輯. --刻本. --清初
(1644—1722). --1 冊(1 函). --殘本。兩截
板,上欄半葉 12 行,行 12 字,無直格,下欄半
葉 8 行,行 18 字,白口,左右雙邊,半框 20.1
×11.7cm。鈐"何多彥"白文印、"曉鈴藏書"
朱文印. --綫裝　　　　　　　　(己)/39

清音小集:四卷三十二種/(清)佚名編. --刻
本. --敏修堂,清乾隆四十八年(1783). --4 冊
(1 函). --牌記、卷 3 第 22 葉抄配。半葉 8 行,
行 14 字,白口,四周單邊,單黑魚尾,半框
19.6×12.9cm. --綫裝　　　　　　(己)/991

綴白裘:十二集四十八卷/(清)玩月主人
輯;(清)錢德蒼增輯. --刻本. --共賞社,清道光
三年(1823). --12 冊(4 函):圖 2 幅. --半葉 12
行,行 20 字,白口,四周單邊,單黑魚尾,半框

12.3×10.9cm。共賞社藏版。鈐"曉鈴藏書"
朱文印. --綫裝　　　　　　　　　己/402

聊解滯懷:四卷/(清)張一元輯. --抄本,朱
絲欄. --北京:吳曉鈴,1975 年. --1 冊. --半葉
10 行,行 17 字,白口,四周單邊,單黑魚尾,版
心下印"不珍敝帚齋",半框 17×13.8cm。吳
曉鈴跋。鈐"吳"朱文印、"曉鈴藏書"朱文
印. --綫裝　　　　　　　　　　　己/1599

南詞小曲七段/(清)佚名編. --抄本. --清
(1644—1911). --1 冊(1 函). --半葉 8 行,行
22 字,無邊框. --綫裝　　　　　　己/1895

[**清音雜錄**]. --抄本. --清(1644—1911). --1
冊. --缺首葉。原無題名,據吳曉鈴原目錄著
錄。半葉 6 行,行 25 字,無邊框。鈐"曉鈴藏
書"朱文印. --綫裝　　　　　　　　己/1027

曲詞七十四種/(清)佚名輯. --抄本. --清
(1644—1911). --24 冊(4 函). --此書所收曲
目均非全本,祇有某些特定角色的念白和唱
詞,抄錄時間早至咸豐年間,晚迄宣統年間,有
時還有簽名,當是伶人自己手錄師徒相傳的教
本。半葉 6 行,行 19 字,無邊框. --綫裝

　　　　　　　　　　　　　　己/890

崑弋集雅:六卷/(清)佚名輯. --抄本. --清末
(1851—1911). --6 冊(1 函). --半葉 5 行,行
20 字,無邊框。佚名朱墨筆圈點,函套內吳曉
鈴題記。鈐"陳蝶生鑒藏書畫之章"白文印、
"蝶生"朱文印、"住阜成門內宮門口四條胡同
東口內西頭路北樂善堂"朱文印. --綫裝

　　　　　　　　　　　　　　己/891

繪圖精選崑曲大全:第一集/怡庵主人編
輯. --石印本. --上海:世界書局,民國十四年
(1925). --24 冊(4 函):插圖 48 幅. --半葉 12
行,行約 26 字,有工尺譜,黑口,四周雙邊,半
框 15.8×10.5cm. --綫裝　　　　　己/1801

崑曲集淨/褚民誼編輯. --影印本. --褚民誼, 民國二十一至二十六年（1932—1937）. --2 冊（1 函）. --據寫本影印。半葉 4 行, 行 17 字, 白口, 四周單邊, 單黑魚尾, 版心下印"樂天居士用牋", 半框 20.4 × 16.2cm。鈐"曉鈴藏書"朱文印. --綫裝　　　　　　己/872

西廂記曲文：輯雍熙樂府本/黎錦熙, 孫楷弟編校. --鉛印本. --北平：立達書局, 1933 年. --1 冊. --選收張生、鶯鶯、惠明、紅娘等人唱的曲文 21 段, 輯自《雍熙樂府》。半葉 10 行, 行 21 字, 無邊框. --平裝　　　　　　己/2082

雜劇選/王玉章纂. --鉛印本. --上海：商務印書局, 民國二十五年（1936）. --1 冊. --半葉 12 行, 行大字 31 字, 小字 39 字, 無邊框. --平裝　　　　　　己/1668

彈詞、鼓詞

重刻歷代史略辭話：二卷/（明）楊慎纂；（清）董世顯訂；（清）朱璣評. --刻本. --古吳：德聚堂, 清（1644—1911）. --2 冊（1 函）. --封面題"鑑略便讀十段錦詞話", 下卷卷端題"歷代史略辭話"。半葉 8 行, 行 22 字, 有眉批, 行 6 字, 白口, 四周單邊, 無直格, 半框 19.4 × 11.6cm。鈐"檢齋藏書"朱文印、"檢齋藏書之印"朱文印、"膚德堂藏書印"白文印、"曉鈴藏書"朱文印. --綫裝　　　　己/1006

忠烈俠義傳：說唱本/（清）佚名撰. --抄本. --清（1644～1911）. --12 冊（1 函）. --存第 1、5—9、11、13、20 冊, 另有 2 冊失去冊次。半葉 10 行, 行 24 字。鈐"曉鈴藏書"朱文印. --綫裝　　　　　　己/749

新刻玉釧緣全傳：三十二卷二百三十四回/（清）佚名撰. --刻本. --清道光二十二年（1842）. --31 冊（8 函）：插圖 20 幅. --殘, 缺卷 28（第 28 冊）。版心題"玉釧緣"。半葉 10

行, 行 22 字, 白口, 四周單邊, 單黑魚尾, 半框 12.2 × 9.6cm。善成堂藏板. --綫裝
　　　　　　己/1004

再生緣全傳：二十卷/（清）侯芝撰. --刻本. --清道光三十年（1850）. --15 冊（2 函）. --缺卷 1、11—13、15。版心題"再生緣"。侯芝（1768？—1830）, 清代女詩人, 彈詞小說家。字香葉, 號香葉閣主人, 修月閣主人, 江蘇上元（今南京）人, 進士侯學詩之女, 文學家梅曾亮之母。半葉 10 行, 行 22 字, 白口, 四周單邊, 單黑魚尾, 半框 12.3 ×9cm. --綫裝
　　　　　　己/831

彈詞鱗爪/（清）佚名摘抄. --抄本. --清（1644—1911）. --4 冊. --半葉 12 行, 行 21 字, 小字雙行字數不等, 無邊框. --綫裝
　　　　　　己/1040

繪真記：四卷四十回/（清）邀月樓主人手編；（清）素仙女史校. --石印本. --上海：上海書局, 清光緒二十一年（1895）. --4 冊（1 函）：插圖 48 幅. --書名頁題"圖像繪真記"。責任者據卷端著錄。據序的落款"雲間女史朱素仙序於舉杯邀月樓"等來看, 邀月樓主人或即朱素仙。半葉 13 行, 行 30 字, 白口, 四周單邊, 單黑魚尾, 半框 10.5 ×7.5cm。巾箱本. --綫裝
　　　　　　己/1019

庚子國變彈詞：四十回/（清）世界繁華報館編. --鉛印本. --上海：世界繁華報館, 清光緒二十九年（1903）. --6 冊. --半葉 12 行, 行 23 字, 白口, 四周單邊, 單黑魚尾, 版心下印"上海世界繁華報館", 半框 13.9 ×9.5cm。鈐"曉鈴藏書"朱文印. --綫裝　　　　　　己/981

二十世紀女界文明燈彈詞：上卷八出/鍾情心青著. --石印本. --上海：上海明明學社, 清宣統三年（1911）. --1 冊（1 函）：插圖 8 幅. --半葉 12 行, 行 18 字, 白口, 四周單邊, 上下竹節

欄,單黑魚尾,半框 10 × 14.2cm。鈐"曉鈴藏書"朱文印. --綫裝　　　　　　己/1007

慈生篇/王旡和撰. --刻本. --清末民國(1851—1949). --1 冊(1 函). --半葉 8 行,行 23 字,白口,四周雙邊,單黑魚尾,半框 14.1 × 10.9cm. --綫裝　　　　　　己/1036

嘻笑怒罵鼓詞合刊/月月小說社編. --鉛印本. --上海:月月小說社,清光緒(1875—1908). --1 冊. --半葉 12 行,行 30 字,無邊框. --平裝
子目:
賈鳧西鼓兒詞/(清)賈鳧西著. --題名據書名頁著錄。卷端題"賈鳧西鼓詞"
問天鼓兒詞/(清)蒲留仙先生遺稿. --題名據書名頁題
黃祥人迎春詞/(清)黃雲鵠著. --題名據書名頁題
張琢之秋闈詞/(清)張汝玉著. --題名據書名頁題。卷端題"秋闈詞"　　　己/1028

歷代史略鼓詞引/(明)闕里木皮散客著;之罘山人輯注. --鉛印本. --清末民國(1875—1949). --1 冊(1 函). --封面題名"木皮鼓詞"。木皮散客即賈鳧西。半葉 10 行,行 22 字,白口,四周單邊,單黑魚尾,半框 19.2 × 14.3cm。鈐"曉鈴藏書"朱文印。附簡報一張. --綫裝　　　　　　己/1891

木皮詞:木皮散客身世與遺著/劉階平編訂. --鉛印本. --天津:天津大公報社,民國二十二年(1933)(上海:商務印書館印刷). --1 冊(1 函):插圖. --半葉 11 行,行 29 字,細黑口,四周單邊,雙對黑魚尾,半框 14.6 × 10.4cm。鈐"劉階平版權證"朱文印、"曉鈴藏書"朱文印. --綫裝　　　　　　己 1897

問天傳鼓詞/(清)蒲松齡著. --抄本. --清(1644—1911). --1 冊. --半葉 8 行,行 20 字,

無邊框. --綫裝　　　　　　己/1030

柳陰記:三本. --鉛印本. --成都:古臥龍橋魏凉記書莊,民國二十五年(1936). --1 冊(1 函):圖 8 幅. --半葉 12 行,行 23 字,白口,四周單邊,單黑魚尾,半框 15.8 × 10.1cm。鈐"吳"朱文印、"曉鈴藏書"朱文印. --綫裝
　　　　　　己/1905

續慈雲走國:六卷. --刻本. --廣州:醉經堂,清(1644—1911). --1 冊(1 函). --尾有缺葉。各卷卷端題名爲"初續慈云走國",此從封面著錄。半葉 11 行,行 27 字,小字雙行字同,白口,四周單邊,無直格,單黑魚尾,半框 17.1 × 11.2cm。鈐"曉鈴藏書"朱文印、"吳"朱文印. --綫裝　　　　　　己/1010

青石山. --複印本. --[19?? 年]. --1 冊. --據舊抄本複印. --散裝　　　　己/1584—1

青石山. --複印本. --[19?? 年]. --10 冊. --據從吾所好房鈔本複印. --散裝
　　　　　　己/1584—2

王公子嫖院. --鉛印本. --北京:打磨廠泰山堂,民國(1912—1949). --1 冊(合裝 1 函). --富春樓半葉 17 行,行 42 字;關王廟半葉 13 行,行 42 字,無邊框. --平裝
子目:
富春樓
關王廟　　　　　　己/1049

憫忠碑鼓詞:三卷十二回. --抄本. --清(1644—1911). --4 冊(1 函). --書名頁題"新編李進士江南查憫忠碑",卷端題"新編憫忠碑"。半葉 9 行,行 22 字,無邊框。有吳曉鈴手記。鈐"曉鈴藏書"朱文印. --綫裝
　　　　　　己/1009

二十四孝鼓詞. --刻本. --清道光十四年

（1834）．--1 冊：插圖 24 幅．--書皮及版心題"罔極傳"。半葉 8 行間 9 行，行 22 字，白口，四周雙邊，半框 15.1×10.9cm。英華齋藏板。鈐"曉鈴藏書"朱文印．--毛裝　　　己/1013

小姑賢．--鉛印本．--北平：打磨廠學古堂，民國（1912—1949）．--1 冊（1 函）．--半葉 14 行，行 42 字，無邊框．--綫裝　　　己/1904—2

范翁自傳歌/范顯揚遺著；天行注錄．--鉛印本．--上海：開明書店，民國（1912—1949）．--1 冊．--天行係魏建功，號天行山鬼。封面係其題名。半葉 14 行，行 36 字，無邊框。鈐"吳"朱文印、"曉鈴藏書"朱文印．--平裝

己 1754

梨花京音大鼓書地集/木板張，黑姑娘鑒定．--石印本．--上海：沈鶴記書局，民國（1912—1949）．--1 冊（合裝 1 函）：插圖 2 幅．--半葉 15 行，行 34 字，白口，四周單邊，無直格，半框 14.5×9.2cm．--平裝

己/1047—6

子弟書

百本張子弟書：二十八種/（清）納哈塔氏輯．--抄本．--北京：百本張，清光緒二十六年（1900）．--6 冊（2 函）．--光緒二十六年六月初六日納哈塔氏裝訂。半葉 4 行，行 14 字，小字雙行字同，無邊框。鈐"別還價百本張"墨印、"世傳百本張，言無二價，童叟無欺"墨印、"由乾隆年起至今少錢不賣，別還價"墨印、"住西直門大街高井胡同路北"朱文印、"納哈塔氏"白文印（滿漢合璧）、"吟秋山館"藍印、"那哈他氏裕壽吟秋山館松亭秘記"藍印、"閑雲野鶴"藍印．--綫裝

子目：

一冊：鳳儀亭　狐狸思春　宮箴歎　窮鬼歎　三宣牙牌令

二冊：女侍衛歎　逛二閘　篡鬚子論　廚子

歎　長隨歎　鬚子譜　葡萄架

三冊：打門吃醋　得鈔嫐妻　續得鈔借銀　玉兒獻花　李逵接母

四冊：入塔嫰羅漢　長板坡　馬介甫　侍衛論　鳳仙　隨緣樂　少侍衛歎　老侍衛歎胭脂傳

五冊：千金全德（八回）

六冊：俏東風（十二回）　續俏東風（八回）

己/448

綠棠吟館子弟書選：二十卷一百種/金臺三畏氏編．--稿本．--北京：綠棠吟館，民國十一年（1922）．--1 冊．--殘缺，存第 1 卷，共 6 種。有"綠棠吟館子弟書百種總目"，其中《天臺奇遇》係刻本。行款不一，第一種半葉 5 行，行 14 字，無邊框。鈐"綠棠吟館所藏"朱文印、"綠棠居士"朱文印、"玉甫"朱文印、"曉鈴藏書"朱文印．--綫裝

第一卷子目：

八仙慶壽

蝴蝶夢

天臺奇遇

俞伯牙摔琴

孟姜女哭城

漁樵問答　　　己/486

子弟書集：第一輯，附提要校記/（日本）波多野太郎編．--影印本．--日本：橫濱市立大學，日本昭和五十年（1975）．--1 冊．--（橫濱市立大學紀要：人文科學第 6 篇中國文學第 6 號/橫濱市大學紀要委員會編）．--鈐"曉鈴藏書"朱文印．--平裝

子目：

吊綿山

查關

藏舟

蒼舟

劉阮入關台

雀橋密誓

錦水祠

憶真妃

徐母訓子

單刀會

糜氏托孤

斬竇娥

遊寺

紅娘寄柬

紅娘下書

鶯鶯降書

醉打山門

翠屏山

盜甲

金德報

觀畫

蝴蝶夢

刺湯

百年長恨

刺虎

黛玉悲秋

甯武關

露淚緣

葬花

遣晴雯

二玉論心

湘雲醉酒

晴雯撕扇

椿齡畫薔

雙玉埋紅

三宣牙牌令

兩宴大觀園

品茶攏翠菴

醉臥怡紅院

春香鬧學

三難新郎

背娃入府

紅旗捷報

劉高手

逛二閘

繡荷苞

隨緣樂

瘋和尚治病

紅葉題詩

疑媒

浪子歎

大煙歎

陰陽嘆

藏舟校記

憶真妃校記

全德報校記

甯武關校記

黛玉悲秋校記

露淚緣校記

大煙歎校記 己/1624

第二部 .... 己/1624—1

第三部 .... 己/1624—2

飛熊夢子弟書：五回/（清）佚名撰. --抄本. --北京：百本張，清（1644—1911）. --1 冊（合函）. --半葉 4 行，行 14 字，小字雙行字同，無邊框。鈐"別還價百本張"墨印、"住新街口菜園六條胡同百本張"朱文印. --綫裝

己/503

俞伯牙摔琴謝知音子弟書：六回，附庸行編慎交格言/（清）王錦雯評. --稿本. --清嘉慶二十年（1815）. --1 冊（合裝 1 函）. --半葉 4 行，行 14 字，小字雙行字同，上半葉有評語，行約 18 字，無邊框。鈐"曉鈴藏書"朱文印. --綫裝

（己）/401

齊陳相罵子弟書：一回/（清）［韓小窗撰］. --抄本. --京師：別埜堂，清末（1851—1911）. --1 冊. --責任者據關德棟、周中明編《子弟書叢鈔》著錄，下同。半葉 4 行，行 14 字，無邊框。鈐"別埜堂記，與眾不同"墨印、"曉鈴藏書"朱文印. --毛裝 己/499

滿漢合璧子弟書尋夫曲校證/（日本）波多野太郎撰. --影印本. --日本：橫濱市立大學，日本昭和四十八年（1973）. --1 冊. --（橫濱市立

大學紀要：人文科學第四篇中國文學第四號/橫濱市立大學紀要委員會編）.--附科倫大學藏鈔本滿漢合璧子弟書尋夫曲及多種刻本、鉛印本。中敏贈言"曉鈴同志惠存，中敏敬獻，一九七八、十、三".--平裝　　　　己 1625

同治精刻本俗曲三種/（清）二淩居士輯.--刻本.--瀋陽：會文山房，清同治九至十三年（1870—1874）.--1 冊.--函套題"同治精刻本俗曲三種，十九年秋半農得於廠肆"。半葉 7 行，行 15 字，白口，四周單邊，單黑魚尾，半框 13.1×9.3cm。鈐"劉復"朱文印、"劉復藏"朱文印、"曉鈴藏書"朱文印.--綫裝
子目：
蝴蝶夢：四回/（清）愛辛覺羅春樹齋著.--子弟書
謗可笑，又名，犯相：一齣/（清）二淩居士著.--皮影戲
金石語，一名，打灶：一齣/（清）二淩居士著.--皮影戲　　　　己/477

漁家樂子弟書：七回/（清）佚名撰.--抄本.--清末（1851—1911）.--1 冊.--半葉 4 行，行 14 字，無邊框。鈐"曉鈴藏書"朱文印.--綫裝　　　　己/463

鳳儀亭子弟書：一回/（清）佚名撰.--抄本.--北京：百本張，清末（1851—1911）.--2 冊.--半葉 4 行，行 17 字，無邊框。鈐"別還價百本張"墨印、"吳"朱文印、"曉鈴藏書"朱文印.--毛裝　　　　己/457

托孤子弟書：二回/（清）佚名撰.--抄本.--清（1644—1911）.--1 冊（合函）.--有殘缺。半葉 4 行，行 14 字，小字雙行字同，無邊框.--毛裝　　　　己/514

白帝城子弟書：一回/（清）佚名撰.--抄本.--京師：聚卷堂李，清末民國（1851—1949）.--1 冊.--半葉 4 行，行 14 字，無邊框。鈐"聚卷堂李，不對管換"墨印、"言無二價"墨印、"吳"朱文印.--毛裝　　　　己/470

風月魁子弟書/（清）佚名撰.--抄本.--北京：百本張，清（1644—1911）.--1 冊（合函）.--半葉 4 行，行 14 字，小字雙行字同，無邊框。鈐"別還價百本張"墨印、"忙裡偷閒"朱文印、"曉鈴藏書"朱文印、"吳"朱文印.--毛裝　　　　己/504

紅拂私奔子弟書：三卷七回/（清）佚名撰.--抄本.--北京：百本張，清（1644—1911）.--3 冊（合函）.--半葉 4 行，行 14 字，小字雙行字同，無邊框。鈐"別還價百本張"墨印、"曉鈴藏書"朱文印、"吳"朱文印.--綫裝　　　　己/524

馬上聯姻子弟書：十四回/（清）佚名撰.--抄本.--北京：百本張，清（1644—1911）.--1 冊（合函）.--半葉 4 行，行 14 字，小字雙行字同，無邊框。鈐"別還價百本張"墨印、"曉鈴藏書"朱文印、"吳"朱文印.--綫裝　　　　己/513

馬上聯姻子弟書：十四回/（清）佚名撰.--抄本.--清（1644—1911）.--10 冊（合函）.--存 2、3、5—11、14 回。半葉 4 行，行 14 字，小字雙行字同，無邊框。鈐"曉鈴藏書"朱文印、"吳"朱文印.--綫裝　　　　己/522

借芭蕉扇子弟書：二回/（清）佚名撰.--抄本.--北京：百本張，清（1644—1911）.--1 冊.--半葉 4 行，行 14 字，無邊框。鈐"別還價百本張"墨印、"曉鈴藏書"朱文印、"吳"朱文印.--毛裝　　　　己/494

盤絲洞子弟書：三回/（清）佚名撰.--抄本.--北京：百本張，清（1644—1911）.--3 冊（合函）.--半葉 4 行，行 14 字，小字雙行字同，無邊框。鈐"別還價百本張"墨印、"曉鈴藏書"朱文印、"吳"朱文印.--毛裝　　　　己/515

雀橋密誓子弟書：二回/（清）[羅松窗撰].--抄本.--北京：百本張，清（1644—1911）.--2 冊（合函）.--半葉 4 行，行 14 字，小字雙行字同，無邊框。鈐"別還價百本張"墨印、"曉鈴藏書"朱文印、"吳"朱文印.--毛裝
己/525 己/526

聞鈴子弟書：二回/（清）佚名撰.--抄本.--北京：百本張，清末（1851—1911）.--2 冊.--半葉 4 行，行 14 字，無邊框。鈐"別還價百本張"墨印、"曉鈴藏書"朱文印.--毛裝　　己/458

憶真妃子弟書：一回/（清）佚名撰.--抄本，藍絲欄.--北京：吳曉鈴，1975 年.--1 冊.--佚名朱墨筆圈點，吳曉鈴跋.--綫裝　　己 1618

望鄉子弟書：一回/（清）佚名撰.--抄本.--北京：百本張，清末（1851—1911）.--1 冊.--前后有缺頁。半葉 4 行，行 14 字，無邊框。鈐"別還價百本張"墨印、"曉鈴藏書"朱文印、"吳"朱文印.--毛裝　　己/495

雙美奇緣：一回/（清）佚名撰.--複印本.--[19?? 年].--1 冊.--又名"新鐫老夫人堂樓拷紅"。據清末盛京程記書坊刻本複印。半葉 8 行，行 14 字，白口，四周單邊，單黑魚尾，半框 13.2×9.9cm.--平裝　　己/456

拷御子弟書：二回/（清）佚名撰.--抄本.--北京：百本張，清末（1851—1911）.--1 冊.--半葉 4 行，行 14 字，無邊框。鈐"別還價百本張"墨印、"吳"朱文印、"曉鈴藏書"朱文印.--毛裝
己/502

巧姻緣子弟書：二回/（清）佚名撰.--抄本.--京師：聚卷堂李，清末（1851—1911）.--1 冊.--半葉 4 行，行 14 字，無邊框。鈐"聚卷堂李，不對管換"墨印、"言無二價"墨印、"吳"朱文印、"曉鈴藏書"朱文印.--毛裝　　己/468

思凡：十八回/（清）佚名撰.--抄本.--清（1644—1911）.--1 冊.--書皮題"神秘寫本思凡"。半葉 6 行，行 18 字，無邊框。鈐"曉鈴藏書"朱文印、"吳"朱文印.--綫裝　　己/476

走嶺子子弟書：一回/（清）佚名撰.--抄本.--北京：百本張，清（1644—1911）.--1 冊（合函）.--半葉 4 行，行 14 字，小字雙行字同，無邊框。鈐"別還價百本張"墨印、"曉鈴藏書"朱文印、"吳"朱文印.--綫裝
己/511、己/519

盜甲子弟書：三回/（清）佚名撰.--抄本.--北京：百本張，清（1644—1911）.--1 冊（合函）.--半葉 4 行，行 14 字，小字雙行字同，無邊框。鈐"別還價百本張"墨印、"忙裡偷閒"朱文印、"曉鈴藏書"朱文印、"吳"朱文印.--綫裝
己/465、己/505

葡萄架子弟書：一回/（清）佚名撰.--抄本.--北京：百本張，清末（1851—1911）.--1 冊.--半葉 4 行，行 14 字，小字雙行字同，無邊框。鈐"別還價百本張"墨印、"曉鈴藏書"朱文印.--毛裝　　己/462

得鈔嗷妻子弟書：二回/（清）[韓小窗撰].--刻本.--裕文齋，清（1644—1911）.--1 冊（合函）.--書名頁題"得鈔嗷妻"。半葉 8 行，行 14 字，小字雙行字同，白口，四周雙邊，單黑魚尾，半框 14.4×10.6cm。鈐"曉鈴藏書"朱文印、"吳"朱文印.--綫裝　　己/510

玉簪記子弟書：十八回/（清）佚名撰.--抄本.--北京：億卷堂百本剛，清（1644—1911）.--1 冊（合函）.--存第三、四回。半葉 4 行，行 14 字，小字雙行字同，無邊框。鈐"億卷堂百本剛，天下馳名京都第一"墨印、"忙裡偷閒"朱文印、"曉鈴藏書"朱文印、"吳"朱文印.--綫裝　　己/506

出塔子弟書：二回/（清）佚名撰．--抄本．--清末（1851—1911）．--1 冊．--半葉 4 行，行 14 字，小字雙行字同，無邊框。鈐"吳"朱文印、"曉鈴臧書"朱文印．--毛裝　　　己/469

百花亭子弟書：四回/（清）［羅松窗撰］．--抄本．--北京：百本張，清（1644—1911）．--1 冊（合函）．--缺第 1 回。半葉 4 行，行 14 字，小字雙行字同，無邊框。鈐"曉鈴臧書"朱文印、"吳"朱文印．--毛裝　　　己/520

百花亭：四回/（清）［羅松窗撰］．--抄本．--聚卷堂李，清（1644—1911）．--1 冊（合函）．--半葉 4 行，行 14 字，小字雙行字同，無邊框。鈐"言無二價"墨印、"聚卷堂李不對管換"墨印、"曉鈴臧書"朱文印、"吳"朱文印．--毛裝　　　己/521

百花亭子弟書：四回/（清）［羅松窗撰］．--抄本．--清（1644—1911）．--1 冊（1 函）．--半葉 4 行，行 14 字，小字雙行字同，無邊框。鈐"曉鈴臧書"朱文印、"吳"朱文印．--綫裝　　　己/507

意中緣子弟書：八回/（清）佚名撰．--抄本．--北京：百本張，清末（1851—1911）．--3 冊．--存第 1、2、5 回。半葉 4 行，行 14 字，無邊框。鈐"別還價百本張"墨印、"吳"朱文印、"曉鈴臧書"朱文印．--毛裝　己/461

連陞三級子弟書：一回/（清）佚名撰．--抄本．--清（1644—1911）．--1 冊．--半葉 4 行，行 14 字，無邊框。鈐"曉鈴臧書"朱文印．--毛裝　　　己/496

分宮子弟書：一回/（清）佚名撰．--刻本．--三盛堂，清（1644—1911）．--1 冊（合函）．--書名頁題"崇禎爺分宮"。半葉 8 行，行 14 字，小字雙行字同，白口，四周雙邊，單黑魚尾，半框 13×10.8cm。鈐"曉鈴臧書"朱文印、"吳"朱

文印．--綫裝　　　己/509

鴛鴦扣子弟書：二十四回/（清）佚名撰．--抄本．--北京：百本張，清（1644—1911）．--2 冊（1 函）．--半葉 4 行，行 14 字，小字雙行字同，無邊框。鈐"別還價百本張"墨印、"曉鈴臧書"朱文印、"吳"朱文印．--綫裝　　　己/527

三皇會：一回/（清）佚名撰．--抄本．--清末（1851—1911）．--1 冊．--半葉 4 行，行 14 字，小字雙行字同，無邊框。鈐"吳"朱文印、"曉鈴臧書"朱文印．--毛裝　　　己/471

祿壽堂子弟書：一回/（清）佚名撰．--抄本．--北京：百本張，清末（1851—1911）．--1 冊．--半葉 4 行，行 14 字，無邊框。鈐"別還價百本張"墨印、"曉鈴臧書"朱文印．--毛裝

己/464

票把爾上塲子弟書：一回/（清）佚名撰．--抄本．--北京：百本張，清末（1851—1911）．--1 冊．--半葉 4 行，行 14 字，無邊框。鈐"別還價百本張"墨印、"住新街口菜園六條胡同百本張"朱文印、"曉鈴臧書"朱文印、"吳"朱文印．--毛裝　　　己/497

票把上台子弟書：一回/（清）佚名撰．--抄本．--北京：百本張，清末（1851—1911）．--1 冊．--半葉 4 行，行 14 字，無邊框。鈐"別還價百本張"墨印、"曉鈴臧書"朱文印．--毛裝

己/498

評崑論子弟書：一回/（清）佚名撰．--複印本．--［19?? 年］．--1 冊．--據百本張抄本複印。"崑"字筆畫不清．--綫裝　　　己/1621

隨緣樂子弟書：一回/（清）佚名撰．--抄本，朱絲欄．--北京：吳曉鈴，1976 年．--1 冊．--半葉 10 行，行 14 字，小字雙行 23 字，白口，四周單邊，版心下印"不珍敝帚齋"，半框 17×

13.3cm。吳曉鈴跋。鈐"吳"朱文印、"曉鈴藏書"朱文印. --綫裝　　　　　　　　己 1617

代數嘆子弟書：一回/（清）煮雪山人手訂；耕烟子過目；眠雲道士編輯. --稿本. --清光緒三十二年（1906）. --1 冊. --吳曉鈴《綏中吳氏雙栯書屋所藏子弟書目錄》載："清光緒三十二年丙午稿本。謹案：此先翁輝山府君在北京匯文大學堂肄業時遊戲之筆。"輝山府君即吳曉鈴先生之祖父吳玉昆。版本說明據此著錄。半葉 7 行，行 14 字，無邊框。鈐"曉鈴贈書"朱文印、"吳"朱文印. --綫裝　　　　己/1597

煙花歎子弟書：二回/（清）佚名撰. --抄本. --北京：百本張，清（1644—1911）. --1 冊（合函）. --存第 1 回。半葉 4 行，行 14 字，小字雙行字同，無邊框。鈐"別還價百本張"墨印、"曉鈴藏書"朱文印、"吳"朱文印. --綫裝

己/523

戲姨子弟書：二回/（清）佚名撰. --抄本. --北京：百本張，清（1644—1911）. --3 冊（合函）. --半葉 4 行，行 14 字，小字雙行字同，無邊框。鈐"別還價百本張"墨印、"曉鈴藏書"朱文印、"吳"朱文印. --毛裝　　　　己/516

緒戲姨子弟書：一回/（清）佚名撰. --抄本. --北京：百本張，清（1644—1911）. --1 冊（合函）. --題名中"緒"字應作"續"。半葉 4 行，行 14 字，小字雙行字同，無邊框。鈐"別還價百本張"墨印、"曉鈴藏書"朱文印、"吳"朱文印. --毛裝　　　　　　　　　己/517

緒俏東風子弟書：八回/（清）佚名撰. --抄本. --北京：百本張，清（1644—1911）. --1 冊（合函）. --題名中"緒"字應作"續"。半葉 4 行，行 14 字，小字雙行字同，無邊框。鈐"別還價百本張"墨印、"寓西直門大街高井兒胡同北頭東胡同路北百本張"朱文印、"曉鈴藏書"朱文印、"吳"朱文印. --綫裝　　　己/512

一入榮府子弟書：四回/（清）［韓小窗撰］. --抄本. --北京：百本張，清末（1851—1911）. --4 冊. --半葉 4 行，行 14 字，無邊框。鈐"別還價百本張"墨印、"吳"朱文印、"曉鈴藏書"朱文印. --毛裝　　　　己/467

晴雯撕扇子弟書：一回/（清）［煦園改訂］. --抄本. --北京：百本張，清末（1851—1911）. --1 冊. --半葉 4 行，行 14 字，無邊框。鈐"別還價百本張"墨印、"吳"朱文印、"曉鈴藏書"朱文印. --毛裝　　　　己/466

兩宴大觀園子弟書：一回/（清）佚名撰. --抄本. --北京：百本張，清末（1851—1911）. --1 冊. --半葉 4 行，行 14 字，無邊框。鈐"別還價百本張"墨印、"曉鈴藏書"朱文印、"吳"朱文印. --毛裝　　　　　　己/501

金鴛鴦三宣牙牌令子弟書：一回/（清）佚名撰. --抄本. --北京：百本張，清末（1851—1911）. --1 冊. --半葉 4 行，行 14 字，小字雙行字同，無邊框。鈐"別還價百本張"墨印、"曉鈴藏書"朱文印. --毛裝　　　　　　己/472

探雯換祆子弟書：二回/（清）佚名撰. --抄本. --北京：百本張，清末（1851—1911）. --2 冊. --半葉 4 行，行 14 字，無邊框。鈐"別還價百本張"墨印、"曉鈴藏書"朱文印、"吳"朱文印. --毛裝　　　　己/500

探病子弟書：二回/（清）佚名撰. --抄本. --北京：百本張，清（1644—1911）. --1 冊（合函）. --半葉 4 行，行 14 字，小字雙行字同，無邊框。鈐"別還價百本張"墨印、"曉鈴藏書"朱文印、"吳"朱文印. --綫裝　　　　己/518

露淚緣子弟書：十三回/（清）［韓小窗撰］. --刻本. --清（1644—1911）. --1 冊（1函）. --半葉 9 行，行 21 字，小字雙行字同，白口，四周單邊，單黑魚尾，半框 15.3×11.3cm。

佚名朱筆圈點。鈐"曉鈴藏書"朱文印、"吳"朱文印.--綫裝　　　　　　　己/508

桃花岸：十三回/(清)佚名撰.--抄本.--京師：聚卷堂李,清末(1851—1911).--1 冊.--半葉 4 行,行 14 字,無邊框。鈐"言無二價"墨印、"聚卷堂李,不對管換"墨印、"吳"朱文印、"曉鈴藏書"朱文印.--毛裝　　　己/481

集錦書目子弟書：一回/(清)[奕賡撰].--抄本.--北京：百本張,清末(1851—1911).--1 冊.--半葉 4 行,行 14 字,小字雙行字同,無邊框。鈐"別還價百本張"墨印、"住新街口菜園六條胡同百本張"朱文印、"曉鈴藏書"朱文印.--毛裝　　　　己/460

半畝寄廬子弟書/半畝老人原著;塊屋評點.--稿本,綠絲欄.--汝霈,民國五年(1916).--1 冊(1 函).--汝霈抄錄、改定,自加朱批。半葉 13 行,行 23 字,白口,四周單邊,書耳內題"半畝寄廬原稿",半框 20.4 × 13.6cm。鈐"吳"朱文印、"曉鈴藏書"朱文印.--綫裝
子目：
屈原
荆軻刺秦
漢文帝夜夢黃頭郎
雪燕娘：二本
三笑：二本
岔曲：十段　　　　　　　　己/529

子弟書目錄/(清)百本張編.--抄本.--北京：百本張,清末(1851—1911).--1 冊.--半葉 5 行,行字數不等,無邊框。鈐"別還價百本張"墨印、"吳"朱文印、"曉鈴藏書"朱文印.--毛裝　　　　　　　　　己/459

子弟書目錄/(清)百本張編.--抄本.--北京：百本張,清末(1851—1911).--1 冊.--半葉 5 行,行字數不等,無邊框。鈐"別還價百本張"

墨印、"住新街口菜園六條胡同百本張"朱文印、"吳"朱文印、"曉鈴藏書"朱文印.--毛裝　　　　　　　　　己/473

寶卷

錢培章寶卷匯抄：六十五種/錢培章選輯.--抄本.--錢培章,民國十四至二十一年(1925—1932).--64 冊(1 函).--半葉 7 行,行 20 字,無邊框.--綫裝
子目
賣花寶卷
雙蝴蝶寶卷(又名徐子見)
鮑沙廳
蘭香閣
天仙寶卷
雙花寶卷
還金鐲
鳳麟卷
龍燈傳
貞烈寶卷(又名孟姜女)
山陽縣寶卷
白玉燕寶卷
磨房産子(又名白兔記)
白鶴圖
玉蜻蜓
玉連環
失羅帕
百鳥圖寶卷
合同記寶卷
何文秀寶卷
妙英寶卷
逆子虎吞
逆媳變驢
奇冤寶卷(又名雙奇冤)
雙珠鳳
雙珠鳳(與上本文字稍異)
雙印寶卷
珍珠塔寶卷
沉香寶卷

靈鼠寶卷

盜金牌

雙蝴蝶寶卷(又名梁祝緣)

顯映橋寶卷

游龍寶卷(獻龍袍)

紅梅卷(又名紅梅閣)

長生寶卷

得兒續嗣(又名買兒叫)

紅羅寶卷

碧玉簪

珊瑚寶卷

三鼎甲(又名三景圖)

百花臺

玉玦寶卷(又名一浪飯)

姑嫂成親(又名大紅袍)

目蓮僧

三猫卷

河東獅吼

開家寶卷

翠蓮卷

黃金印

黃糠寶卷

時運寶卷

回郎寶卷

琵琶記(又名趙五娘)

齋僧卷

落陽橋寶卷

金牛太子

金如意寶卷

雕龍扇寶卷

狸貓換主(又名落帽風)

漁家樂

目前果報(又名眼前報)

斬竇娥

雌雄盞

雌雄盞(與上本文字稍異)　　　己/1921

大乘苦功悟道寶卷:一卷.--刻本.--杭州:瑪瑙經房,清光緒七年(1881).--1冊:有插圖.--書名據書名頁題,書衣題"大藏總集苦功寶

卷"。半葉4行,行15字,白口,上下雙邊,半框32.8×13.7cm.--經折裝　　　己/1069

苦功悟道:一卷/(明)釋源靜補注;(明)釋覺蒼編錄.--抄本.--清(1644—1911).--1冊(1函).--缺第20、33葉。半葉10行,行21字,細黑口,上下雙邊,無直格,半框20.4×13cm。鈐"曉鈴藏書"朱文印.--綫裝　　　己/1063

嘆世無爲卷:一卷,附祖家慈悲警浮嘆世道清詞一卷/(明)佚名編.--刻本.--明(1368—1644).--1冊(1函).--卷尾缺葉。半葉8行,行15字,白口,四周雙邊,單黑魚尾,半框20.8×13.9cm。鈐"華陽曾天宇藏書"朱文印、"經畬樓藏"白文印、"曉鈴藏書"朱文印.--綫裝　　　(己)/1078

歎世無爲卷:十二品.--刻本.--杭州:瑪瑙經房,民國八年(1919).--1冊:有插圖.--書名頁題"大乘嘆世無爲寶卷",書簽題"大藏總集歎世寶卷"。半葉4行,行15字,白口,上下雙邊,無直格,半框32.7×13.6cm。鈐"曉鈴藏書"朱文印.--經折裝　　　己/1070

歎世無爲經:一卷.--抄本.--民國(1912—1949).--1冊(1函):有插圖.--插圖係刻印。半葉4行,行15字,白口,上下雙邊,無直格,半框29.4×11.9cm。鈐"曉鈴藏書"朱文印.--經折裝　　　己/1064

破邪顯證鑰匙:二卷二十四品.--刻本.--杭州:瑪瑙經房,清光緒七年(1881).--1冊:有插圖.--書名頁題"大乘破邪鑰匙寶卷",書簽題"大藏總集下破寶卷"。半葉4行,行15字,白口,上下雙邊,無直格,半框32.6×13.5cm。鈐"曉鈴藏書"朱文印.--經折裝

己/1071

正信除疑無修證自在經:二十四品.--刻本.--明(1368—1644).--1冊(1函):有插

圖.--半葉 4 行,行 13 字,上下雙邊,半框 29.5×13.2cm。鈐"曉鈴藏書"朱文印.--經折裝　　　　　　　　　　　　　　　　　　（己）/1060

正信除疑無修證自在寶卷:一卷.--刻本.--杭州:瑪瑙經房,清光緒七年(1881).--1 冊:有插圖.--書名頁題"大乘正信除疑寶卷"。半葉 4 行,行 15 字,白口,上下雙邊,半框 32.5×13.8cm。鈐"曉鈴藏書"朱文印.--經折裝　　　　　　　　　　　　　　　　　　己/1067

正信除疑無修證自在寶卷句解:二卷/(明)王尚儒述注.--刻本.--明(1368—1644).--1 冊(1 函).--存下卷。半葉 10 行,行 25 字,粗黑口,四周雙邊,四黑魚尾,半框 21.9×14cm。鈐"曉鈴藏書"朱文印.--綫裝　　己/1080

巍巍不動太山深根結果經:一卷.--刻本.--明(1368—1644).--1 冊(1 函):有插圖.--半葉 4 行,行 13 字,上下雙邊,半框 29.6×13.1cm。鈐"曉鈴藏書"朱文印.--經折裝　　　　　　　　　　　　　　　　　　（己）/1062

巍巍不動泰山深根結果寶卷:二十四品.--刻本.--杭州:瑪瑙經房,清光緒七年(1881).--2 冊:有插圖.--書名頁題"大乘太山不動寶卷"。半葉 4 行,行 15 字,上下雙邊,半框 32.6×13.6cm。鈐"曉鈴藏書"朱文印.--經折裝　　　　　　　　　　　　　　　　　　己/1068

銷釋真空掃心寶卷:二卷.--刻本.--明(1368—1644).--1 冊(1 函):有插圖.--存上卷。半葉 4 行,行 15 字,上下雙邊,半框 27.9×13.1cm。鈐"曉鈴藏書"朱文印.--經折裝　　　　　　　　　　　　　　　　　　（己）/1085

姚秦三藏西天取清解論:一卷.--刻本.--清康熙三十七年(1698).--1 冊(1 函):有插圖.--半葉 4 行,行 13 字,上下雙邊,半框 28.5×13.2cm。鈐"曉鈴藏書"朱文印.--經折

裝　　　　　　　　　　　　　　（己）/1061

孝義寶卷:一卷.--抄本.--清(1644—1911).--1 冊(1 函).--半葉 8 行,行 17 字,無邊框。鈐"曉鈴藏書"朱文印.--綫裝
　　　　　　　　　　　　　　　己/1159

三祖行腳因由寶卷:三卷/(清)釋普浩輯.--刻本.--周丙、朱和,清光緒元年(1875).--1 冊(1 函).--半葉 8 行,行 20 字,白口,四周單邊,無直格,單黑魚尾,半框 19.9×13.8cm。鈐"寧波又新街大酉山房書籍經懺發行"朱文印、"曉鈴藏書"朱文印.--綫裝
　　子目:
　　山東初度
　　縉雲舟轉
　　慶元三復　　　　　　　　　己/1180

梁皇寶卷全集:一卷,附十骷髏、上大上詩注.--刻本.--杭州:瑪瑙經房,清光緒二年(1876).--1 冊(1 函).--半葉 9 行,行 17 字,白口,四周雙邊,無直格,單黑魚尾,半框 21.4×14.5cm。鈐"翁寶財印"朱文印、"曉鈴藏書"朱文印.--綫裝　　　　　　己/1226

武當山玄天上帝經:二卷二十四品.--刻本.--明嘉靖二年(1523).--5 冊(1 函):有插圖.--書簽題"皇極金丹九蓮正信皈真還鄉寶卷"。半葉 5 行,行 17 字,上下雙邊,半框 26×11.5cm。鈐"曾在周紹良處"朱文印、"至德周紹良所珍氞書"朱文印、"曉鈴藏書"朱文印.--經折裝　　　　　　　　　　　（己）/1058

皇極金丹九蓮正信皈真還鄉寶卷:二卷二十四品.--抄本,紅格.--民國(1912—1949).--2 冊(1 函).--半葉 6 行,行 15 字,白口,四周雙邊,單黑魚尾,半框 28.7×18.8cm。鈐"曉鈴藏書"朱文印.--綫裝　　　　　　己/1066

佛說大慈至聖九蓮菩薩化身度世尊經.--複

印本. --[19?? 年]. --39 葉:有插圖. --據萬曆四十四年內府刻本複印. --散裝　　己/1920

古佛天真考證龍華寶經:四卷. --鉛印本. --吉林:趙振芳等,民國(1912—1949). --4 冊(1 函):圖 18 幅. --書簽題"龍華寶經"。半葉 9 行,行 24 字,白口,四周雙邊,單黑魚尾,半框 19.1×12.6cm。鈐"曉鈴藏書"朱文印. --綫裝　　己/1077

妙英寶卷:一卷. --刻本. --清光緒三年(1877). --1 冊:圖 1 幅. --半葉 7 行,行 21 字,白口,左右雙邊,無直格,單黑魚尾,半框 17.1×12.3cm。姑蘇元妙觀內得見齋藏板。鈐"曉鈴藏書"朱文印. --綫裝　　己/1190

白衣寶卷,一名,妙英寶卷:一卷. --抄本. --虞西徐峻豪,民國三十六年(1947). --1 冊(1 函). --書皮題"普門妙典,白衣集"。半葉 8 行,行 25 字,無邊框. --綫裝　　己/1944

護國佑民伏魔寶卷:二卷. --刻本. --明(1368—1644). --2 冊(1 函):有插圖. --半葉 4 行,行 15 字,上下雙邊,半框 28×13cm。鈐"曉鈴藏書"朱文印. --經折裝　　己/1084

護國佑民伏魔寶卷:二十四品. --刻本. --清光緒二十五年(1899). --4 冊(1 函). --書簽題"關聖帝君伏魔寶卷註解"。卷首載關帝等乩訓十篇。半葉 9 行,行 22 字,小字雙行字同,白口,上下雙邊,單黑魚尾,半框 20.8×13.5cm。奉天府金州東後鄭家屯復善堂藏板。鈐"曉鈴藏書"朱文印. --綫裝　　己/1228

銷釋混元大法明經:三卷. --刻本. --明(1368—1644). --1 冊(1 函):插圖 13 幅. --有殘缺。半葉 4 行,行 15 字,上下雙邊,半框 24.8×11.6cm。鈐"曉鈴藏書"朱文印. --經折裝　　己/1056

弘陽至理歸宗思鄉寶卷:二卷二十四品. --抄本. --民國(1912—1949). --2 冊(1 函). --卷端題"混元弘陽中華經"。半葉 6 行,行 23 字,無邊框。鈐"蠹齋所藏"白文印、"曾在周紹良處"朱文印、"曉鈴藏書"朱文印. --綫裝　　己/1090

眾喜粗言:五卷/(清)陳眾喜撰. --刻本. --杭州:瑪瑙經房,清光緒六年(1880). --2 冊(1 函):圖 2 幅. --兩截版,下欄爲"眾喜粗言",半葉 9 行,行 16 字,小字雙行字同,上欄附"菩薩生日"、"名山記"、"報應雜說"等,半葉 18 行,行 16 字,白口,左右雙邊,無直格,單黑魚尾,半框 23.4×13.2cm。鈐"曉鈴藏書"朱文印. --綫裝　　己/1220

眾喜粗言寶卷:五卷/(清)陳眾喜撰. --鉛印本. --杭州:弘文印書局,民國十三年(1924). --5 冊(1 函):有圖. --上下兩欄,上欄半葉 18 行,行 16 字,下欄半葉 9 行,行 16 字,有眉批,行 2 字,白口,半框 21.9×13.1cm。鈐"沈雲亭"朱文印、"曉鈴藏書"朱文印. --綫裝　　己/1995

十個彌陀經:一卷,附賢良詞、地藏王五更詞. --刻本. --武安郭廣聚,清末(1851—1911). --1 冊(合裝 1 函). --書皮、版心皆題"彌陀經"。半葉 8 行,行 14 字,白口,四周雙邊,無直格,單黑魚尾,半框 14.7×11cm. --平裝　　己/1163

賢良詞:一卷. --刻本. --永州:三一堂,民國十四年(1925). --1 冊(1 函). --半葉 7 行,行 15 字,白口,四周單邊,單黑魚尾,半框 13.6×10.3cm。钤"曉鈴藏書"朱文印. --綫裝　　己/1943

奉勸警世人言:一卷. 附佛誅(說)大藏正教血盆經:一卷. 孝子報恩拜燭寶卷:一卷. --抄本. --程惠泉,清咸豐九年(1859). --1 冊(

函）.--書皮題"報恩寶卷"、"勸世要言"。半葉 9 行,行 14 字,無邊框。鈐"曉鈴藏書"朱文印.--綫裝　　　　　　　己/1133

銷釋金剛科儀/（後秦）釋鳩摩羅什譯；（宋）宗鏡禪師述.--刻本.--翟尚儒等,明（1368—1644）.--1 冊（1 函）:有插圖.--有抄配。附摩訶般若波羅蜜多心經、佛說五十三佛三十五佛名經、回向净土文。半葉 4 行,行 15 字,上下雙邊,半框 29.2×13cm.--經折裝　　己/1087

銷釋金剛科儀會要註解:九卷,附原文一卷/（後秦）釋鳩摩羅什譯；（宋）宗鏡禪師述；（明）釋覺連重集.--刻本.--北京:衍法寺沙門本讚,明萬曆七年（1579）.--10 冊（1 函）:有插圖.--半葉 9 行,行 18 字,粗黑口,四周雙邊,單黑魚尾,半框 20.3×14.8cm。鈐"積學齋徐乃昌藏書"朱文印、"徐乃昌讀"朱文印、"曉鈴藏書"朱文印.--綫裝　　　　　（己）/1059

銷釋金剛科儀錄說記:二卷/（後秦）釋鳩摩羅什譯；（宋）宗鏡禪師述；（明）釋成桂注.--刻本.--明（1368—1644）.--2 冊（1 函）.--書末殘缺。半葉 8 行,行 14 字,小字雙行 23 字,黑口,四周雙邊,雙對黑魚尾,半框 20.3×13.6cm。鈐"曉鈴藏書"朱文印.--綫裝　　　　　己/1081

銷釋準提復生寶卷:二卷.--刻本.--明（1368—1644）.--1 冊（1 函）:圖.--存上卷。半葉 4 行,行 15 字,上下雙邊,半框 27.6×13cm。鈐"曉鈴藏書"朱文印.--經折裝　　　　　己/1086

無上圓明通正生蓮寶卷:二卷,附掃邪歸正論、無雲子遺訓/（清）無雲子撰.--刻本.--浙越剡北,清末（1851—1911）.--1 冊（1 函）.--作者據序題。越群姓周,名惟清,道號無雲子。半葉 9 行,行 18 字,白口,四周雙邊,單黑魚尾,半框 20×13.5cm.--綫裝　　己/1082—1

第二部　鈐"蘇省護龍街中瑪瑙經房發兑"朱文印　　　　　己/1082—2

如如老祖化度眾生指往西方寶卷全集:一卷.--刻本.--杭州:瑪瑙寺經房,清末（1851—1911）.--1 冊（1 函）.--半葉 9 行,行 18 字,白口,四周雙邊,單黑魚尾,半框 19.2×13.6cm。鈐"吳"朱文印、"曉鈴藏書"朱文印.--綫裝　　　　己/1076

王文開齋傳:一卷.--抄本.--清（1644—1911）.--1 冊（1 函）.--卷尾題"王文開齋受苦還魂皈依重修成果卷"。半葉 9 行,行 20 字,無邊框。鈐"吳"朱文印、"曉鈴藏書"朱文印.--綫裝　　　　己/1114

雪山寶卷全集:一卷.--刻本.--杭州:瑪瑙明臺經房,民國八年（1919）.--1 冊（1 函）.--半葉 9 行,行 18 字,白口,四周雙邊,單黑魚尾,半框 21.4×14.1cm。鈐"曉鈴藏書"朱文印.--綫裝　　　　己/1083

觀音釋宗日北斗南經:一卷.--刻本.--明（1368—1644）.--1 冊（1 函）:有插圖.--半葉 5 行,行 15 字,上下雙邊,半框 27.6×12.7cm。鈐"曉鈴藏書"朱文印.--經折裝　　　　（己）/1065

普陀觀音寶卷:一卷.--刻本.--蘇州:瑪瑙經房,清光緒二十年（1894）.--1 冊（合裝 1 函）.--書皮、書名頁題"普陀寶卷"。半葉 7 行,行 21 字,白口,四周單邊,無直格,單黑魚尾,半框 16.9×12.2cm。蘇州瑪瑙經房藏板。鈐"吳"朱文印、"曉鈴藏書"朱文印.--綫裝　　　　己/1152

觀音十二圓覺全傳:一卷/張仁心著.--石印本.--上海:惜陰書局,民國二十七年（1938）.--1 冊（1 函）:圖 1 幅.--題名據書名頁著錄,卷端題"十二圓覺"。半葉 18 行,行 32 字,白

口，四周單邊，半框 16.8×12.2cm。鈐“吳”朱文印、“曉鈴藏書”朱文印. --綫裝　　己/1941

白雲香山寶傳：二卷. --刻本. --清末（1851—1911）. --1 冊（1 函）. --半葉 8 行，行 24 字，白口，四周雙邊，無直格，單黑魚尾，半框 15.6×10.9cm。京都如心堂惜字社藏板。書首題“信都中陽山人健菴氏募捐重鐫”，書末題“直隸肥鄉縣傅希賢捐資重刊”。鈐“曉鈴藏書”朱文印. --綫裝　　己/1235

觀音妙善寶卷：一卷. --抄本. --胡駿慶，民國五年（1916）. --1 冊（1 函）. --半葉 7 行，行 14 字，無邊框。鈐“吳”朱文印、“曉鈴藏書”朱文印. --綫裝　　己/1954

觀世音菩薩本行經：一卷/（宋）釋普明編集. --刻本. --戒壇經房，清初（1644—1722）. --1 冊（1 函）. --半葉 12 行，行 22 字，粗黑口，四周雙邊，雙對黑魚尾，半框 21.8×16.1cm。鈐“吳”朱文印、“曉鈴藏書”朱文印. --綫裝　　（己）/1150

觀世音菩薩本行經：二卷/（宋）釋普明編集；（清）釋寶峰流行；（清）釋智公重修；（清）釋文公傳錄. --刻本. --清末（1851—1911）. --2 冊（合裝 1 函）. --又名《香山寶卷》。半葉 10 行，行 20 字，粗黑口，四周雙邊，單黑魚尾，半框 20.6×14.9cm。鈐“曉鈴藏書”朱文印. --綫裝　　己/1225

重刻觀世音菩薩本行經簡集：二卷/（宋）釋普明編集；（清）釋淨宏簡行. --刻本. --西湖：瑪瑙明臺經房，清（1644—1911）. --1 冊（合裝 1 函）：有圖 1 幅. --書簽題“香山寶卷”。半葉 9 行，行 18 字，粗黑口，左右雙邊，單黑魚尾，半框 20.3×14.2cm。鈐“曉鈴藏書”朱文印. --綫裝　　己/1224

重刻觀世音菩薩本行經簡集：二卷/（宋）釋

普明編集；（清）釋淨宏簡行. --刻本. --清同治十年（1871）. --1 冊（合裝 1 函）：圖 1 幅. --書名頁題“香山寶卷”，版心題“香山卷”。半葉 9 行，行 18 字，小字雙行字同，白口，四周單邊，單黑魚尾，半框 20.9×14cm。世家堂藏版。鈐“吳”朱文印、“曉鈴藏書”朱文印. --綫裝　　己/1151

重刻觀世音菩薩本行經簡集：二卷/（宋）釋普明編集；（清）釋淨宏簡行. --石印本. --上海：惜陰書局，民國（1912—1949）. --1 冊（1 函）. --書名頁題“繪圖香山寶卷”，書皮題“繪圖觀音得道香山寶卷”。半葉 22 行，行 40 字，白口，四周單邊，半框 18.3×12.5cm。鈐“曉鈴藏書”朱文印. --綫裝　　己/1942

善才龍女卷：一卷/（清）煙波釣徒撰. --刻本. --周洪源，民國元年（1912）. --1 冊. --半葉 9 行，行 20 字，白口，左右雙邊，單黑魚尾，半框 16.9×11.9cm。上海翼化堂善書坊存板。鈐“吳”朱文印、“曉鈴藏書”朱文印. --綫裝　　己/1940

家堂寶卷：一卷. --抄本. --清（1644—1911）. --1 冊（合裝 1 函）. --半葉 6 行，行 16 字，無邊框。鈐“徐峻豪章”朱文印、“曉鈴藏書”朱文印. --綫裝　　己/1131

家堂卷：一卷. --抄本. --清末（1851—1911）. --1 冊（合裝 1 函）. --有殘破。又名“家堂寶卷”。半葉 8 行，行 16 字，無邊框。鈐“曉鈴藏書”朱文印. --綫裝　　己/1117

東嶽泰山十王寶卷：一卷. --抄本. --清（1644—1911）. --1 冊（1 函）. --半葉 5 行，行 14 至 15 字，無邊框。鈐“曉鈴藏書”朱文印. --經折裝　　己/1055

真武菩薩得道寶卷：一卷. --刻本. --清光緒四年（1878）. --1 冊（合裝 1 函）. --書皮題“真

武得道寶卷",書名頁、版心題"真武寶卷"。半葉 9 行,行 18 字,白口,四周雙邊,單黑魚尾,半框 19.4×14.4cm。鎮江寶善堂藏板.--綫裝
　　　　　　　　　　　　　己/1222

達摩寶卷:一卷.--刻本.--金陵:一得齋,清光緒九年(1883).--1 冊(1 函).--半葉 9 行,行 22 字,白口,四周雙邊,單黑魚尾,半框 16.9×13.2cm。鈐"曉鈴臧書"朱文印.--綫裝
　　　　　　　　　　　　　己/1209

目蓮卷全集:一卷.--刻本.--杭州:瑪瑙寺經房,清光緒三年(1877).--1 冊(1 函).--半葉 9 行,行 18 字,白口,四周雙邊,單黑魚尾,半框 19.3×13.2cm。鈐"曉鈴臧書"朱文印.--綫裝
　　　　　　　　　　　　　己/1075

目連救母幽冥寶傳:一卷.--刻本.--夏雨麒等,清光緒七年(1881).--1 冊:圖 1 幅.--版心題"幽冥傳"。半葉 9 行,行 23 字,白口,四周單邊,單黑魚尾,半框 16.8×12.1cm。鈐"吳"朱文印、"曉鈴臧書"朱文印.--綫裝
　　　　　　　　　　　　　己/1183

目連救母幽冥寶傳:一卷/(清)青陽山人校.--刻本.--燕南:胡思真,清光緒二十四年(1898)(王國安等,民國七年[1918]印).--2 冊(1 函):有插圖.--書簽、書名頁題"幽冥寶傳"。半葉 8 行,行 20 字,白口,四周雙邊,單黑魚尾,半框 15.6×12cm。鈐"曉鈴臧書"朱文印.--綫裝
　　　　　　　　　　　　　己/1074

紅羅寶卷:一卷.--抄本.--黃源盛,清光緒四年(1878).--1 冊(合裝 1 函).--半葉 8 行,行約 26 字,無邊框。鈐"曉鈴臧書"朱文印.--綫裝
　　　　　　　　　　　　　己/1171

紅羅寶卷:一卷.--抄本.--江潤卿,清光緒二十四年(1898).--1 冊(合裝 1 函).--半葉 8 行,行 17 字,無邊框。鈐"朱士新"墨印、"朱

永興"朱文印、"曉鈴臧書"朱文印.--綫裝
　　　　　　　　　　　　　己/1169

紅羅寶卷:一卷.--抄本.--九思堂紹敏,清宣統二年(1910).--1 冊(1 函).--半葉 7 行,行 22 字,無邊框。鈐"曉鈴臧書"朱文印.--綫裝
　　　　　　　　　　　　　己/1168

紅羅寶卷簡集:一卷.--抄本.--退掃閒軒,清光緒(1875—1908).--1 冊(合裝 1 函).--殘破。半葉 8 行,行 17 字,無邊框。鈐"曉鈴臧書"朱文印.--綫裝
　　　　　　　　　　　　　己/1170

繪圖晚娘紅羅寶卷:二卷.--石印本.--上海:惜陰書局,民國(1912—1949).--1 冊(1 函):圖 1 幅.--書皮題"繪圖紅羅晚娘寶卷",書名頁題"繪圖晚娘寶卷,又名紅羅寶卷"。半葉 17 行,行 32 字,白口,四周單邊,半框 18.7×12.5cm。鈐"曉鈴臧書"朱文印.--綫裝
　　　　　　　　　　　　　己/1948

孫臏上壽:一卷,附十不戀、勸善真言.--刻本.--民國十一年(1922).--1 冊(1 函).--半葉 8 行,行 20 字,白口,四周雙邊,無直格,單黑魚尾,半框 15.1×11.4cm。洛邑明善堂藏板。鈐"吳"朱文印、"曉鈴臧書"朱文印.--綫裝
　　　　　　　　　　　　　己/1179

孫臏看桃:一卷.--刻本.--清末(1851—1911).--1 冊(1 函).--書名頁題"孫臏老祖看桃園"。半葉 8 行,行 21 字,白口,四周雙邊,無直格,單黑魚尾,半框 16.3×11.3cm。京都如心堂惜字社藏板。卷首題"信都中陽山人健菴氏募捐重鐫",卷末題"直隸肥鄉縣傅希賢捐資重刊"。鈐"曉鈴臧書"朱文印.--綫裝
　　　　　　　　　　　　　己/1200

孫臏度妻:一卷.--抄本.--李芳卿,清(1644—1911).--1 冊(合裝 1 函).--半葉 8 行,行 20 字,無邊框。鈐"吳"朱文印、"曉鈴

藏書"朱文印. --綫裝　　　　　　己/1177

龐公寶卷：一卷. --刻本. --蘇州：瑪瑙經房，清光緒二十一年（1895）. --1 冊（1 函）：插圖 1 幅. --半葉 9 行，行 22 字，白口，四周雙邊，無直格，單黑魚尾，半框 19.3×12.8cm。鈐"寧波又新街大酉山房書籍經懺發行"朱文印、"曉鈴臧書"朱文印. --綫裝　　　　己/1208

元始天尊新演還鄉寶卷：一卷. --刻本. --蘇州：瑪瑙經房，清光緒二十五年（1899）. --1 冊（1 函）. --書名頁題"還鄉寶卷"。半葉 8 行，行 22 字，白口，左右雙邊，半框 19.6×14.1cm。鈐"曉鈴臧書"朱文印. --綫裝　　　　　　　己/1113

昊天玉皇寶卷：一卷. --抄本. --虞西徐峻豪，民國三十年（1941）. --1 冊. --書皮題"玉皇寶卷"。半葉 8 行，行 14 字，無邊框。鈐"曉鈴臧書"朱文印. --綫裝　　　　己/1934

歷代祖師寶卷：一卷. --抄本. --馬屺瞻，清同治四年（1865）. --1 冊（合裝 1 函）. --書衣題"祖師寶卷"。半葉 8 行，行約 28 字，無邊框。鈐"逢人笑道老顛狂"白文印、"曉鈴臧書"朱文印. --綫裝　　　　己/1122

龍鳳金釵寶卷：一卷. --抄本. --餘慶堂王懿德，光緒十二年（1886）. --1 冊（1 函）. --一名"拋彩球"、"薛平貴金釵寶卷"。半葉 8 行，行 21—23 字不等。鈐"吳"朱文印、"曉鈴臧書"朱文印. --綫裝　　　　己/1109

新刻說唱金鳳寶卷：二本. --石印本. --上海：惜陰書局，民國（1912—1949）. --1 冊（合裝 1 函）：像 3 幅. --書皮題"繪圖龍鳳鎖寶卷"，書名頁題"龍鳳瑣寶卷，又名金鳳卷"。半葉 20 行，行 40 字，白口，四周單邊，單黑魚尾，半框 18.9×12.4cm。鈐"曉鈴臧書"朱文印. --綫裝　　　　己/1960

三茅真君宣化度世寶卷：二卷. --刻本. --清光緒三年（1877）. --1 冊（合裝 1 函）. --版心、書名頁題"三茅真君寶卷"。半葉 10 行，行 22 字，白口，左右雙邊，無直格，單黑魚尾，半框 19×13cm。蘇州元妙觀內得見齋藏板。鈐"曉鈴臧書"朱文印. --綫裝　　　　己/1192

三茅真君宣化度世寶卷：二卷. --刻本. --蘇州：李鈜芳齋，清光緒二十九年（1903）（民國初年印）. --2 冊（1 函）. --書名頁、版心題"三茅真君寶卷"。半葉 10 行，行 22 字，白口，左右雙邊，無直格，單黑魚尾，半框 19.2×13cm。蘇州九如香鋪藏板。鈐"曉鈴臧書"朱文印. --綫裝　　　　己/1201

蔴姑寶卷：一卷. --刻本. --李增華等，清（1644—1911）. --1 冊（1 函）. --半葉 8 行，行 23 字，白口，四周單邊，無直格，單黑魚尾，半框 13.7×10.3cm。卷尾題"李增華、趙慧元、劉金魁同刊"。鈐"曉鈴臧書"朱文印. --綫裝　　　　己/1160

蔴姑寶卷：一卷. --刻本. --周口：道德堂善書局，民國七年（1918）. --1 冊（1 函）. --半葉 8 行，行 20 字，白口，四周單邊，單黑魚尾，半框 14.8×10.4cm。鈐"曉鈴臧書"朱文印. --綫裝　　　　己/1945

呂祖師降諭遵信玉曆鈔傳閻王經：一卷. --刻本. --清（1644—1911）. --1 冊（1 函）：圖 20 幅. --書簽題"消災延壽閻王卷"。半葉 11 行，行 23 字，白口，四周雙邊，單黑魚尾，半框 17.7×13.1cm。鈐"曉鈴臧書"朱文印. --綫裝　　　　己/1203

呂祖師度何仙姑因果卷：二卷. --刻本. --清光緒六年（1880）. --1 冊（1 函）：圖 1 幅. --書名頁、版心題"何仙姑寶卷"。半葉 9 行，行 23 字，白口，四周單邊，無直格，單黑魚尾，半框 18.6×13cm。常州培本堂善書局藏板。鈐

"曉鈴藏書"朱文印. --綫裝 　　　　己/1205

呂祖普度詞：一卷. --刻本. --清末(1851—1911). --1 冊(合裝 1 函). --卷尾缺半葉. 半葉 8 行,行 14 字,白口,四周雙邊,無直格,單黑魚尾,半框 14.6×11.1cm. --平裝

己/1162

何仙姑寶卷：二卷. --刻本. --清光緒三十年(1904). --1 冊(合裝 1 函). --半葉 9 行,行 23 字,白口,四周雙邊,無直格,單黑魚尾,半框 19.7×13.3cm. 蘇城瑪瑙經房藏板. 鈐"曉鈴藏書"朱文印. --綫裝 　　己/1195

韓湘寶卷：二卷十八回/(清)雲山煙波釣徒風月主人撰述. --刻本. --清光緒二十年(1894). --2 冊(1 函):圖 1 幅. --書名頁題"繡像韓湘寶卷",書皮題"藍關寶卷". 半葉 10 行,行 23 字,白口,四周雙邊,無直格,單黑魚尾,半框 19.4×12.5cm. 上海翼化堂藏板. 鈐"曉鈴藏書"朱文印. --綫裝　　己/1186

新刻韓祖成仙寶卷：八卷二十四回. --刻本. --渝城:今古堂,民國元年(1912). --1 冊. --書名頁題"白鶴寶傳",書皮題"白鶴傳". 半葉 8 行,行 21 字,白口,四周單邊,單黑魚尾,半框 17.4×10.6cm。鈐"曉鈴藏書"朱文印. --綫裝　　己/1929

新刻韓湘子度文公：一卷. --刻本,重刻. --臨漳縣:樂善堂,民國二十年(1931). --1 冊(1 函). --半葉 8 行,行 15 字,白口,左右雙邊,單黑魚尾,半框 14.2×10.7cm. --綫裝

己/1947

新鐫七真天仙傳：四卷/(清)易南子記. --刻本. --養真仙苑,清宣統三年(1911). --4 冊(1 函):冠圖 12 幅. --半葉 8 行,行 23 字,白口,四周雙邊,單黑魚尾,半框 18.4×13.1cm。鈐

"曉鈴藏書"朱文印、"英靜齋"朱文印. --綫裝

己/1996

財神寶卷：一卷. --抄本. --馬大章,民國二年(1913). --1 冊. --題名據書皮著錄,卷端題"財神卷". 半葉 8 行,行 20 字,無邊框。鈐"曉鈴藏書"朱文印. --綫裝　　己/1935

財神寶卷：一卷. --抄本. --清(1644—1911). --1 冊(合裝 1 函). --半葉 8 行,行 16—19 字不等,無邊框。鈐"曉鈴藏書"朱文印. --綫裝　　　　己/1106

婦女財神,一名,女子財神寶卷：一卷. --抄本. --虞西徐峻豪,民國三十六年(1947). --1 冊. --半葉 8 行,行 24 字,無邊框。鈐"曉鈴藏書"朱文印. --綫裝　　己/1925

合義通財：一卷. --抄本. --郁鳳樓,民國十五年(1926). --1 冊(1 函). --首尾有字被蟲蛀. 半葉 6 行,行 18—20 字不等,無邊框。鈐"曉鈴藏書"朱文印. --綫裝　　己/1107

灶王經：一卷. 附**多心經**. --石印本. --武清,民國三十年(1941). --1 冊. --上下兩欄,上欄半葉 10 行,行 7 字,下欄半葉 10 行,行 5 字,白口,四周單邊,半框 15.5×11.3cm. --平裝

己/1922

竈皇寶卷：一卷. --抄本. --清末(1851—1911). --1 冊(1 函). --半葉 8 行,行 20 字,無邊框。鈐"曉鈴藏書"朱文印. --綫裝

己/1091

竈君經：一卷. --刻本. --清末民國(1851—1949). --1 冊(合裝 1 函). --半葉 6 行,行 10 字,白口,四周雙邊,單黑魚尾,半框 12.4×9.7cm. 鈐"曉鈴藏書"朱文印. --綫裝

己/1093

灶君寶卷.--刻本.--上海:翼化堂善書坊,民國十一年(1922).--1 冊(1 函).--半葉 10 行,行 25 字,白口,四周單邊,單黑魚尾,半框 18.2×13cm。鈐"曉鈴藏書"朱文印.--綫裝

己/1914

蟠桃寶卷:一卷.--抄本.--陶仕明,民國十四年(1925).--1 冊(1 函).--半葉 8 行,行 20 字,無邊框。鈐"曉鈴藏書"朱文印.--綫裝

己/1953

協天大帝玉律經寶卷:二卷二十六品.--刻本.--清光緒三十一年(1905).--1 冊(1 函).--半葉 9 行,行 24 字,白口,左右雙邊,無直格,單黑魚尾,半框 19.6×12.4cm。常州西域城內寶善書莊藏板。鈐"曉鈴藏書"朱文印.--綫裝

己/1242

清淨寶卷:一卷.--刻本.--胡清泉、朱永泉,清(1644—1911).--1 冊(1 函).--半葉 9 行,行 18 字,白口,四周雙邊,單黑魚尾,半框 21×14cm。鈐"寧波又新街大酉山房印造流通"朱文印、"曉鈴藏書"朱文印.--綫裝

己/1227

唐朝長生寶卷:一卷.--抄本.--鶴洲,清光緒十年(1884).--1 冊(合裝 1 函).--半葉 8 行,行約 21 字,無邊框。鈐"徐峻豪章"朱文印、"曉鈴藏書"朱文印.--綫裝

己/1139

唐僧寶卷:二卷.--抄本.--黃尚安,清咸豐十一年(1861).--1 冊(合裝 1 函).--存下卷,首葉殘。半葉 8 行,行約 27 字,無邊框。鈐"曉鈴藏書"朱文印.--綫裝

己/1116

唐僧寶卷:二卷.--石印本.--上海:惜陰書局,民國(1912—1949).--2 冊(合函):圖 1 幅.--書皮題"繪圖唐僧寶卷"。半葉 22 行,行 40 字,白口,四周單邊,半框 18.7×11.7cm。鈐"曉鈴藏書"朱文印.--綫裝

己/1988

九蓮卷:一卷.--抄本.--清嘉慶十九年(1814).--1 冊(合裝 1 函).--半葉 7 行,行約 18 字,無邊框。鈐"陳行興"朱文印、"陳行興記"朱文印、"曉鈴藏書"朱文印.--綫裝

己/1147

真修寶卷:一卷.--刻本.--武進陳青雲,清道光十二年(1832).--1 冊(合裝 1 函):圖 1 幅.--半葉 9 行,行 18 字,白口,左右雙邊,單黑魚尾,半框 17.7×13.3cm。鈐"曉鈴藏書"朱文印.--綫裝

己/1193

鍼心寶卷:一卷.--石印本.--上海:宏大善書局,民國八年(1919).--1 冊(合函).--附太上感應篇。半葉 18 行,行 40 字,白口,四周雙邊,半框 16.9×11.4cm。鈐"曉鈴藏書"朱文印.--綫裝

己/1969

延生陰德修行寶卷:一卷.--抄本.--清(1644—1911).--1 冊(1 函).--半葉 8 行,行約 23 字,無邊框。鈐"曉鈴藏書"朱文印.--綫裝

己/1165

重刻闢邪歸正消災延壽立願寶卷:一卷.--刻本.--清同治元年(1862).--1 冊(1 函).--書名頁、版心題"立願寶卷"。半葉 11 行,行 23 字,白口,四周雙邊,無直格,單黑魚尾,半框 18.6×13.2cm。鈐"曉鈴藏書"朱文印.--綫裝

己/1204

重刻闢邪歸正消災延壽立願寶卷:一卷.--刻本.--清光緒七年(1881).--1 冊(1 函).--書名頁、版心題"立願寶卷"。半葉 11 行,行 23 字,白口,四周雙邊,無直格,單黑魚尾,半框 18.2×13.5cm。鈐"曉鈴藏書"朱文印.--綫裝

己/1206

手巾寶卷:一卷.--抄本.--積餘堂,清(1644—1911).--1 冊(1 函).--書皮及卷首若干葉殘缺。半葉 15 行,行字數不等,無邊框。

鈐"吳"朱文印、"曉鈴藏書"朱文印. --綫裝

己/1153

新刻西瓜寶卷全集：一卷. --石印本. --民國
（1912—1949）. --1 冊（合函）：圖 6 幅. --封皮
題"繪圖西瓜寶卷"，書名頁題"西瓜寶卷"。
半葉 16 行，行 32 字，白口，四周雙邊，單黑魚
尾，半框 18 × 11.9cm。鈐"曉鈴藏書"朱文
印. --綫裝

己/1980

回文寶卷：一卷. --刻本. --清光緒二十五年
（1899）. --1 冊（合裝 1 函）. --版心題"回文寶
傳"，卷端題"錢果順回文寶傳"。半葉 8 行，
行 22 字，白口，左右雙邊，無直格，半框 19.5
× 14.1cm。鈐"曉鈴藏書"朱文印. --綫裝

己/1191

黃梅寶卷：一卷. --抄本. --清（1644—
1911）. --1 冊（1 函）. --半葉 8 行，行 21 字，無
邊框。鈐"曉鈴藏書"朱文印. --綫裝

己/1149

五祖黃梅寶卷：二卷. --刻本. --杭州：瑪瑙經
房，清光緒元年（1875）. --1 冊（1 函）. --半葉 9
行，行 18 字，白口，四周雙邊，無直格，單黑魚
尾，半框 19.5 × 13.6cm。鈐"寧波又新街大酉
山房書籍經懺發行"朱文印、"曉鈴藏書"朱文
印. --綫裝

己/1229

五祖黃梅寶卷：二卷. --刻本. --杭州：慧空經
房，民國十一年（1922）. --1 冊（合裝 1 函）. --
書簽題"黃梅寶卷全集"。半葉 9 行，行 18
字，白口，四周雙邊，無直格，單黑魚尾，半框
19.2 × 13.2cm。鈐"曉鈴藏書"朱文印. --綫裝

己/1232

太華山紫金鎮兩世修行劉香寶卷全集：二
卷. --刻本. --清同治九年（1870）. --2 冊（合裝
1 函）：圖 1 幅. --書名頁題"劉香寶卷"。半葉
9 行，行 18 字，粗黑口，四周雙邊間左右雙邊，

單黑魚尾，半框 21.4 × 14.3cm。上海翼化堂
藏板。鈐"曉鈴藏書"朱文印. --綫裝

己/1199

太華山紫金嶺兩世修行劉香寶卷：二卷. --
刻本. --清光緒（1875—1908）. --2 冊（1 函）：
圖 1 幅. --書名頁題"劉香寶卷"。半葉 9 行，
行 18 字，粗黑口，四周雙邊，單黑魚尾，半框
21.4 × 14.1cm. --綫裝

己/1219

太華山紫金鎮兩世修行劉香寶卷全集：二
卷. --石印本. --上海：惜陰書局，民國（1912—
1949）. --1 冊（合函）：圖 2 幅. --書名頁題"繪
圖劉香女寶卷"。半葉 21 行，行 40 字，白口，
四周單邊，單黑魚尾，半框 18.6 × 11.6cm。鈐
"曉鈴藏書"朱文印. --綫裝

己/1982

雙修寶卷：一卷. 附白龍寶卷：一卷. --抄
本. --胡永平，清光緒二十年（1894）. --1 冊（1
函）. --半葉 8 行，行約 27 字，無邊框。鈐"曉
鈴藏書"朱文印. --綫裝

己/1135

血湖寶卷：一卷. --抄本. --穎川陳記，民國十
七年（1928）. --1 冊. --題名據書皮著錄，卷端
題"血湖卷"。半葉 8 行，行 14 字，無邊框。
鈐"曉鈴藏書"朱文印. --綫裝

己/1936

貧富寶卷：一卷. --抄本. --清光緒二十四年
（1898）. --1 冊（合裝 1 函）. --半葉 6 行，行 14
字，無邊框。鈐"曉鈴藏書"朱文印. --綫裝

己/1137

六神寶卷：一卷. --抄本. --弘濃四知堂，清
（1644—1911）. --1 冊（合裝 1 函）. --首葉破。
半葉 7 行，行約 18 字，無邊框。鈐"曉鈴藏
書"朱文印. --綫裝

己/1121

修真寶傳因果全集：一卷/雲和子重修. --鉛
印本. --民國五年（1916）. --1 冊（1 函）. --書皮
題"金剛菩薩修真傳"。半葉 11 行，行 22 字，

白口,四周雙邊,單黑魚尾,半框 17 × 11cm。煙臺誠文信存板。鈐"曉鈴藏書"朱文印. --綫裝
己/1957

潘公免災救難寶卷:三卷. --刻本. --埽葉山房,清咸豐十年(1860). --1 冊(合裝 1 函). --書名頁題"潘公免災寶卷全集"。半葉 9 行,行 20 字,白口,左右雙邊,無直格,單黑魚尾,半框 16.8 × 11.8cm。鈐"埽葉山房督造書籍"朱文印、"曉鈴藏書"朱文印. --綫裝
己/1198

三寶證盟寶卷:一卷. --刻本. --清光緒十六年(1890). --1 冊(合裝 1 函). --半葉 10 行,行 20 字,白口,四周雙邊,單黑魚尾,半框 20.7 × 13.8cm。常郡府廟培本堂善書局藏板。鈐"曉鈴藏書"朱文印. --綫裝
己/1233

希奇寶卷:一卷. --刻本. --蘇城:元妙觀內得見齋,清同治五年(1866). --1 冊(合裝 1 函). --半葉 11 行,行 25 字,白口,左右雙邊,無直格,單黑魚尾,半框 20.1 × 14.1cm。鈐"曉鈴藏書"朱文印. --綫裝
己/1241

湖廣荆州府永慶縣修行梅氏花綱寶卷:二集. --刻本. --杭州:慧空經房,清光緒三十二年(1906). --2 冊(1 函). --半葉 9 行,行 17 字,小字雙行字同,白口,左右雙邊,單黑魚尾,半框 18 × 12cm。鈐"曉鈴藏書"朱文印. --綫裝
己/1187

如意寶卷:二卷. --石印本. --上海:文益書局,民國(1912—1949). --2 冊(合函):圖 1 幅. --半葉 20 行,行 40 字,白口,四周雙邊,單黑魚尾,半框 18.3 × 12.5cm。鈐"曉鈴藏書"朱文印. --綫裝
己/1964

節義寶卷:一卷. --刻本. --蘇州:瑪瑙經房,清光緒二十六年(1900). --1 冊(1 函). --題名據書名頁著錄,版心題"三世姻緣寶卷"。半

葉 8 行,行 23 字,白口,左右雙邊,無直格,單黑魚尾,半框 22.2 × 14.5cm。鈐"曉鈴藏書"朱文印. --綫裝
己/1188

忠義寶卷:一卷. --抄本. --諸龍記,清光緒二十九年(1903). --1 冊(合裝 1 函). --半葉 7 行,行約 20 字,無邊框。鈐"信芳"朱文印. --綫裝
己/1216

昆仲寶卷:一卷. --抄本. --積善堂,民國二十四年(1935). --1 冊(合裝 1 函). --題名據卷尾著錄。書皮題"昆仲卷"。半葉 8 行,行 20 字,無邊框。鈐"曉鈴藏書"朱文印. --綫裝
己/1096

趙氏賢孝寶卷:二集. --刻本. --清(1644—1911). --1 冊(1 函). --末葉缺字。半葉 9 行,行 18 字,白口,左右雙邊,無直格,單黑魚尾,半框 18.8 × 12.5cm。鈐"曉鈴藏書"朱文印. --綫裝
己/1236

趙氏賢孝寶卷:二卷. --石印本. --上海:文益書局,民國(1912—1949). --2 冊(合函):圖 1 幅. --書皮題"繪圖琵琶寶卷",書名頁題"趙氏五娘琵琶寶卷"。半葉 16 行,行 32 字,白口,四周雙邊,單黑魚尾,半框 18.4 × 12.3cm。鈐"曉鈴藏書"朱文印. --綫裝
己/1967

福海無邊:一卷/(清)佚名輯. --刻本. --清(1644—1911). --1 冊(1 函). --半葉 9 行,行 23 字,小字雙行字同,白口,四周單邊,無直格,半框 18.9 × 11.6cm。鈐"曉鈴藏書"朱文印. --綫裝
子目:
雙孝子
節孝雙全
恩義亭
孝感姑心
望煙樓
己/817

指真寶卷：一卷. --刻本. --蘇州：瑪瑙經房，清光緒二十六年（1900）. --1 冊（1 函）. --書名頁題"孝道寶卷"。半葉 8 行，行 22 字，白口，左右雙邊，無直格，單黑魚尾，半框 20 × 13.9cm。鈐"曉鈴藏書"朱文印. --綫裝　　　己/1189

妙蓮寶卷：一卷. --抄本. --孟以記，清同治二年（1863）. --1 冊（1 函）. --半葉 12 行，行 18 字，無邊框。鈐"吳"朱文印、"曉鈴藏書"朱文印. --綫裝　　　己/1155

何文秀寶卷：二卷. --石印本. --上海：文益書局，民國四年（1915）. --2 冊（1 函）：冠圖 4 幅. --半葉 16 行，行 32 字，白口，四周雙邊，單黑魚尾，半框 18 × 11.7cm. --綫裝　　　己/1956

何文秀寶卷：二卷. --石印本. --上海：文益書局，民國四年（1915）. --2 冊（合函）：圖 2 幅. --半葉 20 行，行 40 字，白口，四周單邊，單黑魚尾，半框 18.2 × 12.3cm。鈐"曉鈴藏書"朱文印. --綫裝　　　己/1976

貞烈寶卷全集：一卷. --抄本. --鄞縣李思敬，1952 年. --1 冊（1 函）. --半葉 10 行，行 19 字，細黑口，四周雙邊，單黑魚尾，版心下印"德隆新"，半框 21.1 × 14.2cm。鈐"李思敬"朱文印、"曉鈴藏書"朱文印. --綫裝　　　己/1950

姑嫂成親：一卷. --抄本. --挺秀堂，清光緒十五年（1889）. --1 冊（合裝 1 函）. --本書又名"紅袍寶卷"。半葉 6 行，行約 22 字，無邊框。鈐"曉鈴藏書"朱文印. --綫裝　　　己/1128

延壽寶卷：一卷. --刻本. --上海：翼化堂，清宣統元年（1909）. --1 冊（合裝 1 函）. --半葉 10 行，行 20 字，白口，左右雙邊，無直格，單黑魚尾，半框 19 × 13.6cm。鈐"曉鈴藏書"朱文印. --綫裝　　　己/1240

延壽寶卷：一卷. --抄本. --徐玉良，民國三十二年（1943）. --1 冊（合裝 1 函）. --半葉 8 行，行約 22 字，無邊框。鈐"曉鈴藏書"朱文印. --綫裝　　　己/1104

延壽寶傳：一卷. --鉛印本. --民國（1912—1949）. --1 冊（1 函）. --半葉 11 行，行 27 字，白口，四周單邊，無直格，單黑魚尾，半框 16.2 × 10.9cm。鈐"吳"朱文印、"曉鈴藏書"朱文印. --綫裝　　　己/1181

新出延壽寶卷：二卷. --石印本. --上海：惜陰書局，民國（1912—1949）. --2 冊（合函）：圖 1 幅. --附全圖十殿寶卷。半葉 22 行，行 40 字，白口，四周單邊，單黑魚尾，半框 18.6 × 12cm。鈐"曉鈴藏書"朱文印. --綫裝　　　己/1983

江南松江府華亭縣白沙村孝修回郎寶卷：一卷. --刻本. --杭州：昭慶經房，清光緒十二年（1886）. --1 冊（1 函）. --附七七寶卷、喫素經、花名寶卷、法船經。半葉 9 行，行 18 字，白口，四周雙邊，單黑魚尾，半框 18.6 × 12.2cm. --綫裝　　　己/1992

江南松江府華亭縣白沙邨孝修回郎寶卷：一卷. --刻本. --蘇州：瑪瑙經房，清光緒十九年（1893）. --1 冊（合裝 1 函）. --附光緒二十年（1894）刻七七寶卷、喫齋經、花名寶卷、法船經。書名頁題"回郎寶卷"。半葉 9 行，行 18 字，白口，四周雙邊，無直格，單黑魚尾，半框 18.2 × 12.3cm。鈐"曉鈴藏書"朱文印. --綫裝　　　己/1197

江南松江府華亭縣白沙村孝修回郎寶卷：一卷. --石印本. --上海：文益書局，清宣統三年（1911）. --1 冊（1 函）：圖 2 幅. --附新刻七七寶卷。書皮題"回郎寶卷"，書名頁題"繪圖回郎寶卷"。半葉 12 行，行 25 字，白口，四周單邊，半框 14.2 × 9.3cm。鈐"曉鈴藏書"朱文印. --綫裝　　　己/1991

三世修道黃氏寶卷：二集. --刻本. --杭州：瑪瑙經房, 清光緒五年（1879）. --1 冊（合裝 1 函）. --半葉 9 行, 行 18 字, 小字雙行字同, 白口, 左右雙邊, 無直格, 單黑魚尾, 半框 18.3 × 13cm。鈐"蘇省護龍街中瑪瑙經房發兌"朱文印、"曉鈴藏書"朱文印. --綫裝　　　　己/1230

新鐫三世化生寶卷：二卷. --刻本. --清光緒五年（1879）. --1 冊（合裝 1 函）. --版心題"三世寶卷", 書名頁題"王氏女三世卷"。半葉 9 行, 行 23 字, 白口, 四周雙邊, 單黑魚尾, 半框 22.2 × 14.5cm。鎮江寶善堂善書坊藏板。鈐"曉鈴藏書"朱文印. --綫裝　　　　己/1194

新鐫三世化生寶卷：二卷. --刻本. --清光緒十五年（1889）. --1 冊（合裝 1 函）. --書名頁題"王氏女三世寶卷"。半葉 9 行, 行 23 字, 白口, 左右雙邊, 無直格, 單黑魚尾, 半框 17.6 × 13.2cm。金陵一得齋書坊藏板。鈐"曉鈴藏書"朱文印. --綫裝　　　　己/1231

芙蓉延壽寶卷全部：一卷. --抄本. --李春華, 清宣統元年（1909）. --1 冊. --卷首多葉缺字。半葉 8 行, 行 18 字, 無邊框。佚名朱墨筆圈點。鈐"曉鈴藏書"朱文印. --綫裝　　　　己/1932

窮富寶卷：一卷. --抄本. --民國十年（1921）. --1 冊. --半葉 7 行, 行 23 字, 無邊框. --綫裝　　　　己/1938

結緣寶卷：一卷. --抄本. --黃忠泉, 清光緒二十七年（1901）. --1 冊（合裝 1 函）. --題名據書皮題, 卷端題"結緣偈文"。半葉 8 行, 行 14 字, 無邊框。鈐"曉鈴藏書"朱文印. --綫裝　　　　己/1141

結緣寶卷：一卷. --抄本. --潁川陳毓亭, 民國十年（1921）. --1 冊. --半葉 8 行, 行 14 字, 無

邊框。鈐"曉鈴藏書"朱文印. --綫裝　　　　己/1933

結緣偈：一卷, 附蓮船寶卷、封庫寶卷、上壽醉仙桃全偈. --抄本. --蔡炳元, 清光緒三十年（1904）. --1 冊（合裝 1 函）. --半葉 8 行, 行 19 至 20 字不等, 無邊框。鈐"曉鈴藏書"朱文印. --綫裝　　　　己/1140

接庚偈：一卷. --抄本. --清（1644—1911）. --1 冊（合裝 1 函）. --上下兩欄, 皆半葉 7 行, 行 7 字, 白口, 四周單邊, 無直格, 半框 20 × 10.5cm. --綫裝　　　　己/1215

拾遺彙錄：一卷, 附結緣上壽. --抄本. --龔雲龍, 清光緒二十九年（1903）. --1 冊（合裝 1 函）. --半葉 7 行, 行 14 字, 無邊框。鈐"曉鈴藏書"朱文印. --綫裝　　　　己/1142

猛將寶卷：一卷. --抄本. --毛萬豐, 清咸豐九年（1859）. --1 冊（合裝 1 函）. --卷首殘。半葉 8 行, 行 27 字, 無邊框。鈐"曉鈴藏書"朱文印. --綫裝　　　　己/1176

受生寶卷：一卷. --抄本. --陳本立, 清光緒二十九年（1903）. --1 冊：插圖 1 幅. --半葉 7 行, 行 16 字, 白口, 四周單邊, 無直格, 半框 17.6×11.2cm。鈐"劍膽琴心"朱文印、"吳"朱文印、"曉鈴藏書"朱文印. --綫裝
己/1184

受生寶卷：一卷. --抄本. --清（1644—1911）. --1 冊（合裝 1 函）. --卷端題"壽生寶卷"。半葉 8 行, 行 19 至 21 字不等, 無邊框。鈐"宋德全章"朱文印、"曉鈴藏書"朱文印. --綫裝　　　　己/1119

落陽寶卷：一卷. --抄本. --清（1644—1911）. --1 冊（1 函）. --半葉 8 行, 行 34 至 41 字不等, 無邊框。鈐"曉鈴藏書"朱文印. --綫

裝　　　　　　　　　己/1101

黃糠寶卷：一卷. --抄本. --浮悟居士，清咸豐十一年（1861）. --1 冊（合裝 1 函）. --半葉 8 行，行 20 字，無邊框。鈐“曉鈴臧書”朱文印. --綫裝　　　　　　　　　己/1174

黃糠寶卷：一卷. --抄本. --孚本堂，清同治九年（1870）. --1 冊（合裝 1 函）. --半葉 8 行，行約 26 字，無邊框。鈐“曉鈴臧書”朱文印. --綫裝　　　　　　　　　己/1132

張賢文蘭英小姐黃糠寶卷：一卷. --抄本. --積善堂黃鼎，清光緒九年（1883）. --1 冊（合裝 1 函）. --題名據書皮著錄，卷端題“張賢文”。半葉 8 行，行約 18 字，無邊框。鈐“積善堂黃”朱文印、“曉鈴臧書”朱文印. --綫裝　　　　　　　　　己/1120

新刻黃糠寶卷：二卷. --石印本. --民國（1912—1949）. --1 冊（合函）：圖 1 幅. --書皮題“繪圖黃糠寶卷”。卷末附全圖十殿寶卷。半葉 19 行，行 39 字，白口，四周單邊，單黑魚尾，半框 17.7 × 12.4cm。鈐“曉鈴臧書”朱文印. --綫裝　　　　　　　　　己/1972

惜穀免災寶卷：一卷. --刻本. --清光緒十三年（1887）. --1 冊（合裝 1 函）：圖 1 幅. --書皮、版心題“惜穀寶卷”。半葉 10 行，行 22 字，白口，左右雙邊，無直格，單黑魚尾，半框 20.2 × 14.1cm。蘇城元妙觀內得見齋臧板。鈐“曉鈴臧書”朱文印. --綫裝　　　　　　　　　己/1237

浙江溫州府平陽縣白梅村七世修行玉英寶卷：一卷. --石印本. --文元書局，民國三年（1914）. --1 冊（合函）：圖 2 幅. --書皮題“繪圖玉英寶卷”。半葉 17 行，行 32 字，白口，四周雙邊，單黑魚尾，半框 17.6 × 12cm。鈐“曉鈴臧書”朱文印. --綫裝　　　　　　　　　己/1971

雙鳳寶卷：二卷. --石印本. --上海：文元書局，民國四年（1915）. --1 冊（合函）：圖 2 幅. --半葉 16 行，行 32 字，白口，四周雙邊，單黑魚尾，半框 17.7 × 12cm。鈐“曉鈴臧書”朱文印. --綫裝　　　　　　　　　己/1981

白馬駝仙傳：一卷. --石印本. --彰德：明善堂，民國三十一年（1942）. --1 冊（1 函）. --半葉 9 行，行 21 字，白口，四周雙邊，單黑魚尾，半框 18 × 11.7cm. --綫裝　　　　　　　　　己/1955

繡像蜜蜂記寶卷：二卷. --石印本. --上海：惜陰書局，民國（1912—1949）. --2 冊（合裝 1 函）：有像. --書皮題“繪圖蜜蜂記寶卷”。半葉 18 行，行 28 字，白口，四周單邊，半框 18.1 × 12.4cm。鈐“曉鈴臧書”朱文印. --綫裝　　　　　　　　　己/1958

一湌飯寶卷：一卷. --抄本. --清咸豐二年（1852）. --1 冊（合裝 1 函）. --半葉 8 行，行約 19 字，無邊框。鈐“曉鈴臧書”朱文印. --綫裝　　　　　　　　　己/1172

救饑寶卷：一卷. --抄本. --吳達齋，清咸豐八年（1858）. --1 冊（合裝 1 函）. --半葉 8 行，行 20 字，無邊框。鈐“曉鈴臧書”朱文印. --綫裝　　　　　　　　　己/1146

游春寶卷：一卷. --抄本. --民國六年（1917）. --1 冊（1 函）. --半葉 8 行，行 20 字，無邊框。鈐“曉鈴臧書”朱文印. --綫裝　　　　　　　　　己/1951

張氏三娘賣花寶卷全集：一卷. --刻本. --蘇州：瑪瑙經房，清末（1851—1911）. --1 冊（合裝 1 函）. --版心題“賣花寶卷”。半葉 9 行，行 18 字，白口，四周雙邊，無直格，單黑魚尾，半框 18.2 × 13cm。鈐“曉鈴臧書”朱文印. --綫裝　　　　　　　　　己/1196

張氏三娘賣花寶卷:一卷. --刻本. --杭州:慧空經房,民國十三年(1924). --1 冊(1 函). --半葉 9 行,行 18 字,白口,四周雙邊,單黑魚尾,半框 18.2 × 13cm。鈐"曉鈴臧書"朱文印. --綫裝
己/1997

六月雪寶卷:一卷. --抄本. --積善堂,民國二十四年(1935). --1 冊(合裝 1 函). --半葉 8 行,行 20 字,無邊框。鈐"曉鈴臧書"朱文印. --綫裝
己/1095

山西平陽府平陽邨秀女寶卷全集:一卷. --刻本. --杭州:汪生記,清光緒三十四年(1908). --1 冊(1 函). --書皮題"秀女寶卷",版心題"秀女卷"。半葉 9 行,行 18 字,白口,左右雙邊,無直格,單黑魚尾,半框 18 × 12.8cm。杭州大街彌教坊瑪瑙經房藏版。鈐"曉鈴臧書"朱文印. --綫裝
己/1207

秀英寶卷:一卷. --刻本. --清光緒十五年(1889). --1 冊(合裝 1 函):插圖 2 幅. --半葉 9 行,行 23 字,白口,四周單邊,無直格,單黑魚尾,半框 19.3 × 12.3cm。蘇城瑪瑙經房藏版。鈐"曉鈴臧書"朱文印. --綫裝
己/1239

繡像碧玉簪寶卷:二卷. --石印本. --上海:惜陰書局,民國(1912—1949). --1 冊(合函):圖 1 幅. --書名頁題"繪圖碧玉簪寶卷"。半葉 20 行,行 40 字,白口,四周單邊,半框 18.9 × 12.4cm。鈐"曉鈴臧書"朱文印. --綫裝
己/1962

杏花寶卷:一卷. --抄本. --程清瑞,清咸豐元年(1851). --1 冊(1 函). --半葉 8 行,行 18 字,無邊框。鈐"曉鈴臧書"朱文印. --綫裝
己/1130

杏花寶卷:一卷,附宣卷人張德方《勸世文》. --刻本. --清光緒五年(1879). --1 冊(合裝 1 函). --半葉 7 行,行 21 字,白口,左右雙邊,單黑魚尾,半框 16.6 × 12.2cm。常郡樂善堂善書局藏版。鈐"曉鈴臧書"朱文印. --綫裝
己/1234

杏花寶卷:一卷. --石印本. --寧波:學林堂書局,民國二十年(1931). --1 冊(合裝 1 函):圖 2 幅. --半葉 16 行,行 32 字,白口,四周單邊,半框 17.8 × 11.6cm。鈐"曉鈴臧書"朱文印. --綫裝
己/1970

蝴蝶寶卷:一卷. --抄本. --周鴻德,清光緒十四年(1888). --1 冊(1 函). --半葉 7 行,行約 21 字,無邊框。鈐"曉鈴臧書"朱文印. --綫裝
己/1158

雙蝴蝶寶卷:一卷. --抄本. --民國十八年(1929). --1 冊(1 函). --半葉 8 行,行 24 字,無邊框。鈐"曉鈴臧書"朱文印. --綫裝
己/1952

雙蝴蝶寶卷:一卷. --抄本. --積善堂,民國二十二年(1933). --1 冊(合裝 1 函). --書皮題"雙蝴蝶"。半葉 7 行,行 16 字,無邊框。鈐"曉鈴臧書"朱文印. --綫裝
己/1097

新編徐子建雙蝴蝶寶卷:二卷. --石印本. --上海:惜陰書局,民國(1912—1949). --1 冊(合裝 1 函):圖 1 幅. --書皮題"繪圖徐子建雙蝴蝶寶卷"。卷末附校正彌陀真經、校正般若波羅蜜多心經。半葉 16 行,行 32 字,白口,四周單邊,半框 18.3 × 12.3cm。鈐"曉鈴臧書"朱文印. --綫裝
己/1973

梁山伯寶卷:二卷. --石印本. --上海:惜陰書局,民國(1912—1949). --1 冊(合裝 1 函):圖 1 幅. --書皮題"繪圖梁山伯寶卷",書名頁題"繡像梁山伯寶卷"。半葉 22 行,行 40 字,白口,四周單邊,單黑魚尾,半框 18.9 × 12.1cm。鈐"曉鈴臧書"朱文印. --綫裝
己/1968

正德寶卷：一卷. --抄本. --黄忠淶,清光緒二十七年(1901). --1 冊(合裝 1 函). --書皮題"龍袍寶卷"。半葉 8 行,行約 30 字,無邊框。佚名圈點。鈐"曉鈴藏書"朱文印. --綫裝

己/1145

龍燈寶卷：一卷. --抄本. --潁川陳毓亭,民國十八年(1929). --1 冊. --部分葉有缺字。半葉 8 行,行 23 字,無邊框。鈐"曉鈴藏書"朱文印. --綫裝

己/1928

新編繪圖李宸妃冷宮受苦寶卷：二集. --石印本. --上海：惜陰書局,民國(1912—1949). --1 冊(合裝 1 函)：圖 1 幅. --書名頁題"繪圖李宸妃寶卷,原名狸貓換太子"。半葉 20 行,行 40 字,白口,四周單邊,單黑魚尾,半框 18.1 × 12.3cm。鈐"曉鈴藏書"朱文印. --綫裝

己/1963

覺世懸燈豁然寶卷：二卷. --活字本,木活字. --杭州：瑪瑙寺經房,民國九年(1920). --2 冊(1 函). --半葉 8 行,行 20 字,小字雙行字同,白口,四周雙邊,單黑魚尾,半框 23.3 × 14.6cm。鈐"曉鈴藏書"朱文印. --綫裝

己/1079

玉釵寶卷：一卷. --抄本. --清光緒三十二年(1906). --1 冊(1 函). --半葉 12 行,行 20 字,無邊框。鈐"吳"朱文印、"曉鈴藏書"朱文印. --綫裝

己/1157

正本雙珠鳳奇緣寶卷：二卷. --石印本. --上海：文益書局,民國十年(1921). --1 冊(合裝 1 函)：圖 4 幅. --書皮題"繪圖雙珠鳳寶卷"。半葉 20 行,行 40 字,白口,四周單邊,半框 18.1 × 11.7cm。鈐"曉鈴藏書"朱文印. --綫裝

己/1985

奇冤寶卷：一卷. --抄本. --吳士麟,民國三十一年(1942). --1 冊(1 函). --半葉 8 行,行 23

字,白口,四周單邊,半框 22 × 11cm。鈐"曉鈴藏書"朱文印. --綫裝

己/1949

金鐲寶卷：一卷. --抄本. --張春基,清光緒二十五年(1899). --1 冊(合裝 1 函). --又名"黄金鐲"、"黄金鐲寶卷"。半葉 8 行,行約 28 字,無邊框。鈐"曉鈴藏書"朱文印. --綫裝

己/1173

新刻還金鐲寶卷,一名,魁星寶卷：一卷. --石印本. --上海：文益書局,民國五年(1916). --1 冊(合裝 1 函)：圖 4 幅. --書名頁題"還金鐲寶卷"。半葉 16 行,行 32 字,白口,四周雙邊,單黑魚尾,半框 18 × 12.5cm。有手書"萬勝庵辦"。鈐"曉鈴藏書"朱文印. --綫裝

己/1978

蘭香閣：一卷. --抄本. --闕耕海,清(1644—1911). --1 冊(合裝 1 函). --半葉 7 行,行 17 字,無邊框。鈐"曉鈴藏書"朱文印. --綫裝

己/1148

後珍珠塔麒麟豹：二卷. --石印本. --上海：惜陰書局,民國(1912—1949). --1 冊(合裝 1 函)：有像. --書皮題"繪圖麒麟寶卷"。半葉 18 行,行 32 字,白口,四周單邊,半框 19 × 11.7cm。鈐"曉鈴藏書"朱文印. --綫裝

己/1986

麒麟寶卷：二卷. --抄本. --胡永平,民國十年(1921). --1 冊. --卷尾稱本卷爲上卷,另有下卷。半葉 8 行,行 25 字,無邊框. --綫裝

己/1937

白鶴寶卷：一卷. --抄本. --黄忠淶,清光緒二十七年(1901). --1 冊(合裝 1 函). --半葉 8 行,行約 19 字,無邊框。鈐"曉鈴藏書"朱文印. --綫裝

己/1126

百花臺雙恩寶卷：二卷. --石印本. --上海：惜

陰書局, 民國(1912—1949). --1 冊 (合裝 1 函):有像. --書皮題"繪圖百花臺寶卷"。半葉 22 行,行 40 字,白口,四周單邊,單黑魚尾,半框 19×11.8cm。鈐"曉鈴藏書"朱文印. --綫裝
己/1984

金牌寶卷:一卷. --抄本. --積善堂,民國二十二年(1933). --1 冊 (合裝 1 函). --書皮題"盜金牌"。半葉 8 行,行 20 字,無邊框。鈐"曉鈴藏書"朱文印. --綫裝
己/1094

香球寶卷:二卷. --抄本. --潁川陳毓亭,民國元年至二年(1912—1913). --2 冊. --半葉 8 行,行 22 字,無邊框。佚名朱墨筆圈點。鈐"曉鈴藏書"朱文印. --綫裝
己/1926

結義寶卷:二卷. --抄本. --談湘卿,清光緒二十四年(1898). --1 冊 (1 函). --存上卷。題名據書皮著錄,卷端題"大絲條"。半葉 8 行,行 21 字,無邊框。鈐"曉鈴藏書"朱文印. --綫裝
己/1100

結義寶卷:二卷. --抄本. --戴仲夫,清光緒二十五年(1899). --1 冊 (合裝 1 函). --存後集。半葉 8 行,行 20 字,無邊框。鈐"曉鈴藏書"朱文印. --綫裝
己/1127

絲條寶卷:二卷. --抄本. --韓寶林,清末(1851—1911). --1 冊 (合裝 1 函). --缺下卷。半葉 6 行,行 16 字,無邊框。鈐"曉鈴藏書"朱文印. --綫裝
己/1143

琵琶寶卷:二集. --抄本. --李春華,民國元年(1912). --1 冊. --部分葉有缺字。半葉 8 行,行 25 字,無邊框。鈐"春華"朱文印、"曉鈴藏書"朱文印. --綫裝
己/1927

珠塔寶卷全集:一卷. --刻本. --蘇州:瑪瑙經房,清末(1851—1911). --1 冊 (1 函). --書簽題"珍珠塔寶卷全集"。版心題"珠塔寶卷"。

半葉 9 行,行 18 字,小字雙行字同,白口,四周雙邊,無直格,單黑魚尾,半框 19.4×12.9cm。鈐"寧波又新街大酉山房書籍經懺發行"朱文印、"曉鈴藏書"朱文印. --綫裝
己/1202

繪圖珍珠塔寶卷:二集. --石印本. --上海:惜陰書局,民國(1912—1949). --1 冊 (合裝 1 函):圖 1 幅. --半葉 22 行,行 42 字,白口,四周單邊,單黑魚尾,半框 18.9×12.4cm。鈐"曉鈴藏書"朱文印. --綫裝
己/1961

珍珠塔:一卷. --抄本. --民國(1912—1949). --1 冊. --末葉缺字。半葉 8 行,行 26 字,無邊框. --綫裝
己/1939

三官寶卷:一卷. --抄本. --清同治元年(1862). --1 冊 (1 函). --半葉 7 行,行約 25 字,無邊框。鈐"景記圖書"白文印、"復軒"白文印、"曉鈴藏書"朱文印. --綫裝
己/1124

三官寶卷:一卷. --抄本. --清(1644—1911). --1 冊 (1 函). --半葉 8 行,行 22—24 字不等,無邊框。鈐"廷爵"朱文印、"曉鈴藏書"朱文印. --綫裝
己/1099

大明成化湖江杭州府三元寶卷:二卷四段. --抄本. --山陰:竹林書舍,清光緒三十年(1904). --2 冊 (1 函). --半葉 11 行,行 17 字,無邊框。鈐"大吉祥"朱文印、"竹林苑舍"朱文印、"吳"朱文印、"曉鈴藏書"朱文印. --綫裝
己/1156

珍珠寶誥:二集. --抄本. --孫文裕,民國十三年(1924). --1 冊 (1 函). --半葉 6 行,行約 14 字,無邊框。鈐"曉鈴藏書"朱文印. --綫裝
己/1136

大明嘉靖江蘇蘇州府玉蜻蜓寶卷,一名,瑞珠寶卷:二卷. --石印本. --上海:惜陰書局,民國(1912—1949). --1 冊 (合裝 1 函):圖 1

幅.--書皮題"繪圖玉蜻蜓寶卷"。半葉22行,行40字,白口,四周單邊,單黑魚尾,半框18.6×11.9cm。鈐"曉鈴藏書"朱文印.--綫裝
己/1987

江南松江府上海縣太平邨蘭英寶卷:二卷.--刻本.--杭州:陳春發、馮繼宗,清光緒十年(1884).--1冊(1函).--書簽題"蘭英寶卷"。半葉9行,行17字,粗黑口,四周雙邊,單黑魚尾,半框20.1×14.3cm。西湖瑪瑙經房藏版.--綫裝
己/1218

蘭英寶卷:二卷.--石印本.--上海:文益書局,民國(1912—1949).--2冊(合裝1函):有插圖.--半葉20行,行40字,白口,四周單邊,半框17.8×12.7cm。鈐"曉鈴藏書"朱文印.--綫裝
己/1979

翠蓮寶卷:二卷.--抄本.--積善堂,民國二十二年(1933).--1冊(合裝1函).--書衣題"金釵記",卷端題"繪圖彩蓮寶卷"、"翠蓮卷",卷尾題"翠蓮寶卷"。半葉8行,行20字,無邊框。鈐"曉鈴藏書"朱文印.--綫裝
己/1098

翠蓮寶卷:一卷.--抄本.--民國(1912—1949).--1冊.--半葉6行,行23字,無邊框。鈐"曉鈴藏書"朱文印.--綫裝
己/1924

雙花寶卷:一卷.--抄本.--李春華,清宣統元年(1909).--1冊.--半葉8行,行17字,無邊框。佚名朱墨筆圈點。鈐"春華"朱文印、"曉鈴藏書"朱文印.--綫裝
己/1923

雙花寶卷:二卷.--石印本.--上海:文益書局,民國二年(1913).--2冊(合裝1函):圖1幅.--半葉16行,行32字,白口,四周雙邊,單黑魚尾,半框18×12.3cm。鈐"曉鈴藏書"朱文印.--綫裝
己/1975

雕龍扇寶卷:一卷.--抄本.--民國五年(1916).--1冊.--半葉8行,行18字,無邊框.--綫裝
己/1930

張三姐青書畫美人:一卷.--抄本.--柴錦豐,清光緒十九年(1893).--1冊(1函).--書皮題"畫美圖寶卷(大鬧東京)"。半葉8行,行16字,無邊框。鈐"曉鈴藏書"朱文印.--綫裝
己/1115

新鐫七眞天仙寶傳:四卷三十二回.--刻本.--北京:樂山子,清道光元年(1821).--2冊(1函):圖11幅.--版心題"七眞寶傳"。半葉8行,行23字,粗黑口,四周雙邊,單黑魚尾,半框16.9×12.4cm。鈐"吳"朱文印、"曉鈴藏書"朱文印.--綫裝
己/1182

烏金記寶卷:二集.--石印本.--上海:惜陰書局,民國(1912—1949).--1冊(合裝1函):圖1幅.--卷尾缺葉。書名頁題"繪圖烏金記寶卷"。半葉22行,行40字,白口,四周單邊,半框17.8×11.7cm。鈐"曉鈴藏書"朱文印.--綫裝
己/1966

雪梅寶卷:一卷.--抄本,粉絲欄.--清末民國(1851—1949).--1冊(1函).--半葉10行,行19至21字不等,白口,四周雙邊,單黑魚尾,半框18.2×11.8cm。鈐"吳"朱文印、"曉鈴藏書"朱文印.--綫裝
己/1110

黃金印卷:一卷.--抄本.--劉新畲,清光緒四年(1878).--1冊(合裝1函).--半葉8行,行23字,無邊框。鈐"曉鈴藏書"朱文印.--綫裝
己/1129

佛說紹興城救父還國慈雲登基寶卷:一卷.--抄本.--清(1644—1911).--1冊(合裝1函).--殘本,應有3冊,此爲下冊。半葉8行,行16字,無邊框。鈐"吳"朱文印、"曉鈴藏書"朱文印.--綫裝
己/1178

慈雲寶卷：一卷. --抄本. --清末（1851—1911）. --1 冊（合裝 1 函）. --半葉 8 行,行約 26 字,無邊框。鈐"曉鈴臧書"朱文印. --綫裝

己/1138

三娘寶卷：一卷. --抄本. --王雲峰,清光緒二十八年（1902）. --1 冊（1 函）. --半葉 7 行,行 19 字,無邊框。鈐"曉鈴臧書"朱文印. --綫裝

己/1125

紅燈寶卷：一卷. --抄本. --承啟堂,清咸豐七年（1857）. --1 冊（1 函）. --半葉 10 行,行 16 字,無邊框。鈐"曉鈴臧書"朱文印. --綫裝

己/1089

河南開封府花枷良願龍圖寶卷：二卷. --刻本. --杭州：慧空經房,清光緒（1875—1908）. --2 冊（1 函）. --書簽題"良願龍圖卷全集"。半葉 9 行,行 18 字,小字雙行字同,白口,四周雙邊,無直格,單黑魚尾,半框 18.7 × 12.2cm。杭州西湖昭慶寺慧空經房臧版。鈐"曉鈴臧書"朱文印. --綫裝

己/1221

龍圖寶卷：二卷. --抄本. --黃忠溁,清光緒二十七年（1901）. --1 冊（1 函）. --殘本,缺上卷。半葉 8 行,行約 27 字,無邊框。鈐"曉鈴臧書"朱文印. --綫裝

己/1154

龍圖寶卷：一卷. --抄本. --梓禎,民國六年（1917）. --1 冊. --半葉 10 行,行 17 字,無邊框. --綫裝

己/1931

包公無頭案經卷：一卷. --刻本. --貢協成,清同治七年（1868）. --1 冊（合裝 1 函）. --首末葉殘破。半葉 7 行,行 21 字,無邊框。鈐"曉鈴臧書"朱文印. --綫裝

己/1105

陳世美寶卷：二卷. --石印本. --上海：惜陰書局,民國（1912—1949）. --1 冊（合裝 1 函）：圖 1 幅. --書皮題"繪圖陳世美寶卷"。半葉 22

218

行,行 40 字,白口,四周單邊,單黑魚尾,半框 17.8 × 12.3cm。鈐"曉鈴臧書"朱文印. --綫裝

己/1974

珊瑚寶卷：一卷. --抄本. --陸圭,清道光二十八年（1848）. --1 冊（合裝 1 函）. --半葉 8 行,行 18 字,無邊框。鈐"曉鈴臧書"朱文印. --綫裝

己/1144

珊 瑚 寶 卷：一 卷. --抄 本. --民 國 八 年（1919）. --1 冊（1 函）. --半葉 7 行,行 24 字,無邊框。佚名朱墨筆圈點. --綫裝

己/1994

燈 籠 寶 卷：一卷. --抄本. --民 國（1912—1949）. --1 冊（1 函）. --半葉 9 行,行 23 字,無邊框。鈐"曉鈴臧書"朱文印. --綫裝

己/1088

雞 鳴 寶 卷：二 卷. --抄 本. --清（1644—1911）. --2 冊（1 函）. --書皮題"雞鳴卷"。半葉 8 行,行 18 字,無邊框。鈐"金子侯章"朱文印、"曉鈴臧書"朱文印. --綫裝 己/1108

宋氏女寶卷：一卷. --刻本. --圖陽：張仲續三善堂,清光緒八年（1882）. --1 冊（1 函）. --半葉 8 行,行 23 字,粗黑口,四周雙邊,單黑魚尾,半框 18.5 × 13.1cm。鎮江寶善堂臧版. --綫裝

己/1223

十五貫寶卷：一卷. --抄本. --清同治九年（1870）. --1 冊（1 函）. --半葉 16 行,行 24 至 26 字不等,無邊框。鈐"吳"朱文印、"曉鈴臧書"朱文印. --綫裝

己/1111

荷花寶卷：三卷. --刻本. --蘇州：瑪瑙經房,清光緒二十四年（1898）. --3 冊（合裝 1 函）. --半葉 8 行,行 21 字,有眉批,行 4 字,白口,四周單邊,無直格,單黑魚尾,半框 19.1 × 14cm。鈐"曉鈴臧書"朱文印. --綫裝 己/1238

山陽寶卷：二卷．--抄本．--清光緒三十二年
（1906）．--2 冊（1 函）．--半葉 8 行，行 21 至 24
字不等，無邊框。鈐"曉鈴藏書"朱文印．--綫
裝　　　　　　　　　　　　　　　　己/1134

山陽縣卷：一卷．--抄本．--張耀德，清光緒十
九年（1893）．--1 冊（合裝 1 函）．--半葉 8 行，
行 18 字，無邊框。鈐"曉鈴藏書"朱文印．--綫
裝　　　　　　　　　　　　　　　　己/1102

雙金錠寶卷：一卷．--抄本．--清末（1851—
1911）．--1 冊（1 函）．--卷尾殘缺。半葉 8 行，
行約 20 字，無邊框．--綫裝　　　　己/1217

雙鶴寶卷：一卷．--抄本．--黃忠淶，清光緒二
十七年（1901）．--1 冊（合裝 1 函）．--半葉 8
行，行 29 字，無邊框。鈐"曉鈴藏書"朱文
印．--綫裝　　　　　　　　　　　　己/1103

新出搶生死牌寶卷，一名平安寶卷，又名鐵
蓮花：四卷．--石印本．--杭州：廣記書局，民國
（1912—1949）．--1 冊（合裝 1 函）：圖 4 幅．--
書皮題"增像生死板寶卷"，書名頁題"搶生死
牌寶卷"。半葉 19 行，行 40 字，白口，四周單
邊，單黑魚尾，半框 17.7×12cm。鈐"魏玄聖"
朱文印、"曉鈴藏書"朱文印．--綫裝
　　　　　　　　　　　　　　　　　己/1965

新出搶生死牌寶卷，一名平安寶卷，又名鐵
蓮花：二卷．--石印本．--民國（1912—1949）．--
1 冊（1 函）．--半葉 19 行，行 40 字，白口，四周
單邊，單黑魚尾，半框 17.7×11.9cm。書皮有
手書"搶生死牌卷上，俞崧記，民國二十一年
吉立"．--綫裝　　　　　　　　　　己/1993

浙江嘉興府秀水縣刺心寶卷：一卷．--抄
本．--清（1644—1911）．--1 冊（1 函）．--半葉 8
行，行約 23 字，無邊框。鈐"曉鈴藏書"朱文
印．--綫裝　　　　　　　　　　　　己/1123

浙江嘉興府秀水縣刺心寶卷：一卷．--石印
本．--上海：文益書局，民國二年（1913）．--1 冊
（合裝 1 函）：圖 6 幅．--書皮題"刺心寶卷"。
半葉 16 行，行 32 字，白口，四周雙邊，單黑魚
尾，半框 18.1×12cm。鈐"曉鈴藏書"朱文
印．--綫裝　　　　　　　　　　　　己/1977

獻暎橋：一卷．--抄本．--張春臺，清光緒二十
五年（1899）．--1 冊（合裝 1 函）．--半葉 8 行，
行約 24 字，無邊框。鈐"曉鈴藏書"朱文印．--
綫裝　　　　　　　　　　　　　　　己/1118

三教飯一傳真詞：一卷/（清）三教子記．--刻
本．--清光緒二十三年（1897）．--1 冊（合裝 1
函）．--半葉 8 行，行 24 字，小字 3 行字同，白
口，四周單邊，無直格，單黑魚尾，半框 17.1×
12cm。山東濟南府臨邑縣城西南喬家莊藏
版。鈐"曉鈴藏書"朱文印．--綫裝
　　　　　　　　　　　　　　　　己/1185—1

南斗仙經：一卷/光緒二十六年平原城東李
家樓還鄉壇著．--刻本．--民國六年（1917）．--1
冊（合裝 1 函）．--半葉 8 行，行 20 字，白口，四
周雙邊，無直格，單黑魚尾，半框 17.5×
11.7cm。臨邑城西南馮家屯藏版。鈐"曉鈴
藏書"朱文印．--綫裝　　　　　　己/1185—7

除痰妙法：一卷/（清）平原縣純一子著．--刻
本．--清光緒二十七年（1901）．--1 冊（合裝 1
函）．--半葉 6 行，行 21 字，白口，四周雙邊，單
黑魚尾，半框 17.9×11.5cm。山東臨邑縣城
南喬家莊藏版。鈐"曉鈴藏書"朱文印．--綫裝
　　　　　　　　　　　　　　　　己/1185—5

通天教主九品仙經：一卷/（清）平原飯一子
記．--刻本．--清光緒二十八年（1902）．--1 冊
（合裝 1 函）．--半葉 8 行，行 17 字，白口，左右
雙邊，無直格，單黑魚尾，半框 18×11.5cm。
居易堂藏版。鈐"曉鈴藏書"朱文印．--綫裝
　　　　　　　　　　　　　　　　己/1185—2

妙丹經：一卷/（清）平原純一子記. --刻本. --清光緒二十九年（1903）. --1 冊（合裝 1 函）. --半葉 8 行，行 22 字，白口，四周雙邊，無直格，單黑魚尾，半框 17.4×11.6cm。臨邑城西南喬家莊藏版。鈐"曉鈴臧書"朱文印. --綫裝
己/1185—3

無上天宮無生老母經：一卷/（清）平原縣純一子記. --刻本. --清光緒三十年（1904）. --1 冊（合裝 1 函）. --半葉 8 行，行 22 字，白口，左右雙邊，無直格，單黑魚尾，半框 17.6×11.5cm。山東濟南府臨邑縣城西南喬家莊藏版。鈐"曉鈴臧書"朱文印. --綫裝
己/1185—8

北斗新經：一卷/（清）陳子希記. --刻本. --清光緒三十二年（1906）. --1 冊（合裝 1 函）. --半葉 8 行，行 20 字，粗黑口，四周單邊，無直格，單黑魚尾，半框 17.5×11.6cm。臨邑城南馮家屯藏版。鈐"曉鈴臧書"朱文印. --綫裝
己/1185—6

光天道祖中九轉：一卷/（清）平原純一子記. --刻本. --清光緒三十三年（1907）. --1 冊（合裝 1 函）. --半葉 8 行，行 22 字，白口，四周雙邊，無直格，單黑魚尾，半框 17.7×11.4cm。山東濟南府臨邑縣城西南喬家莊藏版。鈐"曉鈴臧書"朱文印. --綫裝
己/1185—4

萬寶真經：二卷. --刻本. --清末（1851—1911）. --1 冊（1 函）：有插圖. --書籤題"萬法寶卷"。半葉 5 行，行 20 字，上下雙邊，半框 20.3×10.3cm。鈐"曉鈴臧書"朱文印. --經折裝
己/1051、己/1052

地盤真經：一卷. --刻本. --清末（1851—1911）. --1 冊（1 函）：有插圖. --書籤題"地盤聖經"。半葉 4 行，行 10 字間 14 字，上下雙邊，半框 19.6×10.1cm。鈐"曉鈴臧書"朱文印. --經折裝
己/1053

仙盤真經：一卷. --刻本. --清末（1851—1911）. --1 冊（1 函）：有插圖. --書籤題"仙盤聖經"。半葉 4 行，行 14 字，上下雙邊，半框 19.6×10.2cm。鈐"曉鈴臧書"朱文印. --經折裝
己/1054

勸世二十四孝寶卷：一卷/大觀書局輯. --石印本. --上海：大觀書局，民國（1912—1949）. --1 冊（合裝 1 函）：插圖. --書皮題"圖文對照勸世二十四孝寶卷"。半葉 15 行，行 31 字，白口，四周單邊，半框 16.7×11.2cm。鈐"曉鈴臧書"朱文印. --綫裝
己/1990

繪圖現世報養媳婦寶卷：二集. --石印本. --上海：惜陰書局，民國（1912—1949）. --2 冊（合裝 1 函）：像 1 幅. --書皮題"繪圖養媳婦寶卷"。半葉 18 行，行 28 字，白口，四周單邊，半框 19×12.4cm。鈐"曉鈴臧書"朱文印. --綫裝
己/1959

繪圖啼笑姻緣寶卷：二卷/塵隱室主編. --石印本. --上海：惜陰書局，民國（1912—1949）. --1 冊（合裝 1 函）：圖 2 幅. --半葉 18 行，行 32 字，白口，四周單邊，半框 18.4×11.7cm。鈐"曉鈴臧書"朱文印. --綫裝
己/1989

俗曲

新編寡婦烈女詩曲；新編太平時賽賽駐雲飛；新編題西廂記詠十二月賽駐雲飛/（明）金臺魯氏撰. --抄本. --清（1644—1911）. --1 冊（1 函）. --卷首有缺葉。據明成化七年（1471）金臺魯氏刻本抄。半葉 9 行，行 20 字，無邊框。鈐"曉鈴臧書"朱文印. --綫裝
己/692

古今風謠：六卷/（明）楊慎輯. --刻本. --明（1368—1644）. --1 冊. --殘本。半葉 9 行，行 16 字，白口，四周雙邊，半框 22.4×15.7cm. --綫裝
己/1445

羅狀元爲仙勸世詞．--抄本，朱絲欄．--清光緒二十年（1894）．--1 冊．--上下兩欄，半葉 10 行，行 18 字，白口，四周雙邊，單白魚尾，稿紙版心印"佛鎮高盛造"，半框 13.8×11.6cm．--綫裝　　　　　　　　　　　　　己／1032

時尚劈破玉：三十八首；時興掛枝兒：二十二首／（明）佚名撰．--抄本．--北京：吳曉鈴，1952 年．--1 冊．--錄自阿英所藏朱文堂刊本《博笑珠璣》卷五。半葉 10 行，行 21 字，白口，四周單邊，雙對黑魚尾，版心下印"綏中吳氏綠雲山館鈔藏"，半框 18×12.3cm。鈐"曉鈴藏書"朱文印．--綫裝　　　　　己／1707

山歌：十卷／（明）墨憨齋主人述；顧頡剛點校．--鉛印本．--上海：傳經堂，1935 年．--1 冊．--墨憨齋主人即明馮夢龍。半葉 12 行，行 34 字，有眉批，行 4 字，白口，四周單邊，單黑魚尾，版心下印"傳經堂藏版"，半框 14.3×9.8cm。吳伯威贈言"贈曉鈴兄"。鈐"伯威"朱文印、"吳伯威氏珍藏"朱文印、"曉鈴藏書"朱文印．--綫裝　　　　　　　　己 1696

霓裳續譜：八卷，目錄一卷，首一卷／（清）顧自德輯；（清）王廷昭編訂．--刻本．--集賢堂，清乾隆六十年（1795）．--10 冊（1 函）．--半葉 10 行，行 20 字，白口，四周雙邊，單黑魚尾，半框 14.1×11.4cm。每冊有劉半農題封，首冊題"霓裳續譜十冊，常維鈞兄贈，劉記"。有吳曉鈴題識。鈐"曉鈴藏書"朱文印．--綫裝　　　　　　　　　　　　己／678

白雪遺音選／西諦編．--鉛印本．--上海：鑒賞社，民國十九年（1930）．--1 冊．--西諦即鄭振鐸。半葉 11 行，行 35 字，無邊框。吳曉鈴墨筆題記。鈐"吳"朱文印、"曉鈴藏書"朱文印．--平裝　　　　　　　　　　　　己／1697

[聚卷堂李、百本張所抄雜曲]．--抄本．--北京：聚卷堂李、百本張，清末（1851—1911）．--9 冊（1 函）．--題名據內容擬。半葉 5 行，行 6 字，無邊框。有吳曉鈴題記。鈐"吟秋山舘"白文印、"齊氏所藏戲曲小說印"白文印、"吳"朱文印、"曉鈴藏書"朱文印．--綫裝　　　　　　己／1008

雜曲抄．--抄本．--清（1644—1911）．--1 冊．--半葉 8 行，行 16 字，無邊框。鈐"曉鈴藏書"朱文印．--綫裝　　　　　己／1045

醉臥秋林下：岔曲．--抄本．--別埜堂，清（1644—1911）．--1 冊．--半葉 5 行，行 6 字，無邊框．--毛裝　　　　　己／1017

岔曲選錄．--抄本，朱墨二色．--清（1644—1911）．--1 冊（1 函）．--半葉 9 行，行 20 字，無邊框。鈐"吳"朱文印、"曉鈴藏書"朱文印．--毛裝　　　　　己／1012

[岔曲鈔存]：不分卷／（清）佚名編．--抄本，藍絲欄．--清（1644—1911）．--1 冊．--題名爲吳曉鈴擬。其中有快書及牌子曲。半葉 12 行，行 20 字，白口，四周雙邊，版心上印"同春"，半框 18.7×19.3cm。有吳曉鈴跋．--綫裝　　　　　　　　　　　己／994

小曲摘抄／（清）遇素新編．--刻本．--清（1644—1911）．--1 冊（1 函）．--書籤題名"遇素新編小曲摘抄"，版心則分題"遇素新編"、"小曲摘抄"。本書收《情人話別》、《情女別郎》、《四季盼郎》、《願從良》、《杯酒送郎》五支小曲，每支曲後有評語，署"素素妄評"。半葉 8 行，行 24 字，白口，四周單邊，單黑魚尾，半框 18.4×11.1cm。布政司大街鴻文堂藏版。鈐"曉鈴藏書"朱文印．--綫裝　　　　　　　　　　　己／1020

[小曲雜抄]／江楷陞鈔錄．--抄本．--清末民國（1851—1949）．--1 冊．--原無總題名，內有"在家無事，閑中抄寫小曲消愁解悶"語，因據

以擬。半葉 8 行,行 22 字,無邊框。鈐“曉鈴藏書”朱文印. --綫裝　　　　　　　　　己/1031

俗曲雜鈔. --抄本. --北京:吳曉玲,[19??]. --1 冊(1 函). --半葉 10 行,行 21 字,白口,四周單邊,雙對黑魚尾,半框 18.1×12.3cm。鈐“曉玲藏書”朱文印. --綫裝
　　　　　　　　　己/1913

濟顛全集. --抄本. --玉銘,民國二十五年(1936). --1 冊(1 函). --半葉 6 行,行 14 字,無邊框. --綫裝　　　　　　　　　己/1912

庵堂相會. 繡荷包. 新刊京調哭小郎. 新造快船/(清)佚名編. --抄本. --巫進慶,清光緒二十七年(1901). --1 冊. --殘本,有缺葉。半葉 8 行,行 24 字,無邊框。鈐“曉鈴藏書”朱文印. --毛裝　　　　　　　　　己/999

詠畫炎涼圖便面:不分卷/佚名. --抄本,綠格. --[19??]. --1 冊(1 函). --半葉 8 行,行 18 字,白口,四周雙邊,單黑魚尾,版心下印“永豐號南紙店”,半框 17.4×12.3cm。佚名朱筆圈點、批校。鈐“曉鈴藏書”朱文印. --綫裝
　　　　　　　　　己/677

新刊琴腔曲十隻. --抄本. --峻川徐記,清末民國(1851—1949). --2 冊(1 函). --有破損。半葉 9 行,行 20 字,有眉欄,行 2 字,白口,四周單邊,無直格,半框 17.9×10.6cm。鈐“吳”朱文印、“曉鈴藏書”朱文印. --綫裝
　　　　　　　　　己/1011

橄欖. 蘆夢. 小調. --抄本. --清(1644—1911). --1 冊. --半葉 12 行,行 23 字,無邊框。鈐“曉鈴藏書”朱文印. --毛裝　　　　己/1041

過會(上). --抄本. --清(1644—1911). --1 冊(1 函). --内容不全。半葉 5 行,行 12 字,無邊框。鈐“吳”朱文印、“曉鈴藏書”朱文印. --綫裝　　　　　　　　　己/1039

春點. --抄本,綠格. --清(1644—1911). --1 冊(1 函). --抄書紙題“德盛紙店”。半葉 6 行,行 18 字,白口,四周雙邊,單黑魚尾,半框 16.2×11.8cm。鈐“吳”朱文印、“曉鈴藏書”朱文印. --平裝　　　　　　　　　己/1492

另有一種情:不分卷/佚名輯. --抄本. --清(1644—1911). --2 冊(1 函). --半葉 10 行,行 24 字,半框 20.5×13.2cm。佚名朱筆圈點。鈐“吳”朱文印、“曉鈴藏書”朱文印. --綫裝
　　　　　　　　　己/675

曲辭. --抄本. --清(1644—1911). --1 冊. --半葉 8 行,行 28 字間 31 字,無邊框。鈐“曉鈴藏書”朱文印. --毛裝　　　　　　　　　己/1022

進寺門. --抄本. --蔡本初,清(1644—1911). --1 冊(1 函). --半葉 7 行,行 7 字,無邊框。巾箱本. --綫裝　　　　　　　　　己/1038

西湖金子:一卷. --抄本. --尤其俊,清同治七年(1868). --1 冊(合裝 1 函). --卷尾缺字。半葉 7 行,行 14 字,無邊框。鈐“曉鈴藏書”朱文印. --綫裝　　　　　　　　　己/1175

繡荷包. --刻本. --錦文堂,清光緒十年(1884). --1 冊. --缺末葉。封面署“甲申冬月”、“錦文堂存”。半葉 9 行,行 17 字,白口,四周雙邊,半框 12.8×10.5cm. --簡裝
　　　　　　　　　己/1001

太虛幻境. --抄本. --北京:吳曉鈴,1976 年. --1 冊. --吳曉鈴跋. --綫裝　己 1692

闔家歡樂. --抄本. --別埜堂,清末(1851—1911). --1 冊. --半葉 5 行,行 6 字,無邊框. --綫裝　　　　　　　　　己/1033

開篇抄存.--抄本，紅格.--清（1644—1911）.--1 冊.--半葉 8 行，行 19 字，有眉欄，行 9 字，白口，四周雙邊，單黑魚尾，半框 14.9 × 8.5cm。鈐"曉鈴臧書"朱文印.--綫裝

己/1034

［雜抄］.--抄本.--清（1644—1911）.--1 冊.--前抄小曲若干首，後抄九九乘法表、珠算口訣、田面演算法。半葉 8 行，行 14 字，無邊框.--毛裝

己/1035

山歌菜桑.--抄本.--清（1644—1911）.--1 冊.--"菜"當爲"採"字之誤。半葉 8 行，行 14 字，無邊框。鈐"曉鈴臧書"朱文印.--綫裝

己/1023

山歌幾十隻.--抄本.--許鳳栢，清末民國（1851—1949）.--1 冊.--半葉 6 行，行 20 字，無邊框.--綫裝

己/1015

［山歌］.--抄本.--清（1644—1911）.--1 冊（1 函）.--原無題名，此據原目錄著錄。半葉 8 行，行 14 字，無邊框.--毛裝

己/1025

山歌.--抄本.--清（1644—1911）.--1 冊.--有殘缺。半葉 10 行，行 14 字，無邊框。鈐"曉鈴臧書"朱文印.--綫裝

己/1044

消閑山歌：四十套/張正芳編著.--鉛印本.--上海：瑞樓書局，民國十九年（1930）.--1 冊（1 函）：有插圖.--附極樂世界歌、看破世界山歌、玉曆寶卷。半葉 12 行，行 14 字，白口，四周單邊，半框 17.1 × 11.1cm。鈐"曉鈴臧書"朱文印.--綫裝

己 1896

吳郎山歌.--刻本.--民國（1912—1949）.--1 冊（合裝 1 函）.--半葉 9 行，行 14 字，白口，四周雙邊，無直格，單黑魚尾，半框 13 × 10.4cm.--毛裝

己/1047—7

十別郎山歌；貞强山歌；打彈弓.--抄本.--虞南：李荷森，民國二十一年（1932）.--1 冊.--半葉 8 行，行 15 字，無邊框.--綫裝

己/1906

民謡六首.--抄本，綠方格.--［19??］.--1 冊（1 函）.--半葉 8 行，行 17 字，白口，四周雙邊，單黑魚尾，版心上印"匯文學校"，下印"士寶齋南紙店"，半框 17 × 11.5cm。鈐"曉玲臧書"朱文印.--綫裝

子目：
西十杯
照九霄
火燒戰船
梳油頭
繡兜肚
鼓裡多

己/1908

民間情歌/古燕佛蘇編.--抄本，方格.--民國.--1 冊（1 函）.--半葉 7 行，行 21 字，白口，四周單邊，單黑魚尾，半框 16.9 × 11.1cm。鈐"曉玲臧書"朱文印.--綫裝

己/1909

民謡雜抄.--抄本.--民國（1912—1949）.--1 冊.--半葉 13 行，行 15 字，無邊框.--毛裝

己/1046

乾鮮菜果名.--抄本.--百本張，清末（1851—1911）.--1 冊（合裝 1 函）.--半葉 5 行，行 10 字，無邊框.--毛裝

己/1016

莫包腳歌/（清）天足會編.--鉛印本.--上海：商務印書館，清光緒二十八年（1902）.--1 冊（1 函）：圖 2 幅.--半葉 9 行，行 14 字，白口，四周雙邊，無直格，單黑魚尾，半框 13.5 × 9cm。有頤庵題識。鈐"曉鈴臧書"朱文印.--綫裝

己/1476

今夢曲：六首/鍾德唱；勞夢廬錄.--鉛印本.--香港：聚珍書樓，民國八年（1919）.--1 冊（1 函）.--半葉 12 行，行 34 字，白口，四周竹節

花邊,雙對黑魚尾,版心下印"香港聚珍書樓承印",半框 16.2 × 10.8cm。有"曉玲藏書"朱文印.--綫裝

子目:

黛玉焚稿

尤二姐辭世

瀟湘琴怨

晴雯別園

瀟湘館聽雨

寶黛談禪 己/1910

增刻今夢曲/鍾德唱;勞夢廬錄;白蓮選,程景仙補.--鉛印本.--香港:聚珍書樓,民國九年(1920).--1 冊(1 函).--半葉 14 行,行 36 頁,無邊框。鈐"曉鈴藏書"朱文印.--平裝

子目:

蘆亭賞雪　黛玉焚稿　黛玉葬花
夜訪怡紅　瀟湘聽雨　瀟湘琴怨
瀟湘泣玉　寶黛談禪　寶玉逃禪
顰卿絕粒　黛玉辭世尤二姐辭世
晴雯別園　怡紅祝壽　附錄梅妃宮怨

己/1911

新粵謳解心/珠海夢餘生著.--刻本.--民國十三年（1924）.--1 冊.--廖恩燾（1864—1954）,字鳳舒,亦字鳳書,號懺盦、珠海夢餘生(珠海客餘生),室名懺綺盦,廣東惠陽人。封面和自序均署懺綺盦主人,此據正文卷端著錄。半葉 12 行,行 23 字,白口,四周雙邊,單黑魚尾,半框 19.7 × 14.2cm。鈐"曉鈴藏書"朱文印.--綫裝 己/1043

小孩尔語.--抄本.--聚卷堂李,民國(1912—1949).--1 冊.--半葉 5 行,行 6 字,無邊框。鈐"聚卷堂李"朱文印、"吳"朱文印、"曉鈴藏書"朱文印.--毛裝 己/1047—8

勸莊稼買賣.--刻本.--民國（1912—1949）.--1 冊(合裝 1 函).--書名頁題"勸莊稼買賣聖人勸"。半葉 8 行,行 15 字,白口,左右

雙邊,無直格,單黑魚尾,半框 11.6×9.3cm. --毛裝 己/1047—9

湖州新出特別痰迷.--刻本.--民國(1912—1949).--1 冊(合裝 1 函).--半葉 8 行,行 18 字,白口,四周單邊,無直格,單白魚尾,半框 12 ×8cm. --毛裝 己/1047—10

下盤棋下本.--刻本.--民國（1912—1949）.--1 冊(合裝 1 函).--題名據書名頁著錄。卷端題"抄本金陵新到下盤棋湖北調下本"。半葉 6 行,行 11 字,白口,四周單邊,無直格,單黑魚尾,半框 11.9×7.9cm. --毛裝 己/1047—11

新刻情女哭沉香.--刻本.--民國（1912—1949）.--1 冊(合裝 1 函).--半葉 8 行,行 20 字,白口,四周單邊,無直格,半框 13.9 × 8.6cm. --毛裝 己/1047—12

煙花女子告陰狀.--刻本.--民國（1912—1949）.--1 冊(合裝 1 函).--半葉 7 行,行 15 字,白口,四周單邊,無直格,單黑魚尾,半框 12.3×7.9cm. --毛裝 己/1047—13

湖州景.--刻本.--民國(1912—1949).--1 冊(合裝 1 函).--書名頁題"特別湖州景致"。半葉 7 行,行 17 字,白口,四周單邊,單黑魚尾,半框 12.5×8.2cm. --毛裝 己/1047—14

新刻十告郎山歌.--刻本.--民國（1912—1949）.--1 冊(合裝 1 函).--書名頁題"十告郎"。半葉 6 行,行 12 字,白口,四周單邊,無直格,單黑魚尾,半框 11.3×7.6cm. --毛裝 己/1047—15

摘黃瓜.--刻本.--文順齋,民國(1912—1949).--1 冊(合裝 1 函).--半葉 7 行,行 16 字,白口,四周單邊,無直格,單黑魚尾,半框 11.5×7.8cm. --毛裝 己/1047—16

四　賣. --刻本. --寶文堂, 民國（1912—1949）. --1 冊（合裝 1 函）. --半葉 9 行, 行 16 字, 白口, 四周單邊, 無直格, 單黑魚尾, 半框 12.3×10.3cm. --毛裝　　　　己/1047—17

杜十娘怒沉百寶箱. --刻本. --寶文堂, 民國（1912—1949）. --1 冊（合裝 1 函）. --半葉 8 行, 行約 15 字, 白口, 四周單邊, 無直格, 半框 11.4×9.3cm. --毛裝　　　　己/1047—18

新出送情郎十盃酒. --刻本. --民國（1912—1949）. --1 冊（合裝 1 函）. --書名頁題"送情郎十盃酒". 半葉 7 行, 行 13 字, 白口, 四周單邊, 無直格, 單黑魚尾, 半框 11.9×9.7cm. --毛裝　　　　己/1047—19

白保柱借當. --刻本. --北京：致文堂, 清（1644—1911）. --1 冊（合裝 1 函）. --兩截板, 皆半葉 8 行, 行 7 字, 白口, 四周單邊, 無直格, 單黑魚尾, 半框 11.6×9.7cm. --毛裝　　　　己/1047—20

姑娘十二漂. --刻本. --風雲山房, 清（1644—1911）. --1 冊（合裝 1 函）. --半葉 9 行, 行 15 字, 白口, 四周單邊, 無直格, 半框 10.9×9.6cm. --毛裝　　　　己/1047—21

老媽回家歎十聲. --刻本. --清（1644—1911）. --1 冊（合裝 1 函）. --半葉 8 行, 行 14 字, 白口, 四周單邊, 無直格, 單黑魚尾, 半框 11.7×8.7cm. --毛裝　　　　己/1047—22

姑娘二十四標. --刻本. --清（1644—1911）. --1 冊（合裝 1 函）. --半葉 8 行, 行約 18 字, 白口, 四周單邊, 無直格, 半框 10.6×9cm. --毛裝　　　　己/1047—23

十大姐. --刻本. --清（1644—1911）. --1 冊（合裝 1 函）. --題名據書名頁著錄. 卷端題"新刻大小姐". 半葉 9 行, 行 14 字, 白口, 四

周單邊, 無直格, 單黑魚尾, 半框 12.3×9.4cm. --毛裝　　　　己/1047—24

江西賣雜貨. --刻本. --清末民國（1851—1949）. --1 冊（合裝 1 函）. --題名據封面題. 卷端題"湖北調". 半葉 6 行, 行 12 字, 白口, 四周單邊, 無直格, 單黑魚尾, 半框 12.9×9.3cm. --毛裝　　　　己/1047—25

借笛笛. --刻本. --清末（1851—1911）. --1 冊（合裝 1 函）. --半葉 10 行, 行 23 字, 白口, 四周單邊, 無直格, 單黑魚尾, 半框 13.7×9.9cm. --毛裝　　　　己/1047—26

紫金瓶. --刻本. --文元堂, 清末民國（1851—1949）. --1 冊（合裝 1 函）. --書名頁題"益陽頭堡文元堂歌書發客". 半葉 9 行, 行 28 字, 白口, 四周單邊, 無直格, 單黑魚尾, 半框 14×9.2cm. --毛裝　　　　己/1047—27

只菜歌. 二十步送妹歌. --刻本. --民國（1912—1949）. --1 冊：插圖 1 幅. --半葉 14 行, 行 28 字, 白口, 四周單邊, 無直格, 單黑魚尾, 半框 13.8×8.8cm. --毛裝
　　　　己/1047—28

新刻談香女哭瓜：一卷. --刻本. --磁縣：明善堂書局, 民國（1912—1949）. --1 冊（合裝 1 函）. --書名頁題"談香女哭瓜". 半葉 8 行, 行 14 字, 小字雙行字同, 白口, 左右雙邊, 單黑魚尾, 半框 14×10.6cm. --平裝　　　　己/1164

最新西廂記張拱跳牆歌：二本. --鉛印本. --廈門：文德堂榮記書局, 民國（1912—1949）. --2 冊（1 函）. --版心題名"最新西廂記歌". 半葉 13 行, 行 28 字, 白口, 四周單邊, 單黑魚尾, 半框 15.4×9.5cm. --平裝　　　　己 1833

中日交戰. --抄本. --周玉銘, 民國二十五年（1936）. --1 冊（1 函）. --前缺數葉. 半葉 6

行,行 14 字,無邊框。尾署"周玉銘叩",書口署"周玉銘記"。內容記上海抗戰事。巾箱本. --綫裝　　　　　　　　己/1037

假無常:一卷. **敬竈美報**:一卷. --鉛印本. --民國(1912—1949). --1 冊(合裝 1 函). --(宣講大全). --半葉 10 行,行 27 字,無邊框. --平裝　　　　　　　　　　　　己/1213

節孝全義:一卷. --鉛印本. --民國(1912—1949). --1 冊(合裝 1 函). --(宣講大全). --半葉 10 行,行 27 字,無邊框. --平裝　　　　　　　　　　　　　　　　己/1210

貞淫異報:一卷. **城隍報**:一卷. --鉛印本. --民國(1912—1949). --1 冊(合裝 1 函). --(宣講大全). --半葉 10 行,行 27 字,無邊框. --平裝　　　　　　　　　　　　　　　　己/1212

鬼斷家私:一卷. **貪淫慘報**:一卷. --鉛印本. --民國(1912—1949). --1 冊(合裝 1 函). --(宣講大全). --半葉 10 行,行 27 字,無邊框. --平裝　　　　　　　　　　　　　　　　己/1211

燕山五桂:一卷. **拾椹奉母**:一卷. --鉛印本. --民國(1912—1949). --1 冊(1 函). --半葉 10 行,行 28 字,白口,四周單邊,無直格,單黑魚尾,半框 16.5×11cm. --綫裝　　己/1214

郭巨埋兒:一卷. --刻本. --彰德:明善堂局,民國二十四年(1935). --1 冊(1 函). --半葉 8 行,行 15 字,白口,四周單邊,單黑魚尾,半框 14.5×10.5cm。有刻工:王聰明. --綫裝　　　　　　　　　　　　　己/1946

愛玉自歎歌;孟姜女送寒衣歌. --鉛印本. --嘉義市[臺南州]:捷發書店,日本昭和十一年(1936)(協成活版所印刷). --1 冊(1 函). --半葉 8 行,行 28 字,白口,四周雙邊,無直格,半框 14.4×8.1cm. --平裝　　己/1838

薛仁貴征東歌:六集. --鉛印本. --臺中市:文林出版社,1957 年. --1 冊(1 函). --半葉 13 行,行 28 字,無邊框. --平裝　　　　己/1841

蔡端造洛陽橋歌. --鉛印本. --嘉義市[臺南州]:玉珍漢書部,日本昭和八年(1933)(協成活版所印刷). --1 冊(1 函). --書皮題"新編流行蔡端造洛陽橋歌"。半葉 10 行,行 28 字,白口,左右雙邊,無直格,半框 14.4×7cm. --平裝　　　　　　　　　　　　己/1837

白蛇西湖遇許仙:八集. --鉛印本. --新竹市[臺灣]:竹林書局,1959 年. --1 冊(1 函). --書皮題"雷峰塔白蛇西湖遇許仙"。閩南語。半葉 12 行,行 28 字,白口,四周雙邊,無直格,半框 14.1×7.3cm. --平裝　　　　　　　　己/1845

火燒紅蓮寺. --鉛印本. --高雄[臺灣]:蘭室書局,日本昭和六年(1931). --1 冊(1 函). --書名據書皮著錄。半葉 8 行,行 28 字,白口,四周單邊,無直格,半框 12.3×6.4cm. --平裝　　　　　　　　　　　　　己/1840

鄭國姓開臺灣歌. --鉛印本. --新竹市[臺灣]:竹林書局,1958 年. --1 冊(1 函). --題名據書皮著錄。閩南語。半葉 13 行,行 28 字,無邊框. --平裝　　　己/1846

方世玉打擂臺相褒歌. --鉛印本. --新竹市[臺灣]:竹林書局,1957 年. --1 冊(1 函). --閩南語。半葉 13 行,行 28 字,無邊框. --平裝　　　　　　　　　　　　己/1843

周成過臺灣歌:二本. --鉛印本. --新竹市[臺灣]:興新出版社,1956 年. --1 冊(1 函). --半葉 14 行,行 28 字,無邊框. --平裝　　　　　　　　　　　　己/1839

菜瓜花鶯英爲夫守節歌. --鉛印本. --嘉義市[臺南州]:玉珍漢書部,日本昭和七年(1932)

（和源活版所印刷）.--1 冊（1 函）.--殘本,存下本。題名據書皮著録。半葉 8 行,行 28 字,白口,四周雙邊,無直格,半框 14.1×8cm.--平裝　　　　己/1835

五劍大鬧迷魂城/王賢德作.--鉛印本.--嘉義市［臺南州］:捷發書店,日本昭和十一年（1936）（協成印刷所印刷）.--1 冊（1 函）.--書皮題“五劍大鬧迷魂城歌”。半葉 12 行,行 28 字,白口,四周單邊,無直格,半框 14.5×8.3cm.--平裝　　　　己/1834

特編英英宮主選駙馬新歌/梁松林編輯.--鉛印本.--臺北:周協隆書店,日本昭和十二年（1937）（大成廣告社印刷）.--1 冊（1 函）.--半葉 11 行,行 28 字,白口,四周雙邊,無直格,半框 14.5×7.7cm.--平裝　　　　己/1836

安童買菜歌:二本.--鉛印本.--臺中市:文林出版社,1957 年.--1 冊（1 函）.--閩南語。半葉 13 行,行 28 字,無邊框.--平裝

己/1842

綠牡丹歌:三本.--鉛印本.--新竹市［臺灣］:竹林書局,1956 年.--1 冊（1 函）.--半葉 11 行,行 28 字,白口,四周單邊,無直格,半框 14.1×7.9cm.--平裝　　　　己/1848

荒江女俠歌:六集.--鉛印本.--新竹市［臺灣］:竹林書局,1956 年.--1 冊（1 函）.--第一集卷端題“電影荒江女俠歌”。半葉 12 行,行 28 字,白口,四周單邊,無直格,半框 14.1×8cm.--平裝　　　　己/1844

基隆七號房慘案:二本.--鉛印本.--新竹市［臺灣］:竹林書局,1959 年.--1 冊（1 函）.--閩南語。半葉 12 行,行 28 字,白口,四周單邊,無直格,半框 14.1×7.9cm.--平裝

己/1847

曲譜

新編南九宮詞/（明）三徑草堂編.--影印本.--鄭振鐸,民國十九年（1930）.--2 冊（1 函）.--三徑草堂即明人蔣孝。封面題“西諦景印元明本散曲第一種”。半葉 12 行,行 24 字,白口,四周單邊,單黑魚尾,半框 19.3×13.3cm。牌記題“中華民國十九年三月長樂鄭氏據明三徑草堂刊本重印”。吳曉鈴題記。鈐“吳”朱文印、“吳郎之書”朱文印.--綫裝

己/1713

彙纂元譜南曲九宮正始:不分卷/（清）徐子室輯;（清）鈕少雅訂.--抄本,朱墨藍三色.--清（1644—1911）.--5 冊（1 函）.--書皮猛厂題名,并題“龍浦鹿廬經藏未刻精本”。半葉 5 行,行 22 字,無邊框。梟翁題記。鈐“長沙彭氏”朱文印、“匏公”朱文印、“猛庵藏書”朱文印、“梟翁”白文印、“孤笑齋”白文印、“曉鈴藏書”朱文印.--綫裝　　　　己/903

彙纂元譜南曲九宮正始/（明）徐子室輯;（明）鈕少雅訂.--抄本.--清（1644—1911）.--6 冊（1 函）.--抄刻年代據吳曉鈴著録。半葉 6 行,行 21 字,小字雙行字同,有眉批,行 6 字,無邊框。佚名朱筆圈點。鈐“曉鈴藏書”朱文印.--綫裝　　　　己/897

彙纂元譜南曲九宮正始:不分卷/（明）徐子室輯;（清）鈕少雅訂.--影印本,朱墨套印.--北平:戲曲文獻流通會,民國二十五年（1936）.--10 冊（1 函）.--書簽題“南曲九宮正始”。據清初鈔本影印。半葉 9 行,行 20 字,有眉批,行 4 字,白口,四周雙邊,單白魚尾,半框 14.1×9.4cm。鈐“文奎堂”白文印.--綫裝

己/1825

一笠菴北詞廣正譜:十八帙/（明）徐于室原稿;（清）鈕少雅樂句;（清）李玄玉更定.--影印本.--民國（1912—1949）.--4 冊（1 函）.--書

簽、版心題名"北詞廣正譜"。據清康熙年間青蓮書屋刊本影印。半葉 6 行,行 25 字,白口,左右雙邊,單黑魚尾,半框 14.9×10.9cm。鈐"曉鈴藏書"朱文印. --綫裝　　　　己/919

嘯餘譜:十一卷/(明)程明善編輯;(清)張漢重訂. --刻本. --聖雨齋,清康熙元年(1662). --8 冊. --缺卷 2、3、7、9。半葉 9 行,行 20 字,白口,四周單邊,單黑魚尾,半框 20.4×15.3cm. --綫裝

存書子目:

嘯旨:一卷

聲音數:一卷/(宋)邵雍撰

致語:一卷/(宋)宋祁撰

樂府原題:一卷/(宋)鄭樵撰

北曲譜:一卷/(清)張漢重校

務頭:一卷/(元)周德清撰;(清)張漢重校

南曲譜:一卷/[原撰者不詳];(清)張漢重校

中州音韻:一卷/(清)張漢重校

切韻:一卷/(宋)司馬光撰　　　　己/894

南曲譜:二十二卷/(清)張漢重校. --石印本. --清末民國(1851—1949). --1 冊. --存卷 1—13。目錄題名爲"南九宮十三調曲譜"。半葉 9 行,行 20 字,小字雙行字同,白口,四周雙邊,單黑魚尾,半框 15.9×9.3cm。鈐"□陽寵氏爕增藏書"朱文印、"曉鈴藏書"朱文印. --綫裝　　　　己/912

欽定曲譜:十二卷,首一卷,末一卷/(清)王奕清等編. --石印本. --上海:掃葉山房,民國八年(1919). --8 冊(1 函). --卷端題"曲譜"。據清武英殿刻本影印。半葉 8 行,行 21 字,有眉批,行字數不等,白口,四周雙邊,雙對黑魚尾,半框 16.4×10.7cm。有君九(王季烈)批校。鈐"曉鈴藏書"朱文印. --綫裝　　　　己/1830

欽定曲譜:十二卷,首一卷,末一卷/(清)王奕清等編. --石印本. --上海:掃葉山房,民國十

三年(1924). --8 冊(1 函). --卷六缺目一葉。題名據書名頁著錄,卷端題"曲譜"。據清武英殿刻本影印。半葉 8 行,行 21 字,有眉批,行字數不等,白口,四周雙邊,雙對黑魚尾,半框 16.2×10.9cm。吳曉鈴朱墨筆圈點。鈐"曉鈴藏書"朱文印. --綫裝　　　　己/1803

仙音宗旨. --抄本. --京師:張本昶,清乾隆三十年(1765). --1 冊. --封面題"載寧堂,乾隆乙酉年夏五吉日後學張本昶錄"。半葉 8 行,行 35 字(符號),無邊框。鈐"曉鈴藏書"朱文印. --毛裝　　　　己/480

欽定各郊壇廟樂章/(清)張樂盛輯. --抄本. --清(1644—1911). --1 冊. --有乾隆十九年勵宗萬序。責任說明據序著錄。半葉 9 行,行 25 字,白口,四周雙邊,單黑魚尾,半框 21.5×13.7cm。鈐"曉鈴藏書"朱文印. --綫裝
　　　　己/433

欽定各郊壇廟樂章/(清)張樂盛輯. --刻本. --清道光(1821—1850). --1 冊. --有乾隆十九年勵宗萬序,嘉慶二十五年改諱字說明。半葉 10 行,行 20 字,小字雙行字同,白口,四周雙邊,單黑魚尾,半框 19.5×14.6cm。天壇神樂署藏版。鈐"曉鈴藏書"朱文印. --綫裝
　　　　己/439

響遏行雲曲譜. --抄本. --民國十四年(1925). --2 冊. --書皮題"乙丑小易月訂"。半葉 7 行,行 16 字,無邊框。鈐"曉鈴藏書"朱文印. --綫裝　　　　己/452、己/454

霓裳羽衣:十首. --抄本. --清同治三年(1864). --1 冊. --半葉 6 行,行 5 字,有工尺譜,無邊框。封面手書"胡席菴讀"。鈐"席庵"朱文印、"胡珍私印"朱文印、"幾生修得到梅花"白文印、"若愚"朱文印、"羅壁山印"白文印、"存厚堂"朱文印、"曉鈴藏書"朱文印. --綫裝　　　　己/417

霓裳羽衣.--抄本.--清（1644—1911）.--1
冊.--書皮題"十大番譜，民國四年五月聘臣重
訂"。半葉 8 行，行 6 字，有工尺譜，無邊框。
佚名朱墨筆圈點。鈐"存厚堂"朱文印、"羅壁
山印"朱文印.--精裝　　　　　　己/1609

大十番星湯譜/（清）仲仁張二老先生著.--
抄本.--胡仰僑，清光緒元年（1875）.--1 冊.--
半葉 5 行，行約 5 字，有工尺譜，無邊框。鈐
"曉鈴藏書"朱文印.--綫裝　　　　己/426

霓裳羽衣曲全譜/（清）鄧小廷編訂.--稿本，
朱墨二色.--清光緒三年（1877）.--1 冊.--半葉
10 行，行 24 字，無邊框。鈐"此曲本來天上有
人間能得幾回聞"朱文印、"曉鈴藏書"朱文
印.--綫裝　　　　　　　　　　己/418

曲譜/（清）佚名輯.--抄本，朱墨二色.--清
（1644—1911）.--4 冊（1 函）.--正文墨抄，音
調係朱色鈐印。半葉 4 行，行 6 字，有工尺譜，
無邊框。鈐"豐華堂書庫寶藏印"朱文印、"白
占監藏金石書畫印"白文印.--綫裝
　　　　　　　　　　　　　　己/876

自怡曲譜/（明）王鏊填詞；（清）王季烈作
曲.--抄本，精抄.--清末民國（1851—1949）.--
1 冊（合裝 1 函）.--半葉行字數不等，有工尺
譜，細黑口，左右雙邊，單黑魚尾，半框 19.2 ×
14.1cm。鈐"曉鈴藏書"朱文印.--綫裝
　　　　　　　　　　　　　　己/870

蘭桂仙曲譜：二卷/（清）左潢考訂.--刻本.--
藤花書舫，清嘉慶八年（1803）.--1 冊.--半葉 6
行，行 17 字，欄上鐫評，行 5 字，白口，左右雙
邊，無直格，單黑魚尾，半框 17.8 × 13.6cm。
牌記題"嘉慶癸亥秋鐫"、"藤花書舫藏版"。
鈐"曉鈴藏書"朱文印.--綫裝　　　己/889

韻諧塾瘞雲巖綴白曲譜：四出/（清）玉泉樵
子填詞；（清）罧溪逸叟訂譜.--刻本.--韻諧塾，

清同治十年（1871）.--2 冊.--題名據書名頁
題。封面和版心題名"瘞雲巖曲譜"，序和目
錄題名"韻諧塾瘞雲巖曲譜"。玉泉樵子即清
許善長，罧溪逸叟即清汪筠亭。半葉 6 行，行
16 字，白口，四周雙邊，單黑魚尾，有工尺譜，
半框 15.9 ×9.1cm。牌記題"同治辛未冬月韻
諧口塾新刊".--綫裝　　　　　　己/888

雜牌子名.--抄本.--清（1644—1911）.--1
冊.--前後有缺葉。半葉 8 行，行 16 字，有工
尺譜，無邊框。鈐"曉鈴藏書"朱文印.--毛裝
　　　　　　　　　　　　　　己/482

慶昇平.--抄本.--清（1644—1911）.--1 冊.--
半葉 6 行，行 24 字，無邊框。鈐"虎臣"朱文
印、"英記"朱文印、"曉鈴藏書"朱文印.--毛
裝　　　　　　　　　　　　　己/487

遊戲譜.--抄本.--清光緒八年（1882）.--1
冊.--又名"元宵細譜"。書皮題"袁氏家藏"。
半葉 8 行，行 6 字，無邊框。鈐"曉鈴藏書"朱
文印.--綫裝　　　　　　　　　己/438

潯陽譜/（清）戚學禮輯.--抄本.--清光緒十
三年（1887）.--1 冊：圖 10 幅.--書皮題"光緒
十三年丁亥九月二十七日成置，蘇城戚學禮
書"。半葉 6 行，行 32 字，有工尺譜，無邊框。
鈐"曉鈴藏書"朱文印.--綫裝　　　己/455

松竹梅.--抄本.--胡仰僑，清光緒十四年
（1888）.--1 冊.--半葉 7 行，行 5 字，有工尺
譜，無邊框。鈐"曉鈴藏書"朱文印.--綫裝
　　　　　　　　　　　　　　己/434

崑劇吹打譜.--抄本.--清（1644—1911）.--1
冊.--全名"抄寫南府舊本崑劇吹打譜"。包括
大紅袍、雁兒落、鷓鴣三首。半葉 7 行，行 26
字，無邊框。鈐"曉鈴藏書"朱文印.--綫裝
　　　　　　　　　　　　　　己/483

增訂吹彈歌調全譜. --抄本. --清末（1851—1911）. --1 冊. --據戊辰年刻本抄。半葉 6 行，行 21 字，無邊框。鈐"曉鈴臧書"朱文印. --綫裝
己/447

曲譜雜錄. --抄本，朱絲欄. --耕□，清（1644—1911）. --1 冊. --書皮題"耕□手抄"。半葉 8 行，行 18 字，黑口，四周雙邊，單黑魚尾，版心下印"瑞華樓"，半框 16.3×10.7cm。鈐"曉鈴臧書"朱文印. --綫裝
己/488

［朱奴犯銀燈］. --抄本. --清（1644—1911）. --3 葉. --祇存朱奴犯銀燈、園林好、二犯江兒水、大開門等幾支曲。半葉 5 行，行 20 字，有工尺譜，無邊框. --散裝
己/1607

龍燈曲譜. --抄本. --清（1644—1911）. --1 冊. --半葉 8 行，行 33 字，有工尺譜，無邊框。鈐"吳"朱文印、"曉鈴臧書"朱文印. --綫裝
己/1608

俗曲譜. --抄本，藍絲欄. --京師，清末（1875—1911）. --1 冊. --半葉 11 行，行約 30 字，白口，四周單邊，單黑魚尾，版心上印"貴冑學堂課本"，半框 21.1×15.2cm。鈐"曉鈴臧書"朱文印. --綫裝
己/437

二十四番花信風. --抄本. --陳玉春，清（1644—1911）. --1 冊（1 函）. --半葉 4 行，行 17 字，有工尺譜，無邊框。鈐"曉鈴臧書"朱文印. --毛裝
己/1026

詩經古譜. --石印本. --京師：學部圖書局，清光緒三十四年（1908）. --1 冊. --半葉 10 行，行 20 字，五線譜橫排版，無邊框。鈐"曉鈴臧書"朱文印. --綫裝
己/1612

軍樂稿：四卷/（清）李映庚擬訂；（清）曹澐，（清）陳嘉梁同校譜. --石印本. --清宣統元年（1909）. --2 冊（1 函）. --半葉 7 行，行 27 字，

無邊框。鈐"曉鈴臧書"朱文印. --綫裝
己/1600、己/1610

燕樂研究所樂譜. --抄本. --民國（1912—1949）. --1 冊. --半葉 4 行，行 12 字，有工尺譜，無邊框。封面手書"馬貴戀"。鈐"曉鈴臧書"朱文印. --綫裝
己/425

乞盦集曲：五種/乞盦輯. --抄本，朱墨二色，朱絲欄. --民國六年（1917）. --1 冊. --書皮題"丙辰抄"。半葉 10 行，行 6 字，有工尺譜，細黑口，四周單邊，單黑魚尾，竹簡欄，版框右下印"天津美善社製"，半框 21×14.5cm。鈐"曉鈴臧書"朱文印. --毛裝
子目：
大嘉興鑼鼓譜
元宵樂曲譜
下西風笛譜
水鬥笛譜
水鬥鑼鼓譜/胡珍著
己/479

乞盦集曲/乞盦輯. --抄本，朱絲欄. --民國七年（1918）. --1 冊. --半葉 10 行，行 6 字，有工尺譜，黑口，四周單邊，單黑魚尾，竹簡欄，版框右印"天津美善社製"，半框 20.1×14.5cm. --綫裝
子目：
一串珠笛譜
一串珠鼓譜，附鋪頭
一串珠星湯譜
大十番笛譜
大十番鼓譜
大十番星湯譜
己/424

乞盦集曲/乞盦輯. --抄本，朱絲欄. --民國九年（1920）. --1 冊. --半葉 10 行，行 6 字，有工尺譜，黑口，四周單邊，單黑魚尾，竹簡欄，版框右印"天津美善社製"，半框 21.1×14.5cm. --綫裝
子目：

錦上花笛譜
錦上花鼓譜
錦上花星湯譜
松竹梅笛譜
松竹梅鼓譜
松竹梅星湯譜　　　　　　　己/423

雅俗共賞/趙曾垚撰.--稿本.--北京:趙曾垚,民國六年(1917).--1 冊.--封面題"北平實庵趙曾垚手著"。半葉 11 行,行 24 字,無邊框。佚名圈點。鈐"曉鈴臧書"朱文印.--綫裝
　　　　　　　己/493

趙實廣樂存/趙實廣編.--抄本.--民國(1912—1949).--1 冊.--目次作"趙實广",疑當作"趙實厂",即己/493 之趙曾垚,字實庵。半葉 6 行,行字數不等,無邊框。鈐"曉鈴臧書"朱文印.--毛裝　　　　己/492

實庵雜誌/實庵著.--稿本.--民國(1912—1949).--1 冊.--末尾有缺葉。半葉 8 行,行 16 字,無邊框。鈐"曉鈴臧書"朱文印.--綫裝
　　　　　　　己/435

傳聲譜:工尺字.--抄本.--民國十四年(1925).--1 冊.--書皮題"傳聲譜,乙丑小易"。橫排版,半葉 8 行,行約 14 字,無邊框。鈐"曉鈴臧書"朱文印.--毛裝　　己/484

樂章工尺字.--抄本.--馬遠俊,民國(1912—1949).--1 冊.--半葉 9 行,行約 15 字,無邊框。鈐"曉鈴臧書"朱文印.--綫裝　　己/485

清平調/(唐)李白作詩;江文也作曲.--石印本.--北京:新民音樂書局,民國二十八年(1939).--1 冊.--綫裝　　己/1602

集成曲譜:四集三十二卷/王季烈,劉富樑編輯. 附螾廬曲談:四卷/王季烈述.--石印本.--上海:商務印書館,民國十四年(1925).--32 冊(4 函).--半葉 12 行,行 25 字,有眉批,行 10 字,有工尺譜,白口,四周雙邊,無直格,單黑魚尾,半框 16.1×11.8cm。鈐"曉鈴臧書"朱文印.--綫裝　　　　己/1629—己/1632

與眾曲譜:八卷/王季烈輯;延增,高步雲正拍.--抄本.--長白延增竹南,民國二十九年(1940).--8 冊.--半葉 4 行,行 20 字,白口,四周雙邊,單黑魚尾,半框 19.1×14.1cm。牌記題"合笙曲社發行,有版權,禁翻印"。鈐"黃植"白文印、"曉鈴臧書"朱文印.--綫裝
　　　　　　　己/873

曲譜集成.--抄本,朱絲欄.--1 冊(1 函).--周公謙,民國三十二年(1943).--半葉 10 行,行字數不等,白口,四周單邊,半框 21.4×15cm。鈐"公謙"朱文印、"周志斌"朱文印、"周公謙"白文藍印、"曉鈴臧書"朱文印.--綫裝　　　　　　　己/576

孚英樂譜/孚英樂隊班編.--鉛印本.--北京:倪玉書,民國三十年(1941).--1 冊.--半葉 7 行,行 17 字,白口,四周單邊,單黑魚尾,半框 17×13cm。鈐"吳"朱文印、"曉鈴臧書"朱文印.--綫裝　　　　　　　己/1615

音樂譜/佚名撰.--油印本.--民國(1912—1949).--1 冊.--鈐"曉鈴臧書"朱文印.--綫裝
　　　　　　　己/1623

重訂擬瑟譜/(明)邵嗣堯訂;(清)段仔文,(清)張懋賞同編.--刻本.--李瀚章,清光緒七年(1881).--1 冊.--半葉 8 行,行 15 字,白口,左右雙邊,單黑魚尾,半框 12×8.2cm。有吳曉鈴題跋,謂從傅惜華臧書中散出。鈐"碧葉館臧"朱文印、"曉鈴臧書"朱文印.--綫裝
　　　　　　　己/441

德音堂琴譜約選/(清)識字耕夫選.--抄本.--清(1644—1911).--1 冊.--殘本,存卷 2。

半葉 6 行,行 8 字,無邊框。鈐“曉鈴藏書”朱文印.--毛裝
己/474

二簧月琴隨唱托板.--抄本.--別墅堂,清末(1851—1911).--1 冊.--半葉 5 行,行 8 字,無邊框。鈐“衹此獨門工尺字”墨印、“別墅堂寶與眾不同”墨印、“曉鈴藏書”朱文印.--毛裝
己/491

胡(月)琴工尺字;代雜牌子.--抄本.--清(1644—1911).--1 冊.--半葉 8 行,行 18 字,無邊框。鈐“曉鈴藏書”朱文印.--綫裝
己/436

琴學新編/丘鶴儔著.--石印本.--香港:東華石印局,民國十年(1921).--1 冊:圖 5 幅.--半葉 9 行,行 24 字,白口,四周單邊,半框 18.9×11.3cm。佚名朱墨筆圈點。鈐“吳”朱文印、“曉鈴藏書”朱文印.--精裝
己/1611

養正軒琵琶譜:三卷/沈瀚編注;顧瑗廬校正.--鉛印本.--民國十七年(1928).--1 冊:作者肖像 1 幅.--殘本,存上卷。半葉 7 行,行 20 字,白口,四周雙邊,單黑魚尾,半框 15.7×11.4cm。鈐“蕭伯青”朱文印、“曉鈴藏書”朱文印.--綫裝
己/1616

水雲笛譜/(清)潘奕儁撰.--刻本.--吳縣潘氏,民國十四年(1925).--1 冊.--有水雲漫氏自序,潘鍾瑞、潘祖同跋。吳曉鈴鉛筆題跋。責任說明、刻書時間據吳曉鈴題跋著錄。半葉 6 行,行 18 字,有工尺譜,白口,四周雙邊,單黑魚尾,半框 18.2×14.1cm。鈐“曉鈴藏書”朱文印.--綫裝
己/440

吹彈笛樂詞譜:二集四十八首/(清)古香手訂.--抄本.--清(1644—1911).--2 冊.--目錄與內容不對應。半葉 4 行,行 10 字,有工尺譜,白口,四周雙邊,單黑魚尾,半框 17.1×

11.2cm。鈐“曉鈴藏書”朱文印.--綫裝
己/450、己/451

十八蕃笛譜/采田氏學.--稿本.--民國二十九年(1940).--1 冊.--采田氏名張采田,著有《新學商兌》等。書皮題“庚辰桃月訂”。半葉 9 行,行 6 字,有工尺譜,無邊框。有朱筆校點。鈐“曉鈴藏書”朱文印.--綫裝
己/419

唐音和解音曲笛譜.--複印本.--[19??年].--1 冊.--據哈佛大學漢和圖書館所藏日本享保元年(1716)浪華時與右衛門刻本複印.--毛裝
己/1601

[簫譜].--抄本.--清(1644—1911).--1 冊.--書前有“簫式”圖。附《勸子弟戒煙花絕妙好文》。半葉 8 行,行 35 字(符號),無邊框。鈐“吳”朱文印、“曉鈴藏書”朱文印.--綫裝
己/490

簫曲.--抄本.--冠敬泉,民國初年(1912—1919).--1 冊.--半葉 4 行,行 10 字,有工尺譜,無邊框。鈐“敬泉”朱文印、“曉鈴藏書”朱文印.--綫裝
己/453

萬花燈鑼鼓譜/(清)笑山氏著.--抄本.--胡輔周,清道光二十一年(1841).--1 冊.--半葉 8 行,行約 21 字,無邊框。有俞平伯跋。鈐“幾生修得到梅花”白文印、“羅壁山印”白文印、“席庵”朱文印、“存厚堂”朱文印、“若愚”朱文印、“曉鈴藏書”朱文印.--綫裝
己/427

水鬥鑼鼓譜/(清)胡席菴撰著.--抄本,朱墨二色.--尚勛氏,清宣統二年(1910).--1 冊.--书皮題“水鬥鑼鼓秘譜”,“宣統二年歲次庚戌春二月錄胡席菴氏本”。半葉 4 行,行 6 字,有眉批,行 3 字,有工尺譜,無邊框。鈐“曉鈴藏書”朱文印.--毛裝
己/1598

隨音雜韻十番鑼鼓譜.--抄本,紅方格.--民

國（1912—1949）.--1 冊.--半葉 6 行,行 20 字,白口,四周單邊,單黑魚尾,半框 16.5 × 10.6cm。鈐"曉鈴藏書"朱文印.--綫裝

己/489

清音鑼鼓十番.--抄本.--清（1644—1911）.--1 冊.--半葉 15 行,行 15 字,有工尺譜,無邊框.鈐"曉鈴藏書"朱文印.--綫裝

己/428

太平元夜鑼鼓.--抄本.--清末（1851—1911）.--1 冊.--半葉 8 行,行 6 字,無邊框.鈐"幾生修得到梅花"白文印、"羅壁山印"白文印、"存厚堂"朱文印、"若愚"朱文印、"曉鈴藏書"朱文印.--綫裝

己/422

一串珠鼓譜.--抄本.--清（1644—1911）.--1 冊.--半葉 4 行,行約 12 字,有工尺譜,無邊框.佚名朱筆校點.鈐"曉鈴藏書"朱文印.--綫裝

己/420

清浙杭舒元炳澹遊紅樓夢題詞/許寶馴作曲;俞平伯潤詞並注.--油印本.--北京:北京崑曲研習社,1963 年.--1 冊.--題詞見乾隆五十四年（1789）舒元煒序本《紅樓夢》.半葉 4 行,行 20 字,有工尺譜.有俞平伯向吳曉鈴贈書題記.--綫裝

己/1802

佚存曲譜初集:二卷/郁念純藏譜;徐沁君,王正來校閱.--油印本.--郁念純,1990 年.--2 冊.--卷一輯《胭脂虎》四出和《火焰山》全本十五出,卷二輯開場四出、傳奇零折九出和散曲二套.附錄三種:身段譜二出;崑曲吹打曲牌二十六支和十番譜一種.鈐"吳"朱文印、"曉鈴藏書"朱文印.--綫裝

己/874

佚存曲譜初集:二卷/王正來,徐沁君輯.--油印本.--南京:郁念純,1990 年.--1 冊.--存卷 2.據郁念純藏本校印.半葉 5 行,行 23 字,有工尺譜,白口,四周單邊,半框 20 ×

14.9cm.--平裝

己/1799

風韻古樂/郁念純整理.--影印本.--1991 年.--1 冊.--據道光間漁濟官舍鈔本整理。郁念純舊藏;劉楚青審定;王正來校閱.--平裝

己/909

曲韻

中原音韻:二卷/（元）周德清輯.--影印本.--常熟:瞿氏鐵琴銅劍樓,民國十一年（1922）.--2 冊.--書名頁題"元本中原音韻".據鐵琴銅劍樓藏元刊本影印.半葉 12 行,行 20 字,黑口,四周雙邊,雙對黑魚尾,半框 19.8 × 13.2cm。牌記題"壬戌十月古里瞿氏鐵琴銅劍樓影印"。有吳曉鈴眉批.鈐"曉鈴藏書"朱文印.--綫裝

己/900

中原音韻/（元）周德清著．附**中州樂府音韻類編**/（元）卓從之撰.--影印本.--北京:中華書局,1978 年.--3 冊（1 函）.--分別據中國社會科學院文學研究所和北京圖書館藏明刻本影印.半葉 9 行,行 16 字,粗黑口,四周雙邊,雙順黑魚尾,半框 14.3 ×9.2cm.--綫裝

附訥庵本《中原音韻》校勘記/陸志韋,楊耐思著.--鉛印本

中州樂府音韻類編:附校勘記/（元）卓從之述;陸志韋,廖珣英鈔校.--鉛印本

己/1817

中原音韻:一卷/（元）周德清輯.**太和正音譜**:二卷/（明）丹丘先生涵虛子編.--影印本.--陳乃乾,民國十五年（1926）.--5 冊（1 函）.--丹丘先生、涵虛子,均爲明朱權號.據舊抄本影印.中原音韻半葉 13 行,行 20 字,黑口,四周雙邊,雙對黑魚尾,半框 14.7 × 10.5cm;太和正音譜半葉 10 行,行 22 字,黑口,四周單邊,雙對黑魚尾,半框 14.7 × 10.7cm。有吳曉鈴題記及校注.--綫裝

己/922

中原音韻研究：二卷/趙蔭棠著. --鉛印本. --上海：商務印書館，1956 年. --1 冊（1 函）. --卷末附"諧聲韻學跋"、"大藏字母九音等韻跋"、"重訂司馬溫公等韻圖經述"。半葉 12 行，行 39 字，無邊框. --平裝　　　己/1827

新定十二律昆腔譜：十六卷/（清）王正祥纂曲；夢鳳樓，暖紅室校訂. --刻本. --暖紅室，民國五年（1916）. --2 冊. --（彙刻傳奇/劉世珩輯；附刊六）. --卷 10 第 9 葉至卷 11 第 6 葉祇存版框、界行，缺文字。半葉 9 行，行 20 字，白口，四周單邊，單黑魚尾，版心下刻"暖紅室"，半框 19.8 × 12.8cm。鈐"曉鈴藏書"朱文印. --綫裝　　　己/1576

韻學驪珠：二卷/（清）沈乘麐輯. --刻本. --枕流居，清嘉慶元年（1796）. --4 冊（1 函）. --半葉 8 行，行 12 字，小字雙行 24 字，白口，四周雙邊，單黑魚尾，版心下刻"枕流居"，半框 19.2 × 13.7cm。鈐"枕流居"白文印、"曉鈴藏書"朱文印. --綫裝　　　己/895

韻學驪珠：二卷/（清）沈乘麐輯. --刻本. --松江，顧文善齋，清光緒十八年（1892）. --2 冊（1 函）. --書名頁題"重鐫韻學驪珠"。半葉 8 行，行字數不等，小字雙行 24 字，白口，四周雙邊，單黑魚尾，版心下鐫"枕流居"，半框 19.1 × 14.1cm。牌記題"光緒十八年秋華亭顧文善齋刊板發兑"、"光緒辛卯年松江城府署西首顧文善齋青蓮氏藏板發兑"。鈐"潛廬"朱文印、"潛廬藏書"朱文印、"曉鈴藏書"朱文印. --綫裝　　　己/899

韻學驪珠：二卷/（清）沈乘麐輯. --石印本. --上海：朝記書莊，民國十三年（1924）. --1 冊（1 函）. --半葉 14 行，行字數不等，細黑口，左右雙邊，單黑魚尾，半框 16.8 × 11.8cm。鈐"曉鈴藏書"朱文印. --綫裝　　　己/1812

新訂中州劇韻/曹心泉著. --鉛印本. --北京：

世界編譯館北平分館，民國二十五年（1936）. --1 冊（1 函）. --（戲曲音樂叢書/中國戲曲音樂院研究所編）. --半葉 11 行，行 37 字，無邊框. --平裝　　　己/1815

奢摩他室曲韻/吳梅著. --石印本. --民國（1912—1949）. --1 冊. --半葉 10 行，行字數不等，白口，四周雙邊，單黑魚尾，半框 16.6 × 11.6cm。鈐"曉鈴藏書"朱文印. --綫裝

己/1821

近代劇韻：三卷/張伯駒，余叔岩著；陳鶴孫校. --鉛印本，藍印. --北平：京華印書局，民國二十年（1931）. --1 冊（1 函）. --半葉 10 行，行 20 字，細黑口，四周單邊，半框 12.9 × 9.6cm。鈐"曉鈴藏書"朱文印. --綫裝　　　己/1809

腔調考原/王芷章述. --鉛印本. --北平：雙肇樓圖書部，民國二十三年（1934）. --1 冊（1 函）. --（雙肇樓叢書/張江裁輯）. --半葉 12 行，行 28 字，白口，四周單邊，單黑魚尾，半框 13.9 × 9.9cm。書皮題"伯威仁兄方家惠存，蘭征謹贈，二十五年五月"。鈐"曉鈴藏書"朱文印. --綫裝　　　己/1828

曲韻舉隅/盧前著. --石印本. --上海：中華書局，民國二十六年（1937）. --1 冊. --半葉 10 行，行 25 字，無邊框. --平裝　　　己/1820

曲韻探驪：二卷/項衡方著. --鉛印本. --貴陽：西南工務印刷所，民國三十三年（1944）. --2 冊（1 函）. --半葉行數、字數不等，白口，四周雙邊，單黑魚尾，半框 15.9 × 9.5cm。作者簽名："靜源社兄惠存。項衡方敬贈，卅三、九、二。"鈐"王百雷"朱文印、"曉鈴藏書"朱文印. --綫裝　　　己/1818—1
第二部　　　己/1818—2

近代皮黃劇韻：二卷/郭文生著. --鉛印本. --北京：中華書局，民國二十七年（1938）. --1

冊.--半葉 12 行,行字數不等,無邊框。扉頁有手書“西元仁兄校正,弟文生敬贈”。鈐“曉鈴藏書”朱文印.--平裝　　　　　　己/1806

北京俗曲百種摘韻:二卷/羅常培著.--鉛印本.--北京:來熏閣書店,1950 年.--1 冊.--(古今民間文藝叢書專刊之一).--半葉 18 行,行 38 字,無邊框。書皮題“自存本,五〇. 十二. 十”。鈐“羅常培”朱文印、“吳”朱文印、“曉鈴藏書”朱文印.--平裝　　　　己/1826

曲律

南詞新譜:二十六卷/(明)吳江詞隱先生原編;(明)沈自晉刪補.--影印本.--民國(1912—1949).--4 冊.--題名據書簽及版心著錄,卷端題“廣輯詞隱先生增定南九宫詞譜”,書名頁題“重定南九宫詞譜”。詞隱先生即明沈璟。據明刊本影印。附沈自友《鞠通生小傳》。半葉 8 行,行 18 字,小字雙行字同,有眉欄,行 6 字,白口,四周單邊,單白魚尾,半框 14.7×10.5cm。鈐“曉鈴藏書”朱文印.--綫裝　　　　　　　　　　　己/921

曲律:四卷/(明)王驥德撰;(明)孫如法訂;(明)呂天成校.--刻本.--毛以遂,明天啓四年(1624).--4 冊.--半葉 10 行,行 20 字,白口,四周單邊,單黑魚尾,半框 20.7×14cm。鈐“御賜手記”朱文印、“問古堂高氏印”朱文印、“曉鈴藏書”朱文印.--綫裝　　　己/892

絃索辨訛/(明)沈寵綏訂.--刻本.--明崇禎十二年(1639).--1 冊.--殘本,存西廂上卷、凡例等。半葉 8 行,行 22 字,欄上鐫評,行 4 字,白口,四周單邊,半框 20.3×12.3cm。松陵張培道、茂苑顧允升較鐫。鈐“蔣子岩”白文印、“曉鈴藏書”朱文印.--綫裝　　　己/915

新定九宫大成南北詞宫譜:八十二卷,總目三卷/(清)周祥鈺,(清)鄒金生編輯;(清)徐

興華,(清)王文祿分纂.--影印本.--北京:古書流通處,民國十二年(1923).--50 冊(5 函).--題名據書名頁著錄,書簽題“九宫大成南北詞宫譜”,卷端題“新定九宫大成南詞宫譜”、“新定九宫大成北詞宫譜”。據清乾隆十一年(1746)刊本影印。半葉 7 行,行 16 字,白口,四周雙邊,單黑魚尾,半框 16.8×11.1cm。牌記題“歲在昭陽大淵獻陽月古書流通處景印”.--綫裝　　　　　　　　己/920

曲律通論:不分卷/許之衡述.--鉛印本.--北京:京大文科印刷所,民國(1912—1949).--1 冊.--半葉 12 行,行 33 字,細黑口,四周雙邊,單黑魚尾,半框 16.3×11.4cm。鈐“曉鈴藏書”朱文印.--綫裝　　　　　己/1810

曲律易知:二卷/許之衡撰述;吳梅覈訂.--刻本.--北京:飲流齋,民國十一年(1922).--2 冊.--(飲流齋著叢書).--半葉 10 行,行 20 字,白口,四周單邊,單黑魚尾,半框 16.6×12.5cm。鈐“曉鈴藏書”朱文印.--綫裝　　　　　　　　　　　己/1807

南北詞簡譜:四卷/吳梅著.--石印本.--民國(1912—1949).--2 冊(1 函).--半葉 9 行,行 30 字,無邊框。鈐“吳曉鈴”朱文印.--綫裝　　　　　　　　　　　己/1822

曲目

錄鬼簿:二卷,續編一卷/(元)鍾嗣成撰.--影印本.--民國(1912—1949).--1 冊(1 函).--半葉 9 行,行 20 字,無邊框。據民國二十年趙萬里、鄭振鐸、馬廉影寫天一閣藏明藍格鈔本影印。有吳曉鈴朱筆題跋、批校。鈐“吳郎之書”朱文印.--綫裝　　　　　己/1251
第二部　有朱、墨、鉛筆批校。鈐“曉鈴藏書”朱文印　　　　　　　　　己/1254

新編錄鬼簿:二卷/(元)鍾嗣成撰;夢鳳樓,

暖紅室校訂. --刻本. --暖紅室, 清宣統元年 (1909). --1 冊. --(彙刻傳奇/劉世珩輯;附刊一). --版心題"錄鬼簿"。據清初尤貞起抄本刻。半葉 9 行, 行 20 字, 白口, 四周單邊, 單黑魚尾, 版心下刻"暖紅室", 半框 19.9 × 12.9cm。吳曉鈴墨筆題記。鈐"曉鈴臧書"朱文印. --綫裝　　　　己/1574

錄鬼簿新校注:二卷, 續編一卷/(元)鍾嗣成撰;馬廉校注. --鉛印本. --北平:國立北平圖書館, 民國二十五年(1936). --1 冊. --《國立北平圖書館館刊》10 卷第 1 至 5 號抽印本。半葉 15 行, 行 36 字, 小字雙行 62 字, 白口, 四周單邊, 半框 18.1 × 16.4cm。書衣有鋼筆贈言"敬贈曉鈴學長兄, 弟馬芳若, 民國三十七年八月十五日於沙灘紅樓"。有吳曉鈴朱筆批校. --平裝　　　　己/2003

第二部　書衣有馬裕藻贈言"奉贈穎民兄, 馬裕藻"。有吳曉鈴墨筆批校　　己/2004

傳奇彙考:八卷. --石印本. --古今書室, 民國三年(1914). --8 冊(1 函). --半葉 14 行, 行 31 字, 小字雙行字同, 白口, 四周雙邊, 單黑魚尾, 半框 17 × 12.2cm。鈐"曉鈴臧書"朱文印. --綫裝　　　　己/2058

曲海總目提要:四十六卷/(清)黃文暘原本;吳梅, 董康, 王國維, 孟森, 陳乃乾校訂. --鉛印本, 再版. --上海:大東書局, 民國十九年(1930). --16 冊(1 函). --半葉 12 行, 行 31 字, 小字雙行字同, 粗黑口, 四周單邊, 單黑魚尾, 半框 15.4 × 11.2cm。有吳曉鈴先生題識, 考證黃文暘生平。鈐"曉鈴臧書"朱文印. --綫裝　　　　己/2054

續曲海總目提要. --抄本. --吳曉鈴, [19??年]. --5 冊(1 函). --半葉 10 行, 行 20 字, 白口, 四周單邊, 單黑魚尾, 半框 18.2 × 12.4cm。鈐"曉鈴臧書"朱文印. --綫裝　　　　己/2000

今樂攷證:十二卷/(清)姚燮著. --影印本. --北京:國立北京大學出版組, 民國二十五年(1936). --5 冊(1 函). --封面題"復道人今樂攷證"。半葉 11 行, 行 23 字, 小字雙行字同, 有眉批, 行 15 字, 白口, 左右雙邊, 單黑魚尾, 版心下印"大梅山館集", 半框 18.3 × 13.1cm。有吳曉鈴手記、眉批。鈐"國立北京大學出版組印行"白文印. --綫裝　　　　己/1324

傳奇彙考標目:二卷/(清)佚名撰. --曬藍本. --北京:吳曉鈴, 1955 年. --1 冊(1 函). --半葉行、字數不等。據滄縣孫氏鈔本曬印, 吳曉鈴補校。有吳曉鈴手記。鈐"曉鈴臧書"朱文印. --綫裝　　　　己/1326

曲錄:六卷/王國維撰. --刻本. --晨風閣, 清宣統元年(1909). --3 冊(1 函). --半葉 11 行, 行 21 字, 小字雙行字同, 粗黑口, 四周單邊, 半框 12.8 × 10.3cm。有番禺許守白批。鈐"曉鈴臧書"朱文印. --綫裝　　　　己/1243

曲錄初補:一卷/任訥撰. --抄本. --民國(1912—1949). --1 冊(1 函). --抄自《國聞週報》第 3 卷 43 期至第 4 卷 11 期。半葉 10 行, 行約 25 字, 無邊框。鈐"曉鈴臧書"朱文印. --綫裝　　　　己/1246

續修四庫全書總目集部詞曲類南北曲屬擬收書目:一卷. --鉛印本. --民國(1912—1949). --1 冊(1 函). --上中下三欄, 皆半葉 9 行, 行字數不等, 白口, 左右雙邊, 半框 14.1 × 10.9cm。鈐"曉鈴臧書"朱文印. --綫裝　　　　己/1253

戲目:一卷/松鶴齋主撰. --抄本. --民國六年(1917). --1 冊(合裝 1 函). --半葉 6 行, 行字數不等, 無邊框. --綫裝　　　　己/1249

劇目:一卷. --抄本, 朱絲欄. --民國(1912—1949). --1 冊(合裝 1 函). --半葉 15 行, 行字

數不等,粗黑口,四周雙邊,單黑魚尾,版心下印"直隸書局",半框 13.4×22.4cm。鈐"曉鈴臧書"朱文印.--綫裝　　　　　己/1248

戲目:一卷.--抄本.--清(1644—1911).--1冊(1函).--半葉 5 行,行字數不等,無邊框。鈐"吳"朱文印、"曉鈴臧書"朱文印.--綫裝　　　　　己/1256

劇目備考/佚名撰.--抄本.--民國(1912—1949).--1冊.--半葉 12 行,行約 24 字,白口,左右雙邊,單黑魚尾,版心印"研究所國學門",半框 19.4×13.6cm。鈐"曉鈴臧書"朱文印.--散裝　　　　　己/298

新劇考證百齣.附教授法/冥飛輯述.--鉛印本.--上海:中華圖書集成公司,民國八年(1919).--1 冊:有插圖.--(世界遊戲場之八).--卷端題"新劇考證"。半葉 13 行,行 38 字,無邊框。鈐"吳"朱文印、"曉鈴臧書"朱文印.--平裝　　　　　己/2023

實盦庋藏音樂書目/實盦手訂.--稿本.--民國十九年(1930).--1 冊.--書皮題"實盦樂存"。半葉 8 行,行 20 字,白口,四周雙邊,半框 18.7×13.9cm。鈐"曉鈴臧書"朱文印.--綫裝　　　　　己/429

平劇戲目彙考/楊彭年著.--鉛印本.--上海:會文堂新記書局,民國二十二年(1933).--1冊:有插圖.--半葉 12 行,行 40 字,無邊框。有海潮題識"二十五年三月六日購得,海潮".--平裝　　　　　己/2024

平劇暫時停演劇目.--油印本.--民國三十八年(1949).--2 葉.--散裝　　　　　己/2015

名伶新劇考略/劉雁聲,沈正元合編.--鉛印本.--北京:立言畫刊社,民國二十八年(1939).--1 冊.--(風雅存叢書之一).--半葉

12 行,行 34 字,無邊框。有劉雁聲贈言"曉鈴仁兄存正,雁聲敬贈,己丑、十一、初九".--平裝　　　　　己/2025

曲目四角號碼索引/儲師竹編.--油印本.--北京:中央音樂學院民族音樂研究所,1953年.--1 冊.--書名頁題爲"四角號碼曲目索引",此從封面著錄.--綫裝　　　　　己/916

綴玉軒藏曲志:一卷/傅惜華撰.--鉛印本.--民國二十三年(1934).--1 冊(1 函).--半葉 13 行,行 33 字,白口,四周單邊,單黑魚尾,半框 16.5×12.5cm。鈐"曉鈴臧書"朱文印.--綫裝　　　　　己/1247

記玉霜簃所藏鈔本戲曲:一卷/杜穎陶編.--鉛印本.--民國(1912—1949).--1 冊(1 函).--《劇學月刊》第二卷第三、四兩期抽印本。半葉 11 行,行 31 字,無邊框。有吳曉鈴紅藍鉛筆批注。鈐"曉鈴臧書"朱文印.--平裝　　　　　己/1257

止酒停雲室曲錄/蜀莊撰.--稿本,紅格稿紙.--民國二十八年(1939).--1 冊(1 函).--成書年代據傅惜華題識著錄。書皮題"止酒停雲室藏曲存目"。半葉 12 行,行 20 字,白口,四周雙邊,單黑魚尾,版心下印"清畫堂稿本",半框 19.6×15.5cm。--毛裝　　　　　己/1325

國立北平圖書館戲曲音樂展覽會目錄/國立北平圖書館編.--鉛印本.--北平:國立北平圖書館,民國二十三年(1934).--1 冊.--半葉 15 行,行大字 40 字,小字 50 字,無邊框。有佚名墨筆批注.--平裝　　　　　己/2005
第二部　有吳曉鈴批注,鈐"曉鈴臧書"朱文印　　　　　己/2006
第三部　鈐"曉鈴臧書"朱文印
　　　　　己/2007

北平圖書館藏昇平署曲本目錄:三卷/王芷

章編.--鉛印本.--北平:國立北平圖書館中文編目組,民國二十五年（1936）.--1 冊（1 函）.--半葉 17 行,行 27 字,小字雙行 49 字,無邊框.--平裝　　　　　己/2020

北平國劇協會陳列館目錄：二卷/齊如山編.--鉛印本.--北平:北平國劇協會,民國二十四年（1935）.--1 冊（1 函）.--書名頁題"國劇學會陳列館目錄"。半葉 11 行,行 30 字,白口,四周單邊,半框 17.5×11cm。鈐"吳郎之書"朱文印、"曉鈴臧書"朱文印.--綫裝
　　　　　己/2008

北平國劇協會圖書館書目：三卷/傅惜華編.--鉛印本.--北平:北平國劇協會,民國二十四年（1935）.--1 冊（1 函）.--書名頁題"國劇學會圖書館書目"。上下兩欄,皆半葉 11 行,行 14 字,小字雙行 22 字,白口,四周單邊,半框 17.5×12.5cm。鈐"曉鈴臧書"朱文印.--綫裝　　　　　己/2010

國立中央研究院歷史語言研究所善本劇曲目錄/吳曉鈴輯.--抄本.--民國三十七年（1948）.--1 冊（1 函）.--半葉 12 行,行字數不等,白口,四周單邊,單黑魚尾,版心下印"綏中吳氏綠雲山館",半框 20.3×15.9cm。有吳曉鈴民國三十七年跋。鈐"曉鈴臧書"朱文印.--綫裝　　　　　己/2060

國立中央研究院歷史語言研究所善本劇曲目錄/吳曉鈴撰.--複印本.--[19?? 年].--1 冊（1 函）.--據 1948 年抄本複印。半葉 12 行,行字數不等,白口,四周單邊,半框 20.4×15.9cm.--綫裝　　　　　己/824

曲評、曲話、曲史等

西廂記古本校注：一卷/（明）王驥德撰;夢鳳樓,暖紅室校訂.--刻本.--暖紅室,民國（1912—1949）.--1 冊.--（彙刻傳劇西廂記附

錄十三種/劉世珩輯;第五種）.--半葉 9 行,行 20 字,小字雙行字同,白口,四周單邊,單黑魚尾,版心上題"西廂附",中題"王伯良古本校注",下題"暖紅室",半框 20.4×13.3cm.--綫裝　　　　　己/122

西廂記釋義字音：一卷/（明）陳繼儒作;夢鳳樓,暖紅室校訂. **五劇箋疑**：一卷/（明）閔遇五戲墨;夢鳳樓,暖紅室校訂. **絲竹芙蓉亭**：一折/（元）王實父撰;夢鳳樓,暖紅室校訂. **圍棋闖局**：一折/（明）晚進王生作;夢鳳樓,暖紅室校訂. **錢塘夢**：一折/（明）白樸撰;夢鳳樓,暖紅室校訂. **園林午夢**：一折/（明）李開先作;夢鳳樓,暖紅室校訂.--刻本.--暖紅室,民國八年（1919）.--1 冊:圖 2 幅.--（彙刻傳奇西廂記附錄/劉世珩輯;第六種至第十一種）.--半葉 9 行,行 20 字,小字雙行字同,白口,四周單邊,單黑魚尾,版心下印"暖紅室",半框 20.4×13.3cm。牌記題"彙刻傳劇三十種,坿錄十四種,坿刻六種,都五十種,別行一種。宣統己未十一月劉傳春姍署於暖紅室"。鈐"曉鈴臧書"朱文印.--綫裝　　　　　己/119

商調蝶戀花詞：一卷/（宋）趙令時撰;夢鳳樓,暖紅室校訂. **西廂記五劇五本解證**：一卷/（明）凌濛初撰;夢鳳樓,暖紅室校訂. **北西廂記釋義字音大全**：一卷/（明）徐逢起撰;夢鳳樓,暖紅室校訂.--刻本.--暖紅室,民國（1912—1949）.--1 冊.--（彙刻傳劇西廂記附錄十三種/劉世珩輯;第二種,第三種,第四種）.--半葉 9 行,行 20 字,小字雙行字同,白口,四周單邊,單黑魚尾,版心上題"西廂附",下題"暖紅室",半框 19.7×12.8cm.--綫裝
　　　　　己/121

琵琶記札記：二卷/（清）梅溪釣徒輯;夢鳳樓,暖紅室刊校.--刻本.--暖紅室,民國初年（1912—1919）.--2 冊.--（彙刻傳奇/劉世珩輯;第五種附錄）.--半葉 9 行,行 20 字,小字雙行字同,白口,四周單邊,單黑魚尾,版心下

刻“暖紅室”,半框 20.2×12.8cm. --綫裝

己/1548

西廂記考據/劉世珩輯. --刻本. --暖紅室,民國(1912—1949). --2 冊: 圖 20 幅. --(彙刻傳奇/劉世珩輯;第二種). --書名頁題“王關北西廂記”,版心上題“西廂記”,中題“王關正續本”。半葉 9 行,行 20 字,小字雙行字同,白口,四周單邊,單黑魚尾,半框 20.3×13cm。鈐“曉鈴藏書”朱文印. --綫裝 己/117

重編會真雜錄:二卷/劉世珩輯. --刻本. --暖紅室,民國(1912—1949). --2 冊. --(彙刻傳奇西廂記附錄/劉世珩輯;第一種). --半葉 9 行,行 20 字,小字雙行字同,白口,四周單邊,單黑魚尾,半框 20.6×13.3cm。鈐“曉鈴藏書”朱文印. --綫裝 己/118

西廂記新論/寒聲,賀新輝,范彪編. --鉛印本. --北京:中國戲劇出版社,1992 年. --1 冊:圖 14 幅. --(三晉文化研究叢書/趙雨亭等編). --附“西廂記”研究專著簡介,研究會理事會名單. --精裝 己/1405

歷代樂制. --抄本,藍絲欄. --清(1644—1911). --1 冊. --摘錄元馬端臨《文獻通考·歷代樂制》。半葉 9 行,行 24 字,有眉批,行 7 字,白口,四周雙邊,半框 20×14cm。鈐“曉鈴藏書”朱文印. --綫裝 己/1604

歷代樂制. --抄本,朱絲欄. --清(1644—1911). --1 冊. --摘錄元馬端臨《文獻通考·歷代樂制》。半葉 9 行,行 18 字,有眉批,行 9 字,白口,四周雙邊,半框 19.7×13.5cm。鈐“曉鈴藏書”朱文印. --綫裝 己/1605

度曲須知:二卷/(明)沈寵綏著. --影印本. --民國(1912—1949). --4 冊. --據明刻本影印。半葉 8 行,行 22 字,白口,四周單邊,半框

20.7×12.3cm。鈐“曉鈴藏書”朱文印. --綫裝 己/887

曲品:二卷/(明)鬱藍生撰;(明)方諸生閱;夢鳳樓,暖紅室校訂. --刻本. --暖紅室,清宣統二年(1910). --1 冊. --(彙刻傳奇/劉世珩輯;附刊二). --鬱藍生即明呂天成,方諸生即明王驥德。半葉 9 行,行 20 字,白口,四周單邊,單黑魚尾,版心下刻“暖紅室”,半框 19.9×12.7cm。吳曉鈴朱筆批校題記。鈐“曉鈴藏書”朱文印. --綫裝 己/1575

曲品:二卷/(明)鬱藍生撰;(明)方諸生閱;吳梅校. **傳奇品**:二卷/(明)高奕撰;吳梅校. --鉛印本. --北京:北京大學出版部,民國七年(1918). --1 冊. --半葉 13 行,行 22 字,小字雙行 41 字,細黑口,四周雙邊,單黑魚尾,半框 16.5×11.5cm。鈐“曉鈴藏書”朱文印. --平裝 己/2012

南曲入聲客問:一卷/(清)毛先舒著. **明何元朗徐陽初曲論**:一卷/(明)何良俊,(明)徐復祚著. --抄本,精抄. --清(1644—1911). --1 冊(1 函). --《曲論》一部分抄自《四友齋叢說三十七》,一部分抄自《三家村老耄談》。半葉 10 行,行 20 字,白口,四周雙邊,單黑魚尾,版心下印“環翠樓”,半框 19.6×13.1cm。鈐“曉鈴藏書”朱文印. --綫裝 己/896

樂府傳聲:一卷/(清)徐大椿著. --抄本,精抄. --清(1644—1911). --1 冊. --半葉 10 行,行 19 字,無邊框。1930 年吳儂蕙園題簽。鈐“潤宇藏書”朱文印、“孫子涵”朱文印、“孫氏蕙園”朱文印、“吳儂藏書”朱文印、“曉鈴藏書”朱文印. --綫裝 己/917

梨園原:一卷/(清)黃旛綽等著;夢菊居士校訂. **梨園閒評**/逸菴居士撰. --鉛印本. --北京:商務印書館,民國七年(1918). --1 冊. --半葉 10 行,行 28 字,小字雙行字同,白口,四周

單邊,半框 16.2×11.7cm。鈐"吳曉鈴"朱文印.--平裝　　　　　　　　　己/2048

顧誤錄:一卷/(清)王德輝,(清)徐沅徵編輯.--油印本.--吳儂,民國(1912—1949).--1冊.--半葉 13 行,行 28 字,無邊框。鈐"吳儂藏本"朱文印、"潤宇藏書"朱文印、"孫潤宇藏"朱文印.--綫裝　　　　　己/918

曲話:五卷/(清)梁廷枏撰.--刻本.--清道光四年(1824).--2冊(1函).--半葉 8 行,行 18字,小字雙行字同,白口,四周雙邊,雙對黑魚尾,半框 15.8×12.1cm。鈐"鐵耕婁藏書印"白文印、"光裕堂"白文印、"曉鈴藏書"朱文印.--綫裝　　　　　己/1278

樂典:六編/(清)李燮羲編譯;高連科校改.--石印本.--北京:學部圖書局,清宣統元年(1909).--1冊.--半葉 10 行,行 23 字,白口,四周單邊,單黑魚尾,半框 16×11.5cm。牌記題"宣統元年正月學部圖書局印"。鈐"曉鈴藏書"朱文印.--綫裝　　　　　己/1614

曲學津逮/陳枏編.--刻本.--陳枏一粟園,清光緒三十二至三十三年(1906—1907).--1冊.--此書由《著作林》月刊各期的《九宮曲譜正宗》等合訂而成,原無總名,不知誰氏於封皮題爲"曲學津逮",今從之著錄。半葉 11行,行 23 字,白口,四周單邊,單黑魚尾,半框 13.6×9.3cm。鈐"賫隱過眼"朱文印、"曉鈴藏書"朱文印.--綫裝

子目:

九宮曲譜正宗/陳枏編.--《著作林》月刊第一至五期

枏園新樂譜/陳枏編.--《著作林》月刊第二、四期

小蓬萊仙館曲虆/劉清韻撰.--《著作林》月刊第六、七期

遏雲樓曲選/陳枏正譜.--《著作林》月刊第一、五、九、十、十三、十四期,作者分別爲孫礽、

孫濬源、潘普恩、賞照

闌干曲/陳枏著.--《著作林》月刊第二至四、八、九、十四、十五期　　　　己/913

觀劇建言:八章/齊宗康著.--鉛印本.--北京:京華印書局,民國三年(1914).--1冊(1函).--題名據書簽著錄。半葉 12 行,行 30字,白口,四周雙邊,單黑魚尾,版心下刻"京師京華印書局印刷",半框 17.4×12.5cm。鈐"吳"朱文印、"曉鈴藏書"朱文印.--綫裝　　　　　己/1389

古樂粹論/(清)曹蔭棠著;(清)胡珍,(清)鄧霖同參.--稿本,朱絲欄.--清光緒元年(1875).--1冊.--半葉 8 行,行 28 字,白口,四周單邊,單黑魚尾,半框 21.3×15cm。鈐"曉鈴藏書"朱文印.--毛裝　　　　　己/1622

中樂尋源:二卷/童斐編.--石印本.--上海:商務印書館,民國二十二年(1933).--1冊.--半葉 13 行,行 22 字,白口,四周單邊,單白魚尾,半框 14×9.1cm。吳曉鈴墨筆題記。鈐"吳"朱文印、"曉鈴藏書"朱文印.--綫裝

己/1613

鞠部叢談校補/羅瘿庵撰;李釋龕校補.--刻本,朱印.--涉園,民國十五年(1926).--1冊(1函).--(閩縣李宣偁釋堪氏無邊華龕叢著之一).--羅惇曧,號瘿庵。半葉 8 行,行 19 字,小字雙行字同,有眉批,行 7 字,粗黑口,左右雙邊,單黑魚尾,半框 16.6×12.2cm。牌記題"丙寅二月下澣樊山閱,涉園雕,無邊華龕藏版"。鈐"曉鈴藏書"朱文印.--綫裝

己/1375

曲學:二編;**曲選**:三編/顧震福學.--鉛印本.--北京:北京女子高等師範學校,民國(1912—1949).--1冊.--半葉 12 行,行 32 字,細黑口,四周雙邊,單黑魚尾,半框 16.1×

11.6cm。鈐"曉鈴臧書"朱文印. --綫裝

己/1811

螾廬曲談：四卷/王季烈述. --石印本，國難後第 1 版. --上海：商務印書館，民國二十三年（1934）. --2 冊（1 函）. --半葉 12 行，行 25 字，小字雙行字同，無直格，白口，四周雙邊，單黑魚尾，半框 13.9×10.2cm。鈐"曉鈴臧書"朱文印. --綫裝

己/2055

詞曲史/許守白編. --油印本. --民國（1912—1949）. --1 冊. --許之衡，字守白，室名飲流齋，自號飲流齋主人。半葉 14 行，行 24 字，白口，四周單邊，半框 16.7×11.9cm. --毛裝

己/1751

戲曲史/許之衡編. --鉛印本. --民國（1912—1949）. --1 冊. --半葉 12 行，行 33 字，細黑口，四周雙邊，單黑魚尾，半框 16.2×11.3cm。鈐"曉鈴臧書"朱文印. --平裝

己/1750

戲曲考原：一卷；**曲錄**：六卷/王國維撰. --刻本. --晨風閣，清宣統元年（1909）. --3 冊（1 函）. --半葉 11 行，行 21 字，小字雙行字同，粗黑口，四周單邊，半框 12.8×10.3cm。有馬隅卿朱墨筆批注。鈐"馬隅卿"白文印、"隅卿讀書"朱文印、"馬九"白文印. --綫裝

己/1244

　第二部　　有校補，鈐"曉鈴臧書"朱文印

己/1245

記程/凌霄漢閣作. --鉛印本. --北京：中國高級戲曲職業學校，民國（1912—1949）. --1 冊（1 函）. --半葉 13 行，行 40 字，白口，四周雙邊，單黑魚尾，版心下印"中國高級戲曲職業學校"，半框 20.2×12.3cm。鈐"吳"朱文印、"曉鈴臧書"朱文印. --綫裝　　　己/1390

詞餘講義/吳梅述. --鉛印本. --北平：北大學院出版部，民國十九年（1930）. --1 冊（1

函）. --半葉 10 行，行 34 字，細黑口，四周雙邊，單黑魚尾，半框 16.4×11.4cm。有手書"吳伯威，廿五．十二．廿六"。鈐"曉鈴臧書"朱文印. --綫裝　　　己/1816—1

　第二部　　　　　　　　　己/1816—2

元劇聯套述例/蔡瑩述. --鉛印本. --上海：商務印書館，民國二十二年（1933）. --1 冊（1 函）. --半葉 12 行，行 35 字，白口，四周雙邊，單黑魚尾，半框 17.8×11.2cm。鈐"曉鈴臧書"朱文印. --綫裝　　　己/1808

元明樂府套數舉略/周明泰選輯. --石印本. --民國二十一年（1932）. --3 冊（1 函）. --行款不一，半框 11.4×7.8cm. --綫裝　　己/914

續劇說：四卷/周明泰撰. --鉛印本. --天津：至德周明泰，民國二十九年（1940）. --1 冊（1 函）. --半葉 13 行，行 22 字，小字雙行字同，粗黑口，左右雙邊，單黑魚尾，半框 15.5×11cm。有佚名圈點。鈐"曉鈴臧書"朱文印. --綫裝

己/1319

道咸以來梨園繫年小錄/周明泰撰. --鉛印本. --北平：周明泰，民國二十一年（1932）. --1 冊（1 函）. --（幾禮居戲曲叢書；第三種）. --半葉 12 行，行 30 字，粗黑口，四周單邊，單黑魚尾，半框 17.5×11.9cm。書衣有周明泰贈言"篤老惠存，明泰持贈"。鈐"曉鈴臧書"朱文印. --綫裝　　　己/2077

五十年來北平戲劇史材：二編/周明泰輯. --影印暨鉛印本. --北平：周明泰，民國二十一年（1932）. --6 冊（1 函）. --（幾禮居戲曲叢書；第二種）. --行款不一. --綫裝　　　己/2057

清昇平署存檔事例漫抄：六卷/周明泰選. --鉛印本. --北平：周明泰，民國二十二年（1933）. --1 冊（1 函）. --（幾禮居戲曲叢書；第四種）. --半葉 17 行，行 40 字，小字雙行字同，

粗黑口，四周單邊，單黑魚尾，半框 20.4 ×
14.2cm. --綫裝　　　　　　　　己/2074

誦芬室讀曲叢刊:七種/董康輯. --刻本. --董
氏誦芬室，民國六年(1917). --4 冊. --半葉 13
行，行 22 字，粗黑口，左右雙邊，單黑魚尾，半
框 18.3×13.5cm。蕊圓題簽。鈐"曉鈴藏書"
朱文印. --綫裝
　子目:
　新編錄鬼簿:二卷/(元)鍾嗣成編
　南詞敘錄:一卷/(明)徐渭撰
　舊編南九宮目錄:一卷/(明)徐渭撰
　十三調南呂音節譜:一卷/(明)徐渭撰
　衡曲塵譚:一卷/(明)騷隱居士撰
　曲律:一卷/(明)魏良輔撰
　劇說:六卷/(明)焦循撰　　　　己/337

曲苑:十四種/陳乃乾輯. --石印本. --民國十
年(1921). --10 冊(1 函). --半葉 8 行，行 18
字，白口，左右雙邊，半框 10.7×6.7cm. --綫裝
　子目:
　江東白苧:二卷，續二卷/(明)梁辰魚撰
　劇說:六卷/(清)焦循撰
　曲話:五卷/(清)梁廷枏撰
　曲品:三卷/(明)鬱藍生撰;(明)方諸生閱
　新傳奇品:一卷，續一卷/(清)高奕撰
　曲錄:二卷/王國維撰
　南詞敘錄:一卷/(明)徐渭撰
　舊編南九宮目錄:一卷/(明)徐渭撰
　十三調南曲音節譜:一卷/(明)徐渭撰
　衡曲塵譚:一卷/(明)張楚叔撰
　魏良輔曲律:一卷/(明)魏良輔撰
　顧曲雜言:一卷/(明)沈德符著
　雨村曲話:二卷/(清)李調元撰
　曲目表:一卷/(清)支豐宜輯　　己/2059

新曲苑:三十四種,附曲海揚波六卷/任訥
編. --鉛印本. --上海:中華書局有限公司,民國
二十九年(1940). --12 冊(2 函). --半葉 13
行,行 20 字,小字雙行字同,欄上刻評,行 4

字,細黑口,四周單邊,單黑魚尾,半框 15.4 ×
10.7cm. --綫裝
　子目:
　唱論/(元)芝庵撰
　中州樂府音韻類編/(元)卓從之撰
　輟耕曲錄/(元)陶宗儀撰
　丹丘先生曲論/(明)朱權撰
　四友齋曲說/(明)何良俊撰
　王氏曲藻/(明)王世貞撰
　三家村老曲談/(明)徐復祚撰
　少室山房曲考/(明)胡應麟撰
　堯山堂曲紀/(明)蔣一葵撰
　周氏曲品/(明)周暉撰
　梅花草堂曲談/(明)張大復撰
　客座曲語/(明)顧啟元撰
　程氏曲藻/(明)程羽文撰
　九宮譜定總論/(清)東山釣史撰
　太霞曲語/(明)顧曲散人撰
　製曲枝語/(清)黃周星撰
　笠翁劇論:二卷/(清)李漁撰
　南曲入聲客問/(清)毛先舒撰
　在園曲志/(清)劉廷璣撰
　大成曲譜論例/(清)周祥鈺撰
　易餘曲錄/(清)焦循撰
　樂府傳聲/(清)徐大椿撰
　雨村劇話:二卷/(清)李調元撰
　艾塘曲錄/(清)李斗撰
　書隱曲說/(清)袁棟撰
　兩般秋雨盦曲談/(清)梁紹壬撰
　北涇草堂曲論/(清)陳棟撰
　京塵劇錄/(清)楊懋建撰
　曲概/(清)劉熙載撰
　中州切音譜贅論/(清)劉禧延撰
　曲海一勺/姚華撰
　曲稗/徐珂撰
　菉猗室曲話:四卷/姚華撰
　霜厓曲跋:三卷/吳梅撰
　曲海揚波:六卷/任訥撰　　　己/2053

增補曲苑:二十六種/古書流通處輯;聖湖正

音學會增校.--鉛印本,第 3 版.--上海、杭州:
六藝書局,民國二十一年(1932).--8 冊(1
函).--半葉 14 行,行 40 字,白口,四周單邊,
半框 15.1×11cm.--平裝

子目:

金集:

碧雞漫志:五卷/(宋)王灼撰

樂府雜錄:一卷/(唐)段安節撰

羯鼓錄:一卷/(唐)南卓撰

新編錄鬼簿:二卷,續編一卷/(元)鍾嗣
成撰;王國維校注

衡曲塵譚:一卷/(明)騷隱居士撰

顧曲雜言:一卷/(明)沈德符著

石集:

南詞敘錄:一卷/(明)徐渭撰

舊編南九宮目錄:一卷/(明)徐渭撰

十三調南呂音節譜:一卷/(明)徐渭撰

曲品:三卷/(明)鬱藍生撰;(明)方諸生
閱

新傳奇品:一卷,續一卷/(清)高奕撰

曲目韻編:二卷/董康編錄

絲集:

曲律:四卷/(明)王驥德撰

魏良輔曲律:一卷/(明)魏良輔撰

竹集:

雨村曲話:二卷/(清)李調元撰

曲話:五卷/(清)梁廷柟撰

詞餘叢話:三卷/(清)楊恩壽撰

曲談:一卷/王季烈撰

匏集:

劇說:六卷/(清)焦循撰

土集:

唐宋大曲考:一卷/王國維撰

戲曲考原:一卷/王國維撰

古劇腳色考:一卷/王國維撰

優語錄:一卷/王國維輯

錄曲餘談:一卷/王國維撰

革集:

宋元戲曲考:一卷/王國維撰

木集:

曲錄:六卷/王國維撰　　　　　　　己/2056

讀曲小識:四卷/盧前著.--鉛印本,再版.--
上海:商務印書館,民國三十年(1941).--1 冊
(1 函).--半葉 15 行,行 45 字,無邊框。鈐
"賈元慈印"朱文印.--平裝　　　　　　己/1998

散曲史/盧前撰.--鉛印本.--成都:國立成都
大學,民國十九年(1930).--1 冊(1 函).--半
葉 10 行,行 27 字,白口,四周雙邊,無直格,半
框 15×9.8cm。鈐"曉鈴藏書"朱文印.--綫裝
己/1704

元明散曲小史/梁乙真著.--鉛印本.--上海:
商務印書館,民國二十三年(1934).--1 冊.--
半葉 11 行,行 39 字,無邊框.--綫裝
己/1746

梨園條例;富連成社科班訓詞/王連平輯.--
石印本.--民國十五年(1926).--1 冊(1 函).--
半葉 6 行,行 12 字,小字雙行 24 字,白口,四
周三邊,無直格,半框 22.7×13.4cm。鈐"王
連平"朱文印、"曉鈴藏書"朱文印.--綫裝
己/1380

鴛湖記曲錄/居子逸鴻匯錄.--鉛印本.--民
國二十五年(1936).--1 冊(1 函):圖 1 幅.--
居子逸鴻即居逸鴻。書首有艾園填譜、鳳林訂
正"七夕南湖曲敘率拈一闋";吳梅補作"鴛湖
七夕詩賦謝怡情社諸君子"等。鈐"趙"朱文
印、"春艾"朱文印、"吳"朱文印、"曉鈴藏書"
朱文印.--綫裝　　　　　　　　　　己/1392

清代昇平署戲劇十二種校勘記.--稿本,綠
絲欄.--民國(1912—1949).--1 冊(1 函).--書
名頁題"清宮戲劇十二種校勘記"。半葉 10
行,行約 26 字,白口,四周單邊,稿紙版心下印
"研究所國學門",半框 18.3×13.7cm。鈐
"曉鈴藏書"朱文印.--綫裝　　　　　　己/1379

暖紅室校刻曲劇資料叢輯/周臣等撰.--稿本.--清末(1851—1911).--1 冊.--主要收校對人周臣致劉世珩的函。矯毅署簽.--綫裝

己/376

鳴時豔談/蕭顛編次.--活字本,木活字.--民國七年(1918).--1 冊(1 函):有古松圖 1 幅.--半葉 10 行,行 21 字,白口,四周雙邊,雙對黑魚尾,半框 20.9×13.1cm。鈐"吳"朱文印、"曉鈴臧書"朱文印、"綏中吳氏雙楂書屋臧"朱文印.--綫裝

己/2083

說譚/陳彥衡著.--鉛印本.--民國七年(1918).--1 冊(1 函).--題名據封面著錄。本書內容爲論譚鑫培戲曲藝術。半葉 13 行,行 30 字,小字雙行字同,白口,四周雙邊,無直格,半框 17.5×13cm。鈐"李錡所臧"朱文印、"吳"朱文印、"曉鈴臧書"朱文印.--綫裝

己/1343

第二部　鈐"吳"朱文印、"曉鈴臧書"朱文印

己/1391

川劇序論/閻金鍔著.--鉛印本.--貴陽:文通書局,民國三十六年(1947).--1 冊.--(風土叢書).--附川劇高腔源流系統表。半葉 16 行,行 35 字,無邊框.--平裝

己/1900

秦腔記聞/王紹猷編述.--鉛印本.--陝西:易俗社,1949 年.--1 冊(1 函).--附菊部妄談。半葉 17 行,行 38 字,無邊框.--綫裝

己/1902

梅蘭芳和中國戲劇浪花.--鉛印本.--[19??年].--1 冊:有圖.--精裝　己/1587

梅蘭芳舊照合影/吳曉鈴搜集.--[19??年].--14 張(1 冊).--相冊裝　己/1586

梅蘭芳戲照/吳曉鈴搜集.--[19??年].--1 夾.--散裝　己/1585

梅蘭芳戲照/吳曉鈴搜集.--[19??年].--1 夾.--散裝　己/1585—1

[伶人剪報].--鉛印本.--[195?年].--1 冊.--本書爲戲劇方面的剪報.--綫裝

己/1374

臉譜/齊如山著.--鉛印本.--北平:松竹梅商店,民國二十三年(1934)(北平:文嵐簃印書局印刷).--1 冊(1 函).--(齊如山劇學叢書;第七種).--半葉 10 行,行 26 字,小字雙行字同,粗黑口,左右雙邊,單花魚尾,半框 17.3×11.4cm。鈐"曉鈴臧書"朱文印.--綫裝

己/2076

《佚存曲譜》閱後記/王正來撰.--鉛印本.--1991 年.--1 冊.--題名原爲"國粹保存,匹夫有責——《佚存曲譜》閱後記".--簡裝

己/910

粟廬曲譜發凡箋注/陳宏亮撰.--油印本.--1992 年.--1 冊.--平裝　己/923

唐土奇談:三卷/(日本)銅脈先生著;(日本)內滕虎次郎解說.--影印本.--京都:更生閣,日本昭和四年(1929).--1 冊:圖 13 幅.--據寬政二年(1790)刻本影印。半葉 10 行,行 21 字,白口,四周單邊,半框 18.7×13.6cm。鈐"曉鈴臧書"朱文印.--綫裝　己/1603

金記更新舞臺[節目單]/金記更新舞臺編.--鉛印本.--金記更新舞臺,民國二十八年(1939).--1 張(4 折):照片 1 幅

己/1050—2

金記更新舞臺[節目單]/金記更新舞臺編.--鉛印本.--金記更新舞臺,民國二十九年(1940).--1 張(4 折):照片 1 幅

己/1050—3

慶樂戲院［海報］/慶樂戲院製. --鉛印本. --
北京:慶樂戲院,民國(1912—1949). --2 張
己/1050—4

慶樂戲院［海報］/慶樂戲院製. --鉛印本. --
北京:慶樂戲院,民國(1912—1949). --1 張:照
片 1 幅　　　　　　　　　　　　己/1050—8

慶樂戲院［海報］/慶樂戲院製. --鉛印本. --
北京:慶樂戲院,民國(1912—1949). --1 張
己/1050—20

慶樂戲院夜場戲目//戲劇報/北京進化社
編. --鉛印本. --北京:北京進化社,民國
(1912—1949). --1 張. --原報上半截裁去,衹
餘劇碼廣告　　　　　　　　　己/1050—12

長安戲院［海報］/長安戲院製. --鉛印本. --
北京:長安戲院,民國(1912—1949). --2 張
己/1050—5

開明戲院［海報］/開明戲院製. --鉛印本. --
北京:開明戲院,民國(1912—1949). --1 張
己/1050—7

開明戲院［海報］/開明戲院製. --鉛印本. --
北京:開明戲院,民國(1912—1949). --1 張
己/1050—9

開明戲院［海報］/開明戲院製. --鉛印本. --
北京:開明戲院,民國(1912—1949). --1 張
己/1050—21

第一舞臺［戲目單］/第一舞臺製. --鉛印
本. --北平:北平公安局印刷所,民國(1912—
1949). --1 張　　　　　　　　己/1050—10

廣德戲院［海報］/廣德戲院製. --鉛印本. --
北京:廣德戲院,民國(1912—1949). --1 張
己/1050—11

新新大戲院［戲目廣告］//戲劇報/北京進
化社編. --鉛印本. --北京:北京進化社,民國
(1912—1949). --1 張　　　　　己/1050—13

星明影戲院［廣告］/星明影戲院製. --鉛印
本. --北京:星明影戲院,民國(1912—1949). --
1 張　　　　　　　　　　　　己/1050—17

華樂戲院演出預告/華樂戲院製. --鉛印
本. --北京:華樂戲院,民國(1912—1949). --1
張　　　　　　　　　　　　　己/1050—18

華樂戲院［海報］/華樂戲院製. --鉛印本. --
北京:華樂戲院,民國(1912—1949). --1 張
己/1050—19

華樂戲院［海報］/華樂戲院製. --鉛印本. --
北京:華樂戲院,民國(1912—1949). --1 張:照
片 1 幅　　　　　　　　　　　己/1050—6

中國京劇院［演出說明書］/中國京劇院
製. --鉛印本. --北京,［19?? 年］. --1 張
己/1050—27

北京市京劇一團節目單/北京市京劇一團
編. --鉛印本. --1957 年. --1 張
己/1050—40

北京京劇院四團演出節目單/北京京劇院四
團製. --鉛印本. --北京,1983 年. --1 張
己/1050—25

北方昆曲劇院演出節目單/北方昆曲劇院
編. --鉛印本. --北京,［19?? 年］. --1 冊. --活
葉　　　　　　　　　　　　　己/1050—34

浙江紹劇團演出節目介紹/浙江紹劇團
編. --鉛印本. --1958 年. --1 冊:劇照 11 拍. --
簡裝　　　　　　　　　　　　己/1050—33

福建省黎園戲劇團演出介紹/福建省黎園戲劇團編. --鉛印本. --1959 年. --1 冊：劇照 20 幅,曲譜 1 首. --簡裝　　　己/1050—32

成都市川劇院演出團演出[劇碼]/成都市川劇院製. --鉛印本. --解放後(1949—). --1 張　　　己/1050—30

周信芳演劇生活六十年紀念演出/中華人民共和國文化部,中國戲劇家協會主辦. --鉛印本. --北京,1961 年. --1 冊. --簡裝　　　己/1050—31

蓋叫天先生京劇晚會說明書. --鉛印本. --北平,1961 年. --1 葉　　　己/1050—15

請柬/中美科技文化協會,中國京劇院製. --1982 年. --對折　　　己/1050—26

KUANHAN—CHING ＝關漢卿/廣東粵劇院編. --鉛印本. --北京,1959 年. --1 冊：劇照 2 拍. --英文版粵劇演出宣傳冊. --簡裝　　　己/1050—35

排真記秩序單/華北衛理公會年議會編. --油印本. --北平：華北衛理公會年議會,1947 年. --8 葉. --對折散葉　　　己/1050—14

呂布與貂嬋：演出介紹/北京京劇團編. --油印本. --[19?? 年]. --1 張　　　己/1050—38

鍘判官：演出介紹/北京京劇團編. --鉛印本. --[19?? 年]. --1 張　　　己/1050—39

四進士：京劇演出說明書/宣武區工人業餘京劇隊製. --鉛印本. --北京,[19?? 年]. --對折　　　己/1050—29

義收楊再興：京劇演出介紹/北京京劇一團

編. --鉛印本. --1984 年. --1 張　　　己/1050—37

王寶釧：梆子劇說明書/北京京劇院二團演出. --鉛印本. --北京,1980 年. --3 折　　　己/1050—24

情探：川劇演出宣傳冊/四川省重慶市川劇院編. --鉛印本. --[19?? 年]. --4 葉. --對折　　　己/1050—36

長征：三幕九場歌劇公演特刊/北京人民藝術劇院編. --鉛印本. --北京：北京人民藝術劇院,1951 年. --1 冊. --平裝　　　己/1050—1

阿依古麗：歌劇說明書/中國歌劇院製. --北京,1978 年. --3 折　　　己/1050—23

黃河啊,黃河……：六場話劇說明書/山西省話劇團製. --鉛印本. --[19?? 年]. --對折　　　己/1050—22

曙光：演出說明書/中國人民解放軍武漢部隊政治部話劇團,中國話劇團聯合演出. --鉛印本. --1977 年. --對折　　　己/1050—28

廣東唱盤. --石印本. --清末民國(1851—1949). --1 冊(1 函). --題名據封面著錄。本書為戲班演員照片。有吳曉鈴手記,記載該書獲得經過及其價值。吳曉鈴根據徐蘭沅、白鳳鳴說明加注。鈐"曉鈴藏書"朱文印. --綫裝　　　己/1340

大中華唱片考：曲詞兩首/大中華留聲唱片公司製. --1 葉　　　己/1050—16

戲報、戲校學生作文、學生賀卡、臉譜 4 張、照片等
子目：
大中華演劇公司禮聘梅蘭芳劇團在大埠彎

246

月戲院公演(節目單).--鉛印本.--民國十九年
(1930).--1 張

丁卯年舊曆十二月二十一日假第一舞臺爲
同業籌款演唱義務夜戲收支數目單.--1 份

義演收支明細單.--石印本.--民國十六年
(1927).--1 張

北京畫報戲劇特號:第四卷第四十八期(總
193 期).--民國二十年(1931).--1 張

尚小雲、譚富英、筱翠花、荀慧生、王又宸、郝
壽臣等小史.--鉛印本.--1 冊

劇碼介紹:第 11 期(總 31 期).--鉛印本.--
1958 年 5 月 16 日.--1 張

中國科學院海淀區業餘京劇團彙報演出介
紹.--油印本.--1957 年.--1 張

慶樂園戲單.--抄本.--民國二十六年
(1937).--10 葉

劇院演出座位安排等.--6 份

戲曲學校作文試卷:八份.--民國二十五年
(1936)

賀片 4 張

請柬 3 張

陳素貞同志簡介.--鉛印本.--1 葉

中國京劇:英文.--鉛印本.--台北,1980.--1
折

中華民國復興國劇團演出劇情介紹.--鉛印
本.--台北,1985 年

照片 35 張

臉譜 4 張

劇照(印刷品)4 張

報刊及複印件 3 葉

信封 1 個

節目單.--3 張　　　　　　　　己 2071

叢　部

硯緣集錄/(清)王壽邁輯. --刻本. --大興(北京):王壽邁硯緣盦,清咸豐六年(1856)(咸豐七年第三次印本). --4 冊(1 函):插圖 5 幅. --編者偶得明末才女葉小鸞之眉子硯,因"求其人之全集與其人之軼事,匯成一書",計十四種。半葉 9 行,行 21 字,粗黑口,左右雙邊,半框 13.1 × 9.8cm。牌記題"咸豐六年夏五月大興王氏硯緣盦開雕". --綫裝

子目:

硯緣記;硯緣後記/(清)王壽邁撰

題硯叢鈔/(清)王壽邁輯

徵仙匯錄/(清)王壽邁輯

疎香遺影/(清)王壽邁輯

汾幹訪墓/(清)王壽邁撰輯

返生香;返生香補遺/(明)葉小鸞著;(清)王壽邁輯

疎香閣附集/(明)葉紹袁輯

彤奩續些選:二卷,附二卷/(明)葉紹袁輯

窈聞;續窈聞/(明)葉紹袁撰

瓊花鏡/(明)葉紹袁撰

鸝吹選/(明)沈宜修著

愁言選/(明)葉紈紈著

鴛鴦夢/(明)葉小紈填詞　　　　己/924

味塵軒雜錄/(清)李文瀚編. --刻本. --宣城:李文瀚味塵軒,清道光二十六至二十九年(1846—1849). --6 冊(1 函). --半葉 9 行,行 20 字,小字雙行字同,粗黑口,單黑魚尾,四周雙邊,半框 17.3 × 13.1cm。味塵軒藏版。鈐"曉鈴藏書"朱文印、"周紹良印"白文印、"蠹齋"朱文印. --綫裝

子目:

惠我錄:六卷/(清)李文瀚編輯

畫中錄:三卷/(清)李文瀚編輯

味塵軒書廚圖說/(清)李文瀚編繪

後四聲猿:[雜劇四種]/(清)桂馥撰

放楊枝北調:一折

題園壁南調:一折

謁府帥北調:一折

投溷中南調:一折

李氏先賢紀年集覽/(清)李文瀚編

　　　　　　　　　　　　己/637

閒情小錄初集/(清)葛元煦輯. --刻本. --杭州:仁和葛氏嘯園,清光緒三年(1877). --6 冊(1 函). --半葉 6 行,行 12 字,粗黑口,四周雙邊,單黑魚尾,半框 7.5 × 5.7cm。鈐"曉鈴藏書"朱文印. --綫裝

子目:

詩鐘:一卷/(清)戴穗孫輯

花間楹帖:一卷/(清)風篁嘯隱選

酒箴:一卷/(清)金昭鑑著

觴政:一卷/(清)沈中楹著

集西廂酒籌:一卷/(清)汪兆麒輯

紅樓夢譜:一卷/(清)壽芝撰

捧腹集詩鈔:一卷/(清)郭堯臣撰

文虎:二卷/(清)風篁嘯隱選　　己/2237

雙楳景闇叢書/葉德輝輯. --刻本. --長沙:葉氏郎園,清光緒二十九年至民國六年(1903—1917). --5 冊(1 函). --雙楳景闇主人即葉德輝。函套題"青樓集",此本經吳曉鈴校對。有吳曉鈴手書吳梅《哀葉煥彬》詩。半葉 11 行,行 22 字,粗黑口,左右雙邊,雙對黑魚尾,半框 17.7 × 13.3cm。牌記題"長沙葉氏郎園刊行". --綫裝

子目:

素女經：一卷／葉德輝輯

素女方：一卷／葉德輝輯

玉房秘訣：一卷，附玉房指要一卷／葉德輝輯

洞玄子：一卷／葉德輝輯

天地陰陽交歡大樂賦：一卷／（唐）白行簡撰

青樓集／（元）雪蓑漁隱撰

板橋雜記：三卷／（清）余懷撰

吳門畫舫錄／（清）西溪山人編

燕蘭小譜：五卷／（清）西湖安樂山樵撰.--附海漚小譜一卷／（清）秋谷老人撰

觀劇絕句：三卷／（清）金德瑛著

木皮散人鼓詞／（清）賈鳧西著.--附萬古愁曲一卷／（清）歸莊撰

乾嘉詩壇點將錄／（清）舒位撰

東林點將錄：一卷，附錄一卷／（明）王紹徽作

重刻足本詩壇點將錄：一卷／（清）舒位撰

秦雲擷英小譜：一卷／（清）王昶撰　　　己／64

小說傳奇五種／梁啟超撰.--鉛印本.--上海：中華書局，民國二十五年（1936）.--1 冊（1函）.--卷首題"飲冰室專集"。半葉 16 行，行 42 字，無邊框.--平裝

子目：

新中國未來記

世界末日記

俄皇宮中之人鬼劫

灰夢傳奇

新羅馬傳奇，附"俠情記傳奇"　　　己／1873

敦煌掇瑣：二輯／劉復輯.--刻本.--北平：國立中央研究院歷史語言研究所，民國十四年（1925）.--6 冊（1 函）：表格.--（國立中央研究院歷史語言研究所專刊之二）.--半葉 13 行，行 22 字，欄上刻評，行 5 字，粗黑口，左右雙邊，單黑魚尾，半框 16.9×13.6cm。牌記題"國立中央研究院歷史語言研究所專刊之二"。鈐"曉鈴藏書"朱文印.--綫裝　　　己／2185

北京歷史風土叢書：二輯／（清）瞿宣穎輯.--鉛印本，重印.--北京：廣業書社，民國十四年

（1925）.--2 冊.--存第一輯。書名據書簽著錄。半葉 14 行，行 45 字，白口，四周雙邊，單黑魚尾，半框 17.4×11.6cm。鈐"吳"朱文印、"曉鈴藏書"朱文印.--綫裝

子目：

京師偶記／（清）柴桑著

燕京雜記／（清）佚名撰

日下尊聞錄／（清）佚名撰

藤陰雜記／（清）戴璐著

北京建置談薈／（清）瞿宣穎著　　　己／1508

清代燕都梨園史料：三十八種／張江裁纂.--鉛印本.--北平：邃雅齋書店，民國二十三年（1934）.--12 冊（2 函）.--（雙肇樓叢書；第一輯）.--半葉 12 行，行 24 字，小字雙行字同，細黑口，四周單邊，版心下印"雙肇樓叢書"，半框 14.3×10.2cm。牌記題"中華民國二十三年冬月北平邃雅齋書社排印".--綫裝

子目：

燕蘭小譜：五卷／（清）西湖安樂山樵吟.--西湖安樂山樵即清吳長元

日下看花記：四卷／（清）小鐵篴道人著

片羽集：一卷／（清）來青閣主人輯

聽春新詠：三卷／（清）留春閣小史輯

鶯花小譜：一卷／（清）半標子定

金臺殘淚記：三卷／（清）華胥大夫箸.--華胥大夫即清張際亮

燕臺鴻爪集：一卷／（清）粟海庵居士著

辛壬癸甲錄：一卷／（清）蘂珠舊史撰.--蘂珠舊史即清楊懋建

長安看花記：一卷／（清）蘂珠舊史撰

丁年玉筍志：一卷／（清）蘂珠舊史撰

夢華瑣簿：一卷／（清）蘂珠舊史撰

曇波：一卷／（清）四不頭陀著

法嬰秘笈：一卷／（清）雙影盦生撰

明僮合錄：二卷／（清）餘不釣徒撰；（清）殿春生續

增補菊部群英，一名，群芳小集：一卷／（清）麋月樓主撰.--麋月樓即清譚獻

評花新譜：一卷／（清）藝蘭生撰

菊部群英：一卷／（清）邗江小遊仙客撰
群英續集：一卷／（清）麋月樓主撰
宣南雜俎：一卷／（清）藝蘭生輯
擷華小錄：一卷／（清）沅浦癡漁撰
燕臺花事錄：三卷／（清）蜀西樵也撰．--蜀西樵也即清王增祺
鳳城品花記：一卷／（清）香溪漁隱撰；（清）賦豔詞人，（清）藝蘭生注
懷芳記：一卷／（清）蘿摩庵老人撰；（清）麋月樓主附注
側帽餘譚：一卷／（清）藝蘭生撰
菊臺集秀錄：一卷／（清）佚名撰
新刊菊臺集秀錄：一卷／（清）佚名撰
瑤臺小錄：一卷／（清）王韜撰
情天外史：二卷／（清）佚名撰
越縵堂菊話：一卷／（清）李慈銘撰
異伶傳：一卷／陳澹然撰
哭庵賞菊詩：一卷，附錄一卷／易順鼎撰
鞠部叢譚：一卷／（清）羅癭公撰
宣南零夢錄：一卷／（清）沈太侔撰
梨園舊話：一卷／（清）倦遊逸叟撰
梨園軼聞：一卷／許九埜著
舊劇叢談：一卷／陳彥衡著
北京梨園掌故長編：一卷／張江裁次溪輯
北京梨園金石文字錄：一卷／張次溪輯
己／2062

清代燕都梨園史料續編：十三種／張江裁纂．--鉛印本．--北平：松筠閣書店，民國二十六年（1937）．--4 冊（1 函）：插圖 1 幅．--（雙肇樓叢書）．--半葉 12 行，行 24 字，小字雙行字同，細黑口，四周單邊，版心下印"雙肇樓叢書"，半框 14.4×10.1cm．--綫裝
子目：
雲郎小史／冒鶴亭輯；張次溪訂
九青圖詠／張次溪輯
消寒新詠／（清）鐵橋山人，（清）問津漁者，（清）石坪居士撰
眾香國／（清）眾香主人撰

燕臺集豔二十四花品／（清）播花居士編
燕臺花史／（清）蜃橋逸客，（清）兜率宮侍者，（清）寄齋寄生撰
檀青引／楊圻撰
鞠部明僮選勝錄／（清）李毓如撰
杏林擷秀／謝素聲撰
聞歌述憶／鳴晦廬主人撰
北平梨園竹枝詞薈編／張次溪輯
燕都名伶傳／張次溪撰
燕歸來簃隨筆／張次溪述　　　　己／2063

未刻珍品叢傳／姚靈犀編校．--鉛印本，藍印．--天津：姚靈犀，民國二十五年（1936）．--1 冊．--半葉 11 行，行 29 字，白口，四周單邊，無直格，半框 13.5×8.8cm。吳曉鈴題記．--平裝
子目：
閨豔秦聲／古高陽西山樵子譜；齊長城外餅傖氏評
塔西隨記：三卷／萍跡子漫存
麝塵集／姚靈犀編訂　　　　己／1776

天理圖書館善本叢書：漢籍之部：第十卷／天理圖書館善本叢書漢籍之部編集委員會編．--影印本．--日本天理市：天理大學圖書部，日本昭和五十五年（1980）．--1 冊：冠圖．--兩截板，上圖下文．--精裝
子目：
至元新刊全相三分事略：三卷．--版權頁題名"三分事略"．據元至正十四年（1354）建安書堂刻本影印
新刊剪燈餘話：九卷／（明）李昌祺編撰；（明）劉子欽訂定；（明）張光啟校刊．--版權頁題名"剪燈餘話"．據明刊本影印，底本存卷 1、卷 6—9
重刊五色潮泉插科增入詩詞北曲勾欄荔鏡記，又名，北曲荔鏡戲文：五十三出．--版權頁題名"荔鏡記"．據明嘉靖四十五年（1566）刊本影印　　　　己／1535

書名索引

J

X

著者索引

C

存之堂	5	丁傳靖	154
蹉跎子	72	丁耀亢	61,132
		冬心柏秀	46
D		東村氏	143
大觀書局	220	東方文化學院京都研究所	11
大鬮山人	112	東籬馬致遠	97
大雷童嬛瑱如	129	東魯落落平生	61
大原民聲	15	東山釣史	242
大中華留聲唱片公司	246	東亞病夫	71
呆道人	155	董漢儒	23
戴德全	41	董解元	81
戴璐	249	董錦章	134
戴善夫	84,89,93,96,97	董康	236,242,243
戴穗孫	248	董榕	140
戴正一	178	董若雨	62
丹丘先生	94,233	董世顯	191
丹丘先生涵虛子	233	董說	62
丹徒樵隱先生	7	董偉業	184
單本	116,117	董文煥	35
單苪樓	44	董毅	75
單庚生	70	洞圓主人	145
但杜宇	21	兜率宮侍者	250
誕叟	71	斗山山人	174,176,177,178,179
澹慧居士	130	獨頭山人	8
澹廬居士	141	堵廷棻	101
澹如	10	杜甫	37
島津重豪	2	杜浚	62
鄧定一	73	杜牧	32
鄧霖	240	杜穎陶	237
鄧嗣禹	17	端木百祿	41
鄧肅	76	段安節	243
鄧小秋	73	段仔文	231
鄧小廷	229	遯世山人	60,63
狄君厚	82,92	惰園主人	178
第一舞臺	245	**E**	
第園居士	9		
殿春生	53,249	娥川主人	64
釣鴛湖客	51	二凌居士	180,195
丁必成	100	二石生	52
丁綵	186		

316

H

華表人	132	黃之禧	99,100
華癡石	154,184	黃之堯	99,100
華樂戲院	245	黃周星	242
華山居士	120	黃祖顒	137
華諟	154	黃旛綽	239
華胥大夫	42,52,249	會稽澹居士	101
華以慧	35	慧超	15
滑震	74	慧道人	151
畫川逸叟	137	蕙水安陽酒民	65
畫舫中人	145	混然子	29
畫隱先生	81		
環翠山房	136		
浣花溪主味蓮氏甫	45	**J**	
黃峨	182	稽永仁	39,80,101 137
黃方胤	107	吉川幸次郎	88
黃鳳池	21	即空觀主人	107
黃吉元	31	紀君祥	82,85,91,98
黃家舒	101	紀樹森	146
黃嘉惠	99,100,101	紀昀	47
黃節	32 48	紀振倫	128
黃侃	6	寄雲山人	170
黃梣材	15	寄齋寄生	250
黃璞	139	賈鳧西	192,249
黃慶澄	4	賈仲名	85,88,89,92,94,97,98
黃鉽	138	蹇叟	46
黃士佳	100	鑑己山人	170
黃叔琳	47	江春	142
黃文暘	236	江楷陞	221
黃憲臣	112	江日升	64
黃曉秋	154	江文也	231
黃燮清	147,148	江蔭香	58
黃育楩	29,30	江永	5
黃元吉	90,94	姜夔	75
黃緣芳	185	姜特立	76
黃雲鵠	192	姜作棟	174
黃兆魁	143	蔣恩濊	148
黃振	141	蔣光煦	33
黃正位	97	蔣士銓	41,109,141,142,156
黃之城	99,100	蔣孝	227
黃之珪	99,100	蔣學沂	77
		蔣一葵	242

L

來清閣主人	249
蘭皋生	141
蘭陵笑笑生	61
蘭茂	81
浪游子	53
勞夢廬	223
老上海	12
老菭	101,102,110
樂真道人	24
雷岸居士	137
疊菴居士	134,135
冷道人	72
黎簡	144
黎錦熙	2,191
李白	231
李百川	67
李寶嘉	71
李昌祺	250
李朝礎	51
李澄	52
李充國	21
李處全	76
李春芳	61
李淳風	21
李淳凌	141
李慈銘	44,113,250
李大釗	34
李道純	29
李調元	51,22,242,243
李定夷	11
李斗	25,145,242
李放	21
李綱	75
李光	75
李光明	33
李光溥	148
李光陽	99
李涵秋	73

李瀚	25
李瀚昌	113
李好古	76,86,97
李玖	16
李虹若	14
李暉吉	3
李季偉	155
李鑑堂	2
李鈞和	75
李開先	182,184,185,238
李彌遠	75
李蘋香	12
李清菴	29
李清照	75
李日華	24,116,117,120
李世忠	170
李釋龕	240
李壽卿	84,85,94,97
李思德	120
李素甫	130
李炎	146
李唐賓	85,88,94
李廷機	74
李文登	3
李文漢	33
李文瀚	147,248
李文林	33
李文蔚	83,89,93,98
李孝光	76
李效厂	173,174
李燮羲	240
李行道	85
李宣倜	36
李玄伯	58
李玄玉	227
李裔藩	104,119
李映庚	230
李漁	3,8,20,21,31,24,39
	62,77,79,134,135,136,242
李玉	132,133